RENOVATION OF MBA BASICS

MBA

新经营学

［日］三谷宏治 著

南勇 译

———————— 波士顿咨询公司/埃森哲管理咨询公司前高管 ————————
早稻田大学商学院客座教授

湖南文艺出版社
HUNAN LITERATURE AND ART PUBLISHING HOUSE
博集天卷
CS-BOOKY

「新しい経営学」(三谷宏治)
ATARASHII KEIEIGAKU
Copyright © 2019 by Koji Mitani
Figure Designs by Yushi Kobayashi
Original Japanese edition published by Discover 21, Inc., Tokyo, Japan
Simplified Chinese edition is published by arrangement with Discover 21, Inc. through Japan
Creative Agency Inc., Tokyo.

著作权合同登记号：图字 18-2022-165

图书在版编目（CIP）数据

新经营学 /（日）三谷宏治著；南勇译. -- 长沙：
湖南文艺出版社，2023.3
ISBN 978-7-5726-0958-9

Ⅰ. ①新… Ⅱ. ①三… ②南… Ⅲ. ①零售企业－企业经营管理－研究 Ⅳ. ①F713.32

中国版本图书馆 CIP 数据核字（2022）第 228581 号

上架建议：畅销·企业管理

XIN JINGYINGXUE
新经营学

著　　者：[日] 三谷宏治
译　　者：南　勇
出 版 人：陈新文
责任编辑：丁丽丹
监　　制：于向勇
策划编辑：布　狄
文案编辑：张妍文　郑　荃
营销编辑：时宇飞　黄璐璐
版权支持：金　哲
版式设计：李　洁
内文排版：麦莫瑞
封面设计：利　锐
出　　版：湖南文艺出版社
　　　　　（长沙市雨花区东二环一段 508 号　邮编：410014）
网　　址：www.hnwy.net
印　　刷：三河市中晟雅豪印务有限公司
经　　销：新华书店
开　　本：787 mm × 1092 mm　1/16
字　　数：591 千字
印　　张：26.5
版　　次：2023 年 3 月第 1 版
印　　次：2023 年 3 月第 1 次印刷
书　　号：ISBN 978-7-5726-0958-9
定　　价：88.00 元

若有质量问题，请致电质量监督电话：010-59096394
团购电话：010-59320018

前言
基础经营学的敲门砖

这是一本 专为商场与职场新人而写的经营学入门书。在我看来，这本书受众极广，潜在的读者群既包括职场人士（从公司新职员到事业部长），也包括学生群体（本科生、研究生，乃至中学生）。之所以这样说，是因为 本书是为商场初"学"者而写（意味着只要想学即可学习，年龄、资历不限），而不仅仅限于商场初"心"者（意味着不仅仅是那些已经或即将迈入商场或职场的人才适合学习）。

为了让缺乏商场经验的读者也能相对容易地理解本书的内容，书中准备了大量的商业案例，可谓翔实丰富、妙趣横生，相信能够给大家带来愉悦的阅读感受。特别需要点一下"咖啡"这个关键词。书中各个章节均涉及"咖啡"的话题，以便让大家明白：即便是区区一杯咖啡，也可以造就许许多多的商业模式与产业创新，进而从根本上重塑人们的社会生活形态。

一言以蔽之，所谓"经营学"，是指一个经营者必须学习的所有事物的总称。

经营者的职责，就是担任"生意（商业）"号航船的舵手，其任务在于稳定船体并强化桨手的功能，使航船能够尽可能快、尽可能稳地破浪前行。

除了决定航行的目的地之外，确保到达终点时航船可以满载而归，以及为达此目的所必须要做的资金筹措等，都是经营者的责任所在。

当然，成为所有这些领域的专家既不现实也无必要，可作为一个经营者，至少要在这些领域里找到并展示一种共同的方向性，以便让所有船员心中有数、遇变不惊。否则，此船则有在茫茫大海、狂风暴雨中迷路乃至沉没之虞。又或者，从一开始便不可能有出海的机会。

为了不至于走到这一步，经营者必须要学的东西，就是所谓的"经营学"。

遗憾的是，正因为它涉及的范围过于广，也许并不存在一种叫作"经营学"的学问，顶天了，是作为"经营学史"偶尔被整理，或者干脆与"经营战略论"混为一谈，但它们仅仅是经营学的一部分而已，远远不是这门学问的全貌。无奈之下，人们便只能将各专业领域的基础知识简单归纳整理一下，分门别类地提供给那些希望能学一点经营学常识的人。

换言之，迄今为止的经营学，大多以碎片化的形式存在。学生们看似学到了什么，可由于各个门类的知识点零散而琐碎，彼此之间缺乏有机联结，人们一到实用现场便不知所措，顷刻间把所有学习成果又还给老师和书本。

总之，各种程度不同、性质相异的知识点混杂在一起，想不晕都难。

显然，这种情况对初学者来说无异于"忽悠"，是不可长久的。

所以，在这本《新经营学》中，我决定另辟蹊径，争取最大限度地解决这个经营学学习过程中的结构性难题。

由此，本书的内容将大体遵循如下三个原则逐次展开：

1.不是从公司整体的角度，而是以不同事业门类的主题为中心展开讨论；
2.不是从专业领域的角度，而是以商业目的为中心展开讨论；
3.在大多数情况下，尽量以相同的分析框架进行案例解说。

作为一本"入门书"的前篇（业务篇），本书将专注于讨论如何搞定一个具体领域的具体业务。至于多领域业务管理，抑或公司整体的愿景规划、资本政策等内容，将留待以后解决。也就是不久的将来也许会推出后篇（公司篇）。换言之，本书将聚焦具体职能部门的负责人，即业务经理或副总经理的本职工作，详细探讨他们应该掌握哪些必须具备的管理技能；至于总经理或董事长的工作，原则上则不属于本书的重点研究范围。

显然，为达此目的，对各个不同的专业领域进行简单的罗列是没有意义的，必须将专业知识与具体业务的管理者所追求的商业目的连接起来，进行系统化整理，才是一件真正有价值的事情。这就是本书中将重点强调的"商业模型的四要素"。对这一点感兴趣的读者务必简单阅读一遍本书的序章。

不夸张地说，迄今为止大多数经营学基础读本所讲的常识将被本书打破。因此，完全可以将本书称为"革命性的商业常识教科书"。

我之所以有这个自信，与我的个人经历有关。

波士顿咨询公司、埃森哲公司、格洛比斯经营大学院大学、早稻田大学商学院、金泽工业大学虎之门研究生学院、女子营养大学等等，这些业界翘楚机构的教坛都曾经是我的工作场所。而本书则汇聚了我职场、教学经历的精华，应该不会辜负诸君的期待。

由此，无论是那些踌躇满志，希望在商业的世界出人头地、扬名立万的职场新人，还是那些已深晓商海无情，精疲力竭，原地打转，苦于无法突破的职场老手，本书都会有所助益，可以作为发起冲锋乃至再冲锋的工具拿来一用。

好的，现在言归正传。让我们从日本商业史上最高级别的成功——三井越后屋的创业故事开始，走进书中波澜壮阔却又云谲波诡的世界吧！

在这个商海传奇中，到底隐藏着什么样的经营智慧呢？

请和我一起把时钟倒拨回1673年，也就是大约350年前，去那时的日本看一看。

目录

第四章

锁定收益模型：
如何玩转资金？ _221

经营学的全貌，暨本书的学法

01 | 越后屋的创业故事

▶ 三井高利，52岁的挑战

日本企业发展史中最高级别的商业模式创新，发端于江户时代前期的1673年（相当于中国的清康熙十二年）——这便是吴服（采用中国面料制作的日本传统服装，如日本和服）店**越后屋（现在的三越百货集团，图001）**的创业故事。

三井家有4个男孩、4个女孩，共8个孩子，三井高利是年纪最小的一个。这位家中的幼子尽管从小便才华横溢、聪慧过人，却也由此遭嫉，不受兄长待见，并在28岁那年被兄长从江户（现东京，彼时江户是日本首都）赶回老家松阪，去照顾母亲三井殊法及家中其他的妇孺。

但是，高利并未因此气馁。他通过不懈努力，将包括自己的儿子在内的大批有志青年送往江户，让这些年轻人到广阔天地中去开眼界，见世面，钻研学问，培养技能。

24年后，长兄撒手人寰。高利终于迎来人生中的重大转机，可以着手将酝酿已久的计划付诸实施了。

他重返江户，并在市中心吴服街本町的黄金地段开了一家横宽仅2.7米的小店。彼时，高利已然五十有二。作为家中的支柱，他不得不常年留守松阪，于是便把江户的小店交给时年21岁的长子三井高平的团队打理，而高利本人则在松阪远程指挥。

图001 | 越后屋的内部

▶ 母亲殊法的教诲：薄利多销、顾客第一、厉行节约

三井家原本是一个武士家族。家族的先人在战争中失败，后从越后（今新潟县）逃到松阪（今三重县）并定居下来，从此刀枪入库、铸剑为犁，开始了营商的生活。历经当铺、酒肆、味噌作坊等生意的经营，三井家的商业基因便逐渐定了型。

有趣的是，传到高利的父亲三井高俊这一辈，事情却有了戏剧化的发展。与家族里的前辈不同，高俊对做生意兴致寥寥，完全不上心，反而是同样出身商业世家的媳妇殊法，对经营生意有着异于常人的天分。于是乎，这位嫁过来的女子反倒成了三井家的顶梁柱，以一己之力支撑了家族生意。

彼时，女性在营商这件事上抛头露面还是比较罕见的。而殊法则完全不以为意，甘于做一个社会中的异类。她不但以老板娘的身份站在店头招呼客人，还钻研出了许多新颖的营商模式。而这些模式无一不在日后的实践中大放异彩，获得极大成功。

总结如下：

- **薄利多销：** 在典当生意的营销中，以比其他当铺低得多的利息吸引更多顾客来店。不求利，只求量。以量补利。
- **顾客第一（其一）：** 以"流当"[①]的手段减免顾客的债务，以减轻顾客的财务负担。
- **顾客第一（其二）：** 酒肆与味噌作坊的来店者，无论高低贵贱，一律平等接待，茶水、点心一样不少，坚决不容许任何差别化待遇存在。

殊法是一个勤勉、节约的女人。她对越后酒肆经营得极为成功，以至于被彼时的市政当局允许使用"越后屋"这个名字（这在当初的历史条件下绝对是空前的）。

可见，高利身上卓越的商业基因，一定来源于他的母亲，而且他是三井家所有孩子当中将这种基因继承得最彻底、最全面的一个。

▶ 零溢价销售模式

在老牌吴服店鳞次栉比的当地商圈，越后屋是不折不扣的"后辈"；与此同时，也是一个令人生畏的"搅局者"。刚开业，这家店就使出了令同行大吃一惊的撒手锏：零溢价销售模式（即没有任何水分的"实价"销售模式）。

---

① 所谓"流当"，是指典当合约到期而顾客无法偿还本息时，仅对典当物的所有权进行改变，与此同时免除超出典当物价值的债务部分。——原注（下文注释如无特殊说明，均为原注。）

总结如下：

- 迄今为止的业界做法：年节结账的付款方式①。越后屋的做法：**只接受交易现场的现金结算。**
- 迄今为止的业界做法：交易对象及场合不同，成交价也会有所不同。越后屋的做法：**对所有交易对象一视同仁，均以相同定价交易。**

上述做法中的任何一条，在当时都是打破常规的操作，是不折不扣的商业模式创新：只接受现场现金交易，可以明显减少资金运行成本，降低坏账的风险。不只如此，这种做法还有利于客户价值的最大化。

之所以这样说，是因为彼时的日本吴服业界，同一商品的定价可谓五花八门。根据客户的不同，有时几乎是"一人一价"。定价的过程则更是随心所欲，经常是"熟客便宜，生客贵"。

正是在这种"一物多价"大流行的时代，越后屋敢为人先，第一个喊出了"对所有客户一视同仁，均以极低的同一价格（固定价格）提供商品"的口号。

▶ 越后屋的出现，彻底改变了整个吴服产业，开创了一个崭新的时代

除此之外，在其他方面，越后屋的老板三井高利也做了许多打破业界规则的"疯狂的事"。

比如说，在那之前业界流行的做法是：如果对方是来自富裕家庭的顾客，店员会主动登门拜访，提供销售服务（到户销售）；又或者，顾客在店里只需浏览、挑选商品，无须当场购买，其后由店员主动将顾客订购的商品送到顾客家即可（浏览销售）。

高利的做法则截然不同。越后屋只接受"店前贩卖"这一种销售形式（也就是"店内、现场、现金"销售模式）。当然，由于节省了不少人力成本和交通费用（更别说潜在的时间、精力和效率成本了），高利得用降价来吸引消费者上门。

不过，越后屋改变的不仅仅是商品的价格。为了大幅提升顾客的购买便利性和满意度，高利还放出了两个重量级大招：一是"切断零售"，一是"快裁销售"。

先来说说"切断零售"。在那之前，吴服店布匹的销售模式基本上都有一些"批发"的色彩，也就是只卖大块完整的布匹，通常的尺寸在1反②左右。几乎没有店家肯将标准尺寸的布匹

---

① 新年及盂兰盆节等重大节日时结账即可。一年只需结款两三次。

② 古时日本的计量单位，大约长11米，宽36厘米。——编者注

裁剪成小块来销售。因为那样做，裁剪后剩下的布匹就很难处理了。所以"切断零售"的做法被业界视为禁区。而高利却不以为意，他毫不犹豫地踏进了这个禁区，公开宣称"越后屋的布匹可以随便买，哪怕只买一尺甚至一寸布，顾客也能满意而归"。

这招不仅在江户的中产阶层中反响极佳，就连对时尚潮流颇为敏感的年轻女性和歌舞伎群体，也大都成了越后屋的忠实粉丝。

再来说说"快裁销售"。类似于现今的"立等可取"，针对那些时间有限，急等货物用的顾客，越后屋推出了一种"即日可取"的商品制作模式。这是划时代的大动作。要知道，彼时的日本吴服业界，大都把缝制成衣的工作外包给其他的裁缝店，吴服店本身并不负责具体的缝制工序。而越后屋则不然，为了让"快裁销售"模式落到实处，越后屋特意雇了不少缝制匠人。不只如此，成衣制作的其他程序，也按照不同的零部件范围划分给不同的专业部门来负责，通过分工合作使"即日可取"模式得以成功落地。

在越后屋，所有的店员均按照布匹种类，被分配到不同部门，以这种"专职担当"的方式强化锻炼店员的专业技能，使顾客的疑问都能得到圆满解答。这便是所谓"一人一职责"的逻辑。

▶ 与"换钱商"之间的"协同大作战"

用"日进斗金"来形容当年越后屋的荣景，再合适不过了。可正因如此，越后屋也遭到了不少同业老字号的嫉恨。没办法，谁让这个冒失的新来者无视常识，打破禁忌，肆无忌惮地动了那么多同行老大哥的"蛋糕"呢！

为了发泄心中愤恨，同行们可谓机关算尽、使尽狠招。越后屋的店员被挖墙脚、被欺负成为常事，越后屋遭行业协会除名，乃至店门口被人无端泼洒粪尿之类的事也时有发生。

1682年，连续两家店被莫名其妙的火灾焚毁之后，高利将店铺搬到相邻的骏河町继续营业，并于次年进一步扩大了经营业务，开始做"换钱铺"的生意。

1686年，高利将"换钱铺"开到了拥有不少越后屋顾客的京都，在江户和大阪之间架起了换钱生意的桥梁。之所以这么说，是因为彼时的日本，在货币清算方面非常不统一（东日本地区以金币结算为主，而西日本地区则偏爱银币结算），导致问题丛生，成为无数商家经商路上的一大障碍。

这一点，对高利的越后屋来说也不例外。

作为店址在江户的吴服店，无论是原料采购还是成品销售，越后屋的商业伙伴有不少在关西地区，因此不得不频繁地换钱（金银币之间的兑换）。这不仅带来了人工增加以及效率低下的问题，而且还令越后屋的吴服生意面临着不小的汇兑风险（由金银币相对价格的波动而产生的成本风险，类似于今日的汇率风险）。

　　不只如此，对当时的江户幕府来说，还有一件麻烦事，那就是地方缴纳金（类似于今天的税金）的入库问题很难解决。当时，幕府当局把从各藩（各地方）征集来的年贡米和其他土特产拉到大阪地区卖掉，然后将得来的银币运回江户。这个过程居然需要数十日之久，效率低下。再加上千辛万苦将这些货款运到江户后还要逐一兑换成金币，更是一件天大的麻烦事，令幕府高官头痛不已。

　　于是，精明的高利毛遂自荐，向江户幕府提出了一个解决方案，即"**公金兑换**"方案，并顺利地被幕府当局采纳。该方案的具体内容是：幕府存于大阪地区的货款公金（银币），交由当地的越后屋为其保管；越后屋在收到银币货款之后，于2～5个月之内由江户地区的越后屋以金币的形式全额交给幕府当局。（图002）

　　换言之，所有中间过程均交由不同地区的越后屋分店打理，幕府当局只需坐镇江户拿钱就行。这就意味着后者完全省掉了货币运输和兑换的麻烦，幕府当然求之不得。

　　当然，高利也不傻，不会免费给他人做嫁衣裳。他通过这一招为自己的生意带来了一个优势——资金优势。

　　对三井旗下的换钱铺来说，即使从"公金兑换"这个业务本身并没有什么直接收益入账，但这笔巨额资金却可以供高利的所有生意免费（无利息）使用数月之久。他们可以将在大阪接收的银币（货款公金）用于越后屋在京都的原料进货业务，然后将江户越后屋的销售收入以金币的方式等额交给江户的幕府当局。这样一来一去，越后屋的经营效率大幅提高，进货成本大幅降低。与此同时，因为彻底省了运输过程，如此巨量的现金（银币）横跨日本东西的旅程完

图002 | 越后屋的货币（金银币）兑换流程

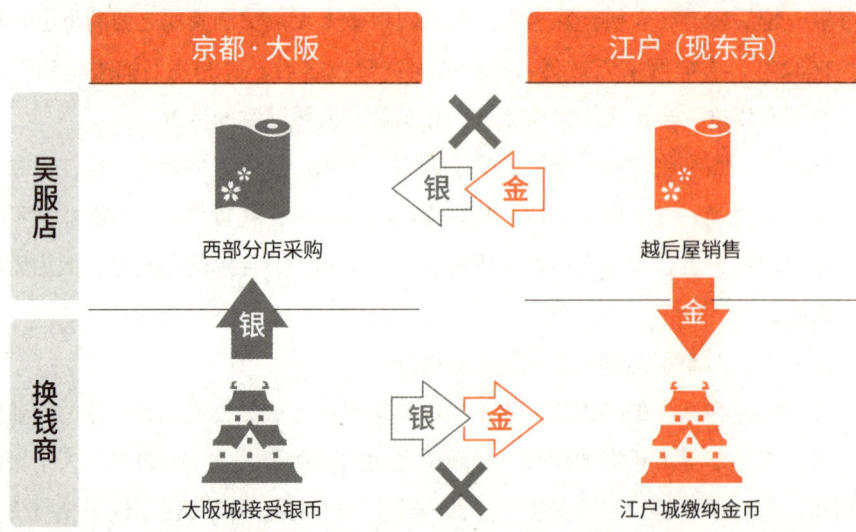

全没有任何的风险与成本（因为实际上这个"旅程"并没有在现实世界中发生），可谓一举多得、皆大欢喜。

终于，越后屋于1691年得到幕府当局颁发的"大阪御金库银专用兑换商"资格证书。这个名分令三井家族的一个重要收益来源一直稳定地维持到明治维新时代，还在很大程度上帮助高利震慑了同行，极大地减少了各种针对日本各地的越后屋业务的妨害行为。

▶ 长子高平的智慧："持股公司"制与总部（集团）企业统治

高利晚年的最大烦恼在于，三井家族成为商界巨擘之后，如何才能实现永续经营。

彼时，吴服和换钱生意是三井家族的两大支柱业务，这两项业务横跨日本东西，总店铺数已达20家之多，形成了复杂多样的组织架构。如此庞大、繁杂的组织，如何才能平稳、顺利地交班于三井家的子子孙孙，让家族事业传承下去，成了高利的一大心事。

临终前，高利并没有将公司遗产平均分配给自己的15个孩子，而是留下"全员继承"的遗言，便撒手人寰了。

既非传统的长子继承，也非常见的分割继承，而是由家族全体继承，这应该怎么操作呢？

关键时刻，出手解决这个难题的，是高利的长子高平。1710年，高平设立了一个统领三井家族全部生意的总部机构——大元方。家族的所有资本与资产全部归大元方统一管理，各地分店的资本金与运营金均由大元方统一筹措分配。（图003）

作为一种强制性义务，各地分店必须每半期（半个经营周期，即半年）向大元方上缴账簿

图003 | 大元方的组织架构

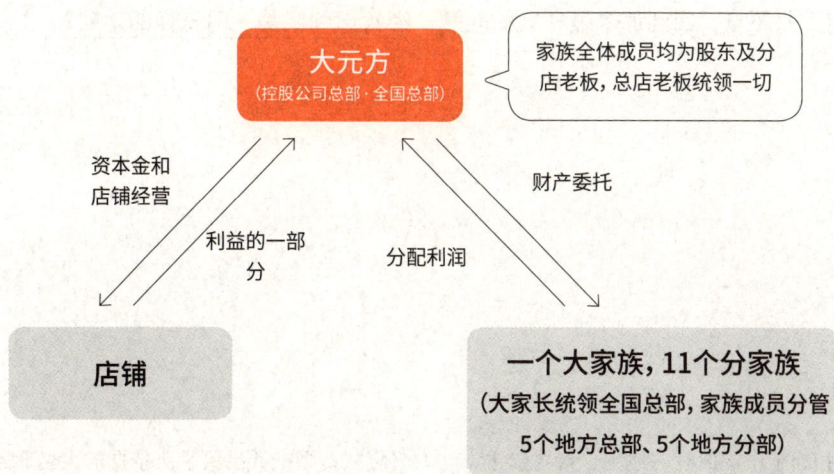

大元方
（控股公司总部·全国总部）

家族全体成员均为股东及分店老板，总店老板统领一切

资本金和店铺经营　　利益的一部分　　分配利润　　财产委托

店铺

一个大家族，11个分家族
（大家长统领全国总部，家族成员分管5个地方总部、5个地方分部）

与一定的利润，而家族下属的11户家庭成员的报酬，则由大元方统一支付。

这就是今日日本商界极为流行的做法——"持股公司"的雏形。

接下来，高平团队还以三井高利的遗训为蓝本，制定了一部家宪，也就是现如今大名鼎鼎的《宗竺遗书》。这本家宪以家族成员的绝对团结为基石，涵盖总领家的地位和权限、养子待遇、幕府御用等方方面面的内容，有洋洋洒洒50余条，是一部极为翔实的家法。

其中有如下规定：

- "所有家族子弟不可有特殊待遇。所有人必须从最底层的打杂工做起，从零开始掌握业务知识，直至对业务精通。"
- "所有分店的会计权（财权）必须牢牢地掌握在总店手里。"
- "任人唯贤、任人唯能。大胆采用新人，赋予其重要职责。"
- "做生意，最重要的是学会'放弃'。一旦情况不妙，必须立刻止损离场，绝不恋战。"
- "远离'大名贷'[①]。实在不行就少贷一点，就当把钱扔了，不做收回的打算。"

得益于这部家宪的加持，无论大环境是好是坏，三井家的生意经营都能做到有条不紊、波澜不惊，不但平安地度过了云谲波诡的江户时代，还成功地顶住了明治维新的剧烈冲击，直至形成现如今世人皆知的超级商业巨擘、日本经济的主要支柱之一——三井财团。

常言道，富不过三代。而三井家族商业帝国的繁荣居然能够持续350年之久，且至今荣景不衰，不得不说是殊法、高利、高平这些家族先人的远见卓识使然。

那么，这一日本商业史上最高级别的成功，从经营学的视角来看，到底能带给我们什么样的启示呢？

让我们重归原点，回到那个最朴素的问题：经营学到底是一门怎样的学问？

---

① 大名，相当于中国旧时的地主、封建领主。"大名贷"，即把钱借给手头拮据的大名。这些人往往是地方一霸，把钱借给他们风险极大，无异于肉包子打狗，所以有此一说。

02 经营学是"6个领域×2个层次"的集合体

▶ 为何大多数经营学的基础读物都显得艰涩难懂？

通过上一节的内容，我们简单了解了越后屋的创业故事，以及何谓"生意"及"生意的创新"。从结论上说，"经营"是一个系统工程，非常复杂，具体的操作手段也非常多。

迄今为止，有许许多多企业经营的方法被研究、开发出来，并通过各类书籍和学校课程在学界和实业界广为传播。最典型的例子，恐怕要数现今流行的MBA（工商管理硕士）课程了。

遗憾的是，现在MBA的授课体系中不存在真正意义上的"经营学基础"这门关键课程。事实上，由于经营学主要由6个专业领域构成，所以MBA课程系统的所谓"基础"，也只不过是这些专业领域的基础常识的简单拼凑罢了。

具体地说，MBA最初的学期主要以6个科目的学习为主：

(1) 经营战略基础；

(2) 市场营销基础；

(3) 会计学基础；

(4) 金融学基础；

(5) 人力资源和组织理论基础；

(6) 实操基础。

另外，如果本科时期没有学过经济学和统计学的课程，这些科目的补修也很有必要。再者，有些学校的MBA体系中没有"实操基础"这门课，而是以"IT与AI技术"等课程取而代之。但大体来说，大多数学校的MBA课程体系都以上述6个科目为主。

由于是各门不同专业的拼凑，所以授课时只能由相应领域的专家教师分别进行讲解。明明面对的是一群经营学的初学者，却没有哪位教员能够将所有这些门类的基础课程有机地统合起来，完整、系统地完成MBA教学任务。更有甚者，许多讲授MBA课程的老师甚至不是真正意义上的"教员"，而是经营学领域的研究者乃至实务人员。

你想，研究经营学的专家学者们编撰的讲义，以及由这些讲义的集合体构成的书籍，成了市面上常见的经营学入门书，那些初涉这门学问的"小白"怎么可能不抓瞎、不晕菜呢？

由此便不难理解，为什么即便MBA课程中充溢着"最佳案例分析"之类的"实战"内容，也基本上对学生们助益不大了。

▶ 经营学的6个领域

经营学的6个领域（图004），这里请大家记一下，后面会经常提到。

在这里，姑且对经营学的6个领域进行一个简单介绍。至于其详细内容以及历史成因、相关经济学用语等部分，感兴趣的朋友可以参考本书第六章，这里不再赘述。

（1）经营战略

企业的价值定位——到底想成为什么样的企业（愿景）；到底选择哪一个战场作为企业的主战场（市场和客户群定位）；在那个市场上，企业的卖点和优势是什么（基本战略）；如何与竞争对手短兵相接并战而胜之（竞合战略）；为达此目的，应该如何占领市场，确保企业的竞争优势（企业并购战略）。

另外，对多样化经营的企业来说，根据不同的事业类别分别进行上述战略的布局与实施，并由集团总部进行统一管理（全司战略），统一负责资源分配事宜，这一点无比重要。

（2）市场营销

各事业部分别负责所辖业务的市场营销事宜：通过对市场、顾客群以及竞争对手的详细、精准分析，彻底弄明白"谁是自己的客户""自己可以为客户提供什么价值""客户为什么要听你的，为什么要为你的提议买单"等问题。这就需要采取所谓"4P战术"。4P，即"商品、价格、促销和渠道"4个要素（这4个词的英文首字母均为P）。此4个要素相辅相成，缺一不可，必须综合考量，才能制订出真正有效的市场营销计划。

（3）会计学

企业或事业于特定的经营时期，到底是赚是赔（损益情况），资金周转状况如何（现金流①情况），掌握这些内容要用到"财务会计"的知识和实操技能。与此同时，对上述情况进行因果分析，为企业的运行状态问诊把脉、提供咨询，则需要用到"管理会计"的知识与技能。

当然，年度预算的制定与管理也需要用到会计学知识。

---

① 不是会计上的"损益"，而是在实际运营过程中"钱（现金）"是怎么来的，怎么用的，怎么攒的，等等，这些事的流程统称为"现金流"。

图004 | 经营学的6个领域

1 经营战略	2 市场营销	3 会计	4 金融	5 人员与组织	6 实操

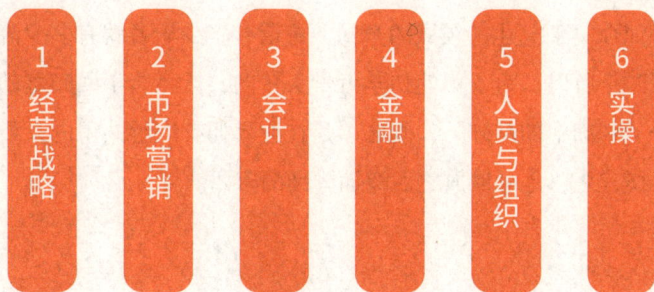

注：另外还包括经济学、信息系统等方面的内容。

（4）金融学

股票与债券的发行、银行借贷、自有资金融资等等，以最合理的方式统筹运用各类资金调配手段，为各事业部门高效筹措、分配资金，是财务金融部门的主要任务。为达此目的，对种类繁多的事业标的进行投资价值的评价分析，是绝对必要之举。非如此，无法准确判断对某个具体项目而言筹措资金的必要性、紧迫性、优先度以及具体的融资额度等关键指标。

作为项目投资价值评价的工具，NPV（Net Present Value，净现值）评价法和IRR（Internal Rate of Return，内部收益率）评价法比较常见。

前者是通过预测项目的潜在现金流生成能力，对该项目的投资价值进行评价；后者是通过推算"资金流入现值总额与资金流出现值总额相等，即净现值为零时的折现率"，来判断某个项目是否值得投资。

关于这两个概念，初学者只需有个大概了解即可，无须深究。

（5）人力资源和组织理论

归根结底，任何事业、任何企业都是"人"的集合体。这些人应该划分到哪一块，不同的区块应该负起什么样的职责，为达此目的应该赋予区块里的人怎样的权限，等等，这些事情必须有个定论。这便是"组织论"。这可是一门大学问，对事业的成败、企业的生死至关重要。

搞定了组织论还没完，企业还要对聚拢而来的人进行使用、分配、培训、考核、激励等，这才是一个完整的"人力资源论"的轮廓。显然，这里一定少不了"领导力理论"等其他理论的影子。

（6）实操

为了向潜在顾客提供商品和服务，你起码要懂一些机器操作的常识，掌握一些具体的销售流程吧？这些实务工作的策划与执行，即为"实操"。其范围很广，涵盖了统筹调配、生产物流、销售及售后服务等方方面面的内容。

不夸张地说，现如今关于上述各领域的学问，可谓有多少学者就有多少流派，有多少企业就有多少"派生流派"。所以，为了不使初学者晕头转向，让经营学回归基础中的基础，确实是当务之急。而这个"基础中的基础"，则必须是在业界拥有广泛共识的，经过长年实践考验的最标准化的东西。换言之，是可以放之四海而皆准的东西。

▶ 经营学的2个层次："总部（总公司）"与"事业部（分公司）"

细看之下，我们会发现经营学所教的内容大体上可以分为两类："总部（总公司）经营"与"事业部（分公司）经营"。

比方说，以经营牙膏、牙刷等护牙用品驰名业界的盛势达（Sunstar）集团（图005），同时也是摩托车零部件甚至建筑黏合剂的产销大户。由此，该集团的业务被分割成4个板块，分别由不同的事业部负责。解决"什么商品应该怎么卖"之类的问题，是事业部经理的职责所在。

另一方面，上述四项事业到底哪个更有前途，应该倾注更多的精力与资源，又或者将来公司还可以发展哪些新业务，开辟哪些新领域，这类问题由公司总部负责。

总而言之，<u>事业部的事由部门经理或项目组长管，总部的事由集团高管团队乃至董事会管</u>，这就是所谓"经营学的2个层次"（图006）。这一点本身并不难理解，问题在于，这2个层次一旦和前面提到的那6个领域掺和到一起，就得稍微费点脑子了。

举个例子。一般来说，市场营销大体上应该是事业部（分公司）的职责所在，而财务融资

图005 | 盛势达集团的事业结构

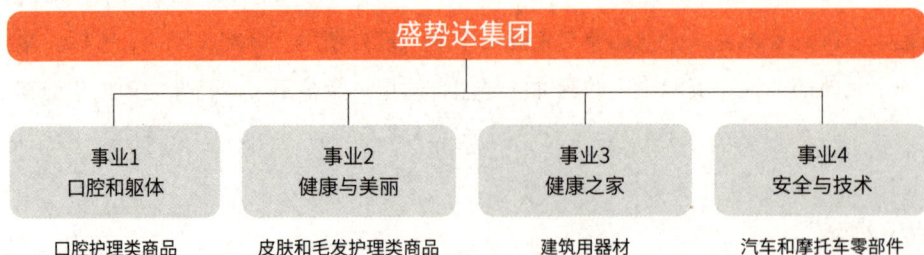

盛势达集团			
事业1 口腔和躯体	事业2 健康与美丽	事业3 健康之家	事业4 安全与技术
口腔护理类商品	皮肤和毛发护理类商品	建筑用器材	汽车和摩托车零部件

图006 | 经营学的2个层次

总部层次
"多事业管理（事业群管理）"方面的内容只针对有需求的特定读者群

事业部层次
初学者可以集中精力学习的部分

1 经营战略
2 市场营销
3 会计
4 金融
5 人员与组织
6 实操

方面的工作基本上是总部（总公司）的人去做。问题是，大多数经营学的初学者，往往只有某个方面（某个领域或层次）的职场经验，而其他方面的实际工作经验几乎没有。所以初学者一上来便被人填鸭式地教授一大堆知识点（即各种领域与层次的知识的大杂烩），想不蒙都难。

▶ 初学者可以先把注意力集中于"事业部层次"

不同事业项目间的资源分配（PPM[①]等）、企业并购项目分析工具（NPV净现值分析法等）的使用、资金统筹调配手段与资本政策、人事考核与劳动报酬管理等方面的具体事宜，统统属于公司总部的职责范畴。

如果你不在总部工作，不接触这些东西，那显然也不可能产生任何有针对性的问题意识。因此，即便勉强通过经营学的学习初步接触了这些方面的内容，你也不会有任何检验所学知识的机会，更别说学以致用了。这样一来，别说学过的知识很容易遗忘，（由于没有实践的场合）也很难掌握实操的技巧。因此，鉴于多数初学者的工作岗位都在某个具体的事业部，<u>把主要精力放在"事业部层次"的学习与实践上显然是性价比最高、最务实的选择。</u>

▶ 经营学的基础内容及分类

一般来说，作为MBA课程体系的基础，所有6个领域的主要项目数合起来有60余个（如图007所示）。但是，细看会发现<u>这些项目中的绝大多数都属于集团总部层级的工作范畴</u>，下属

---

① 即Product Portfolio Management，是指波士顿咨询公司首创的"增长份额矩阵"分析法。

图007｜MBA基础项目：6个领域

1 经营战略	2 市场营销	3 会计	4 金融	5 人员与组织	6 实操
经营理念和愿景	**市场战略**	**财务会计**	**资金筹措与资本政策**	**组织管理**	**产品特性**
	-市场分析 (PLC②)	-收入与成本		-组织形态	-需求分析
总部的战略和资源分配	-市场细分	-账务项目	-借入	-组织开发	-产品体系架构
	-锁定市场目标	-损益表 (P/L)	-风险投资 (VC) 与股票上市 (IPO)		
-项目投资组合管理 (PPM)	-市场定位	-资产负债表 (B/S)	-众筹	**人事管理**	**执行管理**
-中期经营计划		-现金流表 (CF)		-人事考核与薪酬管理	-原材料调配
	市场营销组合拳		**事业价值评估与决策**	-录用与培训、调职	-生产
事业战略	-产品	**管理会计**		-人才开发	-物流
-事业分析 (SWOT①等)	-价格	-财务分析*1	-自由现金流 (FCF)		-销售
-事业特性	-场所	-原价和利润计算*2	-资金成本	**领导力**	-售后服务
-竞争对手分析	-促销	-盈亏平衡点 (BEP) 分析	-净现值 (NPV)		
-自家公司分析	-服务	-现金流 (CF) 分析	-内部收益率 (IRR)	**企业与组织文化**	
-基本战略		-预算与预算执行管理			
-收益模型				**知识管理**	
企业并购等					

*1（安全性、收益性、生产性、成长性）　*2（产品、部门、顾客、个人等）

的事业部负责人的职责内容所涉甚少。

　　这就意味着，即便初学者是一位自己创业的老板，但凡他的事业还没发展到多角化经营③的程度，也就是还没有所谓"分公司"，那么学习这些科目就会让他晕头转向，觉得许多知识点和自己正在干的事业没什么关系。

　　由此，就有了从不同的层次，即"总部层次"和"事业部层次"去呈现上述6个领域的知识点的必要。如图008所示，可以把经营学的6个领域的内容，分割成"总部6个领域"和"事业部6个领域"2个层次的知识群。前者适合企业的高管团队学习，后者则适合所有初学者学习。

　　在这张"6个领域×2个层次"的图表中，我们可以清晰地看到除了"市场营销"和"实操"之类专属事业部（分公司）的项目之外，其他许多项目，特别是和投融资有关的项目，都

---

① 　一种有用、便捷的分析工具，方便了解目前的处境。SWOT代表的是优势（strength）、劣势（weakness）、机会（opportunity）和威胁（threat）。——编者注

② 　Product Life Cycle，即产品生命周期。——编者注

③ 　指企业的经营范围超过原有领域而同时经营两个以上的行业的经营战略与经营形式。——编者注

図008 | MBA基础项目：6个领域×2个层次

	1 经营战略	2 市场营销	3 会计	4 金融	5 人员与组织	6 实操
总部层次	**经营理念和愿景** **总部的战略和资源分配** -项目投资组合管理（PPM） -中期经营计划 **企业并购等**		**财务会计** -收入与成本 -账务项目 -损益表（P/L） -资产负债表（B/S） -现金流表（CF） **管理会计** -财务分析[1] -原价和利润计算[2] -预算与预算执行管理 -现金流（CF）分析	**资金筹措与资本政策** -借入 -风险投资（VC）与股票上市（IPO） **事业价值评估与决策** -自由现金流（FCF） -资金成本 -净现值（NPV） -内部收益率（IRR）	**组织管理** -组织形态 -组织开发 **人事管理** -人事考核与薪酬管理 -录用与培训、调职 -人才开发 **领导力** **企业文化** **知识管理**	
事业部层次	**事业愿景与事业战略** -事业分析（SWOT等） -事业特性 -竞争对手分析 -自家公司分析 -基本战略 -收益模型	**市场战略** -市场分析（PLC） -市场细分 -锁定市场目标 -市场定位 **市场营销组合拳** -产品 -价格 -场所 -促销 -服务	**财务会计** -收入与成本 -账务项目 **管理会计** -原价和利润计算 -盈亏平衡点（BEP）分析 -预算与预算执行管理 -现金流（CF）分析（具体项目）	**资金筹措** -众筹	**组织管理** -组织形态 **人事管理** -录用与培训、调职 **领导力** **组织文化** **知识管理**	**产品特性** -需求分析 -产品体系架构 **执行管理** -原材料调配 -生产 -物流 -销售 -售后服务

*1（安全性、收益性、生产性、成长性）　　*2（产品、部门、顾客、个人等）

从"事业部6个领域"的项目群中消失了。

03 | 商业模式的理解和构筑是事业经营的核心

▶ 所谓"商业模式"，就是"高度简化了的现实"

我们这个世界的所谓"现实"，无论是每个人的人生还是某一个老板的小生意，全部与"人""财""物"这三个基本要素密切相关。这三个要素彼此纠缠，共同构成了无比复杂的"现实"。

坦白地说，完全透彻地理解并绝对高效地经营这样的"现实"，其本身是不现实的，也没有这样做的必要。所以，如果想经营好人生或事业，就一定要现实一点，一定要从现实出发，把复杂的"现实"简单化，按照不同的功能分门别类地予以处理。

具体地说，如果你有一个项目，或者开了一家公司，甭管这个项目和公司的规模有多小，你都必须做到"麻雀虽小，五脏俱全"。比如，想管钱就要有财务部，想做广告就得有市场营销部，想卖东西就得有销售部，想做东西就得有生产部，想拟定战略就得有企划部……

但是，所谓"经营事业"，不是零打碎敲地去经营，而是必须要有章法，有规矩，成体系，高效率地去统合运营。为达此目的，就不能拘泥于某一个具体职能看问题，而必须横向打通所有职能看问题。非如此，你的事业不可能成功。而这种被横向贯通了的综合职能体系，就是所谓"商业模式"。

所谓"××模式"，就是"将××的构造进行单纯化、极简化处理所得到的模型"。

比方说，虽然将复杂的人类全部模型化处理不大可能，但人类的步行状态却可以进行极简化和模型化处理。如图009所示，只需13根硬纸棒，外加12枚大头针，就足以将人类行走的状态传神地模拟出来。

同样的道理，所谓"商业模式"，就是"将商业极简化的模型"。而本书将以极简化的4个要素（图010）为基础，去探讨商业和商业模式的话题。这4个要素是：市场目标、价值、能力以及收益模型。其详细内容请参考接下来的章节，这里只做一个简单的、概括性的描述和说明。

图009 | 人类步行状态的模型化

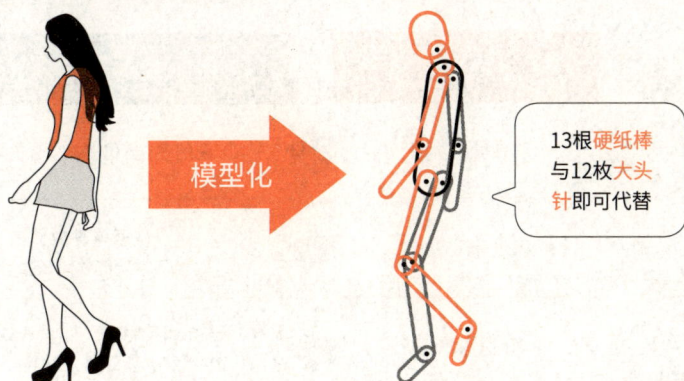

模型化

13根硬纸棒与12枚大头针即可代替

商业模式的4个要素

（1）市场目标（你该瞄准谁）

所谓"商业（生意）"，是指能够获取收益的社会活动，说白了，就是"能赚钱的事"。既然如此，任何商业活动必然会有商品或服务的利用者以及为其买单的人。这便是商业活动的所谓"目标（市场标的）"。

●市场目标 = 利用者、买单者等

必须强调的是，市场目标不仅仅包括直接使用商品或接受服务的顾客，任何与商业活动的成立有关的人，即利益相关方，都在商业活动必须瞄准的目标之列。这一点务必要深刻理解。

（2）价值（为市场目标提供的价值）

为什么有人会使用你的商品、利用你的服务并愿意为其买单？因为你的商品和服务有他们需要的价值。问题在于，如果你的顾客是企业（即所谓B2B[①]模式），那么价值判断相对明确、相对容易，无非是产品或服务的性能、质量、价格、交货期、售后服务等方面的内容。而这些内容均可以用客观标准准确地衡量出来。但如果你的顾客是普通消费者（即所谓B2C[②]模

---

① 企业对企业电子商务（Business To Business）。
② 企业对顾客电子商务（Business To Consumer）。

	商业	自家公司/竞争对手
市场目标 （顾客）	对谁提供价值？	使用者、支付者、广告主等
价值 （价值提供）	提供什么价值？	快乐与喜悦 基本功能+QCDS
能力 （执行/资源）	如何提供价值？	流程（研发、全员质量管理、客户关系管理、供应链管理等）与资源（人才等）
收益模型 （利润）	如何让项目赢利？	销售额 − 成本 （换刀模式、免费增值模式等）

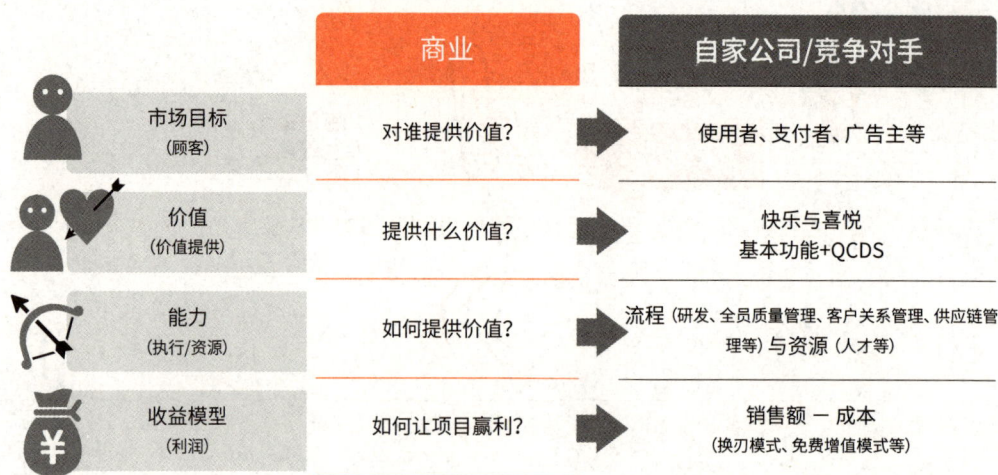

式），那么价值判断就会变得模糊与多样。比如"快乐""喜欢""酷"等等。显然，这样的价值判断大多是主观的（消费者的主观意愿或感受），尽管非常有趣，却不容易衡量。

- 价值 =（企业客户）基本价值与QCDS[①]
- 价值 =（普通消费者）品牌、感受等复杂因素

（3）能力（如何向你的市场目标提供价值）

商品一旦被开发出来，就需要通过营销与销售环节接受订单；拿到订单后，需要采购原材料进行生产；生产完毕后，需要通过物流环节将商品送抵客户处；客户拿货后，需要进行货款回收以及售后服务等环节，为整个商业流程收官。总之，没有数量众多的人力资源和经营资源（生产、运输设备等）的支撑，如此复杂的实操流程是不可能成立的。显然，在这一流程中，大量的经验、心血不可或缺，否则必然会在激烈的竞争中惨败。

从结论上说，所谓"能力"，范围非常之广。其内容涉及研究与开发（R&D[②]）、市场营销、销售、售后服务、生产资料的筹措与分配、产品制造、物流、会计财务、人事组织、经营与事业管理等商业流程的所有环节。

---

① 质量（Quality）、成本（Cost）、交货期（Delivery）、服务（Service）。
② 即research and development的简称。——编者注

- 能力 = 经营资源（资源的筹措与分配）+ 实操（资源的使用）

（4）收益模型（你的付出与收获是否匹配）

即便前3个要素全部具备（即搞定了市场目标、价值和能力），如果不能找到一个收益大于成本的经营模式，你的生意也是不可持续的。而做到这一点，就需要用到所谓"收益模型"。

具体地说，你的收益未必全部从商品的使用者那里获取。想在你这里做广告的人会付给你广告费（广告模式），想帮助你的人会给你捐款或帮你筹款（捐赠或众筹模式）。另外，将实物商品的价格压得很低，通过销售其周边的低值易耗品或干脆通过提供服务来挣钱的"换刃模式"，乃至实物商品完全免费赠送，以此迅速增加客户，占领市场，在"跑马圈地"完成之后再收取会员费之类的"免费增值模式"，等等，都是非常常见的商业收益模型。

- 收益模型 = 销售额 − 费用成本（包括换刃模式或广告模式等）

顺便说一句，随着20世纪90年代互联网的普及，收益模型的种类变得越发复杂多样。比如网络自媒体的收益模型（即通过点击量去获取商业利益）就非常具有代表性。这一点需要引起特别关注。

▶ 如何用"商业模式"的视角观察"事业部层次"的经营学

所谓"事业经营"，是指在某个具体的事业领域能够创建公司独有的商业模式，并使其运转良好的经营活动。

由此，上述4个基本要素到底应该在什么地方、以什么理由及什么方式彼此联结，并能够成功地运转，这一点应该成为初学者学习经营学的起点。至于前面提到的那些涉及"经营学的6个领域"的专业术语，比如"市场营销"或"会计学"等概念，仅仅是达成这一目的的某些具体手段而已。

那么，以商业模式的视角重塑事业部层次的经营学，我们将看到什么样的风景呢？

具体结论如图011所示。

也就是说，关于事业经营（或项目运营），我们需要做以下几件事：

- 为了锁定"市场目标"和"价值"，需要学习"经营战略论"和"市场营销论"方面的知识；

图011 | 经营学的6个领域与商业模式之间的关系

	1 经营战略	2 市场营销	3 会计	4 金融	5 人员与组织	6 实操
市场目标	**事业战略** -基本战略 (市场全体或市场缝隙)	**市场战略** -市场分析 (PLC) -市场细分 -锁定市场目标				
价值	**事业战略** -基本战略 (成本/附加价值)	**市场战略** -市场定位 **市场营销组合拳** -产品 -价格				
能力	**事业战略** -基本战略 (垂直/水平)	**市场营销组合拳** -场所 -促销 -服务			**组织管理** -组织形态 **人事管理** -录用与培训、调职 **领导力** **组织文化** **知识管理**	**产品特性** -需求分析 -产品体系架构 **执行管理** -原材料调配、生产、物流、销售、售后服务等
收益模型	**事业战略** -事业特性 -收益模型 (免费增值模式等)	**市场战略** -锁定市场目标 **市场营销组合拳** -价格	**财务会计** -收入与成本 -账务项目 **管理会计** -原价和利润计算 -盈亏平衡点 (BEP) 分析 -预算与预算执行管理/现金流 (CF) 分析	**资金筹措** -众筹		

- 为了设计与实现"能力"，需要学习"人力资源论""组织论"和"实操论"方面的知识；
- 为了建立"收益模型"，需要学习"会计论"方面的知识。

以上就是我们学习经营学基础的目的。

另一方面，把上述这些说法反过来理解也成立。即：

- 之所以学习"经营战略论"和"市场营销论"，是为了锁定项目（事业）的"市场目标"和"价值"；
- 之所以学习"人力资源论""组织论""实操论"以及"市场营销论"（如广告促销、

售后服务）的某些部分，是为了形成项目（事业）的"能力"；

●之所以学习"会计论"以及"市场营销论"（如价格制定）、"经营战略论"（如事业特性）的某些部分，是为了建立项目（事业）的"收益模型"。

▶ 孙武（孙子）打仗，从来都是先进行沙盘推演（战前分析）再开战

迄今为止，最受世界各国政治家和军事家推崇的、人类战争史上最伟大的战法经典，当属中国春秋时期的一代名将孙武的巨作《孙子兵法》。

在始于《计篇》（开战前的思考、谋划过程），终于《用间篇》（谍报活动的策划与实施），包含13篇文章的《孙子兵法》中，军事大家孙武最重视的无疑是《计篇》中的"庙算"（中国古老的战略决策形式，类似于今天流行的沙盘推演）环节。也就是说，在正式开战前的军事会议中，对敌我双方的状况进行最为详尽、最为彻底的分析比较，从而达到"知己知彼，百战不殆"的战略目的，是孙武军事理念的基础与前提。

那么，孙武的战前分析主要有哪些项目呢？

用4个字概括，就是"五事七计"。

具体地说，所谓"五事"，即"道"（为政者与庶民能否团结一致）、"天"（气候等自然条件）、"地"（地形）、"将"（战争策划及指挥者的力量）、"法"（制度、纪律、军规）。所谓"七计"，即敌我双方，哪一方的君主更受拥戴，更能掌握人心；敌我双方，哪一方的将军更优秀；天时、地利在哪一方；哪一方更能恪守军规；哪一方的军力更强；哪一方的兵员训练得更彻底、更高效；赏罚分明的原则哪一方执行得更好、更让人信服。

单看"七计"我们就能明白，对开战，孙武最重视的不是战略定位，而是兵员和武器的数量，以及"人"的要素——君主与将军的领导力，兵员的军事技能、个人素质（政治素养，服从命令听指挥），以及动机激励（士气的鼓舞）等，这些才是决定胜败的关键。

按照经营学的说法，"能力"这一条才是万条之首，是最重要的决定性因素。

当然，在战略定位方面，孙武也是绝顶高手。比如说利用有利地形，选择决战之地，在先于敌方抵达战场的前提下，想尽一切办法诱敌深入，并予以歼灭。这也是孙武的拿手好戏。由于战役是在己方军队先抢占有利地形，并准备充分的情况下开始的，所以几乎没有失败的可能（参照《孙子兵法》的《虚实篇》《军争篇》《行军篇》《地形篇》）。

但是，正因为孙武身为一军之帅，肩负战争策划者与指挥者的重责，也便越发深晓发动战争绝非等闲之事的道理。他将战争理解为国家面临的某种严重事态，稍有不测便会动摇国运，所以绝不会轻易开战。

他极为重视"庙算",绝不冒无谓之险,绝不打无把握之仗,所以能够做到百战百胜。

不过,即便如此,孙武依然认为"百战百胜并不是战争的最佳结果","不战而屈人之兵"才是胜利的极致表现。(《孙子兵法·谋攻篇》:是故百战百胜,非善之善者也。不战而屈人之兵,善之善者也。)

总之,经营事业和打仗是一个道理,要像孙武那样把一个事业或项目的方方面面彻底吃透、消化,严肃认真地按照客观规律办事。这就意味着,无论是市场营销、实操还是会计,无论你擅长哪一项,对哪些东西最有把握,都不可过于自信。

现在,我们已经初步了解了经营学的基础知识,做好了一定的准备。接下来让我们重新回归越后屋的话题,看一看三井高利一家子是怎么搞经营的,以及这些经营手法是如何让这家人成功实现日进斗金的梦想的。

04 以商业模式的视角观察越后屋，会发现什么？

▶ 越后屋向市场提供了4个新价值

当以商业模式的视角重新审视越后屋的巨大成功时，我们会有哪些新发现呢？

首先来看看"**价值**"。

我认为，与竞争对手相比，三井高利在江户开设的越后屋为市场提供了以下4种截然不同的价值：

- **"立等可取"的定制模式以及现成的商品**：省去了数月等待的麻烦。
- **定价销售**：对所有客户一视同仁，以同价销售，不会因为对象不同而设定不同的价格（即消灭了传统的"一人一价"现象）。
- **切断销售**：可以将大尺寸的整块布匹分割销售，即允许销售小尺寸的碎布，令顾客选择更多，主动权更大，进而增加了顾客来店的意愿。
- **低价格**：同样的商品，价格要比竞争对手的便宜许多。

以上，对顾客来说都是令人愉快的"正价值"。当然，越后屋的商业模式革新中也存在着让顾客不太舒服的"负价值"。比如，交易只能用现金（绝不赊账）。不过，因为总体而言顾客的得比失大，所以大多数顾客都接受了这一条，它并没有给越后屋的生意造成太多麻烦。

▶ 越后屋将瞄准的目标从富裕阶层转向了中间阶层

让我们来看看江户城的历史。

其实，江户本来是为德川武士所建的只有15万人口的小城镇。不过，在实行参觐交代①制度之后，各地的大名（相当于中国的地主或地方权贵）纷纷在江户置产居住，由此产生了种种

---

① 日本江户时代的一种控制各大名的制度。那时，各藩的大名必须定期前往江户替幕府将军执行一段时间的政务，然后才可以返回自己的藩地。

日常生活的需求。为了满足这一需求，江户城一下子多了许多商家和居民，城市人口一举超过50万，而其中半数以上都是手工业者或经营服务业的普通庶民。

因此，尽管"交易只能用现金"这一条令富裕阶层的客户（比如大名、武士等）不太高兴，但上述4种"正价值"极大地取悦了以普通江户市民为中心的中间阶层的客户。毕竟无论是熟客还是生客，大家都是以同一个价格购买商品；而且低价格的制成品随时可以买到，不用长时间等待，这也让大家非常受用。事实上，因为价格便宜，服务周到，许多富裕阶层的客户也成了越后屋的常客。

总之，与竞争对手只瞄准富裕阶层不同，越后屋将自己的事业目标扩展到广大的中间阶层这一点，为其赢得了压倒性的竞争优势。

▶ 越后屋的收益模型是"低成本的薄利多销"

拥有规模庞大的客户群，然后以极低的价格向其大量出售现成的制成品。越后屋吴服业务的收益模型是典型的"薄利多销模式"。

当然，越后屋之所以能够做到"低价格"，不仅仅是因为"利润薄"。其逻辑是：正因为销量大，所以能够大量采购原材料和零部件；正因为采购量大，所以源于西日本（京都地区）的原材料和零部件，可以以极低的价格购进。不只如此，因为大量销售现成的制成品（而不是只接受量身定制业务），所以可以事先雇用大量不同岗位、不同专业的工人，将裁剪与缝制等复杂的工序一次性同时完成，从而极大地提升了生产效率，压低了人工费等成本。

总之，正是因为有了新目标（中间阶层）和新价值（制成品等）的成功组合，商品的低价格化以及由此产生的"薄利多销模式"才成为可能。

特别需要指出的是，正是因为严格执行了"现场现金"的交易模式，长期困扰吴服店老板的"坏账导致倒闭"的现象才被越后屋成功克服了。而越后屋之所以能做到这一点，也与目标的转移，即从贵族、武士转向普通市民这一商业模式的革新有着密切的关系。毕竟坏账大多源于上层贵族的购买，也大多源于大批量购买。而普通市民不可能做这种"大生意"，他们日常手里总会有些小钱，所以在现场用现金购买反而更方便。

▶ "店铺大型化"和"专业分工"支撑了越后屋的商业模式

那时，越后屋的竞争对手惯用的销售手法是"上门销售"，而这种方法在应对数量众多的客户时效率太低。毕竟这种销售手段只有那些同时精通许多不同类型商品销售的资深从业人员才能应付。

　　鉴于此，<u>越后屋大胆改革，将"上门销售"改为"来店销售"。</u>由此便有了"能力"转换的必要。具体地说，就是"店铺大型化"。大型店铺的出现使从业人员的专业分工成为可能。<u>根据不同的商品、不同的岗位招聘不同的员工，员工培训也变得格外简单。</u>只要每个人学会并做好分内的事即可。由于人才的早期培训成为可能，越后屋扩张店铺的速度得到了极大的提升。

　　另外，正如前面所提到的那样，"销售制成品"这一新模式的出现，也让许多拥有某项专业技能的人，比如裁剪或缝制匠人，有机会加入越后屋的事业，从而在"能力"方面极大地提升了越后屋的综合竞争力。（图012）

▶ 越后屋的商业模式的所有环节均与竞争对手差异很大，因此极难被模仿

　　总之，越后屋吴服业务的成功，得益于"现场现金"交易模式，市场目标向中间阶层转移，薄利多销且没有坏账的盈利模式，店铺大型化促进了"专业分工"等"能力"的提升。

　　换言之，这是一种经营方式的全方位改革，商业模式的4个要素均有了颠覆性的变化，且彼此相连、互为因果，因此极难被模仿，更别说被超越了。

　　比方说，即便竞争对手想照搬越后屋的"现场现金"交易模式，如果不改变市场目标，也就是潜在客户群，那些老主顾（贵族和武士等）也不可能买账。

图012 | **越后屋吴服生意的商业模式**

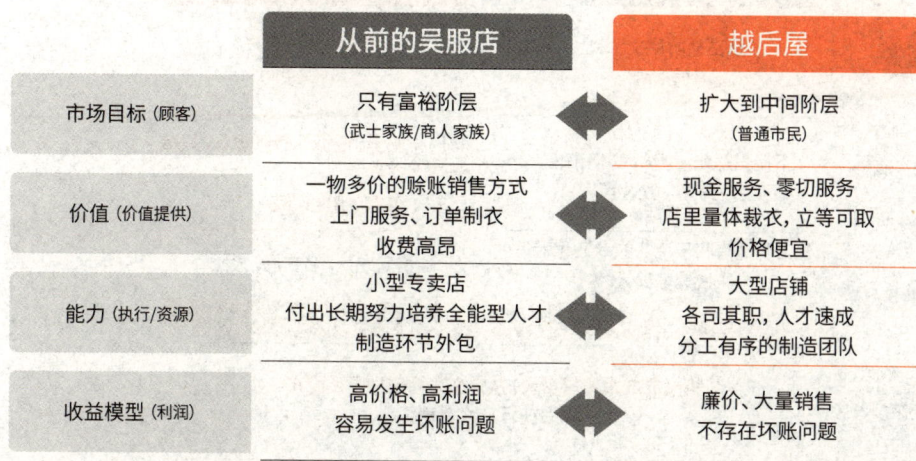

	从前的吴服店	越后屋
市场目标（顾客）	只有富裕阶层 （武士家族/商人家族）	扩大到中间阶层 （普通市民）
价值（价值提供）	一物多价的赊账销售方式 上门服务、订单制衣 收费高昂	现金服务、零切服务 店里量体裁衣，立等可取 价格便宜
能力（执行/资源）	小型专卖店 付出长期努力培养全能型人才 制造环节外包	大型店铺 各司其职，人才速成 分工有序的制造团队
收益模型（利润）	高价格、高利润 容易发生坏账问题	廉价、大量销售 不存在坏账问题

又或者，即便那些竞争对手也想实现"店铺大型化"，让无数普通市民来店购买，但如果不同时打出"切断销售"和"薄利多销"的组合拳，普通市民也不可能买账。再者说，"来店销售"模式一旦实行，那些"上门销售"领域的老资格店员便会成为企业的负资产，而解雇这些骨干员工对任何一家店而言都绝非易事。

坦白说，越后屋建立的新型商业模式无论从哪个方面来看都绝非秘密，也没有任何诀窍，可正是因为"变化是方方面面的"，所以模仿的难度极大。

▶ "换钱商"与"吴服店"业务相结合的大型集团化营商模式

高利的另一个撒手锏是开辟了"换钱商"这一崭新的事业领域。在这一领域里，高利成功地将事业版图扩展到了西日本的大阪城。

这一成功对三井家族的商业帝国来说意义非同小可，不但扩展了新项目、新事业，有了新的赚钱机会，还让西日本的资金成功地润泽了东日本的生意。由此，两大业务的有机组合明显地改善了三井家族的收益模型，让三井家赚得盆满钵满。（图013）

三井高利去世之后，长子高平为了进一步高效统治这个庞大的商业帝国，又为家族事业引入了新的"能力"，也就是我在前面提到过的"大元方"（公司总部）制度。自从有了"大元方"，三井集团的所有下属分支机构都成了事实上的持股公司，在市场分工、统合管理与经营

图013 | 越后屋的大商业模式

	吴服店	换钱商
市场目标（顾客）	从富裕阶层扩大到中间阶层	将幕府纳为客户 （大阪城御用银）
价值（价值提供）	不接受赊账，廉价、零切销售，店里制作，立等可取	幕府：安全、低价的转账服务，只接受现金交易 三井：得到信用和资金
能力（执行/资源）	分工明确有利于企业的专业化转型和快速培养人才	覆盖东京、名古屋、大阪
	控股母公司（大元方）统领集团经营	
收益模型（利润）	以极低的成本筹措资金，从京都等西部地区调配布匹，然后在江户大量销售	

效率等方面均取得了划时代的进步。

总之，崭新的收益模型（大阪城的公金兑换）、崭新的能力（大元方），助推了大型商业模式的构建，是三井家族得以长期繁荣的关键所在。

还是那句话，"现场现金"交易模式并不能天然地带来"低价销售"的特质。正因为三井家族从高利、高平时代开始，便对传统吴服店的商业模式进行了全方位的改革，其生意才能够始终享有"低价竞争"的优势。而这一点，恰恰是所有竞争对手最难模仿的。

05 | 如何利用本书学习经营学

▶ 学习经营学，你的目的是什么？

说了这么多关于商业模式"目标"的话题，也该聊聊本书的"目标"了。简而言之，本书主要的目标读者为经营学的初学者。

虽说每个成年人都可以成为本书的读者，但我还是建议每一位读者在阅读本书前一定要好好想一想：我到底为什么要学习经营学？

我之所以这样说，是有理由的：学习经营学的目的不同，本书能够提供的"价值"也会发生明显的变化。因为目的不同，侧重点就会不同，需要学习的具体内容也便有不小的差异。

让我们具体分析一下。

● **改善：如果你是为了理解、改善自己现在所处的职场环境**（包括你打工或上班的地方，抑或你的生意伙伴的环境），那么你就需要从与你现在的工作有具体关联的地方，或者能够让你明显产生问题意识的地方开始本书的阅读。

● **创业：如果你是为了做项目、开公司、当老板**，那么你就需要将本书从头读到尾，且特别需要关注书中关于"事业部层次"的内容。

● **兴趣：如果你学习经营学纯粹是兴趣使然**，那么不妨先简单地看看目录、注释、图表，找一找自己感兴趣的东西。毕竟对那些你不感兴趣的东西，你即便勉强自己，也看不进去，读不下来，学不到什么东西。

无论怎么说，本书是一本基础读物、入门读物，提供不了太过高深的内容。如果你通过本书的阅读对某个话题产生了特别浓厚的兴趣，并希望针对这个话题进一步深度学习，那么你可以再买一本内容更深的专业书。

只不过，在那本更为专业的书到手后，你也依然不应忘记学习经营学的初衷。毕竟只有目的明确，才能产生问题意识；而问题意识的产生，能够促成学习过程的自然深化。换言之，"我想解决某个问题"，当这样一个明确的目标树立于前方的时候，你便很容易发现自己到底哪些地方存在不足，也很容易产生学习动机。

▶ 从略感棘手的地方开始读

即便是"事业部层次"的内容，涉及面也相当广，需要创业者掌握的知识点也相当多。失败之后才蓦然发现"有些东西漏学了"是没有用的，将失败的责任推卸给负责执行的下属则更是没有出息的表现。毕竟授权给下属的人是你自己，而你到底将什么东西拜托给了下属，这样的一种"拜托"有可能隐藏着什么样的问题点、风险点，搞清这些事情是领导者、指挥者的职责所在。如果对这些问题没有深刻、透彻的理解便匆匆授权于下属，你的下属便不可能给力，你的事业也不可能成功。

作为创业者和经营者，你的注意力不应该局限于项目的每一个细分领域，你应该站在全局的视角下观察乃至把控你的项目。项目是否正朝着既定目标顺利推进，这一点需要从成长与收益两个方面进行把握，如发现有不足的地方，就要不惜一切代价弥补这些不足。这才是经营者该干的事。

- ●**收益：** 仔细观察、审视你的收益模型，找出销售额或成本体系中的问题点，予以改进。即便销售额能够达标，也应通过进一步的"能力"建设提高项目的运营效率，进而大幅削减成本，增加利润。
- ●**成长：** 如果销售额迟迟无法提高，那大概率是"市场目标"或"价值"的某些方面出了问题，应及时予以调整乃至改变。又或者，就算"市场目标"和"价值"没有出问题，也应随时加强"能力"建设，以便将既定"市场目标"与"价值"的潜力最大限度地激发出来。

总之，当你阅读本书的时候，最好从自己略感棘手的地方切入。因为那些地方才是你的问题所在，也是你的潜在收获所在。

▶ 通过商业模型图对案例与观点进行整理、讲述

常言道，教学相长。教授他人知识的过程，也是教授者自身学习的过程。毕竟如果自己对事物的本质没有深刻、全面的理解，也不可能教会他人。

你不妨在读完本书之后，或在阅读本书时，做一个小小的尝试，即利用阅读本书所得到的知识与启发，向他人解释一下什么是经营学。而这样的一个过程，将有助于你对本书的理解，乃至进一步深化这些理解，直至将所有的知识彻底变成你自己的东西。

不必担心找不到可谈的话题。你身边到处是可供选择的题材：无论是你自己公司的项目或

商品，还是你从书报杂志中看到的他人创业的成败案例，都可以拿来一用。

具体操作方法是：先把这些题材中蕴含的繁杂信息以（本书中介绍过的）商业模型图的方式记录下来，然后基于商业模型图的思考框架对这些信息进行分析整理，逐一破解其中的奥秘。比如说哪个环节的哪些信息有所欠缺，抑或哪个环节的哪些信息彼此之间的关联方式存在问题，所以才导致了项目的不顺或失败。这些关键点将逐一水落石出，清晰地呈现在你面前。

在此基础上，你可以将自己的思考过程、逻辑依据和研究成果大胆地向他人讲述一番，看看他们的反应。

偶尔做做这样的刻意训练，对你彻底掌握经营学这门学问有莫大的助益。

总之，信息需要整理，整理得越彻底、越完善，就越容易传递给他人。不过，即便你自认为做好了信息整理，也别太自信。还是那句话，不妨尝试将自己整理好的东西讲述给他人听，让他人做一番评判。这样一来，你很容易发现自己整理信息的过程中有所欠缺的地方，从而能够及时补足这些欠缺。

剩下的事，就是不断重复这个流程：寻找题材，深入思考，记录并整理信息，向他人讲述。只要你能坚持不懈地践行这一点，假以时日，掌握经营学这门学问，成为创业或做项目的高手，这些终极目标必将实现。

▶ 如何阅读和理解本书接下来的章节

通过阅读本章的内容，我们学习了三井越后屋的创业逻辑，并对经营学的基本结构及重塑方式有了大概的了解。

总而言之，经营学是"6个领域"与"2个层次"的结合体。其中，"事业部层次"与"总部层次"的内容混杂在一起，6个领域的知识也分别有各自的存在理由和存在方式。因此，初学者无须操之过急，不要总想着把经营学这门学问作为一个整体，一次性拿下。

由此，本书的一个基本脉络是：尽量将某个特定的商业项目作为研究对象，紧紧围绕着该项目，抽丝剥茧地详细讲述具体的知识点与操作技能。所以本书将尽可能避免触及"总部层次"的内容，而是主要聚焦于"事业部层次"的话题，以商业模式的视角和顺序逐一讲解，层层深入，直至达成最终的学习目的（图014）。

这个顺序是：第一章"目标"，第二章"价值"，第三章"能力"，第四章"收益模型"。而作为运营项目所需的3个附加要素，"事业目标""共同语言"及"IT和AI"方面的内容将在第五章呈现。

第六章的内容将涉及经营战略论的百年变迁以及经济学（特别是以市场中的经济主体为主要研究对象的微观经济学）的基本概要。

对那些经济学基础知识相对匮乏的读者来说，提前预习也许颇有助益。

最后，还有一点需要特别强调。即便是同一个行业，立场不同，项目的属性也会有所不同；同理，即便是同一个项目，在不同的条件与环境背景下，其运营方针或商业模式也将有很大的差异。这一点，通过本书的学习，特别是阅读了那些和咖啡生意有关的案例后，相信读者一定会深有感触。

顺便说一句，咖啡的话题将贯穿本书始终，读者可以特别留意一下，并随时做好"比较分析"的心理准备。

好的，接下来，在即将开始正题之前，让我们简单了解一下咖啡馆的诞生经过以及咖啡生意的历史沿革。

图014 | 从目的而不是具体领域出发，去学习经营学

MBA

	1 经营战略	2 市场营销	3 会计	4 金融	5 人员与组织	6 实操
总部与事业部	**经营理念和愿景** **总部的战略和资源分配** -项目投资组合管理（PPM） -中期经营计划 **事业战略** -事业分析（SWOT等） -事业特性 -竞争对手分析 -自家公司分析 -基本战略 -收益模型	**市场战略** -市场分析（PLC） -市场细分 -锁定市场目标 -市场定位 **市场营销组合拳** -产品 -价格 -场所 -促销 -服务	**财务会计** -收入与成本 -账务项目 -损益表（P/L） -资产负债表（B/S） -现金流表（CF）	**资金筹措与资本政策** -借入 -风险投资（VC）与股票上市（IPO） -众筹 **事业价值评估与决策** -自由现金流（FCF） -资金成本 -净现值（NPV） -内部收益率（IRR）	**组织管理** -组织形态 -组织开发 **人事管理** -人事考核与薪酬管理 -录用与培训、调职 -人才开发 **领导力** **企业与组织文化** **知识管理**	**产品特性** -需求分析 -产品体系架构 **执行管理** -原材料调配 -生产 -物流 -销售 -售后服务

事业部经营×商业模式

	1 经营战略	2 市场营销	3 会计	4 金融	5 人员与组织	6 实操
市场目标战略	**事业战略** -基本战略（市场全体或市场缝隙）	**市场战略** -市场分析（PLC） -市场细分 -锁定市场目标				
价值提供战略	**事业战略** -基本战略（成本/附加价值）	**市场战略** -市场定位 **市场营销组合拳** -产品 -价格				
能力战略	**事业战略** -基本战略（垂直/水平）	**市场营销组合拳** -场所 -促销 -服务			**组织管理** -组织形态 **人事管理** -录用与培训、调职 **领导力** **组织文化** **知识管理**	**产品特性** -需求分析 -产品体系架构 **执行管理** -原材料调配 -生产 -物流 -销售 -售后服务
收益模型战略	**事业战略** -事业特性 -收益模型（免费增值模式等）	**市场战略** -锁定市场目标 **市场营销组合拳** -价格	**财务会计** -收入与成本 -账务项目 **管理会计** -原价和利润计算 -盈亏平衡点（BEP）分析 -预算与预算执行管理 -现金流（CF）分析	**资金筹措** -众筹		

▶ 鲜为人知的数据：你可知道，咖啡生意是日销25亿杯，年销售额达数千亿美元的大生意？

咖啡原产于埃塞俄比亚。除了咖啡豆，咖啡果及咖啡树的嫩叶亦含有咖啡因，因此从古时开始，咖啡便成为当地人在日常生活、宗教仪式或行军打仗时所必须携带的食物。咖啡既能使人精神放松，又能驱除困意，令人神清气爽，所以备受人们喜爱。（图015）

时至今日，全世界的咖啡消费量已达到日销25亿杯的规模，在所有饮料中，这一销售数量仅次于茶[①]（日销68亿杯），如果不算"水"的话。

现如今，咖啡生意的市场规模（年销售总额）已达数千亿美元。

2018年，驰名世界的美国老牌饮料巨头可口可乐公司以51亿美元的大手笔收购了英国咖啡连锁店Costa（咖世家），一时间成为坊间热议的话题。而这家美国的百年老店之所以在手握王牌（可口可乐）的情况下还要出此狠招，想必是因为充分洞察到咖啡生意的巨大潜力。换言之，他们意识到与自家的碳酸饮料生意相比，咖啡生意才大有前途，拥有无限宽广的市场前景。

▶ 关于咖啡的商业创新史

不过，作为一种日常饮料，咖啡与公众见面却并没有悠久的历史。烘焙咖啡豆，然后磨粉、过滤、提纯，这一制作咖啡饮料的工艺技术发明于18世纪。

相比之下，制茶工艺、泡茶技术及其相关文化传承（如茶道）已有千年以上的历史。这样看来，咖啡算得上饮料家族的后来者、"小兄弟"了。

但是，从供人们享受某种饮料的专门店来看，这个"小兄弟"（咖啡）则走到了"老大哥"（茶）的前面。事实上，时至今日，即便是在茶文化发源地的东方国家，传统的饮茶店（茶馆）生意也已经逐渐式微或变异（如最近颇为流行的奶茶店）。而与此同时，

---

① 根据发酵的程度，茶可以分为绿茶（无发酵）、乌龙茶（半发酵）、红茶（完全发酵）、普洱茶（后发酵）等品种。

图015 | 咖啡生意变革史

大事记		案例

咖啡的诞生

公元9世纪	埃塞俄比亚人发现咖啡豆
公元9世纪	作为秘密药材被饮用
公元13世纪	伊斯兰教徒开始烘焙咖啡豆

咖啡店的诞生

1511年	埃及开罗出现咖啡铺
1652年	02 英国伦敦出现"咖啡屋"
1686年	01 法国巴黎出现"普罗科普"咖啡屋

01 咖啡最初是为特定顾客准备的

02 劳埃德咖啡屋演变为劳埃德保险

第一波咖啡浪潮

1938年	雀巢公司发明速溶咖啡
1950年	日本兴起饮茶室热潮
1969年	UCC罐装咖啡诞生

03 瞄准"第三空间"的星巴克

第二波咖啡浪潮

1980年	04 罗多伦1号店开业（位于原宿）
1980年至今	7-11便利店开始经营咖啡销售业务
1987年	03 星巴克再出发

04 "一等地段、半价销售"战略

05 以咖啡本身的品质取胜的蓝瓶咖啡

第三波咖啡浪潮

1986年	07 雀巢奈斯派索胶囊咖啡诞生
2007年	05 蓝瓶咖啡1号店开业
2013年	06 "柒咖啡"终获成功

06 屡败屡战，命运多舛的"柒咖啡"

07 靠胶囊咖啡大赚的奈斯派索

咖啡店正如雨后春笋一般遍布亚洲各地，不断侵蚀着茶馆的地盘。

那么，咖啡店的历史沿革又如何呢？

1511年，埃及首都开罗开了一家咖啡铺，这个小铺子可被视为现代咖啡店的雏形。1554年，土耳其伊斯坦布尔出现了一家叫"迦耐丝"的咖啡馆。1652年，英国伦敦诞生了著名的"咖啡屋"品牌，并在10年内扩张到了2000余家分店。1686年，法国巴黎开了一家叫"普罗科普"的咖啡屋，很快这股开店热潮席卷了整个法国。

至此，以咖啡为中心的饮食新业态——咖啡行业正式确立。

之后，咖啡店以如虹的气势不断地进行各种类型的自我革新，并迅速将最新成果扩展到全世界。

比如，今天我们耳熟能详的雀巢速溶咖啡、UCC罐装咖啡、罗多伦（Doutor）早餐咖啡、星巴克"第三空间"等等，都是咖啡行业数百年历史沿革的产物。

本书的第一章到第四章，将会把这一演化过程作为案例介绍给大家。如果大家能够以商业模式的视角观察、思考、分析这些案例，并据此参透案例中所蕴含的革新之道，那实在令笔者欣慰。

第一章
TARGET

锁定目标：
要瞄准谁？

目标不明，你的事业就会迷路

▶ 所谓"目标"，一般指"顾客"

只要做生意，顾客便不可或缺。就像没有观众的戏剧演出或体育比赛无法进行一样，没有顾客的商品与服务也毫无意义。

因此，一般来说，在与商业模型有关的话题中提到的所谓"目标"，多数情况下指的都是"顾客"。时至今日，类似"目标客户""顾客第一"的说法已不新鲜，但这种视顾客为商业之本的理念并非一直都有，在人类历史上，顾客没有得到充分尊重的案例绝不鲜见。

比如在战后的日本，由于物资供不应求，只要你能把商品造出来，便必然不愁卖，所以大多数商家心心念念的都是如何拿货、如何造货，至于如何待客、如何卖货，则完全不是他们关心的事。

但是，正如古时的三井殊法（三井高利的母亲）与现时的贝佐斯（亚马逊创始人）所揭示与证明的那样，只有将"顾客第一主义"进行到底，你的生意才有大获成功的可能。

总之，所谓"做生意"，不为别的，只为给顾客提供便利与价值。只有将这一条摆在最重要的位置，你的公司才不会迷失方向。

▶ 目标明确的项目与目标不明确的项目

但是，有一点需要特别注意，即"只把目标瞄准顾客"是危险的，这会令你的事业误入歧途。

理由很简单，因为这个东西就和"船的使命就是在海里航行并抵达港口"一样，是太过理所当然的东西，在某种意义上"不值一提"。

除了"航行并抵达港口"之外，还有太多因素需要关注。比如说，你的目的地不同，为这艘船准备的设施、器材、人才也会有所不同；你运送的货物不同，行驶的速度不同，恐怕所选择的船只类型本身也会发生变化。

诸如此类。

想当年，为了争得印度鲜茶商机，英国商人经过长期的摸索实践，最终开发出了超高速帆船"飞剪船"。这种船尽管船身狭窄且配有多个船帆，装卸、维修都十分麻烦，很耗费人力、物力、财力，但是由于船速很快，能迅速绕过好望角，从印度运回新鲜的茶叶，因此也能大赚特赚。

可见，"目标"这个东西（比如坐等印度鲜茶的英国消费者）一旦被确定下来，其他的因素便会自动确定。反之，如果"目标"本身不明确的话，非但其他商业运营要素完全无法确定，甚至还会有"触礁沉没"的危险。

举个例子。

2000年前后，瞄准"银发族"创刊的杂志在日本有百种之多，可最后存活下来的杂志只有两本：*HALMEK*和*SARAI*。之所以会这样，就是因为太多的此类杂志仅仅把目标设定为"60岁以上人士"，这就实在太模糊了。

换言之，这样笼统的市场目标根本无法使杂志做出任何有针对性的、有独立（排他）特色的高质量内容，所以最后只能大量刊登与其他竞争刊物内容大致相同的东西，读者当然不会买单。

那么，最终生存下来的杂志又是怎么做的呢？

就拿*HALMEK*来说，这本杂志将目标锁定为"喜欢媒体导购（看媒体广告购物）的六七十岁的女性"，通过这个渠道售卖自家商品，仅一本杂志创造的收益就占到公司总收益的八成之多。

▶ 目标过于集中或过于分散，都容易导致失败

无论是商业项目，还是商品与服务，其瞄准的对象都不应该是"全世界"，而是某一具体的层面。在"市场营销论"这门学科中，将顾客细分这件事称为"划分（分割）"，将锁定目标对象这件事称为"瞄准"（图016）。

而"细分化顾客"的参照轴，分为消费品（B2C）和生产品（B2B）两类。

- **消费品：**统计学意义的参照轴（如某位顾客的性别、年龄、居住地、收入水平、职业、学历、家庭成员构成等因素）以及具体的购买行为（在哪里买、买的是什么等因素）。
- **生产品：**企业所属的行业类型、规模（销售额以及员工人数等因素）、购买风格。

将这些参照轴彼此组合，顾客被不断地细分，越分越细。

举个例子。你寻找市场目标，从以"10岁"为单位转变成以"5岁"为单位，那么你的市场目标的数量便会立马扩大一倍。同样的道理，如果你把眼光从"省"一级转向"市"一级，甚至"乡镇"一级，那么目标群体便会立刻膨胀十倍百倍。

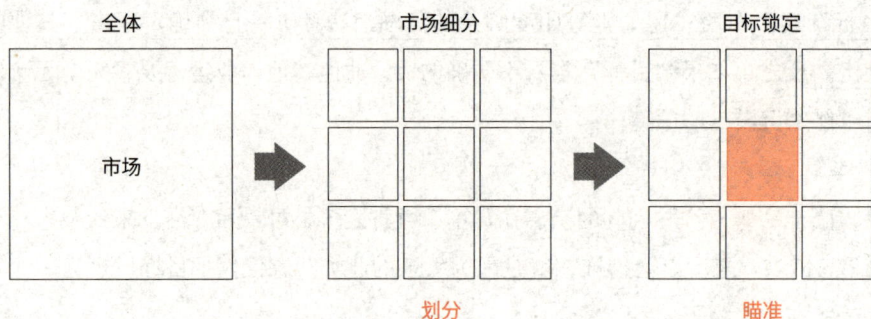

就是这个逻辑。

但是，这种细分是否"越细越好"呢？

未必。

理由很简单，市场分得越细碎，目标群体的数量越多，便意味着每一个目标群体内部的潜在客户数（消费者数或者企业数）越少。客户少了，每一个目标群体的潜在销售额也会缩减，同时应对这个目标群体的成本（或单位成本）则会上升。因此，目标群体分得越细，你的商品或服务的价格就要越高，否则就可能赔死。

那么，这是否意味着市场细分应该"越粗越好"呢？

也未必。

理由很简单，如果你这么做的话，就会有太多性质不同的消费者或者企业被混杂在一起，这就很有可能让你失焦，最后花费重金打造的商品和服务谁的胃口都不合，谁的需求都满足不了，最终沦为"鸡肋"，让你的血汗钱打了水漂。

前面提到的那些被市场无情淘汰的"银发族"杂志便是前车之鉴。

可见，"目标细分"这件事不简单，它是有着所谓"合理区间"或"最佳区间"一说的。这种微妙的平衡术在业界被称为"战略性市场细分"（图017）。

▶ 除"顾客"外，还有许多"目标"

一般来说，一个商业项目的主要目标毫无疑问是顾客，不过在实际操作层面，情况往往更为复杂。即便是"顾客"一词，也可以有很多不同的解释，分为很多不同的类别。比如，"使用者"是谁，能吹"枕边风"的是谁，有"拍板权"的是谁，最终花钱的又是谁……一言以蔽之，这些人都是顾客，却又是极为不同的顾客。对待这些顾客的方式常常截然不同。

图017 | 战略性市场细分

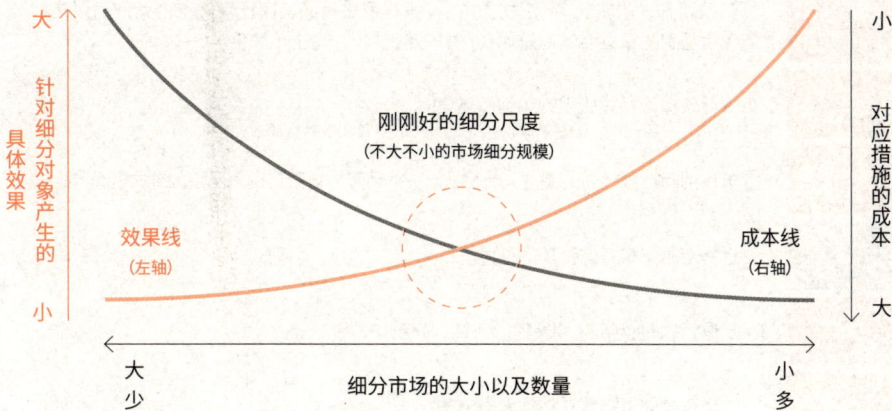

图017 | 战略性市场细分

- **使用者与拍板者、支付者不同：** 婴儿纸尿裤、宠物粮、医疗用医药品、写字楼、生产设备等。
- **拍板者与支付者不同：** 电子游戏机、医疗物品或服务、接受大学教育、家用汽车等。

需要指出的是，面向企业的商业项目（B2B），无论是商品还是服务，大多数情况下都是如此，即"客户"的内涵与层次极为复杂、丰富，让你常常顾此失彼，找不着北，不知道该向哪个方向发力。

这个时候，你恐怕就需要把顾客的层次细细地划分出来，然后一一对应。

比方说，你是一家制药公司的业务代表，那么你需要瞄准的便不仅仅是医生，你的目标客户将有六类（如图018所示）。

另外，还存在这样一种情况，即便是那些一般情况下不被认为是"顾客"的对象，也有可能成为你的市场目标。

举个例子。对民营电视台来说，观众是"顾客"，但是，比"顾客"还重要的却是广告主。广告主甚至有可能是唯一的金主，除此之外，你很有可能没有任何收入来源。广告主是否愿意为节目的广告买单，是一件决定生死的大事，因此万万大意不得，必须小心伺候着。

网上食谱社区Cookpad之类的**CGM**（Consumer Generated Media，用户生成内容）项目也是一个非常典型的例子。这类项目的一个主要特征，或者说主要支柱，是其内容（任何网络社区都以贩卖"内容"为主，通过内容吸引流量，通过流量吸引广告主，从而赚取广告收益）无须自制，全部由社区成员（即网络平台的使用者）自发制作、投稿。换言之，平台产生内容，完

图018 | 制药公司的市场目标战略架构

厚生劳动省		制药公司开发的新药，在正式上市前，需要经过药品和医疗器械综合管理局以及药事食品卫生审议会的审查承认，并确定价格，方可上市销售。
健康保险组合		负责健康保险相关费用的缴纳及支付。
医院	药品事务委员会	征求包括药剂师在内的专业人士意见，决定是否将该新药纳入医院的处方药清单。
	医生	决定是否给病患开这种药的处方。
药店		决定是否销售该新药。如销售，将推广此新药。
药品批发		决定是否优先进行该新药的批发销售。

全是零成本。由此，"投稿人"的重要性不言而喻。问题在于，如果没有"观众"去收看、评价、评论这些内容，那么"投稿人"制作内容的动机便会消失。

所以，内容的质量及其衡量要素（观者的视听感受）也就显得格外重要。对这两方面的目标群体必须同等重视。

不只如此，由于CGM模式总体来说是免费的，必须依靠广告收入支撑平台的日常运营，因此那些带有广告植入的内容制作者（事实上的广告主，其投稿是付费模式）也非常重要，堪称平台项目成功的生命线。

CGM商业模式的案例（图019）：

● **口碑类：**价格网、美食日志、@cosme网站等；
● **信息分享类：**Cookpad、Kurashiru料理等；
● **知识共享社区类：**OKWave、雅虎知惠袋等；
● **社交网络：**脸书、推特、LINE（连我）等；
● **视频分享类：**优兔、Instagram（照片墙）、NICONICO动画等；
● **插画分享类：**PIXIV网站等；
● **博客门户：**Ameba博客等。

企业的组织和运营已经不可能仅仅局限于内部，或者说已然不可以"一棵树上吊死"，必须要将触角伸向外部，去外部世界寻找更多的资源。对项目运营来说，"顾客"早已不是唯一

图019｜CGM的目标锁定案例：@cosme

投稿者	浏览者	付费用户	化妆品制造商
不同性别的顾客分别针对男用化妆品和女用化妆品做出评价与评论	网上检索化妆品相关信息，极为关注产品的口碑效应	每月360日元的付费用户	化妆品广告主，市场分析数据的购买者，同时也是化妆品产品数据的提供者
（迄今为止，已有1000万条以上的评价与评论）	（每月的活跃用户达1600万人）	（占收入的一成以下）	（占收入的九成）

目标，"内容制作者""渠道提供者"等等，这些要素日益重要，也令项目运营本身变得更为立体、更为复杂。

总而言之，目标必须明确。目标一旦模糊，就会出事，就会令项目运营迷失方向，最后只能前功尽弃。

不客气地说，绝大多数创业者在锁定目标上都做得不怎么样。大多数人的事业都会折在这里。

他们寻找目标客户的典型做法就是"硬冲硬撞"，甭管三七二十一，唯一的发力点就是"猛招人"，然后给这些人定下一大堆不切实际的销售指标，让他们像无头苍蝇一样乱试、乱撞，逮着谁算谁。

这些销售人员唯一能做的就是随便找个地方打发时间，抑或干脆去和相熟的朋友聚聚。然而他们挣不着钱，所以干不了两天，他们大多会辞职。

可见"锁定目标"的重要性。明确目标，然后带领所有团队成员向着这个目标迈进，这是任何项目运营的必由之路。项目运营的第一步，必须由此开始。

专栏 01 | 对市场营销而言，重要的不是4P，而是STP

▶ 市场营销论的精髓是STP

一般而言，说起市场营销论，大多数人的第一反应一定是4P（图020）。在这些人的概念中，4P几乎是唯一的"正确答案"。

- **Product:** 商品；
- **Price:** 价格；
- **Place:** 渠道；
- **Promotion:** 促销。

4P理论，是美国营销学大师杰罗姆·麦卡锡在其著作《市场营销学基础》一书中提出的。这一概念基本覆盖了"市场营销活动"的每一个重要环节，因此是一个备受推崇的权威理论框架。

顺便说一句，麦卡锡在解释他的4P理论时，反复强调"绝不要把所有的钱都花在广告上"，"4P中的每一个'P'都极为重要，必须结合起来，才能最终收获成效"。

由此，他的4P理论也被学界和业界称为"市场营销组合拳"。

现在问题来了：这个市场营销体系中的4个"P"，到底是为了达到一些什么"目的"呢？

4P理论并没有指明这一点。它讲到的仅仅是一些"活动领域"，却不见任何"顾客"和

图020 | 市场营销战略之4P

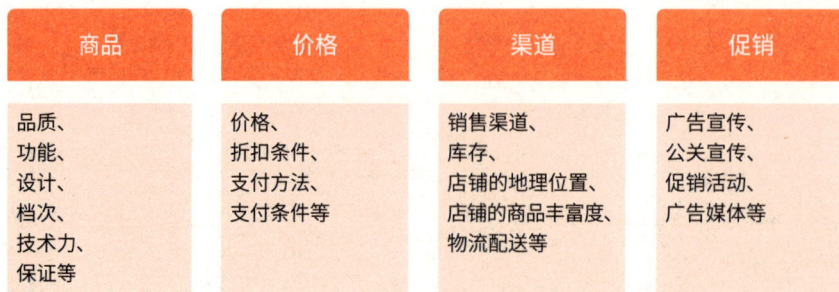

商品	价格	渠道	促销
品质、功能、设计、档次、技术力、保证等	价格、折扣条件、支付方法、支付条件等	销售渠道、库存、店铺的地理位置、店铺的商品丰富度、物流配送等	广告宣传、公关宣传、促销活动、广告媒体等

"价值"。

那么，"顾客"和"价值"因素由什么来确定呢？

它们由STP来确定。

- **Segmentation:** 市场细分；
- **Targeting:** 目标锁定；
- **Positioning:** 市场定位。

具体地说，是这样一个逻辑：针对谁（市场细分和目标锁定）、提供什么价值（市场定位），决定这件事的过程就叫STP。

至于所谓"市场营销组合拳"，也就是4P，只不过是用来实现STP的具体手段而已。换言之，这两者的顺序应该是：STP在前，4P在后。

一般来说，市场营销人员和项目运营人员的职责大体相当。此二者的任务均为：确定项目的目标及价值（即搞定项目的"价值定位"），在此基础上寻找一切可以利用的资源（智力、体力、渠道、信息、工具、人脉关系网等等），并配以所有可能存在的收益模型（赚钱方式），将项目逐渐落地，直至最终取得成功。

不过，两者也有重要区别。前者（市场营销人员）关注的对象基本上就是商品（或服务），因此他们的赋能范围（能力和资源所及）仅限于4P。后者（项目运营人员）则不同，他们的赋能范围（能力与职责所及）涉及项目的方方面面，因此必须跳脱4P的束缚，将重点转向利用STP的理论框架锁定目标和价值。

总之，对项目运营者而言，在学习市场营销学的时候，千万不能将自己的视野局限于4P，必须将其扩展到STP才行（图021）。

图021 | 经营者该学的STP

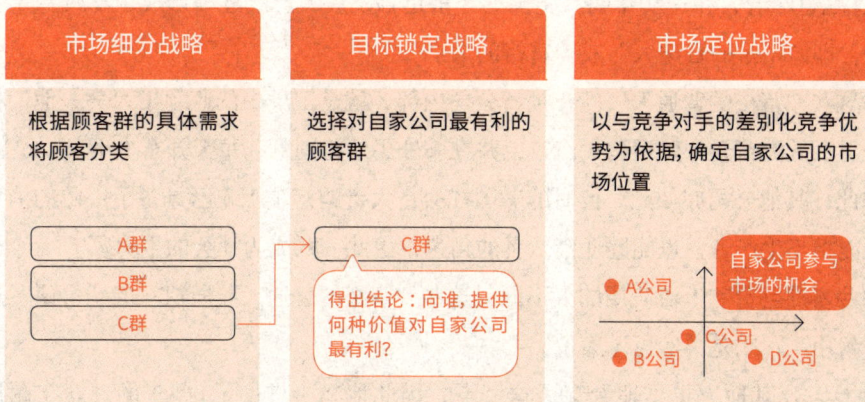

市场细分战略	目标锁定战略	市场定位战略
根据顾客群的具体需求将顾客分类	选择对自家公司最有利的顾客群	以与竞争对手的差别化竞争优势为依据，确定自家公司的市场位置

市场细分战略：A群 / B群 / C群

目标锁定战略：C群 — 得出结论：向谁，提供何种价值对自家公司最有利？

市场定位战略：自家公司参与市场的机会 ● A公司 ● C公司 ● B公司 ● D公司

07 目标的分化：大众、分众与个体（福特、通用汽车）

▶ 福特的成功：过去，"目标"曾相当单纯

在刚刚过去的20世纪，即便发生了历史性的产业革命，商业也没有多复杂，甚至相当单纯。

大体上来说，那个时候的商业项目需要伺候（瞄准）的目标客户基本上只有一种，需要提供的价值也都是些基本的、单纯的东西。

一句话，那是一个所谓"大量生产、大量消费"的时代。

1885年，划时代的商品"燃油汽车"诞生于欧洲。彼时，在大多数人眼里，汽车还是一个稀罕物。可以想见那时的汽车价格得有多贵，基本上只有少数家境富裕的上流阶层的人才能购买。

然后，一个神奇的人物做了一件神奇的事，一举颠覆了汽车的世界，改写了汽车的历史。

这是一个美国人，名叫亨利·福特。

<u>1908年</u>，这位汽车业的大亨在美国推出了著名的T型车（图022），史无前例地让汽车变得<u>"结实（耐用）又廉价"</u>。由此，汽车走进千家万户，整个世界也因此而改变。

那么，福特到底是怎么做到这一点的呢？

简单，两个关键词：一是"分工"，二是"流水线"。通过这两个要素的赋能，汽车生产成本大幅降低，降到了从前的几分之一。

那么，福特瞄准的客户都是哪些人呢？

他们是当时的所谓"富裕的普通人"。在那个年代，美国的总人口已经接近一亿，是50年前的3倍之多（这就意味着，在这50年间，美国的经济迅猛发展，已经逐渐形成了比较稳定、成熟的中产阶级，即"富裕的普通人"或"富裕的大众"）。

具体地说，这些"富裕的普通人"就在福特公司内部，就是工厂中的蓝领工人——他们在工厂里上班，挣得不低的薪金，然后购买汽车，并在郊外买地盖别墅，每天开车上下班。

福特公司如此，其他公司亦如此。彼时的美国社会，大量的蓝领工人已具备了一定的消费能力，使自己既能担当生产者，也能胜任消费者的角色，由此一跃成为社会的主力军。

显然，与那些富商巨贾和上流阶层的人不同，这些"富裕的普通人"所追求的"价值"只有两点：一是"耐用"，二是"实惠（廉价）"。

福特慧眼独具，比其他人更早地看穿了这一点，因此他坚决贯彻了T型车的理念（耐用

图022 | 福特与T型车

且廉价）。他毫不犹豫地将所有资源投入其中，源源不断地将无数高度同质化的T型车送出工厂，送进市场。

这一招果然好使。仅仅19年间，福特T型车的产销量便累计超过1500万辆（不要忘了，这是近100年前的业绩）！

以现在的价格计算，假设一辆车的平均售价为300万日元，那么当年T型车的累计销售额竟能达到空前的45万亿日元！

这是个什么概念！

显然，这种辉煌业绩仅仅用"畅销"来形容已经不够了，说得更准确一点，应该是"奇迹"。

▶ 通用汽车的逆袭：阿尔弗雷德·斯隆将市场目标一分为五

在市场主导权和引领市场风潮方面落后福特公司一步的另一个美国汽车业老牌巨头——通用汽车公司，却在悄悄酝酿着一场逆袭。

这家公司的管理团队彼时已深刻地意识到了"福特模式"的一个明显弊端，或者说局限性。他们认为，尽管"富裕的普通人"已在美国遍地开花，却绝非铁板一块。恰恰相反，这样的中产阶级人数越多，便越趋向于价值分化、需求分化，而这种不为人察觉的变化迟早会大大影响整个汽车业的运作结构及发展前景。于是，他们快速采取了行动。

通用汽车不断地扩大品牌的数量和规模，并一再收购较小的汽车公司，壮大自己的生产和经营体制。最后，通用汽车为不同的顾客群体提供的汽车品牌被定为5个。例如，针对以年轻人为主的消费群体，通用汽车推出了物美价廉的"雪佛兰"系列；以中老年富裕阶层为主要目标，推出了外形厚实、价格偏高的"凯迪拉克"品牌。

1920年就任通用汽车公司董事长的传奇人物阿尔弗雷德·斯隆，毫不犹豫地将"**任何预算、任何目的皆为可能（意味着不放弃任何市场机会）**"定为公司的经营理念。通用汽车不吝成本，不惜代价，不断地向市场推出新车型、新产品。与此同时，他们在促销手段方面也做了大量创新，形成了一套独具特色且完整的"市场营销组合拳"。其中一个典型的例子就是"贷款购车"。

显然，为兴趣爱好截然不同的五类顾客提供产品与服务，且要确保"有的放矢""精准施策"，绝非一件容易的事，需要用到各种不同的资源与能力。（图023）

为达此目的，通用汽车对自身的组织架构进行了大胆的改革。比如说，将公司本部与一线营业部门拆分，组建了6家不同的公司，1家母公司，5家子公司。而5家子公司则分别对应通用汽车最终确定下来的5个不同的品牌。

在该体制下，各**子公司**只需负责一种产品即可，因此可以集中所有精力和优势资源重点攻关，高效运作。

具体地说，各子公司拥有如下职权：产品的开发与生产、产品的销售、资本的运作。换言之，每家公司的经营活动几乎是完全自由的，不受总公司的约束。

当然，正因如此，经营的风险也会相应增加，意味着一旦经营失败，后果会相当严重。为解决这个问题，通用汽车的**母公司**决定将两方面的权利牢牢地掌握在自己手中：其一，会计权（意味着预算、审计、考核等权利）；其二，市场（顾客）信息所有权（意味着子公司不可滥用这些信息）。

由此，通用汽车的组织架构改革圆满完成。其组织架构按照经营学的理论来说，通常被称为"**事业部制**"。

图023 │ 福特公司和通用汽车公司的商业模式比较（目标锁定和组织战略）

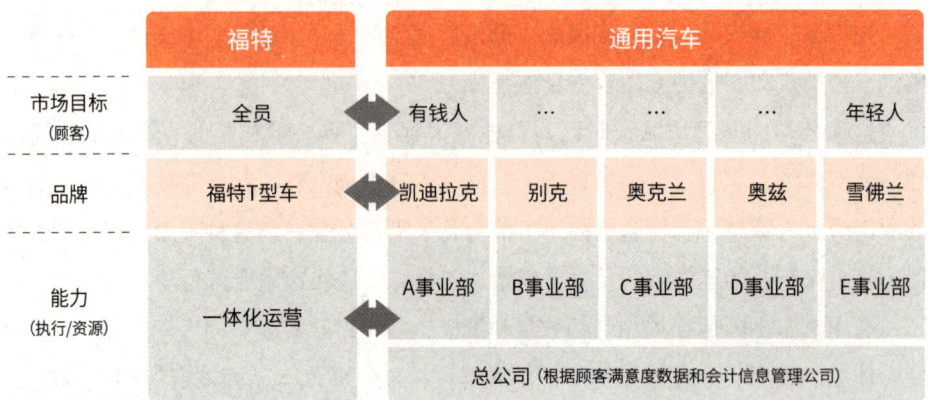

	福特	通用汽车				
市场目标 （顾客）	全员	有钱人	…	…	…	年轻人
品牌	福特T型车	凯迪拉克	别克	奥克兰	奥兹	雪佛兰
能力 （执行/资源）	一体化运营	A事业部	B事业部	C事业部	D事业部	E事业部
		总公司（根据顾客满意度数据和会计信息管理公司）				

这项改革极大地赋能了通用汽车，使其实力大增，在残酷的市场竞争中取得了极大的成功。

由于成功地将逐渐分化的美国消费者尽收囊中，通用汽车在市场中形成了"大而全、小而全"的局面，这就意味着它几乎包揽了整个市场。

特别是20世纪30年代美国经历了史无前例的黑暗时期，也就是著名的"大萧条"。在无数同行企业纷纷关门倒闭的大环境中，通用汽车却一枝独秀，波澜不惊地涉过险滩，相对顺利地度过了那段艰难的岁月。

而福特公司却没有这么走运，过于依赖T型车，过于依赖"富裕的普通人"，使它走上了孤独、凄凉的下坡路。

▶ "市场细分化"的极致：做到"一对一"的程度

二战后，随着报纸、广播、电视等媒体的大规模普及，大众化的商业广告迎来一个爆发期。其结果就是，直至20世纪70年代，以普罗大众为目标的经营活动再次占了上风，大多数企业都致力于此。

然而，以特定领域为目标的"市场细分化"理念重拾风头，是20世纪70年代到80年代的事了。

对日本来说，一个标志性的事件发生在1985年。那一年，广告业巨头博报堂发表了著名评论，即"日本的消费者群体已然与大众化无缘，逐渐显露出分众化趋势"。

此说一出，立即在企业界引发强烈共鸣。只可惜，许多日企尽管一再尝试"多品种小批量"的生产模式，却沮丧地发现，该模式的成功远非想象得那般容易。

然而，进入20世纪90年代之后，一个重要转机出现了——关于"市场细分化"的终极概念诞生，这就是著名的"一对一"理念。

在*The One to One Future*①这本书中，著名管理大师唐·佩珀斯阐述了自己对营销学的理解。他认为，每一个顾客都是活生生的人，都拥有截然不同的特征与个性，因此必须区别对待，必须精准营销，否则将是绝对低效甚或无效的营销，浪费了大把的银两、资源和精力，实在是得不偿失。

他还认为，"一对一"不仅是必须的，而且是可行的。只要思路对，运作得当，任何企业、任何营销人员均可上手，不存在明显的刚性门槛。

事实上，规模越小、资源越少的项目或企业，反而更适合实行"一对一"模式，甚至不夸张地说，常常只能实行"一对一"模式。除此之外，别无他法。

偏远郊区的小卖铺或者居酒屋就是典型的例子。

---

① 中文译本名为《一对一未来》。——译者注

这些小店为了生存，需要记住每一个顾客的喜好、购买习惯，然后再因人施策，根据每一个顾客的不同特质、不同需求，决定如何进货以及怎样销售。

采用这样的操作模式，可以减少浪费，而且利润率也相当不错。这里所说的浪费，不只是金钱的花费，还包括时间、精力和其他资源的无谓消耗。

只可惜，这种好日子并未持续太久。有一天，"天敌"出现，瞬间压垮了无数小卖铺和居酒屋。

这个"天敌"，就是大型连锁超市和折扣店。

这些大公司有规模与价格（低价）优势，因此所具有的竞争力是压倒性的。只要它们入局，别家就必将出局。

尽管那些小卖铺和居酒屋悉数出局，唐·佩珀斯却坚持认为，这些可怜的小店曾经做的事情是正确的。

换言之，即便是大型连锁店，依然可以采取"市场细分化"营销战略。

这件事绝对可行。前提是，要将其整理归纳，使其成为一个功能完整的体系化的东西。

具体操作如下：

- 通过办理会员卡等方式，自动收集顾客信息。
- 将顾客的个人信息与购买信息（购买足迹）结合起来，形成大数据库，并对其进行精准分析。将分析结果输入数据库，以不断充实、丰富数据库。
- 通过电子邮件等网络手段，与顾客进行对话，精准营销。

总之，这里的关键词是"IT"。随着IT技术的发展，大数据的收集与运用将成为可能。这是当今时代商业领域所发生的最大的赋能事件，堪称"革命性"的事件。

由此，在"目标设定"这件事上，便真的可以做到"将细分化的尺度归一"，进行"一对一"营销。

20世纪90年代横空出世并迅速普及的互联网，给世界上所有的商业活动插上了翅膀。由此，项目经营，也就是"做生意"这件事可以轻易地跨越地域、时空，经营者可以轻松地来到每一个人的身边，使其变成项目的客户。

▶ 制造商的世界：当"目标"真实地分解为成千上万个

然而，"一对一"这件事依然是"说来容易做来难"。

针对每一个顾客生产、销售不同的产品，从来都不是一项容易的工作。但是，随着互联网技术的突飞猛进，这一点现在也有了变化。

深刻揭示了网络时代的营销方式和赚钱方法的著名畅销书《长尾理论》《免费：商业的未

来》的作者，美国《连线》杂志前任主编克里斯·安德森（图024），已将他的战场从网络世界转移到了现实世界——制造业的世界。

2012年11月，辞去《连线》杂志主编一职的安德森开始专注于一家公司的业务。这家公司就是他本人于2009年设立的3D Robotics公司。该公司的业务目前聚焦于无人机领域。

在写于2012年的《创客》一书中，安德森提出了"物质将是下一个信息符号"的主张。意思就是，与大量的信息（符号）在电脑、智能手机与互联网的世界中自由流动一样，具备物理特征的物质也将能够在一个广阔的世界（体系）中自由流动、自由组合，从而不断产生（被制造出）无数的新物质。这一天迟早会到来。

换言之，曾经在"软件"世界里发生的事，同样会发生在"硬件"世界。

互联网将信息共享的门槛降低到几乎接近零的程度，并由此彻底改变了虚拟（信息）世界。但是，真实存在的世界，即物理世界中的"物质"，其数量绝不比虚拟世界中的"信息"的数量少，而且还在不断增长，正如虚拟世界里的信息一样。而这个庞大的、不断膨胀的物质世界，正由于"变革四神器（3D打印、3D扫描、激光切割、计算机数控）"的出现，酝酿着一场无声的变化。

只要有了这4种神器，产品开发便能在瞬间来到"试制"阶段。只要有了试制样品，改良调整作业也将异常顺遂，在云端募集项目资金也会变得极其容易。拥有这种机器架构的半导体制造商（FAB），全世界现在已经有数千家之多。

正如安德森所说，"生产量只需达到一万个，这样的细分市场将如雨后春笋般出现，其数量将是一个天文数字"，"这种局面，正是大家一再提到的所谓第三次产业革命"。

图024 | 克里斯·安德森及其3本著作

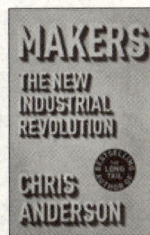

《长尾理论》　《免费：商业的未来》　《创客》

2006年　　　　2009年　　　　2012年

他将其称为一场真正的"制造者盛宴"。

迄今为止，对制造业来说，"数万乃至数十万个"的生产量早已是一种常识，即大家熟知的所谓"大机器、大规模生产模式"。

这是由制造业特有的性质决定的。也就是说，研制新产品的时候，需要通过大量的手工作业，不断地打磨，不断地完善，然后做出最终的试制样品。样品出来了，还要根据样品做模具，根据模具设计、调整、完善生产线，并提前预备出足够的生产资料。生产正式开始后，还要不断地调整产品设计及生产线的效率，以努力提高产品的合格率……

如此浩繁的过程，没有足够的产量做支撑，是完全无法想象的，根本不合算。

但是，所有这一切，正酝酿着一场变化乃至革命。

以3D打印、FAB为代表的一系列崭新的、革命性的赋能工具与渠道的出现，将物理世界的"制造目标"的存在方式彻底改变了。

由此，整个商业的世界也必然会焕然一新。营商的目标，将从20世纪的"大众化""细分化"，逐渐演变成21世纪的"个性化""唯一化"，也就是所谓的"一对一"模式。（图025）

当然，这件事情不能一概而论。事实上，别说21世纪，即便到了下个世纪或下下个世纪，"因地制宜""就事论事"也是说得通的。换言之，即便到了"一对一"时代，也并不意味着所有的商业项目都适合"一对一"模式。"细分"这个东西具体需要做到多大的尺度，甚至是否需要"细分"，还是要根据不同的项目、不同的商品，做出不同的判断。绝不能简单地"一刀切"。

不过，即便如此，对21世纪的经营者来说，还是有一个令人头疼的现象发生。这就是项目"目标的复数化和复杂化"。

图025 | 制造商"大迁移"

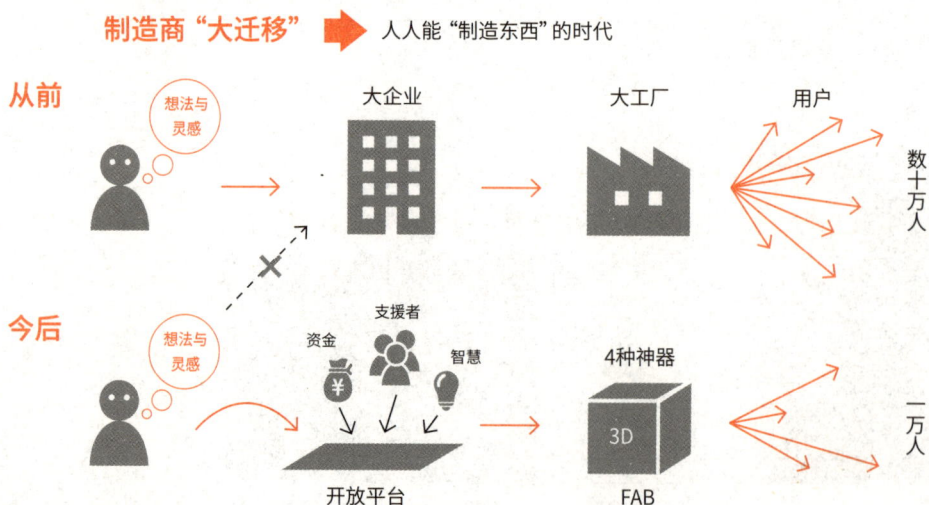

制造商"大迁移" ➡ 人人能"制造东西"的时代

从前
想法与灵感 → 大企业 → 大工厂 → 用户 数十万人

今后
想法与灵感 → 资金 支援者 智慧 → 开放平台 → 4种神器 3D FAB → 一万人

出处：清水淳子（WIRED CONFERENCE 2012），部分有修改

17世纪中后期，从伊斯兰世界翩然而至的咖啡

17世纪中后期，商人们把"喝咖啡"这一新时尚带到了英国。那时，诞生于伊斯兰世界的咖啡饮品还保留着原汁原味，味苦且刺激性强。作为彼时尚且少见的非酒精类成人饮料，咖啡很快被英伦绅士接受，喝咖啡迅速成为一种新的生活习惯。

伦敦和巴黎兴起了"咖啡热"。作为最新流行的时尚店铺，一股现象级的"咖啡屋热潮"迅速席卷英国和法国，仅在英国伦敦就有3000余家咖啡屋，法国巴黎的咖啡屋也有数百家之多。

只不过，在当时的欧洲大地上，咖啡屋虽然数量不少，却并不是独自一人或三五好友消磨时光的好地方，而是某些特定群体的特定人士相聚一堂，彼此交换信息、增进情感的典型社交场所。

巴黎的咖啡屋，各有各的目标客户

特别是巴黎的咖啡屋，只要知道了店名，大体上就能判断出它是哪些人出入的场所。换言之，到访这里的顾客，他们的职业、价值观等信息与咖啡屋的名称之间有着密切的关系。

换句话说，熟客们的共同话题，甚至会体现在咖啡屋的装饰色上，最终便自然地成为不同咖啡屋的不同特色。

比方说，巴黎现存的古老的咖啡屋品牌之一——普罗科普咖啡屋，其特色就是供人们聊"政治闲话"的场所，即来这里的人，大多对政界的八卦感兴趣。他们的身份往往是知识分子、政客，抑或有志于走仕途的年轻人。比如18世纪启蒙运动时期的知识界巨人伏尔泰、卢梭，以及法国大革命时期的主要领导者和风云人物马拉、罗伯斯比尔、拿破仑等，据说都曾是这里的常客。甚至连美国的开国元勋之一本杰明·富兰克林也曾造访过这家咖啡屋，并曾在这里构思过美国著名的开国宪法。

位于巴提约尔大街的盖尔波瓦咖啡屋（图026），则是著名的"印象派绘画"[①]的发源地，因此也被视为绘画艺术的圣地。

1869年，以著名画家马奈为中心，大批才华横溢的年轻人每周

---

① "印象派"一词来源于莫奈的名作《日出印象》。

图026 | 盖尔波瓦咖啡屋

四晚上聚集于此，为各自的艺术观点争得面红耳赤。

他们中除了马奈之外，还有不少绘画界的大腕，包括一些印象派绘画的大师级人物，比如莫奈、德加、塞尚、雷诺阿、毕沙罗、西斯莱等等。

你现在造访这家古老的咖啡屋，依然能了解到在这个飘着咖啡浓香的方寸之地，天才们是如何议论绘画艺术的，甚至包括一些有趣的细节。

比方说，针对光影的表现方法，"反射光"的重要性便是这些艺术家常常讨论的话题。

莫奈等艺术家，不顾当时在绘画界占据支配地位的学院派势力的强烈反对，于1874年举办

练习1 | 尝试描述19世纪末巴黎咖啡屋的商业模式

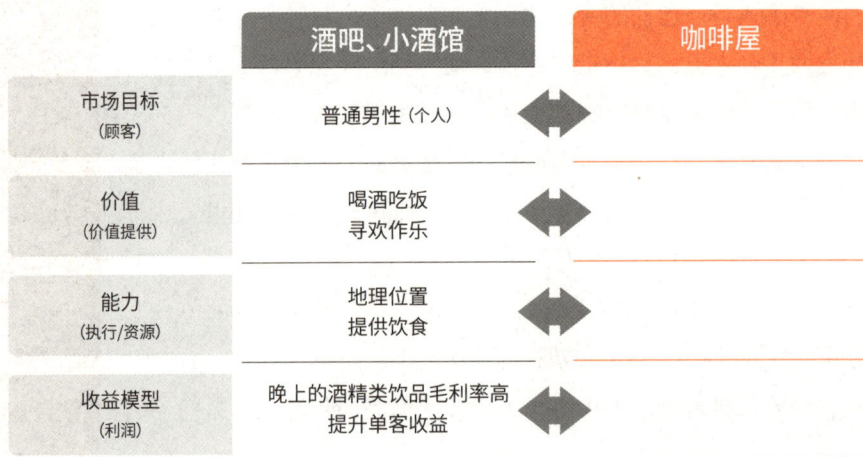

	酒吧、小酒馆		咖啡屋
市场目标（顾客）	普通男性（个人）	⬌	
价值（价值提供）	喝酒吃饭 寻欢作乐	⬌	
能力（执行/资源）	地理位置 提供饮食	⬌	
收益模型（利润）	晚上的酒精类饮品毛利率高 提升单客收益	⬌	

了印象派画展。彼时，该画展被认为是"无名油画家、雕塑家、版画家的'第一次展览'"。该展览被后世称为"第一次印象派画展"，并最终名留史册。

在这次画展中，包括莫奈在内的30位画家总共展示了160多件作品。遗憾的是，参展的这30人中，能够以"印象派大家"之盛名留名于后世者，不足10人。

总之，盖尔波瓦咖啡屋的市场目标以追寻新艺术的年轻人为主。让有志于此的三五同好来到这里，尽情地谈天说地、讨论艺术，就是它的价值所在。

▶ "女性向（以女性顾客为主要目标）"沙龙茶室的诞生

咖啡屋成为男性聚会的场所，但对女性而言，它是一种难以靠近的存在。咖啡屋顾客"男女失衡"的情况存在了很长时间，直到法国人拉杜丽掀起了一场里程碑式的革命。

1862年，在巴黎的圣马德莱娜教堂附近，有一家小小的面包店开张了。老板的名字叫拉杜丽，是法国西南部的一位面粉加工商。他之所以跑到这里开店，是想碰碰运气。彼时，巴黎的这一片区域已经成为生意人的必争之地，集中了大量技艺高超的手艺人。

拉杜丽不太走运，开业没多久便遇到了大麻烦。1871年，由政治动乱引发的火灾使他的小店化为灰烬。可这一不幸遭遇并没有压垮他。恰恰相反，拉杜丽以此次事件为契机，让自己的事业彻底"升级"，来了一个质变。

拉杜丽果断放弃了只经营面包生意的思路，新开了一家商品品类更为齐全、更为丰富的西点店。而且，在店面的内部装修方面，他也花了不少心思。他请来巴黎知名的设计师精心设计，最后的装饰效果格外漂亮、时尚，令人眼前一亮。

这时，他的贤内助让·丝夏尔又突发奇想，帮了他一个大忙。丝夏尔的设想是，与传统的咖啡屋不同，他们的点心店一定要有一个新的经营思路，也就是说，要将各种各样的商品和服务融合在一起，最大限度地满足顾客的不同需求。

这就是所谓"拉杜丽屋"模式：既有咖啡屋的特色，也有糕点店的产品和服务。

由于拉杜丽的点心店兼营咖啡生意，且将女性顾客视为重点服务对象（市场目标），填补了一个巨大的市场空白，因此一开业便大获成功。不只如此，在饮品方面，这家店的主打饮品不是咖啡，而是红茶，所以顾客范围要比传统的咖啡屋更广。由此，他们的店开风气之先，被称为"沙龙茶室"——这个名字现如今已然家喻户晓，成为"法兰西时尚"著名的代名词之一。

"拉杜丽屋"模式的一个重要特点就是以贵妇为主要目标群。它提供的价值便是让贵妇能够在一种软绵奢靡的氛围中轻松地聊八卦，惬意地享受各种甜品。甜蜜的茶、甜蜜的糕点、甜蜜的氛围，人们提起"拉杜丽"，想到的就是一个字：甜。（图027）

图027 | 早期的沙龙茶室"拉杜丽屋"的内景

然后，拉杜丽的事业迎来了一个历史性的高峰：他的表弟开发了一种新的甜品——巧克力馅的马卡龙。该甜品上市后，立马成了店里的招牌产品，风靡一时，直至今日依然是这家店的保留品目之一。

被"拉杜丽屋"模式的巨大成功所影响，"沙龙茶室热"在整个巴黎迅速兴起。特别是那些追求时尚的年轻女性，对沙龙茶室的喜爱达到了无以复加的程度。

于是，1903年，安吉丽娜茶室在卢浮宫附近开业了。这家店的招牌甜品——蒙布朗极为有名，时至今日依然是法国甜品文化重要的代表之一。而且这家店的内外装修也极为讲究，具有

练习2 | 尝试描述19世纪末巴黎沙龙茶室的商业模式

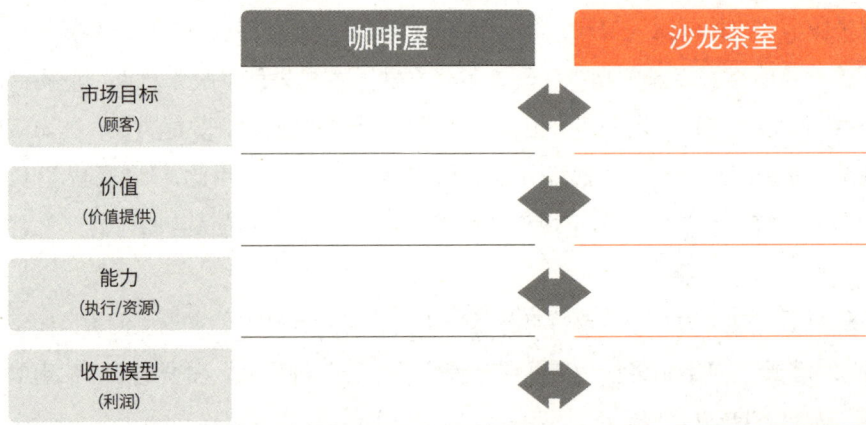

	咖啡屋		沙龙茶室
市场目标 (顾客)		⬌	
价值 (价值提供)		⬌	
能力 (执行/资源)		⬌	
收益模型 (利润)		⬌	

路易十五时代的风格。安吉丽娜茶室著名的顾客之一，就是香奈儿品牌的创始人——可可·香奈儿女士了。

著名的玛利阿奇兄弟茶室①也是一个典型案例。这家店创立于1854年，以"法兰西红茶艺术代言人"的称号风靡一时，是一家全球知名的老字号店铺。

以风味茶为中心，以世界上现存的所有不同品类的茶叶为原料，这家店调制出的茶饮品类超过500种。除了茶饮之外，"拉杜丽屋"模式中的其他产品与服务，比如甜点与咖啡，玛利阿奇兄弟茶室也进行了布局经营。作为17世纪便已从事海上贸易的玛利阿奇家族产业中的重要一环，几个世纪以来，玛利阿奇兄弟茶室在世界市场上不断突破，在日本也深深地扎下了根。

① 玛利阿奇兄弟茶叶公司是法国茶类商品进口商的先驱，由亨利·玛利阿奇和爱德华·玛利阿奇兄弟两人创办。

TARGET 08　多个目标：谁是真正拍板的人？（消费品、大学的选择）

▶ 对任何消费品，最重要的购买决策者是女性

我们在前面提到，所谓商业项目的"市场目标"，往往不止一个。

特别是对于以企业为服务对象的B2B模式，这一点显得格外突出。当然，不只是企业客户，即便是个人客户（消费者），即B2C模式中的目标客户，也是如此。

在这些商业项目中，最终决定"是否购买"的客户，业界称之为"DMU"（Decision Making Unit）——为购买行为拍板的人。换言之，商品的最终使用者，往往未必是商品的购买决策者。这常常是两码事。

举个例子。对一般的日本家庭来说，和孩子有关的消费支出，十有八九是由家庭里的女性成员做出决定。不只是孩子的衣服鞋帽，包括选哪家幼儿园，上什么课外班，这些事情都不是孩子本人，也不是孩子父亲能够决定的。

另外，购买家用电器，比如洗衣机、吸尘器、冰箱等，十有八九也是由女性决定的。至于给家里买什么样的食品、日用品，这些事情更是九成以上要由女性拍板。

和家庭全体成员有关的事宜，比如假期里的家庭旅行、周末的娱乐活动，到底要去哪里玩，大概要花多少钱，有多少预算……这些事七成以上也是家里的女人说了算。

这还不算完。甚至家庭里的男性成员的吃穿用度，也是由女性掌控。据统计，老公的鞋子、提包的近三成，正装的三成半，休闲服装的四成，洗漱化妆用品的近五成，都是由老婆决定购买的。

反之，老公替老婆决策购买的消费品基本上没有。

一句话，包括日本在内的亚洲消费品市场，女性是主要购买决策者。任何商家如果忽视这一点，无论是汽车还是住宅，都卖不出去。

▶ 升学和就业，父母说了算？

在日本，最近好像有这样一种趋势，高三学生在高考报志愿的时候，往往倾向于听取父母的意见。或者说，考生们的父母倾向于对孩子报志愿一事指手画脚。

表面上看，这似乎也是理所当然。出钱供孩子上学的是家长，所以家长"自然"要有发言权，乃至主导权。由此，对校方来讲，因为考生和家长的需求点往往有所不同，所以他们常常会把考生家长也视为重点对象（目标），费尽心思应对。专门针对应届毕业生家长的"家长说明会"的流行，就说明了这一点。

事实上，这种争夺家长的竞争在孩子念高一、高二的时候就已经开始了。当然，"醉翁之意不在酒"，不断向家长发送各种信息，以吸引家长注意力的做法，其最终目的还是争夺家长背后的孩子——学校重要的生源、重要的客户。

问题在于，数年之后，也许这些学校就会遇到很大的麻烦。理由很简单，如果说双亲是孩子在升学和就业方面的DMU（最终决策者）的话，那么这就意味着孩子在这些事关人生道路选择的重要关头，是严重缺乏自主性和决策权（以及决策能力）的。

一个无法决定自己前途的人会有什么样的未来？我们可以想象一下：这种人如果上了大学，在即将大学毕业，开始找工作的时候，会遇到什么？如果已经找到了工作，在"职场菜鸟"时期又会有怎样的表现？

想来情况不会太乐观。

他们会接连不断地遇到挫折。这些挫折不仅会让他们自己感到沮丧，而且会让他们所在的大学、公司，让那里的行政部门、人事部门头疼不已。

可见，在升学和就业这些重要的人生关口，父母完全占据DMU的地位，这种做法真的需要改了。

同样的道理，对大学和公司来说，无论这些藏在家长背后的孩子表面上看起来有多优秀，都不应被当成重点目标。

▶ 关于"意见领袖"

在面对专业性相当高的商品和服务时，大多数普通人往往会有"选择困难症"。这个时候，他们常常会选择听取所谓"意见领袖"的意见。

在日本，这些意见领袖还有一个非常有趣的名字，叫作"病毒传播者"。显然，对任何一个商业项目而言，这一群体都有资格成为高等级的"目标"。

赢得他们的青睐，争取到他们的帮助，对商业项目的成功来说是无比重要的，甚至能起到决定性作用。

理由很简单，网上的意见领袖在各大社交平台上拥有的粉丝数，动辄达数万、数十万，甚至达数百万、数千万，因此他们便拥有了对某种商品与服务的"生杀大权"。

然而，意见领袖并不一定要依赖互联网。

医疗行业就是一个典型的例子。

在这个行业中，几乎每一个细分领域都会有几位极具威信的意见领袖。因此制药公司或者医疗器械公司在搞市场营销的时候，对这些意见领袖一定不可以怠慢，否则生意就悬了。

还有一点很重要。如果这些意见领袖的江湖地位已经稳固，那么他们的"码头"必然相当拥挤，他们很难为你腾出时间和空间。因此，在"码头"成形之前便主动出手，锁定一个固定"泊位"就显得格外重要。

这就需要你把目光投向那些医学院里还没有毕业的学生，在他们之中寻找未来的意见领袖。这项工作并不轻松，需要付出极大的耐心与精力。

"真正的决策者是谁？"这一点不先搞清楚，生意就没法做。

场域商业项目的目标很复杂：FC①游戏机（任天堂）

▶ 创造"场域"的数字平台时代

每个人都说，21世纪是"数字平台"的时代。利用IT技术向第三方提供"场域（平台）"服务的公司，近些年来如雨后春笋般涌现，不仅有谷歌、亚马逊、脸书、苹果、奈飞这样的巨头，还有数百个中小型玩家。

那么，所谓"场域经济"的本质又是什么呢？

首先让我们来看看这个"场"字。

以日本来讲，这个"场"字可不少见。比如说丰洲（筑地）市场（鱼货批发市场）、金融市场、中古市场（二手市场），都带有"场"字。除此之外，还有剧场、展览场、竞技场、博彩场等等，也都带有"场"字。显然，在这些"场"里，一定要有"场"的经营者、演出者、观赏者、出品者、中标者、开店者，乃至参观者等等，各种角色一应俱全。（图028）

为所有参与者聚在一起畅谈生意提供机会与场所，也就是"基础设施"，就是所谓的

图028 | 场域经济的经典案例：AUCNET公司的花卉拍卖业务流程

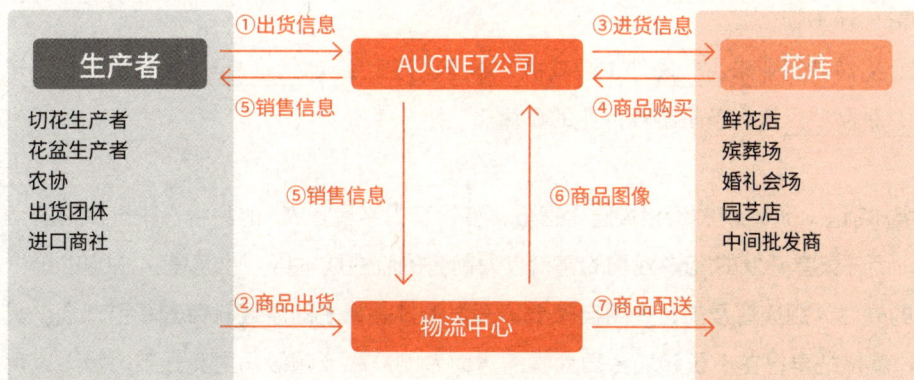

---

① 家用游戏机（Family Computer）。——编者注

"场"。而经营这个"场"的平台公司，则通过收取开店费、入场费、出品手续费以及成交提成费等，赚足了真金白银。

作为面向一线消费者的场域经济的先驱，日本的任天堂公司可谓一个颇为经典的案例。

我们一起来看一下。

▶ 任天堂打造"家用游戏"的世界——"平台"的缘起

这件事还得从街机（设置于公共场所的电子游戏机）始祖——美国的雅达利公司于1977年开发出VCS[①]说起。

自从雅达利将VCS公开化，允许大量的第三方（软件开发实体）利用这个系统开发和售卖游戏软件，1980年前后，雅达利的游戏软件业务迎来了爆发性增长的黄金期。

因为VCS，日本著名游戏《太空侵略者》被成功移植到自家公司的机器上，成为雅达利的一个爆款游戏。另一个爆款游戏，则是由南梦宫公司开发的《吃豆人》。其中，前者在全球市场大卖100万套，后者的表现则更为夸张，居然狂卖了700多万套！

只可惜好景不长。也许是因为赚钱太容易，质量低劣的游戏软件大肆泛滥[②]，1983年，一度人气爆棚的全球游戏市场轰然崩塌了。这次事件史称"雅达利冲击"。

同年7月，日本的任天堂公司推出了自己的第一款家用游戏机。当时，游戏市场一片惨淡，任天堂此举所面临的风险可想而知。不夸张地说，从市场波动过大的街机业务抽身，将迄今为止从手表游戏机业务中赚来的钱投入到家用游戏机市场的任天堂，可谓赌上了公司的前途。

任天堂的老板山内溥从"雅达利冲击"事件中学到的一条重要经验是，对那些无聊的游戏软件，绝不能放任不管。

换言之，对游戏行业来讲，硬件（游戏机）本身已经足够成熟，以至于不再重要；真正重要的是软件，是品质。这一条是游戏行业的铁律。

- 为了增加销量，游戏机的价格被压得很低，变得极为亲民。VCS的后续机款售价为24,800日元，而任天堂开发的FC游戏机的售价仅为前者的制造成本价，也就是14,800日元。
- 在FC的硬件大规模普及前，先用自家公司开发的妙趣横生的游戏软件去牵引市场。具体地说，就是把早已在街机领域名声大噪的《大金刚》和《超级马里奥兄弟》投入家用游戏机市场做铺垫，争取把已购买了FC的客户稳定住，然后吸引更多新客户购买FC。

---

① Video Computer System，即视频计算机系统。

② 雅达利公司没有把防盗版功能置入VCS中，对其采取了放任的态度。

- 游戏软件的定价较高，为5800日元，从中收取软件使用费等进一步提升利润。
- 第三方软件业务，由于实行的是"执照式"管理，所以需要有关部门进行事前审查。当时游戏业界只有少数几家大公司被允许经营该业务。
- 装有软件ROM（只读存储器）的盒子，委托给任天堂系的公司生产。方式为：每套2000日元，提前支付；最低订单量为1万套。由此，过量生产的可能性被压至最低。

正式发售半年后，FC的销售量开始飙升，在一年半左右的时间内销量超过200万台，成为当时的爆款。随着硬件的热卖，软件的销售也是气势如虹。1985年推出的《超级马里奥兄弟》（任天堂出品，681万套），1986年推出的《职业棒球：家庭竞技场》（南梦宫出品，205万套）、《勇者斗恶龙》（艾尼克斯公司出品，150万套）等等，均是爆款中的爆款，它们让任天堂的生意一路高歌。其1989年的年销售额达到了2900亿日元！

换言之，仅仅用了5年的时间，任天堂的销售额和利润就暴增了4倍，堪称游戏业界的奇迹。

1985年，任天堂向北美市场推出NES[1]，将冷到极限的当地家用游戏机市场一举激活，留下了一段佳话。

最终，FC在全球市场累计销售了6300万台，成为游戏产业空前绝后的经典。它的辉煌，现如今已经由任天堂推出的另一款代表机型——次世代16位"超级FC"来续写。

▶ 任天堂的市场目标是谁？除了游戏玩家，还有软件开发商

任天堂用自己的标志性产品FC，打造了一个家用游戏机领域划时代的商业模式。（图029）

在这之前，居统治地位的是美国雅达利公司采取的模式。该模式的一个明显的短板，是将外部软件开发商仅仅视为"外人"，并任其创作、研发。然而任天堂的FC商业模式则不同，这种模式实际上把外部的软件开发商"内部化"了，他们彼此之间有着更为密切的联系。

道理很简单。因为购买游戏机的人（顾客、玩家）买的并不是机器（硬件），而是机器中装载的游戏。

因此，真正的商品是游戏，是软件，要卖就必须卖超有人气的。

既然如此，把市场目标仅仅瞄准最终消费者，即玩家，就太草率、太失焦了。公司必须将视野扩大，盯住软件开发商。

将全部精力倾注到玩家（顾客）身上的，应该是软件开发商，而不是游戏运营商。

---

[1] Nintendo Entertainment System，即任天堂娱乐系统。

图029 | 任天堂的家用游戏机

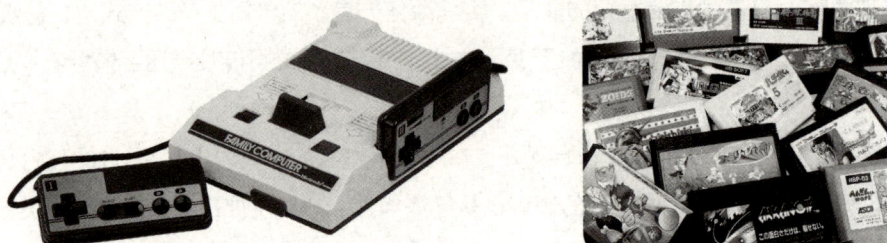

与母公司只负责制定标准，只顾自己挣钱，从而导致个人电脑（PC）业务失败的IBM公司不同，任天堂采取的是让所有关联企业都能够和自己一起放心投资、共享利益的"共生模式"。换言之，是构建了一个所有关联企业都能够共赢的事业平台。

这种平台模式具有极大的优越性，显示出强大的生命力。包括后来的"超级FC"在内，任天堂凭借这种模式在游戏市场所向披靡，连续击败了世嘉、万代等游戏业巨头，将自己的辉煌维持了11年之久，一直到1994年索尼公司推出了传世之作——PS（PlayStation）游戏机。

练习3 | 尝试描述任天堂家用游戏机的商业模式

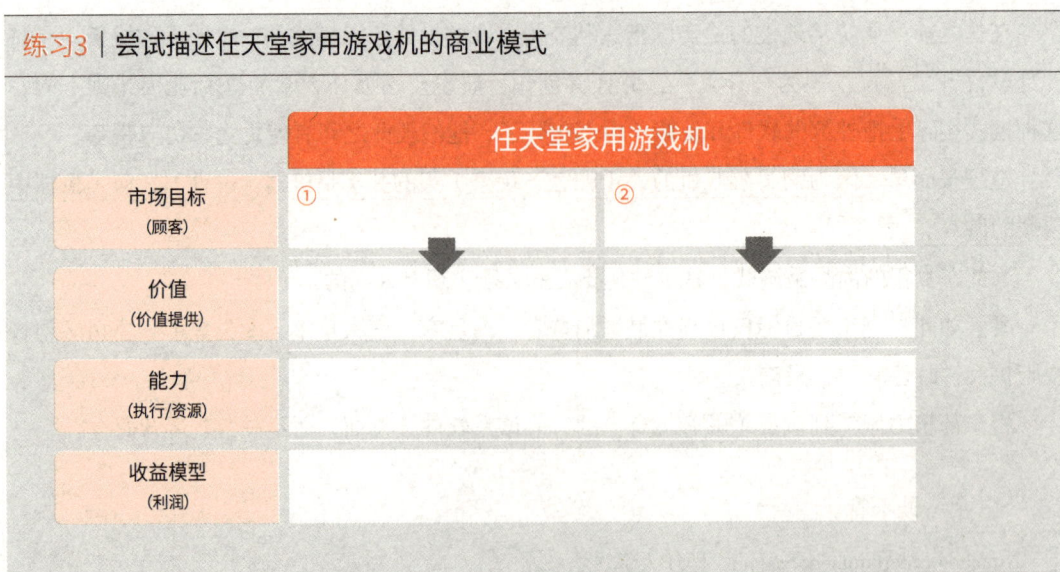

	任天堂家用游戏机	
市场目标 （顾客）	①	②
价值 （价值提供）		
能力 （执行/资源）		
收益模型 （利润）		

挑战目标变革的企业先驱（eBay、StoreKing）

▶ 打造平台：为小实体聚在一起做生意提供场所的eBay（易贝）

1995年9月，一个为小经济实体——个人与个人之间提供联结机会的服务平台在美国西海岸诞生了。

这就是"个人拍卖网站"eBay（图030）。最初，eBay由创始人皮埃尔·奥米迪亚在自己的网页上推出。据说那时皮埃尔正好在休长假，好奇心使他创设了这个网站。而让他感到好奇的是，如果做一个东西，能把每一个消费者个体都串联起来，让他们彼此互动，到底会发生什么？

网站建好后，没有经过任何广告宣传，很快便吸引了很多使用者。仅最初的一个月，网站就让皮埃尔赚了1000美元。

于是，皮埃尔干脆辞去了自己在苹果公司的子公司——通用魔术公司（开发笔触式计算机软件的专门公司）的工作，开始了创业之路。

为了进一步吸引个人客户参与，皮埃尔为自己的网站设计了"公共论坛"以及"留言板"功能，试图在网络上打造一个具有"社区文化"的环境。

这一招果然收效明显。在"用户黏性"（用户每个月平均的浏览、停留时间）这个至关重要的指标上，皮埃尔的网站甚至超越了亚马逊。后者只有区区13分钟，而前者则达到了惊人的105分钟！

对当时的网民来说，皮埃尔的网站还有一个显著优势，那就是收费极低。在eBay诞生初期，在网上挂商品只需支付10美分；一旦商品卖出去，只需缴纳销售额1%的手续费。

eBay网站上的买家、卖家迅速增多，买卖成交量也快速上升，没用多长时间，皮埃尔便实现了盈利——这是许多创业者梦寐以求的事，意味着皮埃尔的事业已成功迈出了第一步。

eBay之所以能够在如此短的时间内实现盈利，还有一个重要原因——运营成本极低。彼时，这家网站的员工只有两个人，皮埃尔本人和另外一个合作伙伴。公司的办公场所则是老板的住处。投入少，自然相对容易实现盈利。

皮埃尔的做法和亚马逊创始人贝佐斯不同，他在网站"基础设施"方面的投入几乎是零。这就意味着，无论是物流还是结算，都是用户自己的事，网站只负责提供平台与最基本的服务，其余一概不管。

一言以蔽之，只提供"拍卖场所"这一简单明了甚至略显粗暴的经营模式，是eBay在创立

图030 | 个人拍卖网站eBay

在网上进行个人间交易的C2C（消费者对消费者）拍卖市场平台。据说这个网站是创始人皮埃尔·奥米迪亚在28岁时利用一个长假写出程序而创建的。有趣的是，该平台最初卖得最好的商品是坏掉的激光笔。

初期迅猛成长，并在初始阶段获得高收益的根本原因。

到了1997年年中，eBay的交易量已达到每天80万笔。

但是，志存高远的皮埃尔却并不想让自己被eBay这一家公司的经营束缚住手脚。他接受了一家孵化器基金公司的投资（也就是天使投资），并听从这家公司的建议，将eBay的经营权委托给了一位住在美国东海岸的女性。

这位女性毕业于美国常春藤名校——哈佛大学，拥有该校的MBA学位。而且，其职场履历也相当亮眼，曾经先后供职于家用日化巨鳄宝洁公司、咨询业大佬贝恩公司、娱乐业巨头迪士

练习4 | 尝试描述eBay初期的商业模式

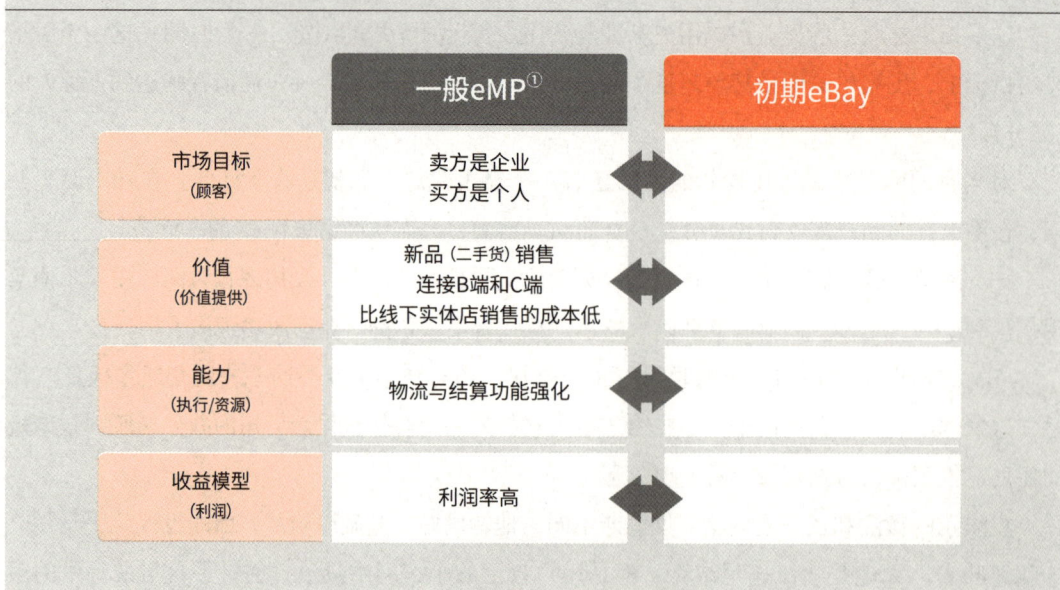

	一般eMP[①]	初期eBay
市场目标（顾客）	卖方是企业 买方是个人	
价值（价值提供）	新品（二手货）销售 连接B端和C端 比线下实体店销售的成本低	
能力（执行/资源）	物流与结算功能强化	
收益模型（利润）	利润率高	

————————

① 电子市场平台（electronic market place）。——编者注

尼公司，以及在玩具业坐头把交椅的孩之宝公司，并且均身居高位。

这位女性，便是鼎鼎大名的职业经理人梅格·惠特曼。

▶ eBay的迅猛成长以及对线上支付公司贝宝（PayPal）的收购。然后，终于轮到"物流基建"

1998年3月，惠特曼终于从美国的东海岸搬到西海岸，成为eBay的掌门人（CEO）。彼时，这家公司仅有30名员工，年销售额约470万美元。在互联网行业中，它依然是一只羽翼未丰的雏鸟。

不过，也许这恰恰是见过大世面的惠特曼最适应也最喜欢的状态，她可以大显身手了。

作为资深职业经理人，惠特曼知道自己该做什么。她的目标很简单，就是将联结个人与个人、中小商户与中小商户的"线上拍卖服务"的规模迅速扩大，推向极致。

惠特曼最初的大手笔是eBay在9月份的上市。股票上市价为18美元，上市第一天就蹿升到每股47美元，飙涨了1.6倍，可谓一鸣惊人。这个成绩让eBay的身价一举超过19亿美元，比其最主要的竞争对手高出5倍之多！

利用股票上市筹得的资金，惠特曼开始跑马圈地，以图一统江湖——只要是初创企业，只要和这个行业有关联，都将成为她的收购对象。当然，与eBay的业务范围和经营模式重合度越高的企业，便越会排在这张清单的前面。到2002年，惠特曼已将7家公司纳入麾下，其价值总和超过了8亿美元。

接下来，惠特曼又干了一件极具战略意义的大事——开始整顿基础设施，特别是与线上支付有关的基础设施。正是在2002年，美国线上支付的先驱贝宝公司被eBay以15亿美元的价格收入囊中。

对贝宝来说，这次收购也是一个极为划算的选择。跻身拥有4600万庞大用户群（当时的数据）的eBay生态系，让贝宝的营业额有了极大的增长，在极短的时间内提高了八成之多，一时间气势如虹、所向披靡。

由此，eBay收购贝宝一案便成为世界各地著名商学院课堂上必讲的经典双赢案例。

▶ 贝宝的到来解决了大问题：个人间结算的"信用"与"小额支付"的障碍被消除

对线上业务而言，个人间进行交易的时候存在着一些天然的障碍。这一点很容易想到。你想啊，如果你在网上买东西，而卖东西给你的那个人与你非亲非故，完全是陌生人，你能放心地把自己的信用卡号码告诉他吗？

那么，去线下的实体银行转账支付，是不是就能彻底放心了呢？当然不是。首先手续费太高，不太划算。再者说，即便你去实体银行，你转账的对象依然是陌生人，事情的本质并没有改变，你还是会感到不安。

不只如此，还有更多的麻烦。

线上的卖家往往都是小商贩，甚至是个人，这种销售实体很难通过信用卡发行机构的资格审查，往往根本无法使用信用卡支付。况且，由物流公司做中介（因为规模较大的实体公司，包括物流公司，可以通过金融机构的信用卡使用审查，有这方面的资格），为卖家代收费的支付体系也没有建立起来。总之，就是很不方便。

而惠特曼则通过对贝宝的收购，一举解决了上述问题。

其一， 买家可以不用向卖家透露任何信用卡的个人信息，仅用电子邮件和网络本身即可搞定支付问题。

其二， 卖家可以轻而易举地开设贝宝账户，且不存在任何基本费用（月费），只需在买卖成交，收到货款后，支付2%～4%的手续费。

其三， 买家在收到货品后，对实物货品有任何不满，都可以要求退货返款。这就是贝宝推出的独家服务——买家保护制度。

其四， 以网络为主体的信息系统，有利于上述所有服务（软基建）以极低的成本构筑成功。（即便发生局部功能失调也非常容易调整，更新，再上线。既方便系统的构建，也方便系统的维护。而且通过网络，用户可以和平台直接沟通，提出各种实用层面的意见和建议，让平台公司更容易根据客户的实际需求去完善软基建，不断升级换代，与时俱进。）

一言以蔽之，贝宝帮助eBay解决了一系列运营上的大问题，特别是"信用"和"小额支付"这两条，具有决定性的战略意义。由此，在eBay上买和卖，便不再有后顾之忧，堪称获得了终极"自由"。

惠特曼的继任者约翰·多纳霍继承了这位女强人的衣钵，上任后对eBay的业务结构进行了大刀阔斧的改革。对Skype（即时通信软件）进行业务结构改革与效率强化，以及对智能手机交易体系（移动互联网电商业务）的强化，都是多纳霍任内初期的手笔。

eBay的发展由此又迎来一个高峰，2013年的年销售额达到138亿美元，而纯利润更是达到了令其他电商艳羡不已的36亿美元。特别需要指出的是，这些利润的一半左右，都是由贝宝等负责线上结算业务的部门创造的。

不过，登上这个大台阶的代价也不小。

要知道，当时的eBay，每天的线上交易量已达到1000多万笔。支撑如此庞大的业务体量，必须要有业内最尖端的技术。

因此，eBay的新掌门人多纳霍上任以来着墨最多的一个领域就是"并购"。这一做法与其

	初期eBay	中期eBay
市场目标 （顾客）		
价值 （价值提供）		
能力 （执行/资源）		
收益模型 （利润）		

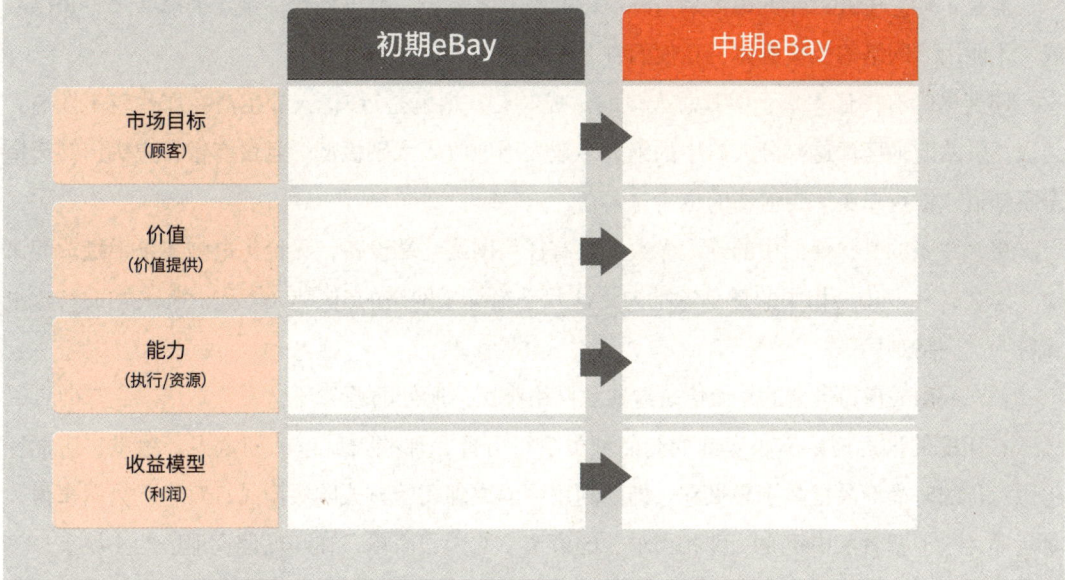

前任惠特曼如出一辙。短短几年，被eBay收购的企业就达60家之多，并购总额更是超过了140亿美元。

特别是2011年，为了与行业巨头亚马逊竞争，并进一步强化自身的物流能力，多纳霍豪掷24亿美元收购了美国电子商务解决方案及服务（提供包括在线货品买卖、库存、物流、催款等一系列环节在内的全流程服务）领域的巨鳄GSI Commerce公司，在业内轰动一时。

▶ 向"网络难民"提供线上交易服务的印度电商：StoreKing公司

印度的初创电商公司StoreKing的市场定位很有意思，专盯着那些"网络难民"，也就是"不想上网"或"无法上网"的人。

作为世界人口大国，印度这些年来的线上交易市场的成长速度也是相当快的。其国内电商市场规模（年销售额）已经从2014年的不足80亿美元，暴增到2018年的340亿美元，区区4年，便飙涨了3倍之多。

市场占有率高居前两位的都是美资公司。排名第一的是沃尔玛旗下的印度本土电商Flipkart（市场份额38.5%），排名第二的是亚马逊（市场份额31.5%）。当然，这两家公司的电商业务瞄准的目标均为印度本土的网民，其数量已达到4亿6500万人，居世界第二位。有如此庞大的网民群体做支撑，这两家公司在印度市场的发展前景均被业界所看好，有可能在一段较长的时间内保持较快的扩张速度，从而在这个世界人口第二大国站稳脚跟。

但是，创立于2012年的电商新秀StoreKing则另辟蹊径，将市场目标锁定为那些"不想用"或"不能用"网络的社会群体，在他们身上发现了发展事业的机会。

印度尽管有13亿人口，但其总人口的六成左右，也就是近8亿人却生活在那些较不发达乃至极不发达的地区。这部分人口中的绝大多数人不但收入水平极低，且没有银行户头，甚至完全不知道"银行户头"为何物的也大有人在。

更为夸张的是，他们中的绝大多数人没有任何网络终端设备，无论是电脑还是手机。

总之，StoreKing相中的正是这批人，这几乎绝缘于网络的6亿4500万人。StoreKing将这批人称为"网络难民"。

被StoreKing视为机会的，恰恰是这些"网络难民"所处的恶劣环境。

在印度的偏远地区，小卖铺的商品种类少得可怜，那些大城市（如孟买、德里、班加罗尔）流行的时尚商品更是别想见到。即便利用网购或邮购的方式购买商品，对物流公司来说，将货品运往消费者家中也是一件相当艰苦的事情。原因很简单，在印度偏远地区的小城市，基建之糟糕往往超乎人们的想象。

更何况，生活在这种地方的人十有八九都没有银行户头，更别说信用卡了，所以结账也成了一个大问题——所有这些，都是Flipkart和亚马逊从不屑于将市场目标瞄准"网络难民"的原因。也恰恰因为这个，对StoreKing来讲，这些被遗忘的角落、被忽略的人，就为他们提供了一线生机，甚至是事业成功的可能。

▶ StoreKing跑马圈地：将约4万家偏远地区的小卖铺纳入自身生态系统

StoreKing是这么做的。首先，StoreKing与近4万家位于偏远地区的小卖铺签订了专属合约，和这些店铺一起做生意。然后，StoreKing大方地将装有自家应用程序的个人电脑和平板电脑免费发放给这些店铺使用。

对小卖铺周边的居民（顾客）来说，他们只需这么做：去那些离他们住所最近的小卖铺购物；购物时利用小卖铺的电脑或平板电脑（由StoreKing总部配发的网络终端设备）上的应用程序挑选自己喜欢的网购商品（小卖铺也会做一些相应的广告，进行推广）；告知小卖铺的员工自己的选择；小卖铺的员工向平台总部下订单；顾客把货款直接付给小卖铺的收银员；小卖铺收到钱，抽取几个点的手续费后，将其余货款打给平台总部的银行账户；物流事宜由平台方面负责，平台直接将货品送往交易发生的小卖铺；数日后，顾客再次光顾该小卖铺时，由店员通知顾客提货。（图031）

图031 | StoreKing的商品流与现金流

亚马逊

StoreKing

400余家店铺的
共同生意

大量招揽农村地区和偏远
郊区的客户

配送和贩卖

消费者想买的东西，线上下
单，代客收款

招揽客户与提
高销售额

告诉店员想买的东
西，然后当场支付

消费者店内收货

能够在家附近，通过现金
买到想要的东西

偏远地区的杂货店（与
大约4万家店铺签约）

消费者

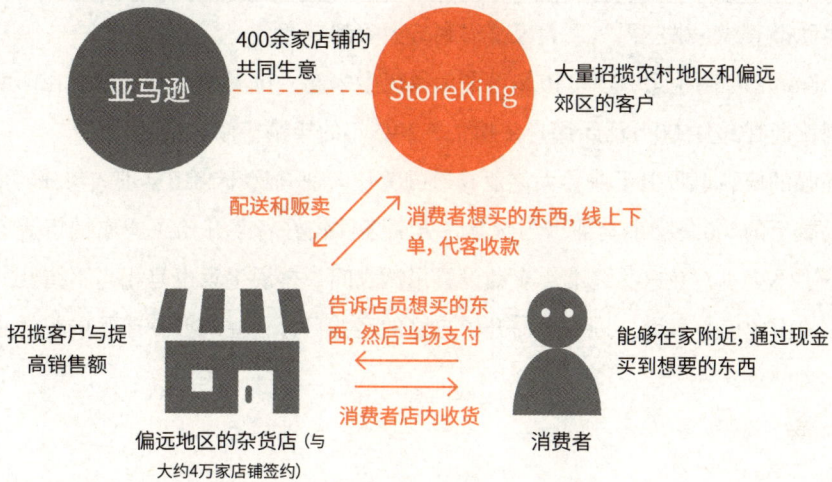

大概就是这样一个流程。

因为采用的是客户预付款的方式，所以对平台来说，不存在催款或其他的金融结算风险。另外，由于是将商品直接送到作为中介环节的终端小卖铺，而不是顾客家，所以物流方面的效

练习6 | 尝试描述StoreKing的商业模式

	印度的一般eMP		StoreKing	
市场目标 （顾客）	所有网民 （4.65亿人）		①	②
价值 （价值提供）	商品种类丰富、廉价 任何地方都可以买到，且送货上门 网络终端不可少			
能力 （执行/资源）	广告与采购 物流配送			
收益模型 （利润）	规模与密度效应			

率也是相当高的。对那些小卖铺来说，因为不用自己进货，而是平台负责进货，所以既省了很多成本和麻烦，又能为自己招揽不少顾客，让自己赚不少钱（手续费），因此也乐于配合。总之，该模式称得上"一举三得"，大家都得利，大家都满意。

现在，StoreKing的生意在印度市场可谓做得风生水起，进展相当顺遂。仅在印度西南部10个州，他们就拥有2亿1500万活跃用户。据估，2018年的年销售额达380亿日元。

如此亮眼的成绩也吸引了业界大佬亚马逊的关注。亚马逊于2016年正式与StoreKing合作，在StoreKing旗下的400余家小卖铺（当然是各方面条件较好者）开始了成衣销售业务。为此，亚马逊也下了不少本，在这些终端小卖铺设置了试衣间，据说生意也是相当不错。

StoreKing由此信心大增，进一步提升了自己的经营目标，立志要使旗下的签约小卖铺遍布印度全境。

第一章小结

06 目标不明，你的事业就会迷路

关键词
顾客第一主义
市场细分战略、目标锁定战略
战略性市场细分
决策者、B2B、CGM
企业、事业（项目）、商品
"银发族"杂志*HALMEK*
制药企业
Cookpad、@cosme

专栏 01 对市场营销而言，重要的不是4P，而是STP

关键词
4P（Product、Price、Place、Promotion）
市场营销组合拳
市场定位战略
"STP在前，4P在后"

07 目标的分化：大众、分众与个体（福特、通用汽车）

关键词
富裕的普通人
"任何预算、任何目的皆为可能"
事业部制
分众、一对一
制造商"大迁移"、4种神器、FAB
企业、事业（项目）、商品
福特、T型车
通用汽车

08 多个目标：谁是真正拍板的人？（消费品、大学的选择）

关键词
DMU
"意见领袖"
企业、事业（项目）、商品
家庭育儿支出
大学升学志愿的学校选择

09 场域商业项目的目标很复杂：FC游戏机（任天堂）

10 挑战目标变革的企业先驱（eBay、StoreKing）

01 咖啡屋最初的服务对象只是某些特定顾客

第二章
VALUE

锁定价值：提
供什么价值？

没有价值，顾客不会上门。自我革新刻不容缓

▶ 所谓"价值"，就是顾客的需求：马斯洛的"需求五层次论"

确定了商业项目需要锁定的对象（市场目标），仅仅是漫长旅途的一个开始。如果不能够为目标客户提供某种形式的价值，那么对方不会买你的账。重点是，你所提供的价值对目标客户来说必须要有一定的高度（即含金量），至少要比你的竞争对手略高一点，否则，无论是你的商品、服务，还是你的企业本身，都将完全失去存在下去的意义。

一言以蔽之，所谓商业的价值，与顾客的需求是密切相关的，换言之，是一枚硬币的两面。而人的需求可大可小，包罗万象，是这个世界上最简单也最复杂的东西。

美国社会心理学家亚伯拉罕·马斯洛通过分析人类的需求本质，提出了著名的需求层次理论（图032）。他认为，人类最基本的需求与动物无异，无非是安全和生理需求。然而，人类与动物决定性的差异在于，人类除了有基本需求（低层次需求）之外，还有很多更高层次的需求，比如需要被肯定，比如需要有获得感、成就感，等等。而这些有关"人性"的话题，传统心

图032 | 马斯洛的"需求五层次论"

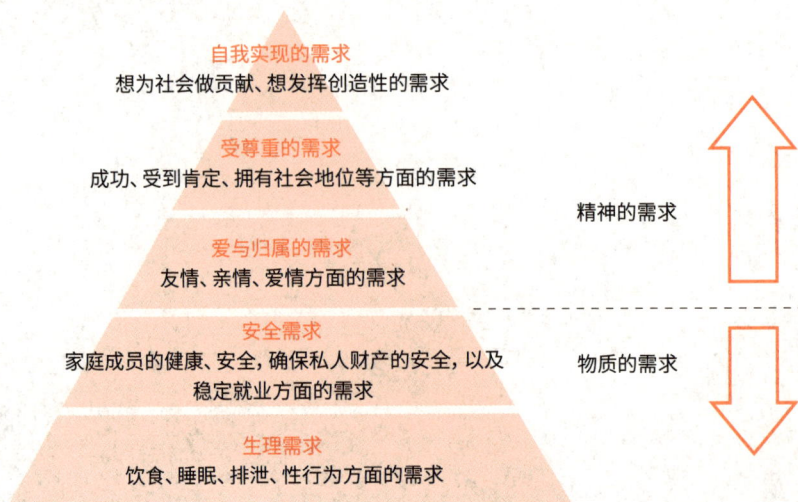

自我实现的需求
想为社会做贡献、想发挥创造性的需求

受尊重的需求
成功、受到肯定、拥有社会地位等方面的需求

爱与归属的需求
友情、亲情、爱情方面的需求

精神的需求

安全需求
家庭成员的健康、安全，确保私人财产的安全，以及稳定就业方面的需求

物质的需求

生理需求
饮食、睡眠、排泄、性行为方面的需求

理学领域的专家一直选择刻意回避。马斯洛则勇敢地捅破这层窗户纸，第一次将人类的需求做了极为详细、极为客观、极为科学的分类和定义，对人类心理学的研究做出了里程碑式的贡献。

马斯洛之所以能够做到这一点，与他特殊的家族背景有关。

作为苏联犹太人家庭的后代，他的童年生活完全与"幸福"二字不沾边。出生于纽约布鲁克林区贫民窟的马斯洛，自幼年起，便要为获取最基本的生存条件付出极大的努力与代价。无论是食物还是饮用水，无论是健康还是安全，这些在他人看来"理所当然""得来全不费工夫"的东西，对幼年马斯洛来说却无比珍贵，需要费尽周折才能勉强得到，甚至有时完全得不到。

不只如此，如何受人尊重以及如何尊重人，搞懂这些简单的命题对幼年马斯洛来说也绝不轻松，他为此费了好大的劲。为了理解尊重，并得到他人的尊重，他做了无数的尝试，尝试与人交友，尝试与人交心，尝试通过各种各样的社交行为慢慢地去相信自己，相信他人……最终，他终于得到了他人的尊重，也学会了尊重他人。

生活艰难，命途多舛。可也正因如此，马斯洛对人性的敏感远远超过了常人。他敏锐地意识到：<u>"需求"被满足，特别是人类最基本的"需求"被满足，是一种"价值"，一种极大的、无与伦比的价值。</u>

▶ 真正的需求既不是"电钻"，也不是"钻孔"，而是"耍帅"？

不过，一般的项目运营或产品营销不大可能把功课做到如此的深度，大多数都停留在表面功夫上。

举一个简单的例子。比如五金店里售卖的常见工具——电钻，对卖家和买家而言，什么样的电钻才是真正的好电钻，才能真正满足他们的需求呢？

我们不妨简单地想象一下。相信大多数人会很快给出结论：电钻的用途是打孔，所以，能最快、最好地把孔打出来的电钻就是好电钻。（图033）

由此，可以下一个结论：哪一个品牌的电钻拥有最坚硬（意味着不易磨损、变形）、最锋利的钻头，同时具有超强的旋转力（意味着大功率）、超低的噪声，以及超大容量的无线充电器，哪一个品牌的电钻便能最终胜出。

但是，既然前面已经提到，<u>电钻的使命是打孔，因此重点便不在电钻这种工具本身，而在"孔"上。</u>既然最终的需求是"孔"，那么工具仅仅是一个实现手段而已。这就意味着，对"打孔"这件事来说，哪种商品"孔"打得最漂亮，哪种商品就好。显然，在这一点上，激光打孔机要比电钻强太多倍。换言之，打孔未必需要电钻，可选的商品种类还有很多。

<u>这种比个别的、具体的需求高一个层次的需求，常常被称为</u>"欲求（欲望）"，<u>是购买商品的"目的"之一，且是"高阶目的"。</u>

这就意味着，"需求"这个东西，不简单。

图033 | 购买电钻的需求与欲求

比方说，众所周知，DIY[①]在美国是一个非常大的产业，年销售额据说达到了20万亿日元。一般家庭里的DIY活计，大多是父亲在做。父亲也非常乐意扮演这个角色，因为这能够为他们创造与孩子相处的宝贵时间。换言之，与孩子一起改造或者修理房屋、庭院乃至汽车，是难得的亲子时间，父亲非常珍惜。

为了做这事，父亲首先需要准备好各种合适的工具，以便让自己到时候可以大显身手。当然，孩子的任务仅仅是打杂，"贵在参与"。

现在问题来了：对这些父亲来说，他们真正需要的，或者说他们的"最高需求""终极需求"，到底是电钻还是"钻孔"本身呢？

答案是：都不是。既不是电钻，也不是钻孔。父亲的终极需求是"面子"。

看着父亲干活，看着父亲那潇洒、利索，一切尽在掌握的样子，孩子的眼睛会发光。那是一种崇拜、羡慕的眼神，而这种眼神对父亲来说比金子还值钱，比钻石还宝贵。

由此，我们可以想到，与电钻的性能，即电钻本身的质量，以及卖家的服务相比，更重要的是电钻的设计是否帅气、是否时尚，是否能让父亲耍帅。这才是真正的重点。（图034）

而过于关注一般性的、商业化的细节，如产品的质量和服务，反而会令商家顾此失彼，非但无法接近顾客的内心，还会与顾客的真实需求渐行渐远，甚至南辕北辙。

农机制造商洋马公司曾于2015年推出了一款酷炫无比的拖拉机机型——YT系列。该新产品一上市，便成为爆款，被人们抢购一空。

这款产品说白了就是普通的拖拉机，唯一不普通的地方就是其"空前绝后"的外形设计。说实话，乍看到这款拖拉机，一般人的第一反应会是：这是拖拉机该有的样子吗？

要的就是这种反应。

不夸张地说，看到它，你会想到法拉利跑车。事实上，这款拖拉机的设计出自日本著名工

---

① Do It Yourself，指亲手制作或修理各种各样的东西。在日本，也被译作"周日木匠"。

业设计师奥山清行之手，他正是从法拉利汽车上得到灵感，才赋予了这款拖拉机鲜红的车身以及极具线条感的外形。

日本国内的务农者平均年龄为67岁，是不折不扣的老年群体。这些老人对农机以及农具的需求，除了自动化之类的节省体力的功能之外，外形设计也在考虑范围内。比如说拖拉机，日本的老年务农者在选择拖拉机时，与低廉的价格和较高的性能相比，他们更重视的元素其实也是"面子"，也是"耍帅"。看着自己驾驶拖拉机务农的潇洒身姿，孙辈能喊一声"爷爷好帅"，对他们来讲比什么都重要。

▶ 价值不明确的PS3与价值明确的PS4

市场目标再明确，如果无法提供满足目标客户需求的价值，那么任何一个商业项目，任何一种商品与服务，都会以失败告终，迟早会被市场无情地淘汰出局。

其中的一个典型，就是号称"万事皆能"的所谓"多功能产品"。一般来说，这类商品的目标客户是居住空间有限的单身汉、缺乏闲暇时间的家庭主妇或主夫，可遗憾的是，这类商品却往往并不能满足他们的真实需求，并不能提供足以令他们买账的价值。

就拿所谓的"多功能食品处理器"来说，这个东西除了能搓萝卜丝，还能做萝卜馅、切萝卜片，甚至连榨汁和搅拌功能都没落下。

问题在于，以上所有功能的实现，都有专门的商品可选；而这类"多功能产品"，使用后的维护（比如拆卸、清洗、防锈、润滑等）往往非常麻烦，再加上体积大，占地方，所以用起来其实并不方便，让使用者平添了许多烦恼。

说来也是讽刺，本来这种"多功能产品"的卖点之一就是"省去麻烦"（节省时间与空间），结果却制造了更多麻烦。

日本企业曾经掉进过的另一个"大坑"，是生产所谓的"高性能化"产品。最具代表性的例子，就是索尼公司的看家产品——家用游戏机PS系列。

随着PS初代和二代产品的大卖，索尼公司乘胜追击，及时推出了重磅产品——PS3，希望能够延续PS系列的辉煌，甚至再攀高峰。没承想，这款被索尼高层寄予厚望的"机王"产品在面世后却惨遭滑铁卢。

说来前两款PS可谓取得了"史诗级别"的战绩。自公开发售以来，PS1的全球累计销量为1亿台，PS2的全球累计销量更是达到了惊人的1.5亿台！特别是PS2，除了一般的家庭线下游戏功能之外，还具备高品质DVD播放功能，甚至线上游戏功能，因此在机器的综合性能方面，绝对称得上顶级。但索尼高层还不满足，还想进一步让产品升级换代，于是干脆将PS3定位为"梦幻般的家用电脑"（意味着"无所不能"）。

他们想将PS3打造成这样一款机型：拥有你能想到的所有最先进的电子与网络功能，成为人人都离不开的社会基建（社会公共产品）。

只可惜事与愿违。过多的高性能便意味着"功能浪费"，对绝大多数消费者来说，这不仅毫无必要，而且显得莫名其妙。而为这些没用的功能买单的潜意识又引发消费者的反感，最终导致PS3的市场表现远远不如预期，满打满算才卖了8000万台左右。尽管这个销量看起来依然不错，但这是在吃了前两代产品（PS1和PS2）口碑老本的基础上才勉强实现的。

可以想见，为了开发这款史无前例的"万能高端产品"，索尼公司投入了多少资源。这个销售成绩可谓惨淡至极，导致该项目亏得一塌糊涂。

好在经验丰富的索尼公司很快吸取了教训，又推出了一款新产品——PS4，并成功凭借这个爆款产品挽回了局面，令PS系列又恢复了之前的人气。

PS4取得成功，原因有两点：一是将市场目标锁定为欧美线上游戏玩家（欧美人是业内公认的该类游戏的"重度玩家"），二是将产品的核心价值锁定为重型战争游戏的轻量化和轻松化[1]。

这次，索尼的战略完全戳中了市场的要害，令PS4成为名副其实的"机王"，不仅风靡欧美市场，在其他市场亦表现得极为出色。正式发售仅5年，PS4的全球总销量就超过了9000万台，照这个势头发展下去，赶超PS1和PS2的业绩看来绝非难事。

顺便说一句，PS4不仅硬件卖得好，软件的销量也相当可观，迄今全球发售的软件已累计达到9亿套之多。

现如今，PS4的硬件和软件已是索尼公司最重要的摇钱树。

---

① 战争类网络游戏对机器的要求极高，性能越高的机器，操作手感和画面显示越平滑。但是高性能的机器往往体积较大，且价格高昂，而PS4解决了这些问题，它是一款轻量化、高性能、高平滑度、价格适中的产品，由此戳中了玩家们的痛点，满足了他们的需求。

▶ 劳埃德保险社的起源居然是"咖啡屋"

与法国巴黎一样，英国伦敦最初的咖啡馆，其实也是英伦绅士们相聚一堂、交换情报的社交场所。但与巴黎有所不同的是，英国的咖啡馆分类更专业、更细致。

比方说，按顾客分类，除了"政客"这个分类外，还会有"资深政客"与"新手政客"之分；而无论是"资深"还是"新手"，又会有各个"派别"之分。

于是，那里的咖啡馆就成了这样一种光景，即"某某咖啡馆是新手政客某某派的聚集地"，诸如此类。

咖啡馆是信息与情报交换的场所，是男人社交的场所，所以还是"物以类聚，人以群分"的方式最惬意、最轻松，效率也最高。

其中，由爱德华·劳埃德创办于1688年的劳埃德咖啡屋可谓这类咖啡馆的典型。由于这家店的店址刚好在邻近泰晤士河的塔街，而后者又紧挨着河畔的商船码头，因此这家店的顾客大多是商人，以及船长和船员。总之，都是一些和生意、商船有关的男人。

店主劳埃德为了提升咖啡屋的服务质量，专门创设了一份报纸《劳埃德新闻》。所有一手材料都是从来店顾客那里"扒"来的，因此绝对称得上"猛料"。而要想读到这份报纸，获知这些新闻和八卦，就必须亲赴劳埃德咖啡屋，除此之外别无他途。

可以想见，对那些闯荡江湖做买卖的人来说，这一招得有多灵验，可谓正戳在痛点上：只要到这里来，就能掌握最新的海事情报、商业信息、人情八卦，无论对自身人脉的拓展，还是对生意本身，都有莫大的好处。更何况，这些提供消息的人就是业内人士，且本人就在咖啡屋，去了之后还可以直接和本人交流，甚至当场签合同做买卖。

因此，咖啡屋人气爆棚。

在劳埃德咖啡屋的顾客中，有一个群体表现得格外活跃，那就是经营海上保险业务的人。他们只要到这里来，就有生意可做。特别是大保险公司的一线分销商（代理商），更是这里的常客。他们几乎把这里当成了办公室，天天准时来"打卡上班"。谈生意、签单子、结算，基本上全在这里搞定。

02

COFFEE CASE

咖啡案例02：从劳埃德咖啡屋到劳埃德保险

083

▶ 海上保险业务是一门支撑冒险者玩命的有风险的生意

早在古希腊时代，航海业就已经有了以金钱支撑危险的航海行为的体系。公元11世纪以后，以中世纪的意大利为中心，欧洲大陆上逐渐兴起了一门新的生意，也就是所谓的"冒险贷"（利息率从24%至36%不等，堪称"高利贷"。当然，如果遇到海难、海盗等"不可抗力"，也可以免除本息）。

然而，1230年，罗马教皇格列高利九世突然颁布了一项法律，禁止收取利息。迫不得已，相关业者只好绕道而行，想出了一个新的招数予以应对。那就是，对可能发生的损害程度（额度）进行事前预估，然后提前支付一定的保险费。

这个体系就是现代保险业的雏形，彼时被称为海上保险。

由于这个体系仅仅是继承了"冒险贷"中"分担风险"的功能，并不存在本金的问题，且由于是提前支付，也与所谓的利息不沾边，所以得以顺利地避开教皇的法令，使得这项业务存活下来。

当然，现实世界依然很残酷。中世纪的欧洲是著名的"黑暗时期"。对航海业来说，不仅仅要面临天灾，还要与人祸搏斗。而最大的人祸就是战争。那个时候的欧洲人太喜欢打仗了，搞得这块美丽的大陆常年烽烟四起。

所以，在这种严酷的大环境下，保险承销商的破产是家常便饭。可以说，彼时的海上保险业务就是一门有着极大风险的买卖。

显然，对相关业者而言，为了尽可能地规避或者降低风险，获取世界上最新的政治、天

练习7 | 尝试描述劳埃德咖啡屋的商业模式

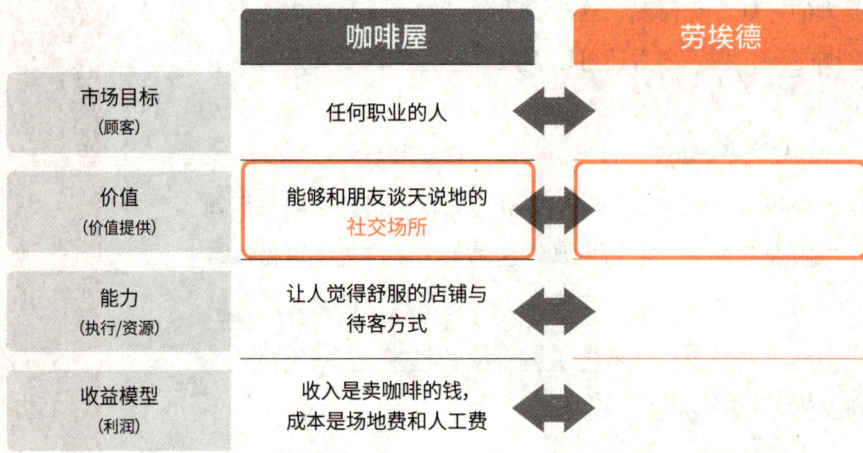

	咖啡屋		劳埃德
市场目标 (顾客)	任何职业的人	⬌	
价值 (价值提供)	能够和朋友谈天说地的 社交场所	⬌	
能力 (执行/资源)	让人觉得舒服的店铺与 待客方式	⬌	
收益模型 (利润)	收入是卖咖啡的钱， 成本是场地费和人工费	⬌	

气、海盗出没信息是至关重要的，这些都是极为重要的资源。

劳埃德死后，这家咖啡屋的骨灰级粉丝（老顾客）不想眼睁睁地看着自己的"办公室"不复存在，于是琢磨出了一个奇招：让咖啡屋的一个老员工（服务生）做老板，继承了这家店的衣钵。最后，他们让这位新老板直接把店址迁到了伦敦皇家交易所的大楼里，以方便他们每天"上班"，做业务。

这样一来二去，时间一长，这家咖啡屋就成了海上保险业务的"专属营业厅"。后来英国政府干脆立法默认了这件事。

换言之，劳埃德咖啡屋成了"海上保险交易市场"的代名词。

据说也曾有人提议改一改这个名字，因为毕竟显得不太严肃、不太专业，可毕竟这一市场最初的经营场所是已故的劳埃德先生提供的，这一市场最早的雏形也是劳埃德先生一手打造的，因此为了感恩和纪念他，大家商量来商量去，最后一致同意保留这一名字。

价值的分类：使用价值、交换价值与知觉价值

▶ 使用价值，是指商品具有的功能和效用

第一，使用的时候，顾客有多高兴、多兴奋，此为商品的功能和效用价值，即使用价值。

第二，购买的时候，顾客花了多少钱，此为商品的交换价值。

显然，使用价值比交换价值更为重要。前者大于后者是"买赚了"，后者大于前者则是"买亏了"。这是常识，无须赘言。

即便前者大于后者，如果商品的使用价值与其他价格相仿的产品（竞争对手）做比较时处于下风，也是典型的"买亏了"。

大体上而言，商品的使用价值拥有三重结构，其中最重要的是商品的核心价值，其次是商品的实体价值，最后是商品的附加价值。（图035）

● **核心价值（没有这一点，购买行为就不成立）**：基本功能和效用。

● **实体价值（有了这一点，就能激起购买欲望）**：品质、商标、设计、特殊功能等。

● **附加价值（有了这一点，就会有"小惊喜"，类似于"彩蛋效应"或"奖金效应"）**：
保证、售后服务、信用力等。

图035 | 使用价值的结构与胶带切割器

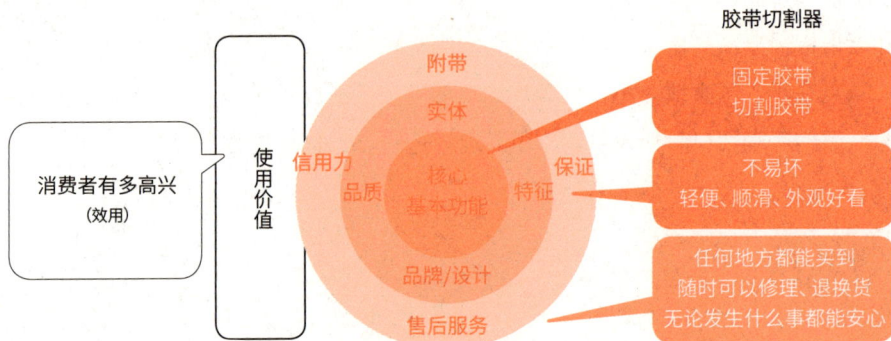

以胶带切割器为例。这个小东西尽管体积不大，也值不了多少钱，却是日本人生活中的必备日用品。

显然，胶带切割器的核心价值，也就是基本功能，有两个：第一，固定和保存胶带，使其稳稳地待在切割器上，不易摇晃或脱落；第二，切割胶带。切割时干净利索，不拖泥带水。

另外，胶带切割器的实体价值，体现在"不易坏""轻便"和"好看的外形设计"等细节上。

最后，它的附加价值在于"哪里都能买到""修理或退换货方便""有任何意外都不用担心"等等。

▶ 米其邦的"直线美"挑战：价值的变革

要想比竞争对手更具优势，让自家商品的使用价值更胜一筹，最重要的战场在"实体价值"这一块。

之所以这样说，是有理由的。首先，核心价值很难改变，除非从根本上改变商品的属性。但是那样就会变成"另一种商品"了。而附加价值没有什么门槛，你能想到的事情，别人也能想到；你能做到的事情，别人也能做到。因此想在这一块"出圈"，也绝非易事。更何况"出圈"这种事决定权不在你，而在客户。这就意味着即便你花了血本，"费了九牛二虎之力"，客户也可能根本就不买账。毕竟现如今商品极大丰富，各种玩法层出不穷，客户早见多了。

所以，你与竞争对手的战场，就只剩下"实体价值"这一块了。这也就解释了为什么现如今的商家，都会绞尽脑汁在商品的品质、品牌、设计以及特殊功能这几个方面发力。因为每个人都想让自家的商品与众不同，拥有排他性，以便最大限度地刺激销售，改善收益。

擅长制造透明胶带的日本"胶带大王"米其邦，曾于2010年推出了一款设计新颖的胶带切割器，其名称是"直线美"（图036）。这款商品的年销售量达到了3万个之多，5年半的累计销售量更是超过60万个！

这款胶带切割器热卖的秘密在于它的独特设计。尽管价格偏高，但它以直线为基调的外形设计显得格外简洁明快。

重点在于，"直线"不仅仅体现在外形上，还有胶带的切口——没有任何毛糙之处，如直尺边一般的笔直切口，让人看着心里舒坦。这一点，也是重要的卖点之一。

总之，"直线美"这个名字算是起对了。一看到这个名字，人们大体上就知道它能给自己带来什么价值。关键是，这些价值还正是自己最需要的。

米其邦为了这款产品，可谓费尽心机。

图036 | "直线美"的设计和刀刃的形状

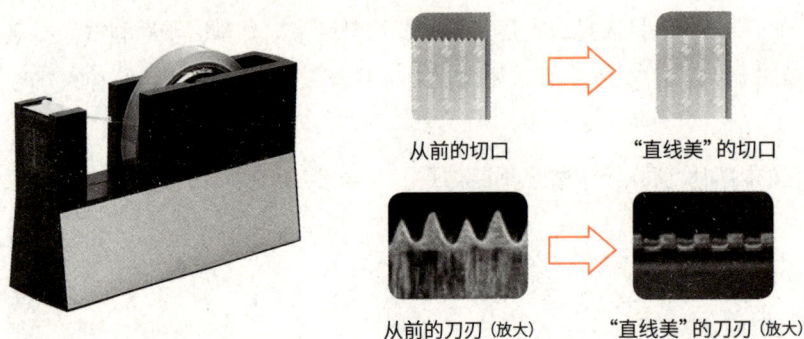

从前的切口 　　 "直线美"的切口

从前的刀刃（放大）　　 "直线美"的刀刃（放大）

　　为了设计出能让市场真正信服的爆款产品，他们专门做了用户调查，由此掌握了第一手的用户信息。

　　首先，近四成用户对胶带切口的毛糙程度感到不爽。另外，"外观不好看""容易沾灰""拉伸胶带时，胶带常常发生纵向撕裂现象"等等，也是用户吐槽的重点。

　　于是，米其邦的工程技术人员埋头苦干，一口气设计出30余个新产品的雏形，然后不断改良、淘汰，终于设计出一种能够完美切出直线的刀刃。这种刀刃不仅能切出笔直的切口，而且即便用手指触碰也不会被割伤。当然，刀刃特殊的外形属于公司的独创，米其邦也为其申请了专利。

▶ 交换价值，是指商品的价格

　　因为使用价值由购买者或使用者各自不同的需求所决定，因此它的"功能性"或"效用性"因人而异。

　　对那些切割胶带时完全不在意切口形状或质量的用户来说，"直线美"的存在其实并没有什么意义，他们犯不着为了切口的质量多花钱去买一款所谓"高档"的胶带切割器。

　　但是，对上班族而言，切口如何可不是一件小事。因为公务中胶带的使用量是极大的，使用频率是极高的。如果胶带切割器不好使，一天两天没什么大事，时间长了还真是麻烦。

　　比如说，办公用品容易脏、手感不好、形状别扭（不好看、不好拿、不好操作）等等，都是烦心事。所以，对职场用户群体来说，这些看似无伤大雅的细节其实很重要。

		普通的胶带切割器	"直线美"胶带切割器
市场目标 (顾客)		所有人	
价值 (价值提供)	核心价值	切断胶带	
	实体价值	结实	
	附加价值	-	
	交换价值	便宜	
能力 (执行/资源)		-	
收益模型 (利润)		大量生产与销售 量贩店低利润率销售模式	

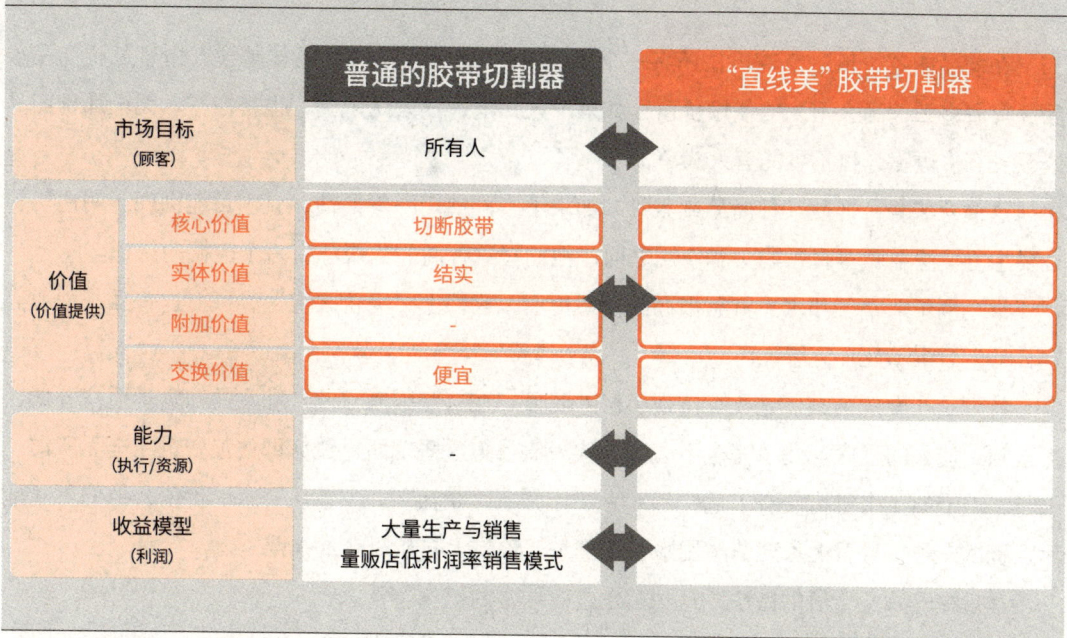

因此，在这一客户群体看来，与其他廉价胶带切割器相比，尽管"直线美"稍贵一些，买它也是值得的。因为它的使用价值高，交换价值（价格）与使用价值（功能、效用）几乎完全相抵。

不过，随着时间与场合不同，交换价值（价格）本身也会发生变化。这一点体现在"供需平衡"方面。比如说，当需求（"想买"的总量）大于供给（"想卖"的总量）时，价格会升高，反之则会降低。这就意味着，即便商品的使用价值保持不变，商品的交换价值也会随时发生变化。

换言之，对供给方（生产方）而言，如果想提高商品的价格，那么除了提升使用价值之外，还要在供给量调整方面动脑筋。

正如手表品牌卡西欧的G-SHOCK腕表所做的那样。

米其邦的"直线美"系列也一样。作为胶带切割器，其核心价值并没有发生任何变化，但是实体价值的变化不可谓不大，而这一点对其市场形象与销售业绩的影响绝对是颠覆性的。

革命性变革绝非唾手可得，强大的技术开发能力是绝对不可或缺的。更何况，对"直线美"来说，其所提供的"特殊功用"，即"特殊使用价值"，针对的并非市场中的每一个客户，而是那些身居写字楼里的"重度"使用者。因为只有这个群体才会真正对"切口的形状"这一细节如此感兴趣，如此上心。

换言之，"直线美"的成功，其思路固然有启发性，但如果想单纯模仿它的成功模式，则需要多加小心。

▶ 知觉价值，不应通过广告的手段过分渲染

在商品的"价值"范畴里，还有一个概念叫"知觉价值"[①]。具体地说，甭管某种商品或服务有着多么"高大上"的使用价值，如果没人知道，没人认识到，也是白搭。无论那种商品或服务有多厉害，也不可能有人买单。

这便意味着，即便某种商品或服务"如果不实际使用一下的话，就不可能彻底弄明白"，也要想方设法在顾客真正购买和使用之前让他们对这种商品或服务有一个大概的认识。

举个例子。空气和水，具有极高的使用价值，称得上"无价之宝"，可对这一点，一般人在日常生活中却几乎无感。

特别是在发达国家，这一点体现得格外明显。在这些国家，空气和水的知觉价值格外低，甚至到了惊人的程度。几乎完全不会有人认为值得为这些东西付钱，即便浪费也完全无所谓。于是，城市的供水机构便有了危机感，为了让大家"获知"并"承认"水的价值，他们不断地斥巨资做广告，号召大家"节约用水""尊重、珍惜大自然母亲的馈赠"。

这是提升知觉价值的做法。这一招也是商场中的惯例与常态。

但是，这里面却有一个巨大的陷阱，务必要小心，千万别掉进去。

具体地说，在商业中，使用价值（效能）必须大于（或等于）交换价值，否则无人买单。这一点很好理解。问题在于，如果知觉价值也大于使用价值的话，事情就糟糕了。因为这就意味着，当顾客把你的东西买回家实际使用的时候，会发现并没有你吹得那么好。这就会令他们产生上当受骗的感觉，至少是相当不爽、相当失望。

无论如何要明白一个道理：人的"满足"与"不满"从何而来？就是从"不值"（低于预期）、"值"（等于预期）、"超值"（超过预期）这些非常直接的心理感受而来。

可见，商品或服务的实际价值是否能够超越顾客的事前预期，是问题的关键。

此逻辑以公式表示，即为：

● 使用价值＞知觉价值＞交换价值

牢记这个公式，并在日常商务活动中不打折扣地遵循，有分寸、有节制地做广告、做营销，你的商业项目才能真正与市场中的目标客户匹配，才能与客户群体之间建立起真正长久的"伙伴"乃至"婚姻"关系。

---

① 通过感觉，让对方认知到的价值。

价值的多样性：QCDS、食品

▶ 对B2B来说，最重要的是"QCDS"

在商业现场，特别是买东西的场合，不存在"大概""差不离""好像可以""好像不可以"这类模棱两可的操作空间。

任何一个商业项目，任何一种商品或服务，无论是功能方面还是价格方面，在做投资或购买的决策时，人们必须要有一个非常明确的理由。

举个例子。

在购买某种商品时，你首先会注意这种商品是否满足了一些基本要件。比方说，如果是轮胎，那么你关注的不仅仅是它的尺寸（外径、内径等）、最高速度以及负载能力这些基本的指标，还会重视轮胎的制动性、声噪性（噪声高低）、耐磨耗性、操舵性等方面的表现。诸如此类，你的关注点有很多，哪怕只是欠缺了其中之一，购买欲也会大打折扣。

不只如此，还有更重要的东西，即"QCDS"。（图037）

Quality：质量。满足不了基本条件的不良品，到底有多少。

Cost：成本。能在多大程度上提供价格优惠。

Delivery：交货期及入手便利度。多久能拿到货，购买是否方便（是否哪里都有销售店）。

Service：服务。当有不解之处或发生问题时，是否能及时联系到售后部门，是否能得到满意的回应。

以上四条中，最重要的一条显然是"成本"。之所以这样说，是因为现如今商场竞争激烈，而且愈发趋于"同质化竞争"，这既是现状，也是未来的大趋势。换言之，在所谓的"质

图037 | QCDS与价值体系

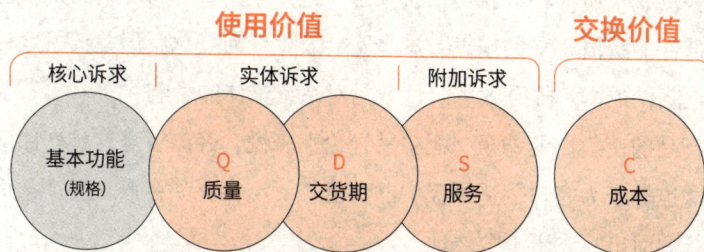

091

量""服务""交货期"方面，表现良好是理所当然的。因此，时至今日，要想在这些方面"出圈"，已经是难上加难，至少不像从前那般容易了。在这一背景下，谁的价格表现好，谁"出圈"的机会便会略大一些。

想必这一点不难理解。

▶ 所谓B2B，是"单体的价值小于系统（体系、生态）的价值"

以企业为服务对象的B2B项目，其所提供的商品或服务常常不是以单体的形式出现的，而是以"某个系统的一部分"的形式出现。

比方说某个工程所需的零部件，或某个顾客信息管理系统的人脸识别应用程序等，都是这方面的典型例子。

当然，可以很容易地想象，对企业客户来说，无论是零部件的采购，还是人脸识别应用程序的采用，他们都会考虑一个问题："这些动作对公司项目体系的QCDS的整体影响到底如何？由于这些动作的实施，该体系的QCDS将会发生什么样的变化？"

举个例子。如果想将不良产品率从2PPM（每100万个产品中有2个次品）降低到1PPM（每100万个产品中有1个次品），即次品减半的话，对客户而言其实是没有什么变化的，并不会让客户有感觉。

但是，如果将其彻底降为零呢？

客户恐怕就会有感觉了，而且感觉还会相当强烈。

为什么会这样？原因很简单。100万个产品中只有一两个次品，与100万个产品中1个次品都没有，两相对比，其实差距微乎其微。但数量上的差距并不是重点，真正的重点是心理感受上的差距。因为"清零"这件事不简单，这是一个常识，也是一个共识。所以，谁要是真把事情做到这种程度，真正将次品率降为零，那给予对方的心理震撼将会是极其强烈的，会让对方觉得"这实在是太牛了"。

不只如此，对客户来讲，更具决定性的影响在于：更省事了。

还是以某个项目的具体工程为例。假设这个工程采购的零部件，生产厂家的次品率为零，那么零部件入库之前的验货或者质检环节就可以去掉了。这是人力、物力、财力的节省啊！换言之，虽然客户购买零部件的货值（采购预算）本身不会发生任何变化，但是买了之后，项目整体却可以因此大幅度地降低成本，提升效率。这就是对系统整体的影响。

同样的道理，如果产品的交货期能缩短，至少从理论上来说，客户管理这种产品的必要性也有彻底消失的可能。这也等于为客户创造了极大的价值，一定会深受客户欢迎，从而令生产和供给方在市场竞争中脱颖而出，立于不败之地。

生产办公用品的"明日送达"公司①就是这方面的典型例子。

这家公司的目标客户主要是一些中小企业。在很长一段时间里，没有哪家办公用品供货商能马上送出少量的办公用品。对中小企业来说，哪怕只有极少量的需求，也只能大量购买，然后按部就班地保存和管理余量。

像圆珠笔、复印纸这类低值易耗品，就更是这样。哪怕用量很少，可是一旦用完，不能及时补上的话，也很耽误事。企业只好事前大批量购买。既然买了，就只能进行库存管理、申领管理和使用数量控制管理……这些看似都是芝麻大的小事，积累起来却是一个"大工程"，耗费人力、物力、财力和宝贵的办公空间。

"明日送达"公司看上的，就是这个机会。

之所以起这个名字，就是为了提升知觉价值。客户一听到公司的名字，就能立马知道这家公司的特点（卖点）是什么，自己能从中获得什么价值。

"明日送达"的确名副其实。他们擅长的就是：甭管您要多少，只要您敢提要求，我就敢接单，而且还保证最迟第二天就给您送到公司里去。

顺便提一句，如果是那些中心城市群的客户，比如说"东京都市圈""大阪圈""名古屋圈"，那么"明日送达"还会变成"当日送达"，下单当天就能把货送过去。这算是一个惊喜，也证明了前面提到过的那个逻辑：知觉价值不可以大于实际价值。一定要超出客户的预期，给客户惊喜，才能培养真正的粉丝，你的竞争力才能真正无敌。

以上是关于"产品"的话题。要说能够给客户留下更为强烈的印象或心理冲击的，还要数"服务"。

具体地说，就是替客户完成本来应由客户自己完成的工作，然后让客户为此买单。

说白了，就是"服务外包"。

比如大家耳熟能详的管理咨询公司，干的就是这个活。这是非常典型的B2B业务。意思就是说，如果你不知道你的问题在哪里，那么我来替你找，我还能将你的问题明确化、数量化、可视化、体系化；如果你不知道怎么解决、怎么操作，那么我来帮你解决，帮你操作。

这样一来，客户就省事了。他只需做个甩手掌柜，静候咨询公司将工作成果摆上他的桌面即可。

再来说说基恩士公司的案例。众所周知，这家主业是生产与销售工厂传感器的公司在该行业做得风生水起，无论是公司利润还是员工的工资水平，在行业里都是佼佼者，令同行艳羡。

而基恩士公司之所以能取得如此亮眼的业绩，是因为抢了那些专业的管理咨询公司的活，自己为客户做起了咨询。

---

① 爱速客乐（ASKUL）公司，其名称在日语中意为"明日送达"。——编者注

要知道，这家公司的产品本身就足够牛，足够有名气了。一系列"世界之最"，比如"世界最早""世界第一""世界最小"，都是这家公司的招牌产品在业界的名号。全球知名的"FA传感器"系列就是一个典型的例子。

手握众多拳头产品的基恩士公司并没有搞促销，而是另辟蹊径，走了一条更高明的道路。

重点是，这条路看起来"高大上"，走起来却并不费力。他们无非是做了一件事而已，就是让公司的这些"世界之最"通过"咨询服务"的方式，走进千家万户，走进客户的公司、工厂，让这些客户真正理解这些"最"到底意味着什么。

补充一句，这种"咨询服务"不收费。

你想，换了你是基恩士的客户，你能扛得住这个"服务"的攻势吗？能不乖乖地打开钱包付高价吗？

所以，基恩士从来不用推销自己的产品，因为没那个必要。他们只需把"咨询"做到位，产品自然就能卖出去。

就这么简单。

说到这里，恐怕你就明白了，为什么在基恩士这家公司里，一个年龄40岁左右的员工，年收入约为1523万日元。这个数，是东京证券交易所内所有上市企业中最高的。

员工能挣这个数，公司能挣多少也就可想而知了。基恩士的销售毛利率高达50%[①]，在自己的行业里是绝对的巅峰。

▶ 通过B2C业务，实现"价值扩大"：从"营养与安全"向"味道与健康"过渡

再重新说回马斯洛的"需求五层次论"。人的需求从下到上，分为这样几个层次：最底层的是"动物性"或"生物性"需求。也就是说，只要你是个活物，就必然会有这些需求，比如生理需求（饮食需求、繁殖需求）、安全需求等等。然后越往上走，便越会是人类特有的心理需求，比如"被社会承认"的需求，比如"成就感"的需求，等等。

食品就是个典型的例子。

- **核心价值：** 获取热量和营养物质（维生素等），且没有毒性（安全）。
- **实体价值：** 美味、美观、增进健康（特定保健用食品等）、有益减肥（低热量等）。
- **附加价值：** 是否适合保存，商品标识是否属实、是否清晰易懂，外形如何（是否适合在社交媒体上出现），品牌。

---

① 日本制造业的平均销售毛利率是5%左右（数据出自2017年度"法人企业统计"）。

现如今，由于经济的发达和技术的进步，食品的核心价值几乎都能实现，不再是一个问题或话题了。而食品的其他方面的价值则在不断地扩展。

比如，2013年9月上市的一款鲭鱼罐头就是个典型的例子。（图038）

当年，该产品上市时，第一个款式就是"橄榄油腌制"的鲭鱼肉罐头。由于售价高达一罐360日元，几乎是同类产品的3倍，因此遭到超市方面的冷眼与无视，没有哪家超市愿意摆这款产品。

然后，戏剧性的转变发生了。

这款不受超市待见的产品却颇受精选店、杂货店、面包烘焙店，甚至女性杂志和生活方式类杂志的青睐。时至今日，这款鲭鱼罐头已经累计销售了500万罐，年销售量更是达到200万罐（2018年），破了行业纪录，成了一个经典大爆款。

之所以会有这样的效果，与女性有关。这款罐头的外形设计很受女性欢迎——即便静静地待在屋子的一个角落，也会显得很和谐，很时尚。安静且时尚的外形设计让这款罐头俘获了女性的心。

初战告捷后，罐头的出品公司又乘胜追击，将罐头的外观颜色从黄色变成了绿色（两年半后，推出甜罗勒和柠檬味罐头），然后是红色（三年后，推出红辣椒粉汤料罐头）。至此，共有三款同品牌鲭鱼罐头问世。而将这三款罐头打包销售的营销方式再一次大获全胜，让这家公司赚得盆满钵满。

▶ 从"十人十色"迈向"一人十色"世界的勇气

尽管我将前面提到的那款鲭鱼罐头称为爆款，但是如果考虑到全日本每年的鲭鱼罐头的销售总量，那款罐头的市场份额也不过只有区区1%。

图038 | 鲭鱼罐头

问题是，这款鲭鱼罐头的售价比其他同类罐头的平均价格高出3倍之多，却能取得如此骄人的销售业绩，确实有点出人意料。

于是，许多罐头大厂纷纷跟进，推出了大量同类产品，即所谓的"西洋风时尚鲭鱼罐头"。

最终，"时尚罐头"逐渐成为该行业的一个新品种，被固定下来。

就像前面提到过的那样，市场目标常常是零散的，所追求的价值也各不相同。

即便是同一个人（市场目标，或者说客户），他的需求点（痛点）也并不总是一样的。随着心情的不同、领域的不同、场合的不同，他有的时候喜欢追求"高大上"的东西，比如华丽的外表、超强的功能，有时则又特别想要朴实无华的东西，追求功能和外形的极简化。

换言之，世界是复杂的，人类也是复杂的。有时何止"十人十色"，"一人十色"也完全有可能。

不过也正因如此，对中小企业来说，市场里才会有机会，可以容许他们生存，甚至有可能让他们成功"出圈"，逆袭成为行业巨头。

一般而言，一旦市场里出现了"大爆款"，第一个冲上前去的一定是行业巨鳄，因为他们手里的资源最多。但这些大企业将所有资源都倾注到一两个"大爆款"里的时候，却为中小企业留下了大量可以创造"小爆款"的机会。这就足以让后者有饭吃，能活下去。重点是，一个不留神，"小爆款"也有可能变成"中爆款"乃至"大爆款"，这就是中小企业"做大"、逆袭的机会。

剩下的，无非就是"勇气"二字。

前面提到的那款鲭鱼罐头的创造者——岩手县产株式会社，就是一个典型的例子。

最初，公司高管得知这一最新的企划案时，多数都持反对意见。问题是岩手县本身就是日本重要的鲭鱼产地之一，如何为庞大的渔获寻找出路，对该县而言已然成了一个生死攸关的大问题。所以他们无论如何也要试一把。失败了，无非从头再来；万一成了，那就能为该县的经济命脉打开一扇窗，杀出一条血路。

所以公司内部反复讨论的结果，就是大胆地迈出一小步，勇敢地试错。没承想这一试，为公司迎来的是一片天，一个新世界。

专栏02
VALUE

市场营销论的集大成者——PLC战略

▶ PLC是什么？

众所周知，美国经济学家菲利普·科特勒的《营销管理》一书中，有关于PLC战略的介绍；而鲜为人知的是，其实这一概念源于1950年乔尔·迪安发表的文章《新产品定价策略》。

在这篇文章中，迪安提出了两个极为经典的论断，一直到今天都被许多商家奉为圭臬。他是这么说的："新产品的定价无比重要，绝不能靠拍脑门，要靠直觉和胆量。要在密切关注不断变化中的生产与销售成本的情况下，咬紧牙关，一口气将价格定到最低，不要有任何犹豫和侥幸心理。与此同时，对那些即便贵一点也能有不错销路的东西，千万不要轻易降价促销。"

受这一言论的启发，许多学者开始了对产品生命周期的研究。

具体地说，就是不同的产品群到底都有着什么样的PLC，抑或这样的一种周期循环是否真的存在；如果确实存在，存在方式是什么样的；在不同的细分市场（产品施展魅力的舞台）和生命阶段中，到底应该如何施策、如何促销；等等。

然后，大家得出的结论是：在许多细分市场中确实存在产品的生命周期，且这一周期可以分为4个阶段，也就是黎明期、成长期、成熟期与衰退期。

至此，PLC理论正式确立。

我们以音乐媒介市场为例。唱片、磁带与CD，这些音乐媒介的发展，都经历了"生命周期循环"的过程。即便是CD，今天的处境也可说是苟延残喘。（图039）

想必这一点，每一个人都深有同感。

▶ 支撑PLC理论的，是创新扩散理论

现在问题来了：为什么会发生这样的事？著名的市场营销学者埃弗雷特·罗杰斯给出了答案。在1962年出版的《创新的扩散》一书中，罗杰斯对所谓"具有划时代意义的革命性新商品"的普及过程，从客户的视角进行了详尽的描述，把这件事彻底说透了。

罗杰斯将市场中的所有潜在客户，以其对创新的态度为依据，分为如下5个类别，即"创新者"（占全体的2.5%）、"早期采用者"（占全体的13.5%）、"早期大众"（占全体的

图039 | PLC的案例：音乐媒介市场

音乐媒介发展轨迹（日本国内）

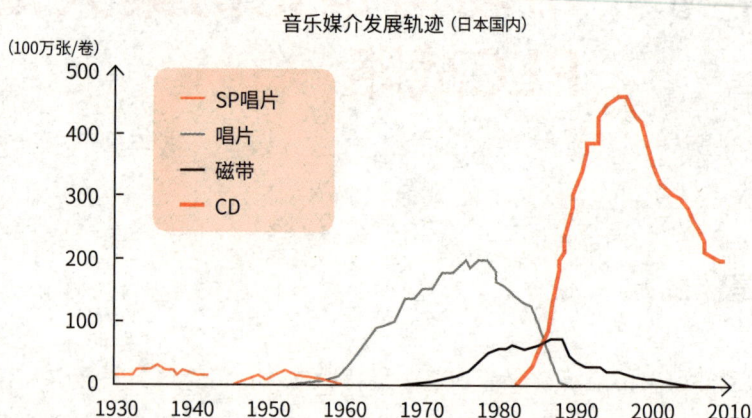

显然，对那些划时代的、具有革命性意义的创新产品，最容易接受、最早接受的客户群体是"创新者"。因而PLC理论中的"黎明期"，将由这一群体开启。这些人的一个显著特征是所谓的"发烧友特质"，也就是只要东西好、东西有趣，不在乎价格。问题是，所有潜在客户中，只有2.5%左右是这种人，因此任何一种产品处于"黎明期"的时候，市场规模都非常小，几乎可以忽略不计。

想来也是这个逻辑。"发烧友"本身就是一个"小众"的概念。企业靠"发烧友"活下来没问题，但是想发大财则难于上青天。

图040 | 罗杰斯的"用户五分法"

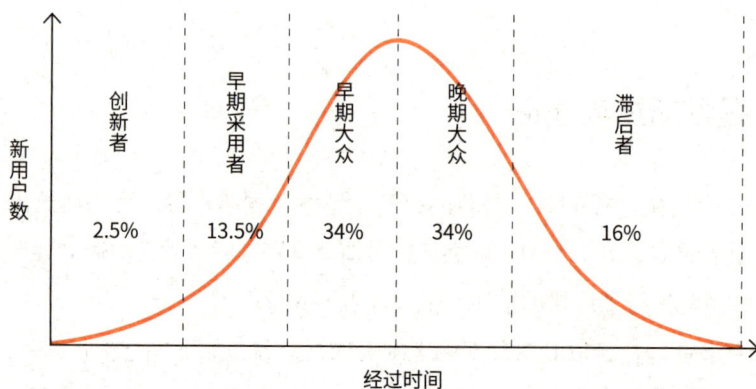

如果运气好，再加上正确的运营，你的产品将挺过充满风险的"黎明期"，进入相对安全的"成长期"。这个时候，你的客户将以"早期采用者"与"早期大众"为主。这些人总体来说也对新生事物比较感兴趣，尽管程度上与"发烧友"（创新者）相比还有很大差距。因此，他们对产品的价格还是相当敏感的。所以，如果你的产品还是"发烧友价"，那就死定了。在定价策略上，必须向"大众价"倾斜，而且要尽量做到极致。好消息是，由于这两个群体人数众多，几乎占了全部潜在客户群的半壁江山，因此完全能够支撑你的新战略，即"薄利多销"。

只要你能在"成长期"站稳脚跟，市场的扩张将异常迅猛，你唯一需要练习的就是数钱的技术。

接着，客户的数量将不再暴增，市场走向也将不再是笔直向上的，而是逐渐开始横盘，这预示着你的产品已正式进入"成熟期"。此时，"晚期大众"将参与到你的生意中，成为产品客户群的新成员。

最后，当赶上末班车的群体，也就是"滞后者"终于开始成为你的客户时，头几拨人——"创新者"和"早期采用者"已逐渐离场，这意味着你的产品已不可避免地滑进了"衰退期"，离"寿终正寝"不远了。

▶ 只要确定了产品生命周期的具体阶段，就能立马敲定所有正确的营销之策吗？

PLC理论（四个阶段），加上创新扩散理论（五类人），再辅以相应的营销组合拳（将各种不同做法融合到一起的综合营销策略），共同组成了一套完美无缺的市场营销战略。这就是PLC战略。

营销专家菲利普·科特勒将彼得·多伊尔总结的经验写进了他的《营销管理》一书。按照他们的说法，我们可以得出这样的结论：只要确定了某个产品在其生命周期中所处的具体阶段，那么一系列的问题都可以随之确定，比如市场目标是谁，具体策略是什么，到底应该怎么操作（STP+营销组合拳），等等。（图041）

乍一看，这似乎是个好消息。市场营销学被简化了，成了几个简单的公式。

所以，当这个结论出现时，长期钻研这门学问的学者普遍感到沮丧。于是，"市场营销学已死"的说法应运而生。

图041 | 多伊尔的PLC战略

	黎明期	成长期	成熟期	衰退期
销售规模	一点点	急速上升	缓慢上升	下降
利润额	赤字	高水准	下降	低水准或零
现金流	负数	快速增加	高水准	低水准
客户类型	创新者	早期采用者	大众	滞后者
竞争对手	几乎没有	增加	有很多	减少
战略	市场扩大	份额扩大	保持份额	提升生产性
市场营销目标	认知	确立品牌	强化品牌	可选择
4P 商品	基础功能	改良	差别化	合理化
4P 价格	高水准	降低	最低水准	上升
4P 渠道	专门店	量贩店	量贩店	可选择
4P 促销	专业杂志	大众媒体	可选择媒体	极小

▶ PLC战略的界限与突破

但是显然，PLC战略从一开始便没有那么完美。它的拼图上明显缺了一角，而且是至关重要的一个大角，那就是"竞争"这个关键概念。

首先，PLC战略明显与极富竞争性的市场营销战略相矛盾。在竞争性市场营销战略（比如"市场领先战略"等）中，"只有明确了市场定位，才能敲定具体的营销战略"这一点被特别强调。显然，这与PLC战略所极力主张的"只要明白了产品处于生命周期的哪一个阶段，就能敲定具体的营销战略"这一说法根本是两码事，两者完全无法兼容。

道理很简单。前者的视野中，"竞争"是第一位的。换言之，即便你知道了自己的产品处于生命周期的哪一个阶段，你也得明白自己的特长与短板，才能在强手如林的市场里找到自己的位置，明确自己到底应该怎么做。而后者则不同，后者的意思仿佛是"你不用在乎自己的特性，也不用介意竞争对手的有无以及强弱，你只要弄清楚自己的岁数，就自然知道该怎么做"——这样的"书呆子"逻辑怎么能在残酷的现实世界中行得通呢？

所以，这个世界远远不似那些哀叹"市场营销学已死"的学者所想象的那般单纯。作为一门学问，"市场营销学"本身不会死，也不可能死。何止不死，它仍在继续发展，未来的前景依然一片光明。

举个例子。罗杰斯本人曾经说过这样的话："对任何一个革命性的创新产品而言，能否活下去以及能否发展壮大的关键在于，是否能顺利挺过自身客户群从'创新者'向'早期采用者'过渡的阶段（因为这两者的合计比重在16%左右。一旦有了近两成的市场客户打底，那么产品的前途基本上就是光明的）。"换言之，只要搞定了这两个早期的客户群，那么剩下的客户群就会不请自来，成为你的囊中之物。

但是，这种说法很快便被著名的企业咨询师杰弗里·摩尔"打脸"。摩尔通过长期的研究发现，在高科技产业中，"早期采用者"与"早期大众"之间存在着极大的差异，从前者到后者的转变远非那么简单。

由此，他认为：为了跨越这个鸿沟，让产品真正进入坦途，让市场真正迎来爆发性增长的阶段，必须要下大力气，对"早期大众"做大量的推广营销工作。

这就是著名的市场营销"鸿沟理论"（图042）。

该理论的诞生，为一度处于混沌状态的市场营销学研究打开了一片天，也为无数企业家和创新者指明了方向。

图042 | 摩尔的"鸿沟理论"

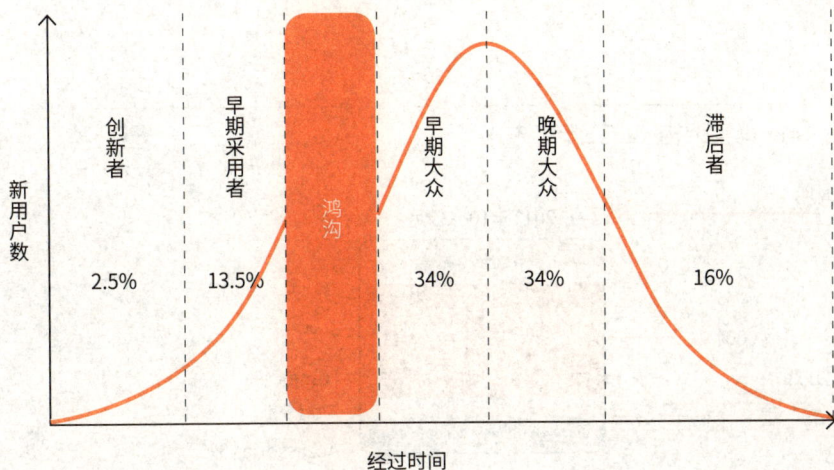

新用户数

创新者　　　早期采用者　　　鸿沟　　　早期大众　　　晚期大众　　　滞后者

2.5%　　　13.5%　　　34%　　　34%　　　16%

经过时间

挑战核心价值的企业（苹果公司）

▶ **乔布斯的所谓"创新"，从某种意义上来说都是"山寨"**

2011年10月5日，巨星陨落。曾一手打造伟大商业帝国的天才人物——史蒂夫·乔布斯去世了。

直接的死亡原因是他常年罹患的胰腺癌所引发的心肺骤停。据说，这位科技界与商界的巨擘是在自家的卧榻上安然离世的。

那一天，由他创建，又把他赶走，之后他又重新掌舵，由此脱胎换骨、绝处逢生、一鸣惊人、势不可当的苹果公司的总市值达到了史无前例的3500亿美元。

一般来说，如此级别的人物去世，对公司的股价绝对是一记重击。可乔布斯的去世却不同，苹果公司的股价稳定地维持在每股378美元左右。

可见这颗"苹果"的实力有多强。

苹果公司巨大的销售额和利润主要来自若干条主流产品线。而这些产品线，绝大多数都是在乔布斯的领导下，诞生于21世纪。

以2011年第四季度（10～12月份）的业绩为例。该季度，苹果公司的全球销售总额为463亿美元。其中82%的份额来自2001年以后上市的新产品。（图043）

说来也确实了不起。仅在区区3个月中，苹果公司的主打产品iPhone就狂卖了3704万部，而其他产品的表现也不错：iPad卖了1543万台，iPod卖了1540万个。

另外，占据销售总额4%的iTunes的表现也相当不俗。这个苹果公司独有的，基于iOS系统

图043 苹果公司产品群的销售架构（2011年年末）

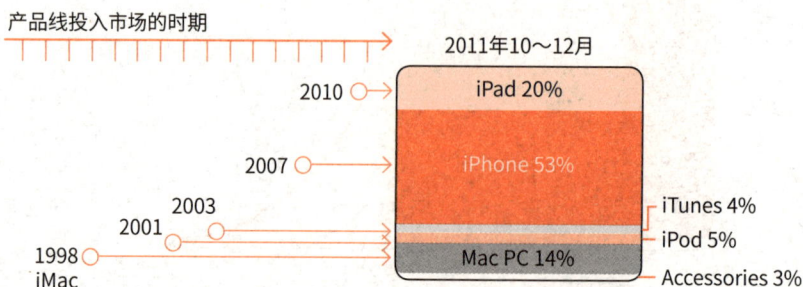

产品线投入市场的时期

2011年10～12月

2010 → iPad 20%

2007 → iPhone 53%

iTunes 4%

2003

2001 → iPod 5%

1998 → Mac PC 14%

iMac Accessories 3%

的应用程序里不仅有大量的音乐，还有其他海量内容。这些精彩的内容深深地吸引并联结着全世界每一个角落的用户与创作者，令他们极度沉迷，无法自拔。

看了这一大堆骄人的成就，相信一定会有不少人将乔布斯称为"创新者"。问题是，这样的称呼真的正确吗？未必。

尽管从表面上看，乔布斯是一个不折不扣的天才——经他的妙手，一个又一个崭新的、刺激的、令人惊奇的世界呈现在世人面前，然而这些"新世界"并不是他原创的，而仅仅是经过了他的"再加工"而已。单就他的一系列产品线而言，属于"新东西"的成分凤毛麟角，几乎所有的产品成分及产品特征都是"山寨"而来。

比如说，iPad最初的创意来源于1991年上市的PenPoint（GO公司开发）。再比如说，"智能手机"的创意，最初是由诺基亚9000 Communicator系列手机展示给世人的；而1999年上市的著名的黑莓手机，则更是给这类产品的走红添了一把火。

至于"随身听"型"立体声音乐播放器"，早在iPod之前，日本的索尼公司等行业大鳄之间已斗得不可开交了。和这些市场中的前辈相比，苹果公司是不折不扣的后辈。

还有如今气势如虹的iTunes。通过互联网上传及分享音乐，并从中谋利的做法，早在苹果公司之前已经有太多人尝试过，其中亦不乏相当成功的例子。当然，这些产品和iTunes是没法比的。

总之，从事业战略的角度来看，乔布斯所做的几乎没有一样称得上是"纯原创"。他最牛的地方在于"大破大立"，说得专业一点，叫作"创造性的破坏"以及"再发明"。

那么，这位科技界与商界的大佬到底是如何打破由既有产品及商业模式所构成的"旧世界"，通过"再发明"成功创造"新世界"的呢？

下面就来说说这件事。

▶ 苹果公司瞄准大的现有市场，通过"感性品质"上的绝对优势取胜

从某种意义上来说，iPod诞生之后，苹果公司的成功模式变得很单纯，说白了就是四个字——"专挑大鳄"。

具体地说，第一，专挑"大众市场""成熟市场"作为市场目标；第二，专门挑战市场中的行业巨头、企业大鳄；第三，凭借极佳的产品设计和感性品质形成对这些大鳄的压倒性优势，从而将其取而代之。

iPod：插孔式立体声音乐播放器市场；

iPhone：移动电话终端市场；

iPad：PC（个人电脑）市场。

话题回到2001年。那一年年末，iPod横空出世，成为苹果公司重要的转折点。

在那之前，苹果公司只是一家日薄西山的PC生产商。因为在个人电脑领域，强大的竞争对手实在是太多了，进而导致该领域绝对的先驱苹果公司逐渐被边缘化，几乎成了"小众"的代名词。

然而，iPod的出现改变了这一切（图044）。苹果公司正式进入以音乐为主的内容产业。这一步可不简单，它意味着苹果公司彻底跳出了固守数十年的产品思维窠臼（专注于个人电脑的研发与生产），一步跨进了多姿多彩的世界。

不夸张地说，其后苹果公司所有的世界级爆款产品，如iPhone、iPad，全部脱胎于此，全部是iPod的衍生品、延长线。

众所周知，iPod系列有一款产品叫iPod touch。iPad，说白了就是一款大号的iPod touch；而iPhone，说白了就是一款能够接打电话的iPod touch。

现在问题来了：如果说苹果公司成功的起点是插孔式立体声音乐播放器，那么为什么这个行业的后来者反而能够打败那些在该行业叱咤风云多年，市场地位看似稳如泰山的先行者？

说实话，想把这件事彻底说明白，只写一本书肯定是不够的。但是很显然，苹果公司在音乐播放器领域获得的最初的成功，不仅仅与其同时推出了iTunes Store（iTunes商店）有关。

仅从互联网音乐内容分享业务来说，索尼的bitmusic（现在的mora）出现的时间远比苹果公司的iTunes Store早得多。前者早在1999年12月就已经存在了。

所以，关键还是iPod这款产品本身的特质。换言之，与软件相比，真正的重点还是在硬件上。

正如乔布斯本人所说，iPod才是第一款真正体现了苹果公司特性的产品，在它出现之前的几年乃至几十年，从未有任何一款苹果公司的产品真正做到这一点。

而这款产品的诞生也确实浸透了乔布斯的全部心血。据说，当年iPod的项目开发是由乔布

图044 │ 初代iPod

乔布斯所谓的"最具苹果公司特色的产品"。作为超饱和的便携式数字音乐播放器市场最后的参与者，该产品独特的创意（将整个系统程序库随身携带）和感性品质极富诱惑力，因而一经推出便大受欢迎。
顺便说一句，开发此款产品，苹果公司内部并没有相关的经验与数据，因此相当多的开发工作是靠外包完成的。

斯本人亲自指挥的。他每天都身处产品开发的第一线，不断地冲着那些埋头苦干的工程师叫喊："一定要搞出一种新东西！我需要的是迄今为止最具苹果公司特色的新产品！"

作为第一代iPod产品的象征性存在，nano和classic就是典型的例子。这两款iPod产品上都有"触碰式转轮"的设计，而这一经典设计的灵感是由公司副董事长贡献的。彼时，他也身居一线，全程参与了产品设计的过程。正所谓"公司一盘棋"，为了设计出最具"苹果特色"的产品，全公司没有一个人可以置身事外。

没有任何努力和付出会被现实辜负。第一代iPod产品一问世，便惊艳了全世界。那孤绝的设计、丝滑的触感、无与伦比的易操作性一下子就抓住了全球消费者的心——确实，人们得到了一种前所未有的感受，没有想到一个普通的音乐播放器可以是这个样子。换言之，与彼时市场中早已存在的同类产品相比，它完全是一个新物件，不再仅仅是音乐播放器了。

这就是具有碾压性的竞争优势。

作为苹果公司的创始人和曾经的掌舵人，乔布斯是严苛的。他坚持一个终极目标：所有挂着"苹果"名号的产品，都必须具备绝对的压倒性的设计感与感性品质。

这一点没有妥协的余地，无论是硬件还是软件。

据说，当年推出苹果专卖店（线下实体店）的时候，无论是天花板材质的选用还是店门的设计，乔布斯的严苛都达到了"登峰造极"的程度，一个门把手都能做出几十种不同的样品，直到令他满意为止。遇到这种不近人情的"魔鬼上司"，下属的苦楚可想而知。对此，乔布斯

练习9 | 尝试描述iPod的商业模式，特别是市场目标战略和价值提供战略

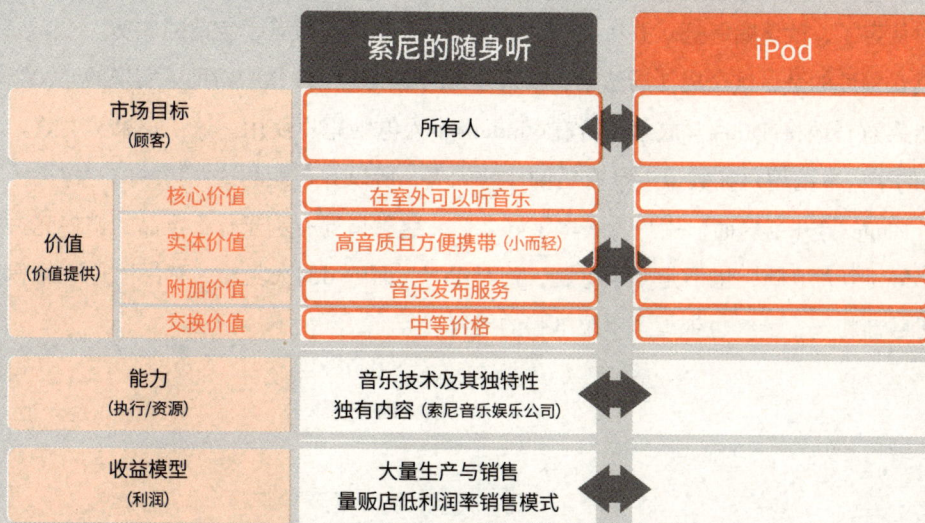

		索尼的随身听	iPod
市场目标 （顾客）		所有人 ⬌	
价值 （价值提供）	核心价值	在室外可以听音乐	
	实体价值	高音质且方便携带（小而轻）⬌	
	附加价值	音乐发布服务	
	交换价值	中等价格	
能力 （执行/资源）		音乐技术及其独特性 独有内容（索尼音乐娱乐公司）◆	
收益模型 （利润）		大量生产与销售 量贩店低利润率销售模式 ◆	

本人并非毫无意识，只不过对他而言，这些都不重要。

即便是对他生意上的伙伴以及与公司有业务往来的公司，乔布斯也是这种态度。

一些普通人用肉眼根本分辨不出来的小瑕疵（意味着大多数终端消费者完全无感），却难逃乔布斯的法眼，而他也绝无可能做出半点让步。

他甚至有些偏执地认为，消费者的"火眼金睛"要比他本人厉害一百倍、一千倍，所以任何一点微小的瑕疵，用户都能第一时间敏锐地感觉到。这就意味着他的要求不是"上限"，而是"底线"。

不过，说一千道一万，乔布斯的这种偏执与其说是为了用户，为了终端消费者，不如说是为了他自己，为了他本人的类似强迫症般的执着。

在他的心里，一个产品哪怕还有一点可以做得更好而没有去做的地方，他都会在产品上市后产生一种极大的耻辱感。而这种耻辱感是他绝对无法忍受的。

乔布斯用他毕生的努力证明了一件事，那便是"旧世界的产品质量太差"，而这一点必须改变。

就拿插孔式立体声音乐播放器来说，其原本的实体价值说白了就是两条：一条是高音质，另一条是方便携带。仅此而已。它的鼻祖是日本索尼公司几十年前开发的老款随身听。一直到今天，索尼的产品依然停留在这款老古董的延长线上，甚至连消费者也并没有更多其他的要求，没有追求更多其他的功能。

所以，索尼公司这几十年来所能做的事情也只有两件：一件事是竭尽全力把产品音质做得更好，另一件事是不遗余力地让产品更方便携带，即更小、更轻。

但是，苹果公司却偏偏要另辟蹊径，要打破这个思维和行为的窠臼。

乔布斯认为，即便体积大一些，只要能把自己所有的"音乐库存"装进去；即便稍微贵一点，只要拥有压倒性的外观设计优势和强大的感性品质优势，那么消费者就会买单。

既然认定了，就该赌一把。乔布斯确实这样做了，也确实收获了空前的成功。

颇具戏剧性的是，这个成功居然是在苹果公司的劲敌——微软的帮助下实现的。2003年，乔布斯出人意料地将iTunes开放给了所有Windows个人电脑用户使用。这一招果然奏效。当时Windows的个人电脑用户在数量上具有压倒性的优势，所以乔布斯的这一巧妙的"嫁接术"一下子就让iTunes打开了局面，用户量暴增了好多倍。这种情况有利于什么产品的销售呢？当然不是Windows个人电脑，也不是苹果电脑，而是iPod。而iPod的大卖给"苹果"这一品牌本身带来了无数新粉丝，最终也带火了苹果电脑的销售。

▶ 霍华德·舒尔茨："米兰之旅"的感动与灵感

霍华德·舒尔茨凭借着美式足球（橄榄球）方面的天赋，作为特招生被北密歇根大学破格录取并顺利毕业，先后在著名复印机生产商施乐公司和一家杂货公司任职，于1982年进入星巴克公司任职，担任市场部和零售部经理。

彼时，这位踌躇满志的犹太青年刚满29岁，而星巴克也只是一家拥有4个门店的小公司。

某日，正在意大利出差的舒尔茨被米兰街头的一家小小咖啡吧吸引，激发出了无限灵感。这家咖啡吧提供的是典型的意大利浓缩咖啡，据说仅在米兰市内，就有近20万家类似的咖啡吧。但就是这样一个小小的店铺，却让舒尔茨感慨万千。他觉得，这里不仅仅是小啜一口、小憩片刻的场所，还是灵魂的归宿。身在此处，一杯咖啡在手，这一场景本身就令人满足，仿佛置身人生剧场，一场好戏的大幕徐徐拉开。而此时你需要做的只有两个字：享受。

于是，回到美国的舒尔茨迫不及待地行动起来，他要将身体里留存的米兰之旅的感受，毫无保留地复制出来。

为了让美国人也能亲身领略意大利浓缩咖啡的美味，他对这种咖啡做了一点创新——将其与牛奶混合，制成了"西雅图风味"的咖啡，以便更适合美国人的口味。

他还将星巴克的业务模式改造了一番，开始做起了咖啡外卖业务。这一招果然很灵，立马受到西雅图的学生以及年轻的女性上班族群体的欢迎。一不做二不休，两年后的1987年，舒尔茨干脆自己出资，将星巴克的店铺和商标以400万美元的高价整体收购。

此时，舒尔茨的"米兰之梦"终于变成现实。

不仅可以品尝美味的咖啡，而且能够充分享受所处空间的优雅氛围——这就是其后风靡一时的概念：第三空间，即"既不是家，也不是公司，而是人生的第三空间"。换言之，星巴克成了除"家"和"公司"之外，又一个人人必去的地方。

而为了实现这一终极目标，舒尔茨将全部身家都投了进去。

◆ 物极必反：过快、过急地扩张，歪曲了星巴克的价值

舒尔茨的勇气为他带来了回报——他赌赢了。"星巴克旋风"以迅雷不及掩耳之势横扫美国大陆，在极短的时间内，星巴克的店铺和业务就扩张到了美国的每一个角落。

在那之前，对普通美国人来说，所谓"喝咖啡"，仅仅意味着去比萨店或面包房消费时"捎带"着买一杯，花大约150日元就够了。而星巴克咖啡的价格则比这个高一倍还多！可即便如此，它却依然大卖。

星巴克店铺的扩张速度也令人咋舌。从1987年的17家，扩张到10年后的1412家。20年后的2007年，星巴克的店铺数量更是达到了惊人的15,011家！

所谓"物极必反"，星巴克过快、过猛地扩张，也为公司的经营埋下了不小的隐患。换句话说，舒尔茨的步伐有些急了，因而有些乱了……

因为开新店的节奏太快、太急，导致人才跟不上，饮品和店内服务的质量明显下滑。不只如此，由于美国的大街小巷到处都能见到星巴克，对各家店来说，争取客源就成了一个难题，进而导致公司出现了严重的内部竞争。为了吸引顾客的眼球，各家店纷纷使出奇招，有的店甚至连比萨和奶酪都卖，最后反而这些东西的销量比咖啡都好。店家见有利可图，便干脆把主要精力放在这些东西的销售上，反倒冷落了咖啡，偏离了主业。

照理，做生意"赚钱"是硬道理，只要店家达到了这个目的，继续做下去应该没什么问题。问题在于，如果赚钱的路子与企业的文化，即企业的生存之道相悖，这种钱赚得就比较危险了，只能赚一时，无法赚一世。

星巴克的扩张战略恰恰就掉进了这个陷阱里。由于毫无章法的扩张节奏，在新老顾客的眼里，星巴克"变味"了，甚至是面目全非，已毫无"第三空间"的感觉。<u>身处此地本身就是一种绝妙的体验——这一星巴克重金打造的企业文化，已经支离破碎。</u>

2008年，气势如虹、所向披靡的星巴克终于掉进了业绩负增长的泥潭，那一年的销售增长率是-3%。

▶ "捍卫价值"的"持久战"

在这历史性的关口，舒尔茨回归了，重新就任公司CEO。他曾于2000年将这一职位让给了一位颇有才华的后辈。可毕竟姜还是老的辣，在这生死存亡的重要关口，能够拯救公司于水火的，只有舒尔茨本人——星巴克的所有者，真正的幕后大老板。现在，这位幕后大老板再次接过指挥棒，来到了台前。

重新上任后，舒尔茨做的第一件事就是让集团所有店铺全线停业整顿。首先，停止售卖所有比萨类的商品，将店里的主打产品重新定位为咖啡。其次，舒尔茨制订了一个详尽的计划，

针对集团所有一线员工进行了一次高强度的业务特训，特别是在为顾客制作咖啡的手法方面，集团更是下足了功夫，甚至达到了严苛的程度。这还不算完，为了在硬件方面彻底与竞争对手区分开，令自身拥有排他性优势，舒尔茨还做了一个大动作——收购了一家咖啡研磨机制造公司。这就意味着连上游的机器设备制造领域，星巴克也没有放过。最后，舒尔茨使出了终极撒手锏：2009年，星巴克开设的新店数量为"-45家"。换言之，有45家不合格的店面被他毫不犹豫地清理出局。

显然，舒尔茨是拿出了破釜沉舟的勇气为星巴克"刮骨疗伤"。他冒着大把的投资打水漂，公司销售额锐减的风险做这件事，可见决心之大。

之所以这样做，他的目的只有一个：重建星巴克的价值，擦亮"第三空间"的招牌。

功夫不负有心人。舒尔茨的苦心没有白费，经过短暂的低迷期，星巴克很快东山再起，重新统治了"咖啡江湖"。

2019年年末，星巴克拥有的店铺总数达到史无前例的3万家。重点是，其中半数店铺都在海外，特别是亚洲，仅日本就有1458家。

说到这里，我想起了一段小插曲。

日本的星巴克1号店位于东京银座松屋大街。这家店开业当天，东京的气温高达32.4摄氏度，令在场督阵的舒尔茨颇为担忧：在如此闷热的地方卖热咖啡，人们怎么可能买账啊！

想到这里，他不由得叹了口气。

没承想，这家店当天卖得最火的饮品就是热咖啡——中、大杯拿铁。看来，星巴克的理念战胜了日本高温多湿的自然环境，成功赢得了日本消费者的心。

练习10 | 尝试描述星巴克在日本市场的商业模式

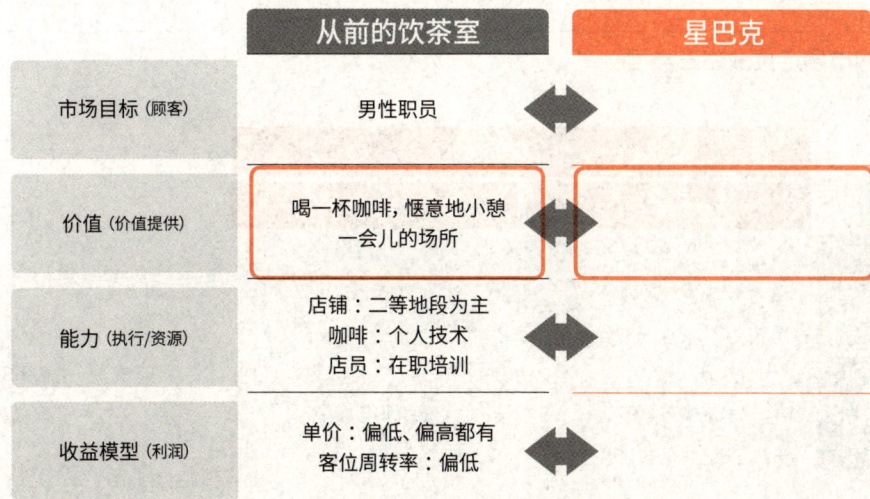

	从前的饮茶室		星巴克
市场目标（顾客）	男性职员	◆▶	
价值（价值提供）	喝一杯咖啡，惬意地小憩一会儿的场所	◆▶	
能力（执行/资源）	店铺：二等地段为主 咖啡：个人技术 店员：在职培训	◆▶	
收益模型（利润）	单价：偏低、偏高都有 客位周转率：偏低	◆▶	

VALUE
15 | 以目标和价值确立市场定位

▶ 只要将市场目标与价值组合起来，基本战略也就成形了

哈佛商学院教授、著名学者迈克尔·波特最大的贡献，就是在他的名著《竞争战略》中首次提出了"战略三类型"的理论。

按照他的说法，企业为了在竞争中获胜，将自身的利益最大化，必须要首先明确自身在市场中的定位，而市场定位战略往大里分有三种，往小里分有四种。

图045所示的内容就是市场定位战略三类型。

其实，无论怎样分类，其本质都是一样的，无非是目标与价值的组合。

在市场定位战略中，首先需要关注的是"你到底为谁而战"，也就是市场目标是整体，还是局部？是所有人，还是一部分人？如果你认为目标太大等于没有目标，重点太多等于没有重点，只想把有限的精力和资源投在自己最擅长的领域，那么你的选择对象将会是少数人，某些特定领域里的人。这一市场被称为"细缝（夹缝）市场"，集中火力攻取这一市场的战略被称为"集中战略"。

以上，是市场定位战略中的"目标战略"。

市场定位战略中的"价值战略"有两种，一是成本领导力战略，二是差别化（排他性，不可复制性）战略。

图045 | 波特的市场定位战略三类型

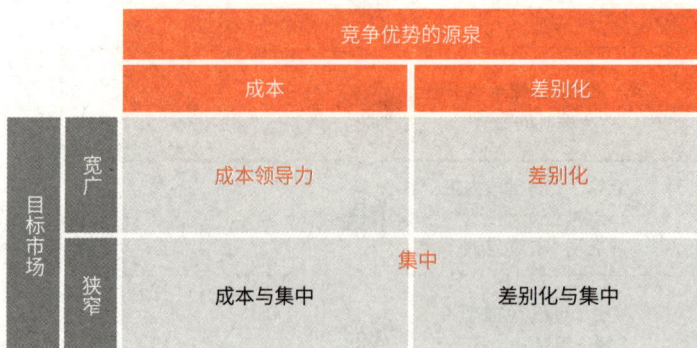

		竞争优势的源泉	
		成本	差别化
目标市场	宽广	成本领导力	差别化
	狭窄	成本与集中	差别化与集中

集中

价值战略既可以瞄准市场的局部，也就是仅在"细缝市场"中扑腾；也可以瞄准市场的整体，即以"鲸吞全部市场"为出发点和最终目的。

比方说，在成本领导力战略中，不只公司的产品线，包括公司的管理、后勤等所有方面，都必须尽最大力量削减成本，力求以无可辩驳的低成本（以及由此产生的低价格）优势将竞争对手压制住，乃至排挤出局。

曾经的福特T型车，就是这方面的典型例子。

另外一方面，差别化战略是将顾客价值，也就是公司能够为顾客提供的产品与服务的附加值（尤其是产品的使用价值）推高到极致。

前面提到的iPod就是典型的例子。在无比拥挤的便携式音乐播放器市场中，苹果公司起步最晚，但其产品却以无与伦比的、划时代的品质卖出高价，而且消费者还乐于买单。

所谓"使用价值"的天花板，恐怕就是这样了。

不夸张地说，苹果公司最大的本事就是在早已"红得发紫"的红海中脱颖而出。这种本事是苹果公司和乔布斯的独门绝技，且概不外传。

迈克尔·波特试图揭开其中之谜，给出一个终极答案。他的忠告是：对"为何（谁）而战""为什么需要战""以什么来战""如何战"这些事关"市场定位"的命题，必须极端严肃。

总之，对商家来说，所谓"生意"，无非是这样一件事情：<u>你瞄准的是市场的整体，还是市场的局部</u>？如果是局部，即"细缝市场"的话，你应该如何利用成本领导力战略和差别化战略来为自己开疆拓土（进攻）或"保家卫国"（防守）？如果你瞄准的是市场的全部，那么你应该如何将低成本与高附加值这两件事做到极致，以便形成对竞争对手的碾压性优势，为自己赢取最大化的利益？

答案就是两个字：选择。

"选择"决定人生，也决定生意。务必慎之又慎，不可妄为。

▶ 以双轴展现世界的市场定位图：家电量贩店的案例

客观地说，波特的"战略三类型"理论多少显得有些笼统、抽象，而市场定位图则能有效弥补这一短板，将其进一步具象化。

通常，横竖两轴便可以构成一个平面，然后只需把自己公司与竞争对手的信息按图索骥，放到相应的位置即可。这就是市场定位的直观展示。

比方说，如果将横轴定为"竞争优势的源泉"，将竖轴定为"目标市场"，那么市场定位图将如图046所示。

图046 | 市场定位图

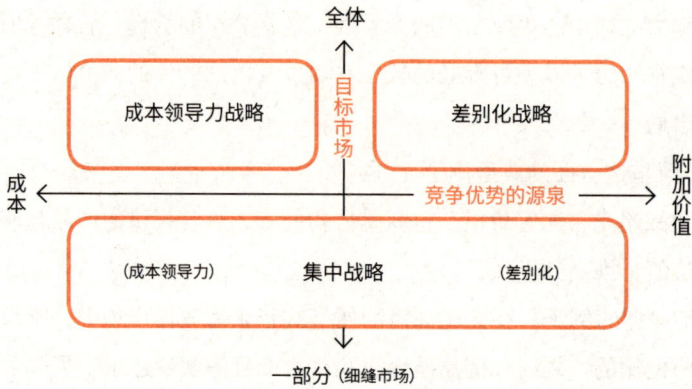

但是，如果仅把"目标市场"分成"全体"和"细缝"，抑或仅将"竞争优势（价值）"分为"附加价值"和"成本"，那么这种分法就未免太过笼统，有进一步细分的必要。

以家电量贩店为例。山田电机很明显是以全日本的消费者为目标客户，家电销售巨头爱电王（EDION）瞄准的却只是西日本的市场，而淀桥相机电器店的目标则更为简单明确——只伺候大都市圈的客户。

那么，对这些量贩店来说，消费者的需求（价值）都有哪些呢？

首先，品种全和价格低是最重要的。其次是售后服务与商品配送的效率与质量。注意，这是以保证商品本身的质量为前提的。

同样的道理，如今，只要是家电的量贩店，"品种全"这一条都能轻松做到，想在这一点上看出差别来还是不大容易的。所以，各家公司只能另外想办法以突显自己的差异化竞争优势。结果就是，山田电机选择了"低价格"作为自己的撒手锏，爱电王的拿手好戏是"售后服务"，淀桥相机的绝活则是商品配送的效率、速度。

2013年，在由日经BP社举办的"全日本家电量贩店综合评比"活动中，除了在商品的价格方面优势明显之外，山田电机在其他几个重要的客户满意度指标上的表现均不太理想，输给了淀桥相机和爱电王。

以满分5分为例：

● **淀桥相机：** 4.0分（第三位）；

● **爱电王：** 3.9分（第四位）；

● **山田电机：** 3.2分（倒数第一位）。

如果将以上信息置于市场定位图中，则如图047所示。在此图中，竖轴代表目标市场，横轴代表价值。

画这个图有一个明显的好处：如果单纯罗列文字和数据，很难有一个直观认识；而将其制成图表，则各要素之间的关系立马一目了然。

在市场定位上，企业一定要有绝活，一定要有具备排他性的特色。换言之，企业要尽量避免和竞争对手有重合之处，否则后续很难办，迟早要吃苦头。至少，让消费者记住你的企业，在一堆相似的企业中一眼就能辨别出你的企业，这事基本上就别想了。

另外，不知你发现了没有，在图047中，我们还能看见一个明显的空白，就是左下角的那个空白。

那个空白意味着什么？意味着"大都市圈的低价卖场"至少目前还不存在。

如果是这样，那么这一块是否有新商机？还是压根就没有？如果答案是有，那么在这片江湖上第一个吃螃蟹的会是哪家公司？第一个扬名立万的人物会是谁？

我们不妨拭目以待。

图047 | 日本家电量贩店的市场定位图（一部分）

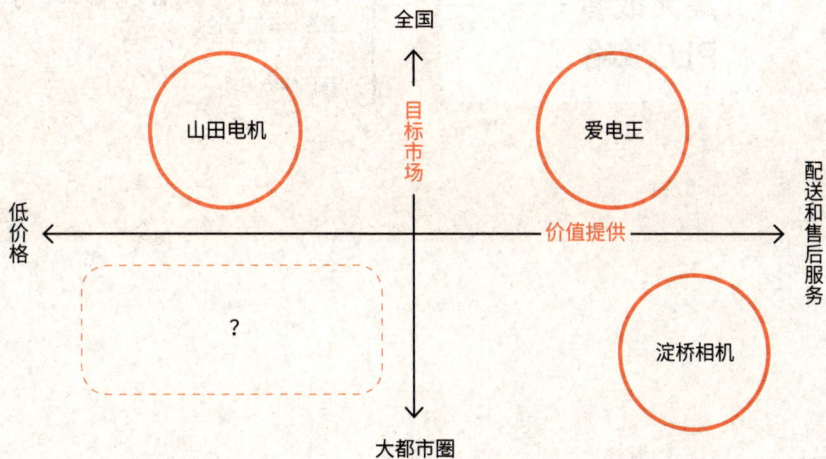

全国

目标市场

山田电机

爱电王

低价格 ← 价值提供 → 配送和售后服务

？

淀桥相机

大都市圈

11 没有价值，顾客不会上门。自我革新刻不容缓

关键词

马斯洛"需求五层次论"
（生理需求、安全需求、爱与归属的需求、受尊重的需求、自我实现的需求）
需求与欲求
电钻、DIY

企业、事业（项目）、商品
洋马公司YT系列
多功能食品处理器
PS3、PS4

12 价值的分类：使用价值、交换价值与知觉价值

关键词

使用价值、交换价值
核心价值、实体价值、附加价值
供需平衡
使用价值＞知觉价值＞交换价值

企业、事业（项目）、商品
米其邦"直线美"
卡西欧G-SHOCK

13 价值的多样性：QCDS、食品

关键词

B2B：商品的基本性能与QCDS
单体价值＜系统价值
管理咨询公司
B2C：价值扩大
十人十色、一人十色

企业、事业（项目）、商品
鲭鱼罐头、岩手县产（株式会社）
"明日送达"、基恩士

专栏02 市场营销论的集大成者——PLC战略

关键词

PLC、用户五分法（创新者、早期采用者、早期大众、晚期大众、滞后者）
PLC战略、"市场营销学已死"、竞争性市场营销战略、鸿沟理论

企业、事业（项目）、商品
音乐媒介市场

14 挑战核心价值的企业（苹果公司）

15 以目标和价值确立市场定位

02 从劳埃德咖啡屋到劳埃德保险

03 瞄准"第三空间"的星巴克

锁定能力：如何提供价值？

16 构建无人能够模仿的能力无比重要

▶ 所谓能力，特指向目标客户提供价值的技能与力量

迄今为止，我们主要探讨了商业项目中的一个重要问题，即"瞄准哪个市场"以及"为那个市场提供什么价值"。

这些内容，大体上可以用"项目的目的"一词来概括。

以我自己为例。我们家的家族生意——三谷酒类食品店的市场主体（目标客户）就是居住在附近的数百户居民，为这些人提供的价值主要有：离得近，可以赊账，停车方便，送货上门，可以买到酒，在非营业时间也能回应顾客，等等。一句话，为顾客提供极致的便利。这就是三谷店为顾客提供的价值，也是店铺能够存在的意义所在。我们的家族生意因此历经数代不衰，延续了数十年之久。

那么，我们家到底是怎么做到这些的呢？简而言之，这与能力有关。而能力则与各种各样的资源有关，图048就是三谷酒类食品店的经营资源。

不妨——列举：

- **店铺的位置：** 位于城市主干道十字路口旁的一角。店前有一小块空地，可以同时停放数辆汽车。
- **店铺的建设：** 刚开始时，是将自家用房简单改装了一下，直接用作店面；随着生意越做越大，又进行了一次大规模的扩建装修。
- **中型商用车：** 为了进货、送货方便，购入了一辆中型面包车。
- **自动售货机：** 以每台数十万日元的价格购入了四台自动售货机。
- **酒类特许经营证：** 祖父搞定了这件大事。
- **从业人员：** 三名家庭成员（父母与祖母——基本盘）+一名打工者（流动盘）+家里的子女随时帮忙（流动盘）。

以上便是三谷家生意的所有资源了。这些资源构成了能力，能力为客户提供了价值。

逻辑就是这样的。

顺便提一句，为了这家小小的店铺，我父母的付出堪称极致。他们给自己定下的作息时间是：每个月只休息一天（第三周的周日），每天从早上5点半工作到晚上9点。重点是，这张作

图048 | 三谷酒类食品店的经营资源

向日葵连锁店 (VC*加盟)

| 地段 | 店铺 | 车 | 自动售货机 | 酒类特卖权 | 员工 |

*Voluntary Chain：共同进货并卖给特定人群的团体。

息表确实得到了不折不扣的执行，而且是数十年如一日，雷打不动。

可以说，正是这样的一张作息表，正是这样的一种勤勉精神，才令三谷店的"价值实现"成为可能。

重复一遍，这份价值是为顾客提供极致的便利。

▶ 真正的能力没那么容易构建

必须指出的是，作为向目标客户提供价值的一个体系、一种架构，构建能力的代价往往极其高昂，没有那么容易。

比方说，在日本的乡下开一家百货店，动辄就需要数千万日元的资金。如能顺利开业，为了维系日常的经营活动，进货费、员工工资、水电费、取暖费等流动资金则更是一个天文数字，甚至可达上亿日元。

可见，仅资金这一项，便能难倒一片英雄好汉，更别提其他的资源与能力了。

所以，商业项目是否能够成功，归根结底还是要看资源，看能力。一方面要看硬实力（比如钱多钱少，人多人少），一方面也要看软实力（比如如何巧妙地利用这些钱和人），两者缺一不可。

一言以蔽之，构建能力不简单，它的内容既广且深，不是那么容易搞定的。

我们以不动产开发项目为例。盖一座楼，需要用到什么能力？

一般来说，楼房的建筑工程由这几个方面构成：地基、楼体、设施、内部装修、外部构造等等。而所有这些不同的工程阶段抑或细分工程，都需要用到不同的人才和工具。

如果某个项目涉及具体的产品，比如一款高科技产品，那么事情的复杂度还会进一步增加。

119

首先是产品研究开发，接着是供应链管理（Supply Chain Management，简称SCM），包括物资调配、生产和物流环节，然后是客户关系管理（Customer Relationship Management，简称CRM），包括市场推广、产品销售和售后服务环节……显然，所有环节都需要用到人、财、物，都需要用到组织架构和信息获取系统、信息交换系统、信息反馈系统，需要用到一大堆的软件和硬件，以及一大堆的专业知识。把所有人、财、物，所有系统和软硬件，所有知识串联起来，便形成了一个个专业队伍，涉及：会计与财务、人员与组织、信息系统、经营管理（行政、后勤）、市场营销（广告推广）、销售、客户服务（售后）等等。（图049）

迈克尔·波特将其命名为"价值链"。这个名字一出，整个逻辑线条立马就清晰了。

说来也是，什么叫商业项目？不就是为了向客户提供价值，企业鼓捣出的一系列的活动嘛。这一系列的活动确实像一条锁链，一环扣一环，一节连一节。缺了任何一个环节，整条链子就转不动了。

▶ 能力的革新与创新，有可能催生新的市场目标和价值

我们这个世界上的大多数创新，与其说是源自人们的需求，不如说是源自无数个极其重要却鲜为人知的"种子（契机）"。

比方说，由于蒸汽机这种最新动力机械的发明，火车以及铁路事业来到了这个世界上（顺便提一句，蒸汽机最初的发明其实是为了大幅度提升纺织机的工作效率，因为纺织业才是工业革命初期大英帝国的支柱产业）。

再比如说，由于互联网的普及，人人都可以免费上网，免费搜索查阅信息，无数网络商机

图049｜价值链的案例

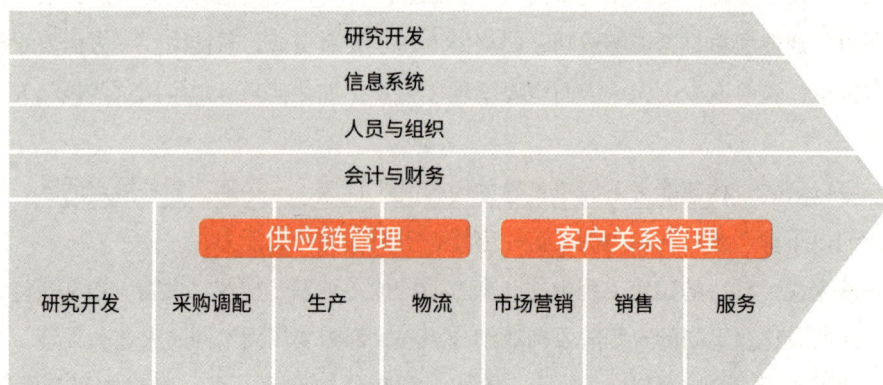

研究开发						
信息系统						
人员与组织						
会计与财务						
	供应链管理			客户关系管理		
研究开发	采购调配	生产	物流	市场营销	销售	服务

才会应运而生，亚马逊、谷歌和脸书这些行业巨头才有了诞生与崛起的契机。

不过，所谓的新商机，绝非从零开始，并不是绝对意义上的新事物。换言之，它们的出现都不是突然从无到有。比方说，即便没有火车和铁路，城市与城市之间、城市与乡村之间、乡村与乡村之间也存在大量的交通与物流需要，而满足这些需要的手段与渠道也并不缺乏——马车、运河、道路，这些社会基础设施从远古时代便已经存在，而且对社会经济的正常运转乃至高效发展做出了巨大贡献。这是历史事实，没人能否认这一点。

可见，仅凭需求本身，未必能够换来创新，特别是那种大型的、大规模的、革命性的创新。这种性质的创新极难仅仅基于人们的需求去实现。因为在大多数情况下，人们的需求都处在一种被满足抑或基本被满足的状态，不可能有强烈的动机与欲望去促发革命性的、颠覆性的创新。人们甚至有可能害怕并抵制创新，因为没有人喜欢跳出自己的舒适圈，主动去适应未知的新事物。

所以，此时必须要有一颗种子，一个源于外部世界的特殊刺激，一个特别的契机，才能真正诱发创新，尤其是颠覆性创新。

就拿火车来说，正因为蒸汽机的发明令铁路运输拥有了压倒性的能力优势，能够以极快的速度，在极短的时间内运送数量庞大的货物，马车才退出了历史舞台，人们才心服口服地接受了火车与铁路。而在火车运输的刺激下，人们的需求本身也有了爆发式增长，比马车时代扩张了几十倍，甚至上百倍。（图050）

注意，这种需求暴增完全是事后的结果，而没有事前预期。换句话说，在火车出现之前，人们甚至不知道自己的需求会爆发式增长。因此在这件事上，人们完全是后知后觉的。

图050 | 催生蒸汽机车的铁路生意

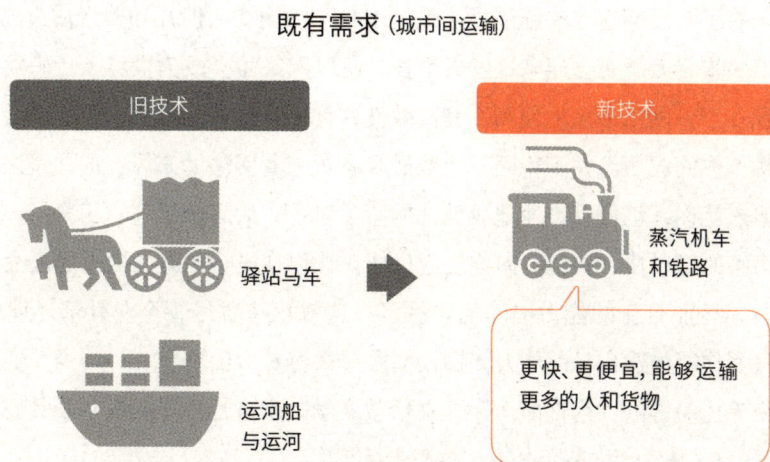

既有需求（城市间运输）

旧技术	新技术

驿站马车 → 蒸汽机车和铁路

运河船与运河

更快、更便宜，能够运输更多的人和货物

举几个具体的例子。

比如说，由于城市间的交通变得快捷而便宜，之前从未出过远门，不知旅游为何物的人们也可以坐上火车，体会一下远游的滋味了。于是旅游市场便迎来了大爆发，无数新事物、无数新的工作岗位也随之而来，共同构成了一个新的行业，以及依附于这个行业的无数衍生行业。

同样的道理，交通手段与交通工具的革命也催生了邮政与物流行业的革命，特别是在美国，更是刺激了一个庞大行业的崛起。这个行业便是铁路石油运输业。通过垄断石油的运输权，美国的铁路从业者大发其财，成了名副其实的"铁道王"。

用一个公式来概括，就是：

●既有需求 × 新技术（新能力）→ 新的市场目标与价值

就是这样一个逻辑。

当然，仅凭这个公式并不能确保事业的成功。正如我在前文中所说的那样，包括收益模型在内的商业模式四要素依然缺一不可。必须把所有要素都搞定，并横向打通，让它们互相连接，你的生意才会有成功的可能。

▶ 能力必须强，必须要有"一打十"的本事，否则很容易被"山寨"

市场定位（搞定目标与价值）对项目的成功来说是不可或缺的，但是仅凭市场定位做得漂亮，却未必能确保项目成功，因为这样很容易被竞争对手"山寨"。

网络经济便是典型的例子。

由于有了互联网这一崭新能力（赋能工具）的加持，但凡和网络沾边的生意，只要能成功地迈出第一步，大概率会迎来爆发式增长。所以网络才会成为世界上"暴发户"扎堆的地方。

问题在于，网络催生的便利性和高效性，你能享受得到，别人也能享受得到。因此即便你大获成功，你的成功也并不稳固。无数后来者正乘着网络的东风，向你袭来。换言之，网络可以迅速地成就你，也可以迅速地成就你的竞争对手。后者会迅速"山寨"你的商业模式，并以比你更厉害的新科技、新能力向你发起挑战，让你在极短的时间内承受极大的压力。

不过，企业自身的能力构建绝非易事。这就意味着尽管企业外部环境中的能力人人能利用，但只要你能构建自身的能力，别人便没那么容易"山寨"。

这个无比关键的"内部能力"，被伦敦商学院学者加里·哈梅尔及其恩师——美国密歇根大学教授C. K. 普拉哈拉德命名为"核心竞争力"。

两位学者一致主张：只有明确了核心竞争力，才有可能制定成长战略。

他们的观点很有说服力，赢得了20世纪90年代全球企业家的一致认可。

举两个日本企业的例子。

先来看看本田公司。这家企业的核心竞争力是什么？技术超厉害的小型发动机。凭着这项独步世界的技术，本田成功地垄断了全球的摩托车市场和经济型汽车市场，甚至在除草机和除雪机市场上也有着重要地位。总之，但凡一种商品需要装发动机，特别是小型发动机，这种商品的市场就基本上被本田占领了。

夏普公司作为液晶技术应用的鼻祖，所有和这项技术有关的市场，也基本上都被它统治，比如液晶电视、液晶监视器、液晶摄像机、个人数字助理，甚至数码相机。可是，拥有如此强大的核心竞争力的夏普公司却因为经营不善，走到了几乎倒闭的境地，最后被中国台湾的鸿海精密工业股份有限公司收购。

可见，竞争对手难以模仿的、具有排他性优势的、能够为企业带来利益的所谓"真能力"到底是什么？这绝非一个简单的命题。

再举个亚马逊的例子。

亚马逊在美国有着惊人的、压倒性的竞争力，在物流方面更是无人能比。

不过，恐怕很少有人知道亚马逊在筹建自己的物流系统时到底遭遇了什么。首先，建公司自有的物流中心就遭到了众人的嘲笑，无论是公司内部还是外部，反对的意见占据压倒性的大多数。

反对的理由很简单。什么叫互联网公司？就是在虚拟世界做生意的公司。这就需要轻资产、快周转，需要借船出海，而不是造船独行。总之，公司需要快速发展，否则很容易被对手追上来，很容易被市场淘汰。在这种情况下，亚马逊居然自己花费重金打造一个线下实体物流中心，为自己制造一个巨大的包袱，主动放慢自己的步伐，这不是吃饱了撑的嘛。

所以，亚马逊的这个举动被市场普遍看衰，公司股东纷纷谴责，证券报记者更是写文章唱衰，进而导致亚马逊的股票价格大跌，并在相当长的一段时间里萎靡不振。

但是，公司创始人贝佐斯却不以为意。他的理念是：正因为"反常"，正因为每个人都不会这么做，所以这么做才有价值。如果你去做每个人都认为"正常"的事，那么这件事反而没价值，更称不上"有机会"。

当然，贝佐斯之所以这么想，还有一个非常重要的原因，那就是与国土面积狭小的日本不同，国土面积广阔的美国极度缺乏批发行业的物流网络。换言之，专营批发业务的大型仓储中心的筹建在美国还是一片空白，几乎无人涉足。正因如此，贝佐斯才看到了商机：越是没人建仓库，建仓库这件事越是困难，而我建好了仓库，别人才越是难以模仿。一时半会儿别人模仿不了，那时便是我赚钱的重要窗口期。

从这个意义上讲，"拥有自己的大型批发业务仓储中心"这一点，就会成为亚马逊的核心竞争力。

而这一核心竞争力将是排他性的、压倒性的，无人能及，无人能敌。

之后的事实证明了贝佐斯的英明。

后来，亚马逊最大的优势并不在线上，因为在线上表现好的商家实在太多了，亚马逊并不突出；它真正表现好的地方是在线下。亚马逊仅凭快速、低价的物流服务，就足以让绝大多数消费者选择它。

现如今，亚马逊布局在全美的物流中心已经有140个，从业人员超过10万人。亚马逊是一个不折不扣的"物流帝国"了。

总之，一定要不断地构建、打磨、升级你的优势能力，要始终确保其"能打"与"抗打"，始终确保其具有"一打十"的本事。只有这样，你的竞争优势才是真正持久的，你的事业成长期才能足够长，足够稳定。

▶ 精明强干的年轻律师，出手拯救黎明期的铁道事业

可以想象的是，当一种特殊的、独有的、崭新的能力以及与其相关的新经济形态、新商业业态开始萌芽的时候，那些旧有势力、既得利益者一定会强力反击，一定会绞尽脑汁，不惜一切代价，将这个刚冒头的"嫩芽"彻底扼杀。

在19世纪的美国，处于黎明期的铁道事业的最大敌人，无疑是马车和运河运输业。特别是后者，反应更为激烈。马车运输的某条商道被铁路取代，从业者起码还可以到别的地方去利用旧商道或开辟新商道，毕竟铁路一时半会儿不可能遍布全国的每一个角落。运河运输业则不同，只要被铁路抢了生意，从业者就基本上没活干了。所以，该行业的反对声音和反击动作是最为强烈的。

彼时，美国东北部的运河运输业已相当成熟，而长年经营着该行业的公司乃至巨头却因为新的天敌——铁路的出现而苦恼不已。

看着运河上架起了一座又一座铁道桥，老板们感到百爪挠心。他们狠狠骂道：好家伙，被人欺负到家门口了，这还了得！

于是，他们开始搜肠刮肚，试图给对方添堵。

某日，运河公司的一艘船在行驶途中撞上了一座铁道桥，严重破损。于是，运河公司便一纸诉状把铁道公司告上了法庭。趁此机会，运河公司大肆重申自己的主张：铁道桥太危险了！还是运河运输的方式效率更高！坚决制止铁道桥横跨运河！

被穷追猛打的铁道公司被迫应战，他们雇了一位年轻有为的律师为自己辩护。这位律师临

危不乱，有条不紊地表示：其一，美国领土上还有大量的地方没有开凿或不适宜开凿运河，特别是广袤的西部地区。因此，为了最大限度地开发这些宝贵的土地，修建铁路绝对是必要的。其二，这次的撞桥事故只是一个偶发事件，且责任完全在肇事船只的工作人员，特别是船长身上，与铁道公司无关。不能因为这次事故就说铁道桥不安全，这完全是两码事。

在年轻律师强有力的辩护下，铁道公司漂亮地打赢了这场官司。

这位站在国家利益的立场上，以卓越的大局观和一流的口才为铁道公司赢回发展权的年轻律师，名叫亚伯拉罕·林肯（图051）。他后来成为美国第16任总统，并为这个国家创下了一系列丰功伟绩。

图051 | 青年林肯

17 | 所谓"能力"，是资源与执行的组合

▶ 跳跃力是由肌肉与跳跃技法决定的

如果说商业项目的终极目的是为某个特定市场目标提供某种特殊价值，那么做这件事就必须拥有某种特殊的能力。

正如对一个跳高选手而言，跳跃力是由肌肉和跳跃技法决定的，对一个商业项目来说，能力也是由资源（肌肉）与执行（技法）决定的。（图052）

肌肉少便意味着力量小、持久力差，在这种情况下，即便你的技法再好，跳跃力也强不到哪里去。如果你增肌过度，暴增的体重和笨拙的身体也不可能让你身轻如燕，轻松越过那根高悬的栏杆。

可见，对职业跳高选手来说，增强跳跃力的一个重要法则就是"保持高质量的适度的肌肉"。商业运营也是一样的。为了使项目获得成功，你必须搞定为你干活的人、设备、原材料和资金。这些东西统称"资源"。

不只如此，为了在赛场上取得好成绩，掌握高超的跳跃技法也很重要。说起来，跳高运动的技法百十年来历经了数次大的变革，从最初的"剪式跳跃"，逐渐演变成"滚式跳跃"，最终演变为现今最为普及的"背越式跳跃"。

发明"背越式跳跃"这一不可思议的跳高技法的，是美国著名运动员理查德·福斯贝里。

彼时，全球田径场上流行的跳法是"滚式跳跃"，而福斯贝里对这种技法实在"不感冒"。一来不喜欢，二来很难上手——他似乎对这一技法缺乏天赋，无论怎么练，就是搞不定。于是他决定重新练习已经被绝大多数人遗忘的最古老的跳法——剪式跳跃。当然，他要做的并不是简单的重复，而是创新。

在此期间，他忍受了周围无数否定和嘲笑的声音，还有自己尊敬的大学教练的无情放弃。功夫不负有心人，几年过去，持续不懈的努力让福斯贝里练就了一项前无古人的本领，那就是今天的"背越式跳跃"。凭借这一独门武功，福斯贝里在1968年举行的墨西哥奥运会上一战成名，拿下了那届奥运会的跳高金牌，并以2.24米的惊人战绩一举打破了世界纪录。"背越式跳跃"也被正式命名为"福斯贝里跳法"。

没错，他的名字已经永久地与这一技法乃至这项运动联系在了一起。还有什么比这个更能代表一位运动员职业生涯声誉的呢？

图052 │ 能力=资源×执行

拥有什么资源?
(资源)

资源
(土地、设备、人员、资金、知识产权、IT)

·知识、经验与技能
·制作美味蛋糕的**技术**，能够迅速地制作很多蛋糕
(系统)

·人、财、物
·制作蛋糕的稀有材料和秘方。但是仅仅"持有"则没有任何价值

执行

能熟练地使用到什么程度
(活用)

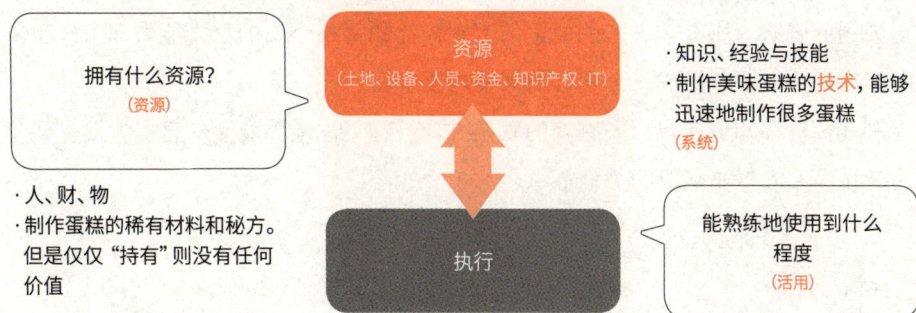

如果将跳跃技法比喻成运营商业项目的能力，那么"如何打造商品与服务，如何运输（传递）、销售这些商品与服务"，所有与这一命题相关的流程、专业知识与组织架构，都是能力的重要组成要素。在经营学的语境和理论体系中，我们将其称为"执行"。

▶ 所谓"资源"，指的是人、财、物，以及关系、信息和知识产权等要素

所谓"执行"，可以分为两个部分：一个是表示其操作过程的"流程"，一个是表示其管理单位和阶层架构的"组织"。我们已经在前面提到过价值链，而"流程"就是价值链的功能要素之一。

另外，"能力"的另外一个重要的构成要素就是"资源"（图053）。而构成"资源"的又有人、财、物，以及关系、信息和知识产权等要素，这个东西相当复杂。但是，其核心要素

图053 │ 资源和执行的要素

资源

| 人员 | 物资 | 金钱 |

知识产权 信息

执行

流程

组织

却很清晰，那就是"人"。"人"的涵盖范围很广泛，不仅仅指企业的正式员工、非正式员工（比如小时工、季节工、派遣工等等），还包括企业的管理层、经营团队，甚至有直接或间接业务关系的兄弟公司的团队。所有"人"的要素的表现，比如每一个人的个人能力和工作激情的高低，都能瞬间决定一个企业抑或一个项目的兴衰乃至生死。

近年来，专利和商标等知识产权以及顾客的联系方式、购买记录等商业信息也愈发受到业界的重视，成为商场中人人想要获取的关键资源。

18 "能力"的基本战略：或垂直，或水平

▶ 福特：极致的垂直统合模式

我们不妨一起"脑补"一个画面，想象某个商品的"生命之旅"：从原材料的生产开始，到零部件的生产、加工和组装，再到成品的市场推广与销售，直至产品的售后服务。这是一个极长的链条，这是一个漫长的旅程。

如果将这个链条或旅程形容为"河流"的话，那么这条河流便一定会有上游与下游，而且河水一定是从上游流到下游。

假设你现在站在这条河的最上游，登高远眺，一定会发现在这条河上，密密麻麻的"能力"要素几乎遍布每一个角落，可谓无孔不入、无处不在。而这些"能力"要素彼此联系，互为因果。哪怕仅仅是一个极其微小的环节和要素出问题，都会立马导致整条河发生严重的堵塞，其后果不堪设想。

显然，自己将所有环节全部搞定的战略，可以称之为"垂直统合战略"。而当年的福特公司，就是这方面的典型代表。

前面提到过，福特曾推出了"世纪经典"——T型车，并大获全胜，一举将"流水线"的概念普及到全世界，进而彻底改变了工业文明的面貌与内涵，开创出一个伟大的新时代。

除了将不同环节的分工做到极致的"流水线"的概念之外，福特生产模式还有一个极其鲜明的特点，那就是作为一个整体，必须"垂直统合"。

换言之，福特的理念是，只有所有环节都自己干，才能确保所有环节的质量达到预期，重点是还能确保这种高质量的成品充分供给。言外之意，让这种高质量的供给完全被己方掌控，不会受制于人。

福特是这么说的，也是这么做的。不仅是产品的生产和运输，甚至连零售门店他也要自己干。他采取了加盟连锁的方式，自己制定所有的游戏规则，只有符合标准和愿意遵守规则的商家才会被纳入福特的专卖店体系。福特亲手打造了一个庞大的营销帝国，将福特专卖店推广到了全国。

顺便说一句，彼时还没有4S店，但福特的做法已经相当接近4S店，可以称得上这个领域的先驱。

由于做到了所有环节"亲力亲为"，福特公司的车解决了一个行业中的老大难问题。具

体地说，就是"卖完了"或者"修完了"，顾客就和我没关系了。福特相对圆满地解决了这个难题。由于福特公司总部的强力掌控，所有T型车的一线零售服务店均实现了高品质的"统一操作流程"。换言之，福特成功地建立起一个生态系统，只要进入这个生态系统，那么无论走到哪里，消费者的问题都能得到高效解决。这样一来，消费者和销售店之间便打破了"一锤子买卖"的传统关系，建立起一种崭新的互生关系——消费者可以放心地买，销售店可以尽情地卖，因为尝到甜头的消费者会成为回头客，并源源不断地带来新客源。

说到这里，大家难道不觉得这和现在的4S店的做法颇为相似吗？

可见福特的思想意识多么超前。

所以，没用多长时间，美国就成了"车轮子上的国家"，而"车轮子"的典型代表，显然就是福特汽车。

对美国人来说，只要听到"福特专卖店开到家门口了"的消息，就知道自己生活的这片区域已拉开"汽车生活新时代"的序幕。

除了新车销售，在售后方面，福特的服务也是一流的。

与今天4S店的做法相似，福特公司在全国各地建起了无数个小型物流网点，并将所有日常维修工作中会用到的零部件提前且足量配置到这些物流网点，以保障随时满足顾客的维修需求，同时大幅度地提升维修的效率，节省顾客的等待时间，减少"空车期"给顾客带来的种种不便。再加上福特车本身的高质量——皮实、不易坏，美国消费者对福特品牌给予了无限的信赖。

至少从表面上看，福特T型车的表现可圈可点，公司前途无限美好。可殊不知，潜在的危机已悄悄酝酿，并逐渐成了气候。

事情是这样的。

因为T型车的销量大好，福特决定大规模扩张该车型的产能。（图054）连续的扩产再扩产，终于让上游供给链（原材料、零部件生产厂家）感到吃不消了，逐渐开始掉链子。于是，

图054 ｜ 福特的红河工厂（1930年至今）

沿红河河岸建造，配有人工运河与铁路系统。庞大的厂区内还建有炼钢厂、玻璃厂、发电站等设施。"从铁矿石变成汽车成品，不到两天时间"是该厂的著名标签。此乃极致的垂直统合模式。

老福特准备给自家企业来一次大升级，建规模巨大的红河工厂——这家工厂将完全由他本人控制。

在这个超级工厂里，既有零部件生产车间，也有成品组装车间，甚至还有生产板材和玻璃等原材料的车间。换言之，这家工厂集合了炼钢、玻璃生产、橡胶加工等所有与汽车制造业有关的不同门类的生产、加工功能。从运进来铁矿石到造出整车，据说只需28个小时。

这一极致的垂直统合模式可谓空前绝后。

即便做到了这种程度，老福特依然不满足。他还想继续开疆拓土，扩展他的事业版图。于是，汽车制造业上下游的统合速度进一步加快。

在他的领导下，福特公司将手伸到了红河工厂附近的红河里——1916年，一条人工运河贯通了，红河水通过这条运河直接进入了福特的厂区。

这条运河是干什么的？当然是物流运输。有了这条河，福特就可以将T型车直接在厂区里装上船，运往全国各地了。

不只如此，老福特的手还伸向了煤矿、铁矿、硅石矿，因为这些矿山里的资源最终能变成工厂里的能源、钢板和玻璃。他甚至买下了大片森林，建起了自己的木材厂、家具厂，因为这些东西汽车内部装饰和座椅用得上。

红河工厂甚至有三个自己的发电车间。有了充沛的电力资源，就没人可以阻挡生产线马力全开，24小时不停运转了。

老福特的这些做法，就是典型的极致垂直统合模式（图055）。这一模式意味着把尽可能多的功能集中到一起，进行垂直统合。至少在一段时期内，这一模式运转得相当顺遂。

然而，高度统合事实上把福特公司能够大规模量产的汽车限制在畅销已久的T型车这一款车型上。换言之，福特公司几乎失去了转换车型的空间，为自己的可持续发展埋下了巨大隐患。

图055 | 福特的垂直统合模式

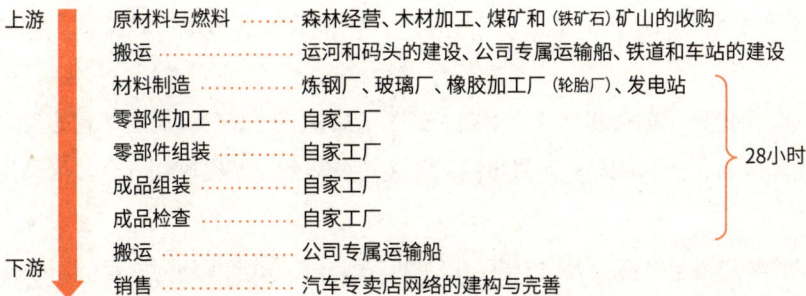

上游

原材料与燃料 …… 森林经营、木材加工、煤矿和（铁矿石）矿山的收购
搬运 ………… 运河和码头的建设、公司专属运输船、铁道和车站的建设
材料制造 ………… 炼钢厂、玻璃厂、橡胶加工厂（轮胎厂）、发电站
零部件加工 ………… 自家工厂
零部件组装 ………… 自家工厂
成品组装 ………… 自家工厂
成品检查 ………… 自家工厂
搬运 ………… 公司专属运输船
销售 ………… 汽车专卖店网络的建构与完善

下游

28小时

这就意味着一旦消费者对这款车感到腻烦，一旦自己的竞争对手能不断为消费者提供新车型，福特公司将有可能陷入困境。且一旦发生这样的事，几乎没有回旋的余地，福特只能眼睁睁地看着自己一手打造的庞大帝国顷刻崩塌。

事实上，在竞争对手的新车攻势下，老福特也曾尝试更换车型，倾尽公司资源推出了A型车。问题是，从T型车向A型车的转换，居然耗费了整整一年时间，这样的速度无异于自绝于市场竞争。

▶ IBM：自然形成的水平分工模式

与福特不同，通用汽车采取的则是一种典型的轻资产经营模式。

为了更为灵活地处理车型更换和升级的问题，通用汽车决定高效地利用外部资源，采取了所谓的外包模式。

具体地说，就是汽车生产的专用机械和专用零部件依然是自己来生产，而通用机械和通用零部件则依靠外部工厂的资源来搞定。如此一来，大量的外部零部件和设备生产工厂就成了通用汽车公司重要的业务支撑，在它们的协助下，多品种生产以及频繁的车型更新换代便成为可能。

计算机业巨头IBM则汲取了通用汽车的经验，进一步将这种经营模式推广到了整个产业界。

话说史蒂夫·乔布斯率领的苹果团队于1977年推出的"Apple Ⅱ型"电脑（图056），是世界上第一款运转正常，完成度颇高的PC产品。

1978年，苹果公司以595美元的价格推出了第二代软盘驱动器（disk Ⅱ），接着又在1979年推出被业界奉为经典的"杀手级应用程序"——电子表格办公软件VisiCalc。它开辟了PC应用程序的新纪元，极大地提升了PC的使用便利性，拓宽了PC的应用范围。

这一系列的组合拳很快便见到了成效。没过多久，苹果产品的使用者便不再限于发烧友，而是拓展到了各行各业——对每天面对堆积如山的财务数据而苦恼不堪的会计和老板，特别是那些专业会计师事务所的从业人员来说，"苹果"及其办公软件的横空出世简直就是一场及时雨。

于是，苹果公司走出了创业初期的黑暗期，迎来了爆发式增长的巅峰期。它的销售业绩迅猛增长，几乎连年翻番，到1982年，苹果电脑的年销售量居然一举突破30万台。苹果公司赚得盆满钵满。

作为同行的IBM公司当然不会无动于衷。眼见PC大卖，公司老板便向自己的产品开发团队下了命令：用一年的时间，把贴着IBM商标的PC开发出来！一年后，我必须在市场上见到它！

但是，IBM的开发团队仅有12个人……

显然，PC的零部件不可能全由自己搞定，至少时间上来不及。于是，IBM电脑的CPU（中央处理器）采用英特尔公司的8088微处理器，操作系统则选用微软的MS–DOS系统。

除此之外，其他的通用零部件也从外部调配。IBM对外公开了自家产品的设计图纸和标准数据，甚至专门设计了一套奖励机制，对PC的周边产品和通用软件的开发商与生产商进行物质刺激——谁能以最高的效率、最好的质量做出符合我要求的东西来，谁就能得到重奖。

功夫不负有心人，1981年8月，贴着公司标签的"IBM 5150"（图056）PC产品成功上市。

遗憾的是，通过这款产品大赚特赚的并不是IBM公司，而是英特尔和微软，以及后来居上的康柏公司。前两者依靠的是PC零部件和系统软件（英特尔的CPU，微软的操作系统），后者则是IBM模式最成功的山寨者——因为IBM提供了与极端排他性的"苹果模式"截然不同的经营思路，可以让后来者非常容易地通过高效利用外部资源进入PC市场。从某种意义上说，IBM的举动是革命性的，让PC跳出了苹果公司的垄断，成为某种"通用产品"。而IBM 5150则是这个行业的第一款"通用机型"。

特别是IBM于1984年推出的16位的IBM PC/AT，由于采用了最新款的"杀手软件"——美国莲花公司开发的"莲花1-2-3"，更是大受欢迎，将"通用机型"PC市场扩大到空前的规模。

"PC/AT"标准的横空出世，以及IBM没能独家垄断微软公司的操作系统，这两件大事将PC业的主流经营模式从苹果的"垂直型"推向了IBM的"水平型"。

只不过，在水平分层的产业模式中，各阶层都出现了明显的寡头化趋势，即"赢者通吃"的局面。比如英特尔独占了CPU市场，微软则独占了操作系统市场（图057）。这种公开的垄断利弊参半。利，是统一化、通用化、便利化和高效化；弊，则是独占性的定价权、无底线的利润率，以及缺乏竞争对手所产生的"动机懈怠"现象。

除了PC的零部件，将所有零部件组合在一起的基础模块，也就是电脑主板，也可以通过业务外包的形式搞定，PC制造商的负担被极大地减轻，他们需要做的事情，几乎仅剩下

图056 | 苹果与IBM的计算机

Apple II
(1977)

IBM 5150
(1981)

操作系统是"自家"的Apple DOS
软盘驱动器和VisiCalc获得极大人气

CPU是英特尔的
操作系统是微软的

图057 | PC业界的水平分工模式与寡头垄断玩家

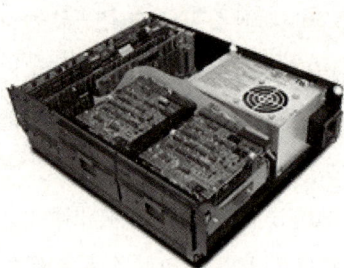

	IBM/AT兼容机
操作系统	微软DOS
CPU	英特尔8080系列
GPU	内置——AMD/nVIDIA
主板	台湾厂商
内存	三星等
硬盘	西部数据等

产品企划和市场营销了。这就等于无限降低了行业的门槛，在短时间内为行业招来了无数新"玩家"。

市场迅速拥挤起来。20世纪80年代前期，业绩最好的三家企业曾占有七成市场，进入90年代，它们的市场占比则仅剩下三成左右。

显然，彼时的PC整机市场已经从之前的高度垄断变成高度分散。当然，分层市场中的寡头垄断现象依然没有任何改变，时至今日那几家巨头的地位仍然不可动摇。

事实上，正是整机市场的分散，才使得其市场话语权被极大地削弱，让英特尔、微软这些巨头更加容易分而治之，不断强化乃至提升自己的利益。再加上市场分化极大地扩展了整机市场的边际容量及边际弹性（意味着即便有人倒闭，哪怕是行业巨头倒闭，也于大局无碍，更与分层巨头的利益与发展没有关系），这些分层巨头的发展空间更为广阔，生存环境更为安全。

进入21世纪，PC业界再次迎来了历史性的华丽转身——智能手机的横空出世，终于将PC魔法般地变小，小到可以拿到手上，用手指操作。

从此，<u>固定互联网产业将半壁江山拱手让给移动互联网产业，甚至产业与市场的转移时至今日依然没有停止。</u>而移动互联网产业的历史性发展再一次印证了PC业界的那条老规矩——水平分工。

这一回，苹果公司也将硬件的生产外包。软件的内容产业更是向全世界完全开放。

苹果尚且如此，更别提组建开放手机联盟的谷歌了。

总之，在这场移动互联网的超大规模的产业革命中，无数水平分层中的巨头应运而生。

比方说，手机上的小小的应用程序图标，可能意味着数千亿甚至上万亿美元的股票市值。今天这已是业界常态。

不只如此，桌上电脑（PC）向掌上电脑（智能手机）的过渡，还让曾经旱涝保收的王者——微软与英特尔遇到了劲敌，那就是高通的芯片（CPU），以及苹果和谷歌的操作系统（iOS与Android）。

心有不甘的微软曾经试图反击，想在移动互联网市场打下一片自己的天地。然而，苹果与谷歌军团的强力围剿，令这个PC王者毫无招架之力，很快便败下阵来。

今天，PC业界依然以极快的速度不断地推陈出新。IBM在竞争中成了最大的输家。

由于没有从自己掀起的产业革命中得到任何好处，IBM最后只能将PC业务板块卖给中国的联想集团，为自己漫长的探索之路画上了休止符。这件事发生在2004年年末，距IBM公司踌躇满志地正式参与PC市场，整整过去了23年。

▶ 苹果公司对"垂直统合"的执念

前文提到，在移动互联网时代，苹果公司也开始热衷于水平分工，将几乎所有硬件的生产全部外包了出去，即便是软件方面的内容产业，也是如此。

但是，从宏观架构来看，苹果依然坚守了自己的初心，也就是对"苹果帝国（生态系统）"的执念。

换言之，苹果要打造一个完全属于自己的生态系统和平台，在最关键的地方，即CPU和操作系统方面，坚持自己开发（代工生产），从而人为地筑起一道栅栏，将PC与智能手机市场区分为两个世界：苹果的世界与苹果以外的世界。

苹果公司之所以能做到这一点，而且取得了巨大的成功，还是与其创始人史蒂夫·乔布斯有关。

由于太过固执导致业绩不佳，乔布斯曾一度被自己亲手创立的公司驱逐，直到1997年才再次回归。没承想，重新归来的乔布斯依然固执如昨。

乔布斯归来后推出的第一款力作就是PC，即iMac。尽管今天这款经典产品已经大获成功，可彼时的苹果却对乔布斯的构思提心吊胆，因为他丝毫不顾公司的财务现状，仍然固执地坚持要将最烧钱的两个环节——CPU与操作系统的开发留给自己做，而不是委与他人之手。尽管后面的做法极其省钱和高效。

当时的PC业界，早已是英特尔和微软的天下，以至于一台PC如果没有安装英特尔的微处理器（Intel）和微软的操作系统（Windows），便会被视为"异类"。

可乔布斯却偏偏不信这个邪，他偏偏要和市场中的两个王者一较高低。

人们问他为什么要这么做，他答：要想在强手如林的市场中杀出一条血路，就必须设计出让消费者眼前一亮、爱不释手，甚至如痴如狂的东西。而形成这种魅力通过他人之手是不可能实现的，必须由苹果自身掌握所有环节与流程，才能真正做到这一点。

苹果商店的思路也是如此。当初，乔布斯决定自己搞专卖店的时候，几乎所有市场分析师都不看好。他们认为，这等于让苹果又一次背上沉重的包袱。显然，在这些分析师眼里，这样的做法是极其缺乏效率的，是一种极大的资源浪费，因此不可能有好结果。可乔布斯本人却不这么认为，他对所有类似这种"看坏"的声音完全不屑一顾。

他的观点依旧固执：商店是展示产品的第一现场，是扩大苹果品牌影响力的重要阵地，是赢得市场竞争的无敌撒手锏。如此重要的事情，怎么可能委与他人呢？

苹果也曾一度放弃由自家开发微处理器的想法，其于2010年推出的划时代产品——iPad，就是把各家公司的芯片（包括处理芯片、逻辑芯片和存储芯片）采用自己的技术进行封装堆叠（package on package，简称PoP）。

但是，在PC和智能手机这两个更为重要的战略领域，苹果却从未让步，一直坚持走自己的路。就拿2012年上市的iPhone 5来说，这款智能手机上搭载的微处理器"A6"，就是苹果自家的杰作。在这款精致的产品上，甚至连最核心的模块也由苹果的工程师亲手设计，将苹果精神体现得淋漓尽致。

苹果精神还体现在软件设计方面。

彼时，在该领域具有压倒性优势的都是一些提供开放性软件设计平台的行业巨头，典型的例子是奥多比公司（Adobe）和甲骨文公司（Oracle）：前者的Flash软件（用于影像显示）和后者的Java软件（用于编程）几乎无人不知。可乔布斯和他的苹果却偏偏不信这个邪，推出了自家独有的软件设计体系与其抗衡，再一次用一道高墙将软件设计行业分割成两个截然不同的世界：苹果的世界和苹果以外的世界。选择"开放"，就选后者；选择"封闭"，就选前者。而苹果之所以有这个自信，就是因为这种"封闭"意味着"超高的、无可比拟的体验"。

说得通俗一点，苹果抛出了一道选择题：选择"一般"还是选择"卓越"，悉听尊便！

总之，乔布斯和他的苹果一直坚持：对真正重要的事情必须拥有绝对的控制权。

显然，这就是典型的垂直统合。

重视"控制"的垂直统合，抑或重视"效率"的水平分工，选哪个？这是一个问题。

也许这个问题不会有唯一的答案。这件事还是要具体问题具体分析，从企业自身的情况出发去寻找答案。不过，最终能够决定这个答案的因素只有两条：第一，你瞄准的是谁；第二，你准备提供什么样的价值。

▶ "执行"在先，"资源"在后

显然，乔布斯对未来有极其明确的愿景，对商品与服务有极其明确的概念。

换言之，苹果今天所实现的一切，在他人眼里都是奇迹，可在乔布斯看来并非如此。因为早在这一切还仅仅是空中楼阁的时候，乔布斯眼里已有清晰的轮廓。

首先，乔布斯明确了苹果的目标和价值；然后，为了将其实现，乔布斯为苹果搭建起一个强大的能力架构，比如操作系统的独家开发能力、专卖店的设计与施工能力等等。

现在问题来了：如果"能力"由"执行"与"资源"两个要素构成，那么这两个要素，哪个应该先行呢？

让我们举例说明。

比如写字楼的建设。这个项目的"目标"是谁？是入驻者吗？如果是，那么它能为入驻者提供的"价值"又是什么呢？当然是建筑物的功能尽可能完善，外观尽可能漂亮，租金尽可能便宜……而实现所有价值的"能力"，就是写字楼的建设能力。建设能力的实现则取决于两点：一是"资源"，一是"执行"。

- **资源：** 各种物资、建设机械、作业人员。
- **执行：** 如何将上述资源排列组合，构建一个强大的团队；如何让上述资源彼此联系，发挥最大效能；与团队组建和项目落地有关的所有文件及图纸的起草、颁布与执行；合理分配资源，明确权责，形成闭环，确保项目高效实施，完美落地。

大概就是这样一个路子。

可见，与"资源"相比，"执行"要放在前面。最起码，你得有项目计划书、工程设计图以及施工进展图，甚至要把施工日程表也准备好，才能知道这个项目需要什么资源，这些资源需要什么时候到位。

对高科技领域的创新项目来说，"执行先行"的理念显得格外重要。

理由很简单，如果是"资源先行"，就会发生这种情况：考虑到自有资源有限，所以搭建项目的"能力"架构时，便只能从现有的"几个人、几条枪"出发，不敢放手一搏。这就等于自己捆住了自己的手脚，实在太可惜了。

所以，无论如何还是要把"执行"放在前面，因为只有"执行"才是实现项目目标的唯一途径。先确定"执行"，再去考虑为了"执行"需要动用的"资源"——如果自己有，就用自己的；如果自己没有，就借别人的。然后在借用的过程当中，逐渐创造属于自己的资源。

在哈佛商学院开设"创业家培训"系列课程的霍华德·史蒂文森曾说过这样的话："所谓的创业家精神，就是超越现有资源去追求机会。"

诚如此言。

执行（其一）：核心流程是SCM与CRM

▶ SCM：连接顾客与制造的桥梁

从不同的功能即不同的企业活动出发去研究企业管理的，是法国实业家及管理实践家法约尔；从成本的角度出发去探索企业经营活动本质的，是麦肯锡公司1980年提出的"商务体系"理论；将企业的不同功能串联起来统一命名的，是波特的"价值链"学说。

尽管波特将企业的各种活动以链条的方式串联起来，并命名为"价值链"，但是他却并没有对这个链条上的诸多关键因素做太多的深究，以至于他的学说看起来就好像是企业活动不同要素的"拼盘"。

功能本身不重要，不同的功能串联到一起的连接处才是真正的重点。第一个认识到这一点的是日本汽车业巨头丰田公司。比方说，将不同的生产环节连接到一起的"库存"到底是好是坏？多数人的回答大概会是前者。理由很简单，没有"库存"制造的缓冲空间，"连续生产"（不同生产线之间的连接）或"生产的连续性"（同一生产线，不同生产阶段的连接）便无从谈起，所以"库存"不但是好东西，而且极其重要。但丰田却认为"库存"的本质是低效和不作为。因此，只有彻底消灭"库存"，才能实现真正高效、顺畅的运转，让所有生产环节与生产功能真正实现"一体化"，即"无缝连接"。由此催生了著名的"（零库存）丰田生产方式"，也就是大家所熟知的"看板模式"。

于是，1983年，美国博思艾伦咨询公司首次提出了**SCM（供应链管理）**（图058）的概念。

图058 │ SCM（供应链管理）

例：库存只有零部件的BTO（Build-To-Order）方式，
应下游工序的要求进行生产的"看板模式"。

这个概念的主旨是：生产、物资调配、物流等各环节如果过于分散，那么即便你付出巨大的努力去改善生产效率，其效果也是相当有限的。因此必须把重点放在供应链不同环节的连接处，因为这里往往才是真正的问题所在。只要让这些连接处的问题得到彻底解决，你的整条供应链就能真正无缝连接，供应链的整体效率就会得到质的提升。

此概念一问世，便得到了业界的好评乃至推崇。

▶ 学会了"戴明统计法"的日本企业

进入20世纪70年代，日本企业全面崛起，席卷了世界市场。作为一个资源极度匮乏的远东岛国，战后日本的经济之所以能够恢复得这么快，在很大程度上要感谢外国人爱德华兹·戴明。

这件事还要追溯到二战结束后的1947年。

那一年，为了摸清家底、规划未来，日本政府决定搞一次大规模、高质量的国情调查。作为该活动的特别顾问，美国学者爱德华兹·戴明受邀来到日本。

这位拥有数学和物理学双博士学位的统计学专家在质量管理领域颇有建树。他所提倡的质量管理法不仅能用在生产现场，还涉及整个经营活动的方方面面。而他的这一主张，受到当时的日本科学技术联盟专家团队的高度重视。

此后，日本科学技术联盟多次邀请戴明来日，为日本的企业家、技术人员以及学者讲授他的理念。这一理念可以被高度概括成两句话："即便没有所谓的'规模效应'，只要能够最大限度地提升质量，就能够达到'降低成本'以及'提升客户满意度'这两个经营目标。""为达此目的，必须利用统计学这个有力的工具，去提升包括零部件、成品这些'物质'在内的整个经营过程的质量和效率。"

换言之，质量管理事关经营活动的所有环节。因此，它绝不是一个单一的行为，而是一个连续性的、系统性的行为。

日本企业深得戴明真传，在日常经营活动中把他的理念贯彻得淋漓尽致。令日本企业享誉世界的全面质量管理（Total Quality Control，简称TQC），就是戴明的"统计过程控制理论"及其独树一帜的"质量管理法"结出的硕果。这种强调"公司上下同心，全公司一盘棋"的"全过程管理"理念，运用到日本企业的实践中，为二战后——特别是进入20世纪70年代后——日本企业的全面崛起打下了坚实的基础。

从这个意义上讲，说戴明是战后日本企业界的"科学管理之父"也不为过。而他最出色的日本学徒，毫无疑问在汽车行业。

◆ "以人为本"，日本创造出独有的生产体系：丰田生产体系

本田公司之所以能够在20世纪80年代打入美国市场，最大的利器就是卓越的技术。换言之，尽管与美国的汽车业巨头通用汽车公司和福特汽车公司在规模与体量上差距甚大，但远远优于对手的产品质量却为本田弥补了这一差距。

几乎在同一时期，日本的国内市场却是另一家企业——丰田公司的天下。尽管丰田体量庞大，可是其经营战略与管理理念却与规模无关。丰田真正关心的不是规模，而是质量，且这个质量不是指产品的质量，而是整个生产过程的质量。换言之，丰田追求的是综合生产力的最大化，而这个概念不仅与质量有关，更与效率有关——必须追求效率，极致的效率。

这一系列质量管理活动的精髓被丰田的核心人物大野耐一于日后归纳整理成《丰田生产方式》一书。该书一问世便风靡世界，成为企业界公认的管理"圣经"。而这本书的副标题可谓开门见山：丰田追求的目标，向来是"不受企业规模束缚"的经营。

丰田独特的生产体系是由若干极为具体的操作手段和操作流程构成的，比如著名的"看板模式"（图059）"准时化生产方式""标准管理""7种浪费管理""自动化管理""改善管理""可视化管理"等等。这些概念共同构成了"丰田模式"，成为这家日本公司的著名标签。

尽管"丰田模式"是一个相当复杂的体系，但如果一定要挑两条重要的说，那一定是"库存有罪"和"以人为本"。

前者打破了欧美国家信奉了几百年的生产信条，而后者则将"人"的要素提升到一个至高无上的位置，认为"所有生产和改善活动的核心就是人。人的能力、素质与意识决定一切"。

总之，它们都是对曾经长期占据统治地位的西方管理理念与分工概念的否定。

图059 | 丰田的"看板模式"

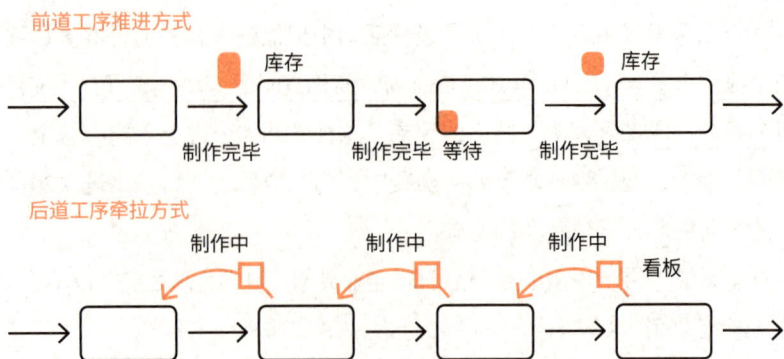

前道工序推进方式

库存　　　　库存

制作完毕　制作完毕　等待　制作完毕

后道工序牵拉方式

制作中　　制作中　　　制作中

看板

▶ 库存有罪，所以大家一起来"KAIZEN"[①]

在传统的经营管理模式中，库存意味着"以备不时之需"，是为了让生产和销售活动进行得更顺畅而提前准备好的缓冲材料、润滑剂。

比方说，在终端销售店，每天都有人买产品，每天都会产生销售量和销售额；而工厂的批量生产，可能一个月仅此一回。既然如此，如果不一次性将一个月的份额全部生产出来，你的终端销售就不可能成立。这就必然需要库存，而这个库存数量还不小。

数量庞大的库存意味着什么？意味着低效、浪费。明明是可以变现的东西，却长期躺在仓库里。如果把为此耗费的时间和金钱节省出来，让它们周转起来，那得多挣多少钱啊！人、财、物的流动，其流动速度和频率本身就是"金钱"，这是商业的铁律。显然库存从根本上就与这一原则不符，因此称得上"原罪"。

同样的道理，在一个车间里，如果某条生产线由于种种原因忽然停转了，那么下面的生产线应该怎么办？也随之停转？当然不行。因此，为了让下面的生产线能够正常运行、连续运行，事前准备好一定的配件库存也是不得已的事。

问题在于，库存代表着低效与浪费，这样真的值得吗？

这个命题，正是大野耐一团队考虑的重点。

他们大胆地提出了一个设想：将库存清零，是否有可能？

这个想法的逻辑是：如果将库存清零，也许确实无法避免生产流程的偶尔中断和终端销售的减少，只不过这个代价是值得的，因为这样一来，隐藏在库存背后的浪费与低效问题便会彻底地暴露出来，而针对这些环节的大清理、大改造，将从根本上提升企业生产经营活动的整体质量，并将全环节的平均成本大幅度压低。一算账，不难发现库存清零还是利大于弊的，因此完全值得一试。更何况，只要效率提上去了，各环节的衔接更紧凑了，库存的消失也很有可能不会引发生产和销售流程的中断。

总之，大野耐一团队的想法很明确，那就是库存是有"原罪"的，在企业的生产经营活动中没起什么好作用，必须清理它。

他们设计的操作方法是这样的：将不同工序间的有效库存量控制在最低限度，然后附上各自的看板。后道工序将前道工序准备好的库存使用完毕后，只需将看板返还前道工序即可。前道工序继续按看板规定的量生产和准备库存，然后再一次将附着看板的库存推送给下道工序。如此循环。所有工序的生产量都会被工序间看板往来的次数牢牢控制。这样一来，不仅消灭了库存，而且生产进度与生产结果的具体数字也变得可视化、可控化、可预期化，这就极大地提升了生产管理的效率，也强有力地保证了产品的质量。

这种操作方法被称为"看板模式"，是丰田公司的独创。时至今日，其无与伦比的影响力

---

① 日语中"改善"一词的发音，后被收录为英语单词。——编者注

早已渗透到人类工业文明的每一个角落。

显然，"看板模式"能够将"人"的能动性最大限度地发挥出来。它既是丰田公司"以人为本"的管理理念的写照，也是SCM理论的精彩实践，把SCM所能触碰到的边界推向了极致。

"丰田模式"的其他部分，也与"看板模式"有着异曲同工之妙。

比方说，不做过细的分工，而是强调"一人多能""一专多能"，让一个人能够同时搞定几个不同的活计（工种），形成所谓的"多能工"；在此基础上强调人与人之间的协作，重视人的主观能动性——由此构成的标准化作业流程将极其高效，且极其稳定。

再比方说，丰田公司著名的"改善"活动（图060），强调的也是"一人多能"——丰田要求"改善"必须全员参加，这就意味着许多工程师乃至管理者的工作领地会被一线工人轻易地"占据"。这一点违背了现代工业"分工"的原则，要是在欧美国家，一定会遭到无数人的反对，甚至有可能会惊动工会，摊上官司。可它放在日本，放在丰田，就能行得通，而且能大放异彩。

当然，时至今日，日式管理的许多精髓也逐渐被欧美国家所理解和接受，以至于"KAIZEN"这个日语词成了"改善"的英语单词的正式拼写方式。它已经成为全世界所有主要工业国家生产现场的共同语言。

从学术的角度上讲，以丰田公司为代表的日本企业生产模式，在事实上超越了"戴明统计法"，到达了"以人为本"的新境界，为生产管理学和企业经营学这两门学科开创了一个革命性的新时代。

还有一个有意思的小故事。

话说爱德华兹·戴明在美国一直默默无闻，直到日本企业迅猛崛起，美国人才重新认识了自己的这位同胞。

图060 | "改善"是谁的工作？

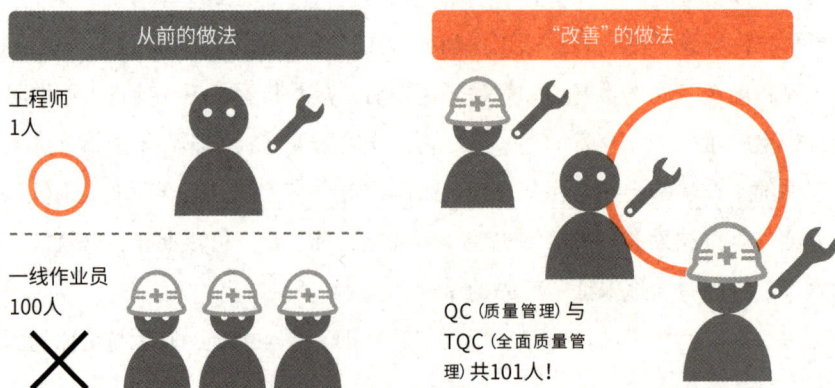

从前的做法

工程师
1人

一线作业员
100人

"改善"的做法

QC（质量管理）与
TQC（全面质量管理）共101人！

戴明在自己的祖国出了名，那些曾经"高高在上"的大公司也开始注意到他的存在。在这一背景下，美国的老牌汽车巨头福特公司请戴明去做质量管理工作。

那一年，是1981年。爱德华兹·戴明已经81岁了。

▶ CRM：将针对顾客的企业活动统合起来

已经被实践证明的是，将不同的企业机能连接在一起，可以在生产端大获成功。那么，相同的模式是否可以复制到客户端呢？

答案当然是肯定的。这就涉及所谓的**CRM（客户关系管理）体系**（图061）。而开发、推广这一体系的，是以埃森哲公司为代表的大型综合咨询公司。

其实很久以前，企业界就曾做过类似的尝试。也就是说，将客户信息"数据库化"，然后再将这些数据应用到企业具体的产品推广活动（比如广告宣传）中——这便是CRM的缘起。

1983年，利奥纳德·贝利等人提出了关系营销学说，其主旨是通过与客户建立牢固的长期关系，通过对客户持续跟进与服务，达到强有力的促销目的。这种促销将是可预期、可持续的。因为它能培养客户的忠诚度，为企业带来大量回头客，且能通过老客户的口碑效应，为企业创造大量潜在的新客户——由此，终端销售和市场营销两份工作便融为一体，成为一个系统工程。

到20世纪90年代后期，关系营销学说被埃森哲等咨询行业的巨头置于战略的高度考虑，他们提出："<u>应以'客户综合管理战略'为载体，将极其散乱的企业功能要素，比如市场营销（广告推广）、终端销售、售后服务等等，融为一体，进行系统化管理。</u>"

图061 | CRM（客户关系管理）

例：通过服务活动拓展客户资源和统合客户数据库，切实做到即时应对。

这就是CRM战略。

当然，咨询业巨头提出该战略的背后，有巨大的利益驱使。

理由很简单，咨询业巨头将企业战略系统化，有利于发挥其自身巨大的资源、知识与能力优势。比方说，战略管理、人力资源管理、组织架构管理、信息系统管理，在这些方面，咨询业巨头都有着得天独厚的专业知识与常年实践打下的经验基础，而系统化战略的推出，等于为他们开拓出一片肥沃的土壤，有利于他们将所有专业知识与经验全部输出，既能淋漓尽致地施展才华，又能将利益最大化，可谓一举两得。

当然，对企业端来说，CRM战略的诞生也是好处多多，起码节约了资源，提升了效率，改善了品质，增加了客户满意度。

需要强调的一点是，CRM并不仅仅是信息系统改革，而是企业运营全环节的改革。比方说，它需要你重新定位自己的市场目标和客户价值，然后从中发现提升利润的新机会、新方法、新渠道。非如此，市场营销、终端销售以及售后服务等企业功能的综合运用、统合管理以及由此产生的企业综合能力的提升（意味着企业竞争力的质变）便会成为空谈。

具体地说，是这样一种逻辑：

- **市场目标：** 牢牢把握住目标细分（你的细分市场在哪里）及LTV[①]**（将一次性客户变为终身客户，源源不断地向其提供价值）** 环节，并将其不断地深挖。也就是深锁客户群，将其所有潜在利益空间开发彻底。
- **价值：** 以"单客代理人"[②]的视角理解并实践"价值提供"这个极其重要的环节。也就是说，即便你已将自己的目标市场做好了细分，也不应将细分市场一口吞下。正确的做法是"细嚼慢咽"，将每一个客户视为一个不同的个体，且有着需求方面的细微差别。你应有针对性地进行服务，直至将其变成"终身客户"。

换言之，你需要进行角色转变，从"商家"的角色变成"亲人""朋友"的角色，甚至是"仆人""管家""代理人"的角色，而且提供的服务还是"终身代理"，服务的对象还是"每一位客户"。这样一来，你与客户的立场便彻底一致了。

以此为依据，类似"准时制管理""适应性管理""一站式管理""元产品管理""客户定制管理""客户关系管理"等理念与操作方法也应运而生。

- **能力：** 为了达成上述目的，你需要找出自己在各个环节的"能力"方面的短板，并完善它。

---

① Life Time Value（客户终身价值）。
② 不是以"客户层"，而是以单一客户为单位理解其需求的代理人。

- **收益模型：** LTV的计算。以"客户流失率""投资回报率""成本负荷率"等指标为依据，计算出LTV的具体数据。需要强调的是，这里的"投资"与"成本"未必全和"钱"有关，时间成本、精力成本与机会成本等因素也必须考虑。

顺便说一句，机会成本指的是，A、B两个选项中，选择A就会失去B，那么B就是A的机会成本。

将所有要素混杂在一起，并将其合力发挥到极致，便共同构成了企业的CRM战略。

客户信息管理，也就是对客户信息的收集、归纳、整理与分析，仅仅是CRM的一部分。只有将"信息管理环节"融入企业机能的整体，并从组织架构上予以保证，才能真正激活这些客户信息，让它们变成"真金白银"。

▶ 通过CRM改革，一飞冲天的家电卖场爱电王（DEODEO）

常年位居日本家电卖场行业前三名的爱电王公司，其前身是总部位于广岛的一家老字号电器销售行——DEODEO。以这家公司为核心，EIDEN、上新电机、100满伏特、石丸电器等企业通过资本交换结成战略联盟，才诞生了今日的家电销售业巨头爱电王。

话说几十年前，在以广岛为中心的西日本地区，DEODEO也曾名噪一时，有着极高的市场占有率，堪称地方上的"行业领军者"。彼时，该公司的撒手锏有两个：一是"Z服务"，二是DM广告，也就是那种直接邮寄到家中的广告小册子。

20世纪60年代，DEODEO开风气之先，推出了"即时上门修理"服务。由于费时费力费钱，且有着不小的风险，此举在当时的家电销售行业并不常见。消费者对此很欢迎，由此DEODEO一举打开了市场。

关于这段历史，还有一个颇为有趣的段子。话说为了提升工作效率，一天能多跑几个小区，这家公司专门为"即时上门服务"业务配备了一批小面包车。车上搭载着当时比较先进的无线通信设备，便于工作人员之间沟通。要知道，当时配备这类电子设备的基本上只有警车。而DEODEO的小面包车居然也有这些设备，因而绝对称得上是全日本同业中"第一个吃螃蟹"的。这些小面包车极为勤快，夜以继日地穿梭在西日本各城市的大街小巷中，且每辆面包车里都备着记录四周小区家家户户详细信息的本子。这样一来，这些面包车怎么看都能和满大街跑的巡逻警车有一拼，因而从百姓那里得了一个"赛警车"的称号。

DEODEO的座右铭是：我们不是一家卖家电的公司，而是一家为顾客提供"功能"与"效用"（比如做饭、看电视、听音乐）的公司。一旦发生故障，这些"功能"与"效用"便会立马归零，因而在为顾客提供"修理"服务这件事上，不可有片刻的耽搁。只要能尽快为顾客修理好东西，他们便要竭尽全力去争取。

这就是当时公司管理层的价值观。他们将这种价值观以及由此产生的服务模式称为"Z服务"。由于"Z"是26个英文字母中的最后一个，因此"Z服务"的意思便是"终极服务"。

比方说，只要通过来电得知了顾客的姓名及电话号码，这些信息便会立马进入"一元化管理模式"——公司会为该顾客设一本客户簿，从今往后所有与该顾客有关的信息传递与沟通互动，包括一切的业务、商品与金钱的往来，都会被记录在案，并终身保存，终身有效。

就拿"即时上门服务"来说，有了这本客户簿，顾客只要向店方明确告知"什么商品""发生了什么故障"，公司方面便会立刻查到发生故障的商品的具体机型以及购买时间等精确信息。由此，产品发生故障的原因以及维修方案便会大体上有个轮廓，工具与器材的准备就能在极短的时间内完成。东西准备好，就可以发车了。

这种服务为当地的顾客提供了极大的便利，因而大受欢迎。在公司总部所在地广岛，DEODEO一家的市场占有率便一度超过了六成！

说到这里，就不得不提DEODEO的"一线战队"。这批人可是相当"能打"的。对他们而言，不存在所谓的"一锤子买卖"，也就是说，不可能给顾客修完了，就不搭理顾客了。

那么，修完了之后，这些人还会做什么呢？

他们会和顾客聊天，交朋友。如此一来，这些顾客家里还有什么其他的家电，那些家电都是在哪家店买的，那些店的服务都有什么特点，比自家店如何，顾客家有几口人，都是什么关系，家里的房间构成是什么样的，哪些地方适合摆什么家电，等等，这些"家长里短"的信息，都会被"聊"出来，然后被记录在案。剩下的事，就是回到公司给顾客家里邮寄DM广告了。

顺便说一句，因为和顾客处得好，博得了顾客全家的好感，所以这种邮寄广告册子的方式并不会招致顾客的反感。重点是，这些DM都是为每一个顾客量身定制的，效果非常好。

因此，把顾客信息整理进公司的数据库，日后这些大数据便会源源不断地变成金钱，让公司赚个盆满钵满。

再来详细聊聊DM。

进入20世纪80年代，随着数据库营销模式愈发成熟，DM的使用也迎来了黄金期。

由于得到了每户居民的累计消费金额等方面的大数据（意味着各家各户的经济实力与消费习惯等信息尽在掌握），因此就可以高效地策划一些具体的减价促销活动，然后以DM的方式邮寄邀请函，邀请相应的客户群体积极参与。

特别是一些大型商品正式上市的时候，不仅事前要向特定客户邮寄DM，上市当天到底哪些客户购买了这款产品，相应的信息也会被即时收进数据库，并由市场部连夜做出详尽分析，进一步锁定"高价值"客户。然后对"高价值"客户进行深入研究，挖掘出他们身上所有潜在的新需求、新价值，并于次日凌晨再一次邮寄DM，以获得新的商机。

如此这般，在不断做出假设、验证假设，不断试错的基础上，在不断尝试和努力下，这家公司市场营销的精准度越来越高。通过邮寄DM的手段所达成的最终成交率，即便谈不上"百发百中"，也足以令所有同业望尘莫及。

比方说，"高价值"客户在这家公司所有客户中所占的比例仅为两成左右，可是贡献的销售额却占该公司销售总额的八成以上。

特别是由于客户搬家等需要更新家电，或者由于家庭成员变化等需要添置新家电的时候，该公司的DM营销成功率（成交率）相当高。1995年，这个指标曾一度达到14%～17%。

顺便说一句，在1991年，该指标甚至还达不到4%。可见这家公司的进步速度有多快！

在这四年中，每份成交合同的销售金额也翻了一倍。这便足以证明"脚踏实地，一步一个脚印地摸索前行"的工作模式，其效率并不低。

门店销售、即时上门维修服务、DM营销、顾客信息大数据管理，以及"与顾客为友"的思维模式改革，这些价值观与方法论的高度融合共同造就了这家公司的强大竞争力。不夸张地说，这一几近完美的CRM战略的构成与实践，让DEODEO大获成功。

如此厉害的企业战略"能力"是在20世纪80年代构建完成的，更是令人钦佩不已。有了这个强大的"能力"，该公司的客户满意度一直居高不下，在社会上享有极高的声誉。

后来，几家业界"大腕"宣布合并，一个新的企业诞生了，这就是爱电王家电销售集团。而在这个新的家电王国中，DEODEO之所以能成为绝对的核心，正是因为其拥有的看家本领——CRM战略（图062）。

练习11 | 尝试描述爱电王（DEODEO）的商业模式（1995年）

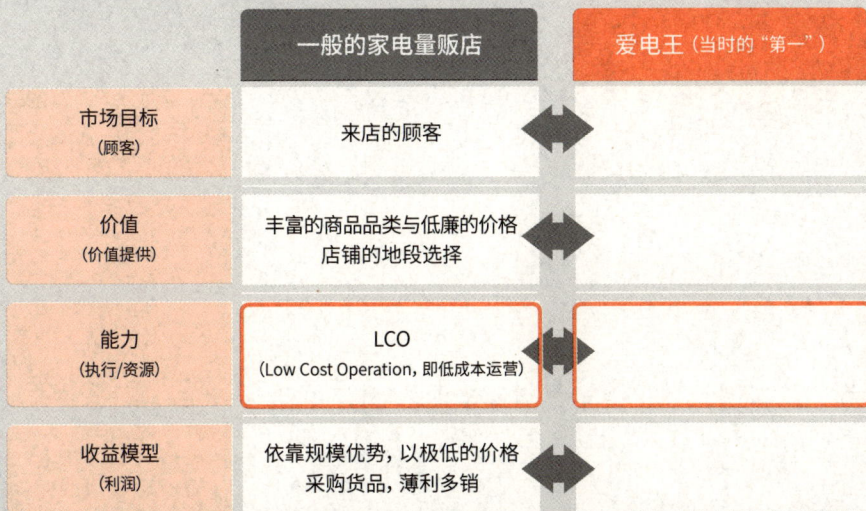

	一般的家电量贩店	爱电王（当时的"第一"）
市场目标 （顾客）	来店的顾客	
价值 （价值提供）	丰富的商品品类与低廉的价格 店铺的地段选择	
能力 （执行/资源）	LCO (Low Cost Operation，即低成本运营)	
收益模型 （利润）	依靠规模优势，以极低的价格 采购货品，薄利多销	

图062 | 爱电王的CRM

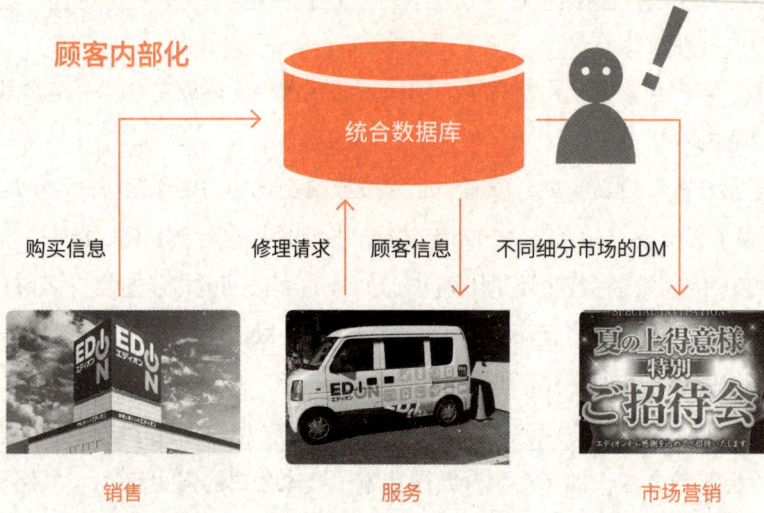

顾客内部化

统合数据库

购买信息　　　修理请求　顾客信息　不同细分市场的DM

销售　　　　　　　服务　　　　　　市场营销

20 执行（其二）：组织，取决于机能与构造

▶ 所谓"组织"，到底是什么？

企业里的"组织"，到底是什么？

说白了，它就是"功能与人"的部门的集合体。什么样的功能配什么样的人，构成什么样的部门，"组织"大概就是这个意思。

以日本企业为例，事业部、部、科室这些硬件，再加上项目或任务小组这些软件，共同构成了企业的"组织"。

其中，硬件之所以"硬"，是因为其职能区分与所属关系，包括上下级关系与指挥系统都是清晰明了的硬性规定，具有无条件服从的性质；而软件之所以"软"，则是因为不具备强制性，有很大的机动空间。

当然，"硬"与"软"孰优孰劣是一个可以讨论的问题，但对任何一家企业而言，这两方面的要素或多或少都得有，无非是比例高低的问题。<u>硬性组织适合大量地、高质量地重复同一个动作（工作），即适合应对相对稳定、不太变化的事物，而软性组织则适合应对迅速且频繁变化的事物。</u>

总之，"组织"这个东西里面的名堂不少。不过，从社会学的角度观察，我们大体上可以按如下思路解析：

- **功能**：该组织承担的企业运营流程是哪个部分，到底能起到什么作用？
- **构造（人员结构、阶层架构、定职定岗）**：该组织隶属哪个部门，顶头上司是谁？该组织管着哪个部门，是谁的顶头上司？与该组织平级的部门都有哪些，它们的分工协作关系又如何？
- **决策与沟通**：组织里的大小事情，都是怎么决策的？谁和谁沟通，最后又由谁拍板？
- **游戏规则（规章制度、行为规范等）**：该组织里的每个人每天按什么样的游戏规则玩游戏？这些规则是谁定的，为什么这样定？

明白了这些，就大概能弄明白"组织"是怎么回事了。只要能把这些要素参透了，那么通过高效的运营与及时的微调，组织的能力将超过内部成员个人能力的总和。换言之，<u>组织能够</u>

激发出内部成员的"乘法效应"。

顺便说一句，尽管考虑组织在企业各要素中的排序的时候，有些人喜欢按相反的顺序来，不过大多数情况下，排序应该是这样的：企业流程→组织→人、财、物。换言之，先考虑组织在企业中的功能，再考虑组织的具体架构，最后考虑给组织匹配什么样的人才、资金和物资，这样的思考顺序更富战略性与可操作性，更有利于高效构建结构完整、功能齐全、运作顺畅的组织。

▶ 组织机能：流程的切分方法

下面我们来讲一下如何"切蛋糕"，也就是组织的具体划分方式。

首先必须搞清楚组织到底想达到什么样的目的，换言之，要明确组织的"功能"与"职责"。

比方说，你想搞一个"新产品开发部"，那么你准备让这个部门的研究权限达到什么程度（是自己说了算，还是要请示上级？可能会涉及企业内部的上下级关系）？准备让这个部门研发的产品达到什么程度（是开发旧领域的产品，还是新领域的产品？可能会涉及企业内部的平级关系，也就是兄弟部门的权益）？

诸如此类，你需要考虑的事不少，哪一件事都得慎重对待。

不只如此，即便你成功地建成了一个组织，你依然需要时刻保持清醒的头脑，时刻做好改进与调整的准备。

即便是在同一家公司做同一件事，时空背景不同，大环境不同，组织也会变得不同。显然，因循守旧的思维和行为方式是不可取的，必须与时俱进，大胆试错，勇敢开拓。

就拿新产品开发部来说，如果赋予其研究开发的功能，那么其研发活动便会自然地聚焦实用性较高的新产品。换言之，这个部门会集中优势资源研究那些容易被市场接受、容易赚钱的新东西。这样做的好处是可以实现资本与资源效能的最大化，减少浪费；坏处是真正具有独创性、革命性的新产品的研发则很有可能被搁置乃至放弃。而这些东西尽管有可能造成资本和资源的浪费，但一旦研发成功，给企业带来的经济和社会效益将是巨大的。

乔布斯的苹果公司就是个典型的例子。想当年，要不是因为这位公司创始人固执坚持，就不可能有今天苹果的一系列爆款产品，苹果也不可能有如今的市场估值与全球影响力。

所以，在设计企业组织架构的时候，必须把这一点充分考虑进去。

比方说，如果你觉得研究部门的独创性思维偏弱，那么你可以单独设立一个偏向于基础研究的，拥有较高自主权的，以纯粹的科学技术人员为主体的科研部门。给予这个部门较多的资源，让他们尽情地发挥。当然，底线要画出来，资金量要封顶，以防该部门挥霍无度。

如果你觉得基础研究与产品开发的关联性较差，前者与后者完全不搭界，很难形成企业的真实效益，那么也可以将基础研究与产品开发的功能适度结合，成立一个科研开发部，来解决这个问题。

▶ 组织架构与决策模式："金字塔型"（垂直统合）还是"平台型"（水平统合），"自上而下型"还是"自下而上型"

那么现在问题来了：什么样的企业，什么样的功能，适合什么样的组织架构与决策模式呢？

以"整体"见长的是"金字塔型"组织架构（图063）。从位于上层的组织逐步向位于下层的组织过渡，一层一层地分开，逐渐延展出多个部门，而且每一个部门的职能定位也非常明确。游戏规则也是如此，只要部门职能定下来，游戏规则便自然产生且极其明确，简单易懂。

"金字塔型"组织架构的一个巨大优势是，组织内部的信息上传下达的效率极高，因此非常适合高度重视团队执行力的企业。这种组织架构也非常适合培养人才（少了许多废话，"干"就完了。人才容易得到实践锻炼），尤其受到生产、销售等部门的喜爱，在这些部门中十分常见。

问题在于，企业规模较小时，这一招还管用，可如果企业规模迅速扩大，这种架构的弊端就显现出来了。对规模巨大的企业来说，"金字塔型"组织架构非但不会促进沟通，还会拖沟通的后腿，让沟通的效率变得极低。决策过程也是如此。企业规模越大，"金字塔型"组织架构的弊端就越多。上司的命令层层下传，每传一个层级便会损失一部分效力，甚至会让信息本身大打折扣，传到基层执行单位时，基本上已经面目全非了。

图063｜金字塔型组织

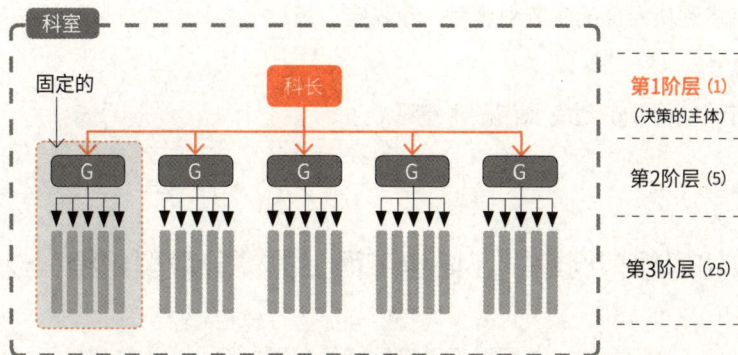

信息反馈也是如此。一线人员掌握的重要信息，甚至是那些事关企业生死的信息，层层传递到老板耳朵里时，估计也早已走样了。而老板和上司没有了"顺风耳"，无法获知基层和市场中的第一手信息，将会给组织乃至整个企业带来什么后果，不用我说，你也猜得出来。

因此，这样的组织架构最大的问题就是决策缓慢，完全无法应对瞬息万变的外部市场环境和内部文化环境，进而导致组织的失能乃至企业发展的停滞。

举个简单的例子。

比如说，每5个人由1个人领导，构成1个团队（5个一线员工归1个小组长管，5个小组长归1个经理管，5个经理归1个总经理管……），那么如果这个团队总共有31个人，就意味着该团队的组织架构将分为3个层级。

这意味着什么？意味着"领导多"。而这些领导还分了许多层，一层压一层。在这种情况下，员工的主观能动性便可想而知。一旦员工失去了主观能动性，那么他们即便看到了变化，恐怕也不会采取及时的、有效的行动。员工不行动，第一，因为没权；第二，因为麻烦；第三，因为怕事。

这便是金字塔型组织的巨大短板。而这一问题曾长期是喜爱"金字塔型"组织架构的日本企业的通病。

20世纪90年代，经历了泡沫经济破灭的惨痛教训，痛定思痛的日本企业终于开始行动了。一场大规模的企业"组织扁平化"运动如火如荼地展开。其要义简单明了：要大幅削减组织架构的层级，特别是削减中间管理层的数量。问题在于，由于这一改革运动很大程度上是为了应付外部经济危机和企业内部业绩恶化的环境，并不是因为有强烈的改革意识，因此许多日企的改革既不充分，也不彻底，效果十分有限。

比方说，改革并没有给企业带来真正意义上的"分权"，也没有给企业带来"培养人才"的结果。这样的改革又有什么意义？

就拿前面举的例子来说，假设你的改革能够让1个人管理30个人，那么层级就被大幅削减了，从3个层级减少到1个层级。可如果依然是1个人管5个人，那么层级便1个也没有削减。

在这种情况下，让下属层级的员工自行做决策，随机应变，怎么可能呢？他们既不能也不敢做事，组织又如何能够从大量的实践中培养、锻炼人才呢？

结果可想而知。

那么，企业的组织架构改革到底如何做才好呢？

▶ 从自上而下的"理想型组织"，向自下而上的"分散型组织"过渡

2003年，尽管在伊拉克战争中，美军取得了压倒性的胜利，但是在维持战后伊拉克的社会

治安这个环节上，美军却遭到惨败。

这与彼时美军组织架构的巨大缺陷有关。

当时，负责维护伊拉克社会治安的美军，组织架构的形态是典型的"金字塔型"。

这种组织架构具有如下特点：

- **整齐划一、易于统治的团队：**意志高度统一的团队成员心甘情愿地辅佐团队领导的工作。
- **高度一致的大局观：**任何信息都会被迅速地收集上来，并在第一时间传递给团队指挥部供团队领导决策，以便团队领导能够尽快做出宏观战略部署和微观战术安排。
- **严格的指挥命令系统：**只要指挥部下达命令，所有下属单位与个人均会无条件遵守。

看起来，似乎一切都很完美。其实不然。没有什么事情是一成不变的，特别是对当时的伊拉克来说，则更是如此。

这一回，美军彻底失算了。原因很简单。如果是军事战斗，身经百战的美军完全可以应付。问题是，治安管理"管"的是谁？是老百姓。这就意味着，这种性质的管理很大程度上无法让美军依赖最得意的撒手锏——武器与火力。

当时的国际大背景以及伊拉克的国内小气候，都是极其不稳定、不单纯的。显然，在这样的状态下，伊拉克是无法通过高度集权的美军总指挥部所部署的战略或下达的命令来管理的。

那些高高在上、孤守作战指挥办公室的美军高级将领平日里的工作看似"运筹帷幄""决胜千里"，实则"纸上谈兵""闭门造车"。他们的命令对一线士兵及现场情况来说没有任何意义，完全不接地气。

代价是惨痛的。占领伊拉克后，以美军为首的联合国军在不到9年的时间里损失了数千人之多，伊拉克治安部队的损失更是惨重。

于是，美军决定彻底放弃令其屡吃大亏的"金字塔型"组织架构，转变为更灵活的分散型组织架构。该组织架构的特点是：在一线设立若干行动小组（任务小组），并赋予其最大化的自主决策权。这些小组既有独立行动的权力，也有互相协作的义务——包括情报互换、互相打掩护等等。每个小组的组长都是择优录用的军队精英。他们个个身经百战，拥有极强的领导力和随机应变能力。

当然，这并不意味着总部指挥官对一线小组的活动完全放任不管。最起码，上头的人有知情权，一线行动小组的一举一动都要形成情报信息，随时向上级汇报，以供其对形势做出判断，对局势有所把握。

这就是典型的自下而上的"分散型组织"（图064）。

这种组织架构一经采用，便迅速在美军中推广开了。打那以后，事关伊拉克驻军的全局

图064 ｜ 自律分散型组织

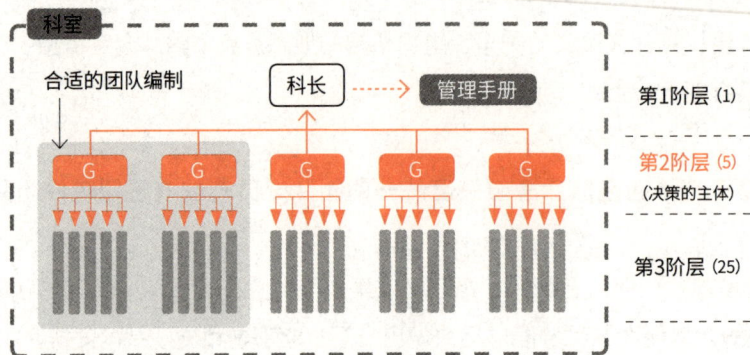

性战略决策，也不再由华盛顿方面做出，而是全权委托给当地驻军指挥部。后者的最高指挥部也不再垄断所有战略决策权和战术部署权，而是将其全权委托给一线行动小组指挥官。这就意味着在事实上允许一线小组成员大胆试错。当然，如果发生严重错误，总部也不会不管，而会纠正错误。只不过总部不会以下命令的方式纠正错误，而是以更温和的方式。具体地说，就是负责起草并印刷"现场治安维持活动手册"之类的文件，规定一些行为准则，并下发给一线小组成员，促进他们自律，特别是小组组长的自律。

▶ 组织架构的其他类型：阿米巴模式、矩阵模式、功能分类模式

除了前面提到的几个类型，还有一些组织架构的类型也相当经典：

● **阿米巴型：** 由日本著名的"经营之圣"，京瓷公司的传奇人物——创始人稻盛和夫先生首创的企业组织架构。这种组织架构有两个特点：其一，全员参与企业的经营管理活动；其二，将企业的所有员工分割成若干个6～7人的小团队。每个小团队均有自己的财会权、决策权和行动权，自负盈亏，自主经营。小团队也要为企业的整体利益负责。

● **功能分类型：** 将企业内部的组织以不同的业务功能进行分类，比如研发部、销售部、生产部、人事部、行政部、总务部、经理部等等。这种组织架构起源于德国，完善于法国（著名实业家法约尔的管理实践使然）。一般来说，它在商业项目或经营范围比较单一

的中小企业中较为常见。

- **矩阵型：** 项目分类型组织与功能分类型组织的集合体。前者与具体的项目任务有关，而后者则只与功能有关。这种类型的组织最鲜明的特点是：所有组织成员均有两个顶头上司。举个例子。项目A的团队里，有可能同时用到财务部的人、销售部的人、行政部的人……那么在这个组织的内部，每一个成员都有两个顶头上司，一个是项目A的团队的上司，另一个是自己部门的上司。

顺便说一句，在一般情况下，功能型组织是长久的、固定的，而项目型组织则是机动的、灵活的。因此，矩阵型组织也大多具有"临时性"的特点。

不过，由于矩阵型组织可以有效打破部门间的壁垒，解决部门间的沟通问题，且具有较高的灵活性、机动性与较强的执行力，能够有效解决"大公司病"，因此颇受大型跨国公司的青睐。

以上各类企业组织架构的模式各有长短，并不存在一个完全"理想"的模式。企业根据自己的特点，选择一个最适合自己的模式即可。不过，所谓"最适合"，也是动态的，而不是静态的。可能今天适合你的东西，明天就不适合了。即便有一个模式能够长期适合你，让这种"最适合"的状态可持续，也绝非易事。这本身就需要时间，是一个长期的过程。更何况，万一在这个漫长的适应过程中，内外环境发生了变化，这个本该"长期适合"的东西也许会突然变得不再适合你了。

因此，我的建议是：组织就像大钟摆，具有两个鲜明的特点，一个是"来回摆动"，意味着"别认死理，该变就变"；另一个是"中庸之道"，意味着别走极端。

顺便说一句，"操之过急"的毛病往往容易发生在新上任的领导班子身上。常言道，新官上任三把火。这些新势力介入的时候，常常急于大显身手，建功立业。可是在一番折腾之后，他们得到的往往并不是"焕然一新"，而是"一片狼藉"。这样的教训实在太多了。

有些人可能不服气，会举出一堆"新官上任三把火"大获成功的案例。可是这些人却"只知其一，不知其二"。

那么，这个"其二"又是什么呢？

第一，人和人不一样，企业与企业也不一样。不同的企业有不同的文化、不同的资源、不同的环境和不同的条件。别人能成功，未必意味着你也能成功。总之，有些东西是不可复制的。别人的经验可以参考，但不能照搬。你必须从自身实际出发，去寻找最适合自己的方式。

第二，俗话说"家家有本难念的经"。有些企业的新官看似成功地"放了火"，但很有可能那只是表面现象。其实人家背地里损了多少兵、折了多少将，又做了多少"内部调整"，你是不知道的，人家也不会让你知道。退一万步讲，即便最后他们这把火真的烧起来了，而且

155

烧得越来越旺，其付出的代价也往往不值得你去盲目地学。你完全可以换一个思路，以更低的成本和更少的代价去实现同样的目的。而这样的思路与方法，一般情况下都与"中庸之道"有关。在现状不大变、不急变的情况下，脚踏实地、稳扎稳打地改革，逐步将改革深入，以极大的耐心积累量变，直至发生质变的那一天到来。

鸟羽博道：在凌晨的香榭丽舍大街看到了什么？

进入20世纪60年代，咖啡文化来到了亚洲。日本成了这一西洋文化试水亚洲市场的"桥头堡"。一种崭新的营业形态——饮茶室开始出现在日本的大街小巷，而出入其中也迅速成为日本人的一种新的社会时尚和生活方式。由此，饮茶室的数量也经历了一个迅猛增长的过程，在极短的时间内，从最初的约2万家暴增到了15万家。

但是，尽管流行的速度很快，受众也很广，饮茶室在日本社会的风评却并不怎么好。之所以如此，是因为那个时候的饮茶室给人留下的印象是"昏暗的灯光"以及"浓重的咖啡味和烟草味"。说白了就是：不是什么"正经人"扎堆的地方。

日本第一咖啡连锁店品牌，被称为"国民咖啡"的罗多伦咖啡的创始人鸟羽博道，最初与咖啡结缘的地方就是这里——被日本社会广泛认为是"鱼龙混杂"之地的饮茶室。

在饮茶室，刚从高中退学的17岁的少年鸟羽，第一次见到了咖啡豆。然后，不可思议的缘分就将这个少年和咖啡豆紧紧地联系在了一起。

迅速爱上咖啡行业的鸟羽，在19岁的时候便已经通过自己的天分和努力被破格提拔为一家饮茶室的店长。可这位充满野心和干劲的青年却并不满足，他还要挑战更大的世界。

于是，未满20岁的他又漂洋过海来到南美大陆，在巴西的一个咖啡豆种植园负责现场监督工作。经过几年的经验积累，并攒下一笔钱之后，踌躇满志的鸟羽回到了日本，准备自己开店当老板。没承想，他还没开始就摔了一个大跟头，被自己的创业伙伴欺骗，好不容易攒下的开店资金全损失了。

可即便如此，鸟羽也没有气馁，更不会放弃。既然一切归零，他只有卧薪尝胆，以求东山再起。经过不懈的努力，他终于实现了自己的第一个人生小目标——不但成了饮茶室的老板，还有了自己的咖啡豆专卖店。

但是，事业成功的喜悦并没有维持太久，鸟羽很快便发现了一个大问题，他明显感觉到传统经营模式的天花板很低，单靠饮茶室和咖啡豆专卖店的经营模式搞下去，不会有什么前途。

那么剩下的问题就是，鸟羽应该怎么办？

1971年的夏天，鸟羽参加了由行业协会组织的20人赴欧考察团，来到咖啡产业的兴起之地，希望能在这片咖啡文化的热土上找到"下一个新兴产业形态"的灵感。

为达此目的，在法国巴黎期间，鸟羽从不在酒店用早餐，每天一大早便与伙伴们离开酒店，到著名的香榭丽舍大街待一整天。

他们沿着香榭丽舍大街漫步，前往凯旋门时，常常看见这样一幕：当地人只要从地铁站里冒出头来，十有八九会立马拐弯，拐进地铁站旁边的咖啡屋。那些遍布地铁站周边的小咖啡屋，就好像有魔法似的，把从地铁站里鱼贯而出的人们一个个吸引过来。这场景实在太神奇了。

但是，更神奇的事还在后面。

当鸟羽一行人随意走进一家地铁站旁的咖啡屋时，他们又看见了令人惊讶的一幕：店内的柜台前站了很多人，而且人手一杯咖啡。重点是，店里还有许多空座位，这些人为什么要站着喝？

经过一番打听，他们找到了答案。原来，这种现象与法式咖啡馆的收费体系有关（图065）。具体地说，就是但凡你坐下，无论是坐在屋里（顾客座席）还是坐在屋外（遮阳伞下的座椅），就会有人来服务。坐在屋里喝一杯咖啡需要花500日元，坐在屋外还得再加钱，每杯咖啡另收50日元，也就是一杯咖啡550日元。这还不包括小费。可是如果你选择在柜台前站着喝，收费可就便宜多了，只收你一半的价钱，也就是一杯咖啡250日元。对收入有限却嗜咖啡如命的法国普通上班族来说，这个价格实惠多了，因此绝对是首选：一边喝着热咖啡，一边嚼着牛角面包或巧克力面包，几分钟便解决了一顿早餐，然后就可以夹着公文包直奔公司上班。

许多法国人的一天，就是这样开始的。

图065 | 巴黎的咖啡馆收费体系

科罗拉多咖啡店：通过扩展顾客层大获成功

从欧洲归来后，鸟羽立马动手了。利用巴黎之行获得的灵感，他亲手打造了一个全新的咖啡业态，也就是后来声名大噪的科罗拉多咖啡店（图066）。

不过，当初科罗拉多1号店的开业却并没有想象中顺利。打着"健康、明朗，男女老幼皆可共享"的旗号，1号店盛大开业，并引来不少媒体的追踪报道，一时间成了相当有热度的社会新闻。可是没过两天，这个热度便消失殆尽。在长达半年的时间里，店里的业绩始终不温不火。

这一次，倔强的鸟羽依然没有被逆境击垮，依然展现了自己愈挫愈勇的本色。

经过一番细致的调研，鸟羽发现了问题所在。原来，这家店将太多的资源与精力放在了早起的上班族身上，而这个群体消费的时间段也较为狭窄，基本上只有一两个小时的高峰时间。因此，这段时间过去之后，店里的员工就好像泄了气的皮球，不知道该干点什么了。

于是，鸟羽决定改变现有的经营方式，大胆地拓展顾客，争取把一天当中的绝大部分营业时间都填满，让店内员工的工作更饱和一些，更充实一些，更高效一些。

经过一番努力，他成功了。不久，1号店的业绩急剧飙升，一天到晚客源不断。甚至每个顾客座椅一天能周转12次（意味着每天能够接待12拨顾客）。

他是怎么做到这一点的呢？看看他的顾客构成以及具体的来店时间段就明白了：早晨是行色匆匆的上班族的天下，上午是周边各类小店的老板聚在一起谈业务的时间，中午是外出跑业务的公司销售员或市场营销人员的专属时间，下午和晚上则是自由职业者和家庭主妇找乐子的时间。

总之，鸟羽达到了目的，让各类顾客填满了1号店一整天的营业时间。

图066 | 科罗拉多咖啡店

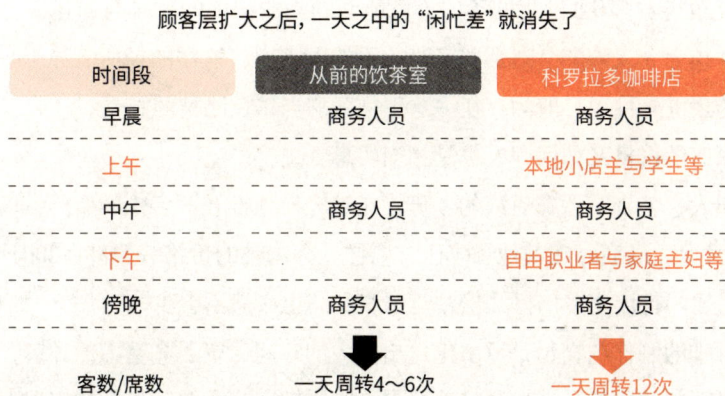

顾客层扩大之后，一天之中的"闲忙差"就消失了

时间段	从前的饮茶室	科罗拉多咖啡店
早晨	商务人员	商务人员
上午		本地小店主与学生等
中午	商务人员	商务人员
下午		自由职业者与家庭主妇等
傍晚	商务人员	商务人员
客数/席数	一天周转4~6次	一天周转12次

所以才有了"顾客座椅一天能周转12次"的惊人业绩。要知道，同时期业内其他的饮茶室，即便是业绩好的，顶天了也就能周转6次左右！

随着1号店大获成功，全国各地申请加盟连锁店的信件如雪片般向鸟羽飞来，区区数年，科罗拉多咖啡店在日本全境的连锁店总数就达到了250家。

▶ 罗多伦咖啡：锁定高质量客户，美味的咖啡打五折

时间回到1980年。那一年，鸟羽开创了一个新的咖啡帝国——罗多伦。

罗多伦的诞生，与鸟羽心中的梦想有关，那就是无论如何要让自己当年在巴黎见到的那一幕，在日本的土地上再现！

鸟羽认为，对那些早中晚忙个不停的人来说，商家可以为他们提供的最大价值，便是美味而便宜的咖啡。

不仅如此，喝咖啡的地方必须紧邻地铁站。其他任何地方都无法与之相比。

于是，鸟羽几乎不假思索便将罗多伦1号店的店址选在了东京屈指可数的闹市区之一——原宿的地铁站旁边。

当然，这家店并不提供所谓的"全方位、一条龙服务"，就是简单的"一对一售卖咖啡"，正因如此，从顾客下单到热腾腾的咖啡交到顾客手上，这一过程的快速、高效也就显得格外重要。由于店里的顾客大多时间有限，因此漂亮的座椅抑或舒适的沙发用处不大，客人们真正关心的还是咖啡的质量和制作咖啡的速度。在这两个关键指标上，罗多伦1号店是相当"能打"的，因此极受各阶层顾客的青睐。

不只如此，鸟羽还标新立异，在1号店尝试了一个新事物：现场制作新鲜面包。面包和咖啡简直是绝配，一经推出便大受好评，订单不断。要知道，那个时候日本的饮茶室是不搞现场烘焙这一套的，所以"第一个吃螃蟹"的罗多伦就占了大便宜。

总之，只要迈进罗多伦1号店的店门，就能闻到一股浓郁的咖啡与面包混合的香味，整个店内香气四溢，颇为令人陶醉。对那些辛苦一天的人来说，这样的场所无异于一个能够彻底休息、彻底放松的"世外桃源"般的存在。这正是鸟羽当年在巴黎的感受。

那么，这家店的价格又如何呢？也是相当实惠。

为了让普通人，特别是薪资有限的上班族能够轻松地推开罗多伦的店门，鸟羽将每杯咖啡的价格定为150日元。而当时在其他咖啡店，同样一杯咖啡的价格一般都在300日元左右。罗多伦每天的顾客量比同行店家多出好几倍，流水和利润也必然不会少。

重点是，咖啡的制作与交付是罗多伦付出巨大的时间、资源和精力的环节，因此即便顾客很多，等待的时间却并不长——这意味着罗多伦在周转率这个关键指标的表现上也远超同行。

真是想不赚钱都难。

制作最美味的咖啡，以最快的速度送到顾客手上，且还是半价。所有这一切，都要在如此狭小的空间完成，多不容易！哦，对了，除此之外，还要现场制作美味的面包！

这家店是怎么做到的？

▶ 实现"能力"的秘诀：自动化、规模化、员工培训与座椅配置

关键词还是企业的"能力"。

首先，最费人工的操作环节一律实现自动化。比如煮咖啡、烤面包、清洗餐具等，统统交给机器办。

为了这个，鸟羽下了血本。他不仅从欧美国家买来最先进的咖啡机、自动烘焙机和餐具清洗机，而且为了追求规模效应，降低成本，所有设备全部采取了"量身定制"的模式，即只为鸟羽的店铺生产。

不过，数量上去了，资金的总规模也肯定小不了。为了筹措资金，鸟羽采取了两种方式：其一，各地的加盟店也有出资的义务，该笔资金可并入连锁店的投资股本；其二，在日本各地招募新的出资人。这样既增加了资金的来源，也丰富了股东的构成。

解决了资金与设备的问题，还远谈不上万事大吉：一个更大的难题又摆在鸟羽面前，那就是员工素质。

在全国各地开这么多店，员工的待客能力以及店长的经营能力便显得格外重要，具有战略和战术两个层面的重大意义。

为此，鸟羽采取的方式很简单：培训。

鸟羽将所有作业环节的要点均制作成流程手册，要求所有员工必须烂熟于心。对店长人选，则培训的要求更高、更严，鸟羽甚至为此专门成立了一所学校，叫作IRP经营学院。任何无法通过该学院魔鬼训练的人，肯定与店长一职无缘。

最后一招，就是顾客座席的配置了。

顾客座席怎么安排，这件事对外行来讲很难理解，但是对内行来说绝对是一个生死攸关的大问题。不夸张地说，座席摆不好，就会让一家店少赚很多钱！

那么，罗多伦的顾客座席又是怎么摆的呢？

由于目标顾客以早晨、中午的客人以及约会客（以咖啡店为约会地点）为主，因此店内的座椅大多都是柜台座和单人座。这样一来，就在无形中创造了一种"不宜久坐"的氛围，让顾客本能地产生"快喝、快聊、快走"的想法。这种座椅的摆法，其目的就是四个字：加快周转。周转得越快越好，周转越快就越来钱。

		从前的饮茶室	罗多伦咖啡
市场目标（顾客）		想消磨时间的上班族和学生	
价值（价值提供）	咖啡的品质	注重	
	待客服务	全方位服务模式	
	地段	二等地段	
	提供时间	慢慢来（10分钟以内）	
	停留时间	长时间（落座）	
	价格	300日元	
能力（执行/资源）	店员教育	在职培训（一对一）	
	制作咖啡	手工	
	制作面包	无	
	工具	手工	
	器具	沙发/餐具均较便宜	
	店铺	零散	
	店铺经营能力	低	
收益模型（利润）		高单价、低周转（每天周转4～6次）	

当然，即便顾客行色匆匆，咖啡杯在手的时间不会太长，可哪怕杯子只捧在手里一秒钟，也绝对有必要给顾客留下深刻印象。因此，小小咖啡杯，令鸟羽倾注的心血并不少。罗多伦的咖啡杯都是定制的，花了大价钱。杯子用的都是高级陶瓷，也就是所谓的"骨瓷"（陶瓷的原料黏土里需含有30%以上的牛羊等动物的骨粉）。据说这种陶瓷烧制成功之后，可以让器皿中的饮料（包括咖啡）更加原汁原味，香气怡人。

如此一流的地理位置（地铁站旁边）、一流的咖啡品质、一流的收费水准（半价）——将这些特质集于一身的罗多伦连锁咖啡集团，在日本正式登场了。

以城市为中心，罗多伦的市场不断扩张，很快便迎来了高速成长期。2018年年末，这家连锁咖啡集团在日本本土拥有的加盟店居然达到了1119家！

其中，仅咖啡定制业务这一项，为集团创造的收益便达到46亿日元。

显然，这一成绩的取得要归功于创始人鸟羽为企业精心打造的一系列"能力"。这些能力具有落地困难、复制困难的特点，因此极具排他性，是非常优秀的核心竞争力。正因如此，罗多伦才能所向披靡，时至今日已成为日本一张亮眼的名片——说出来你也许不信，许多海外游客千里迢迢来到日本，第一件事便是品尝一杯正宗的罗多伦咖啡。

21 | 资源（其一）：重点在于"人"的动机（激情）与技能

▶ "人"的动机（激情）重于一切

"能力"的核心是什么？

是最重要的资源——人。

无论你的操作流程有多牛，无论你的生产和销售流程有多厉害，哪怕完全实现了自动化和机械化，一旦"人"这个环节弱了，给你掉链子，那么一切都白搭，你在竞争中便绝无胜算。

为了提高"人"的生产力，"科学管理之父"弗雷德里克·泰勒没少动脑子，他的开创性新思路是：除了重视流水线作业本身的效率外，还应高度关注员工的薪酬体制。他建议：设定一个标准作业量以及与其相匹配的标准薪酬（最低薪酬），只要员工的作业量超过这个标准，薪酬将阶梯上升，且上不封顶。这样做的好处一目了然。假设标准作业量是100，标准薪酬率是1，员工的作业量若能超过这个标准，薪酬率就会提升到1.5。那么很显然，有余力的员工一定会把作业量目标锁定在200，因为一旦达标，薪酬就可以达到3倍。同样的道理，即便是那些没有什么余力的员工，也会尽量提高自己的作业量，比如说将目标锁定在120，如此一来，自己的薪酬也能增加不少。

与此同时，美国著名管理学家埃尔顿·梅奥发现了另一个提高生产率的秘密，那就是除了薪酬之外的"人"的工作动机，也就是工作激情。

在经过几轮"流水线组装作业实验"（图067）后，他发现，将所有现场作业条件全部改变之后，参加实验的6名员工的生产效率几乎一路上升。

经过分析，他找到了这一现象的原因所在：当6名现场作业人员意识到（被告知）"自己是从100人当中被挑选出来的优秀者"时，一股自豪感与成就感油然而生，从而他们战胜了所有困难，从头到尾保持了高昂的斗志和工作激情。

为了进一步证明自己的设想，梅奥还做了另一项范围更广、人数更多的现场调查。他发现，在被调查的2万人中，只要上司曾经与下属做过一对一的当面交流，那么下属的生产力就会明显提高，且重点在于，"无论工作内容如何，皆如此"。梅奥认为，之所以会发生这种情况，是因为"人际关系"，具体地说就是"人际关系的好转"抑或"人际关系的刺激"。这就意味着团队成员之间，特别是领导与员工之间的交流和理解，可以增进人与人之间的亲近感和信赖感，而这一点对提升生产力有着立竿见影的效果。

图067 | 工厂的流水线组装作业实验

重点是，这种效果并不是单向的，而是相互的。以上司与员工之间的人际关系改善为例，这样的改善不仅能够给予员工强大的工作动力，从而刺激生产力的提升，而且员工的积极表现也会反过来刺激上司的工作动机，提升上司的工作效率。

大致上，此现象可以用以下公式表述：

●生产力←"人"的工作动机←人际关系及薪酬

打那以后，梅奥的"人际关系论"就在管理学界和企业的一线生产经营现场引发了持久的反响，有很大的影响力。人们开始关注经营管理活动中的领导力问题，由此催生了"领导力论"；开始关注无形中支撑乃至支配着组织整体表现的文化氛围问题，由此催生了"企业文化论"。

▶ 工作技能的提升：培训与在岗培训

要想将"人"这一重要的资源变为"能力"（生产力），"动机"自不必说，"技能"也十分重要。

具体地说，"业务执行力"涉及与该项业务有关的专业知识与技能；"企业管理力"涉及看透问题的本质，捕捉问题的核心，并将其概念化乃至可视化、数字化、可操作化的本事。

除此之外，还有一种"力"格外重要，甚至称其"最"重要也不为过，这便是"人际关系力"。它的一个鲜明特点是与具体的工种无关，甚至与行业无关。无论你在哪个岗位上，都离不开它。

"人际关系力"大体上可以分为7个部分：

1.沟通力；

2.聆听力；

3.交涉力（谈判力）；

4.表达力（演讲力）；

5.赋能力（激发他人的动机或热情的能力）；

6.上进力（不断进取，不断打磨生存技能和工作技能）；

7.牵引力（永远拉着团队向前走，一个也不落下）。

顺便说一句，以上这几个"力"都有一个共同点，那就是相对来说不太容易被量化，因此不太容易精准评测，这在人事考核工作中往往是一个难点。不过，由于它们往往横跨了许多工种、岗位以及各种门类的业务领域，是所有职场人必须具备的基本技能，因此在企业培训时会被经常提及，是在无数企业中广受欢迎的重点培训内容之一。

其实，"人际关系力"的7个部分看起来好像挺复杂，仔细想想却相当简单，无非就是3个"力"的集合体：听力（先听再说，先听再问）、说力（必须让对方听进去）和视力（行动观察力、组织观察力）。

现在的问题是，这些"力"到底从哪里来？显然，光靠在职场中"混"是不行的。"混"出来的能力不靠谱，而且还有极大的风险，容易让人变成"职场油子"。

所以，企业一定要对员工进行培训。

那么，企业的培训到底应该是什么样的呢？

两种方式：离岗和在岗。

顾名思义，前者是让员工离开岗位，去一个专门的地方培训，培训完毕，考核通过后才能回到原岗位；后者则是一种边工作边培训的方式。两种方式各有利弊。前者的缺点当然是脱岗，脱岗就会影响企业的效益；而优点是可以让员工进行沉浸式的训练，员工更为专注，更为高效，学到的东西也更多。后者的利在于人不离岗，这样便可以减少企业的损失，且员工边学边工作，学到的东西也能迅速用实践去检验，有利于知识的记忆、积累和活用；弊则在于学习时间不够集中，所以学习的效率较差。

因此，到底应该怎么培训，选用哪种方法培训，绝不是一个"硬规矩"。

总之，企业要根据不同职业、不同岗位、不同业务的具体特点，为员工提供各种离岗或在岗培训。

那么，不同的人在培训项目或内容方面又有什么区别呢？

简单介绍一下。基层员工应以业务方面的专业知识及"人际关系力"的培训为主；中层干部则应以高水平的"人际关系力"的培训为主，再辅以专业技能、洞察力、思考力，以及归纳总结、逻辑思维等方面的培训；至于高层干部，如总经理级别的人员，则大体上与中层干部的培训内容差不多。（图068）

不过，必须指出的一点是，任何一种技能培训都离不开一样东西的支撑——动机。人有动机，动机够足，那么任何一种培训方式都能打造人才；哪怕不培训，人仅凭自学也能成为牛人。

人如果动机不足，甚至完全没有动机，就算把老师请进家，也照样什么都学不到。

近年来，许多日本企业不再采用"填鸭式"的培训方式，而是采用"见贤思齐"的培训方式。

具体地说，就是给受训者提供一个极其生动、极其立体的偶像，这个偶像既可以来自受训者自己所在的职场，也可以来自其他地方。总之，他是受训者本人崇拜的偶像。

然后，受训者需要做的事情只有一件——模仿自己的偶像。

榜样的力量是无穷的。这种模式运用的就是这个逻辑。

甭管怎么说，有了偶像就有了目标，有了目标就有了动机，有了动机就有了行动，有了行动就有了结果。且所有这一切的完成都极其高效，极富成效——这条逻辑线是非常清晰的。这里的关键依然是两个字：动机。

图068 │ 按阶层划分的技能分布：一般模型

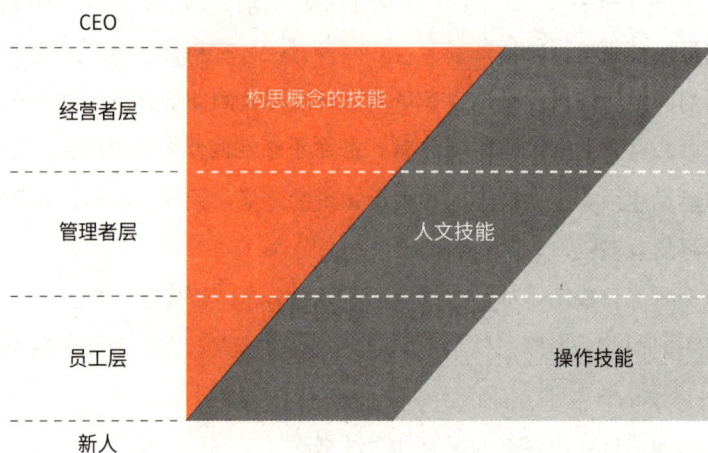

CEO

经营者层   构思概念的技能

管理者层   人文技能

员工层   操作技能

新人

▶ "模仿"与"趣味"：有效激发年轻人强烈动机的"偶像激励法"

"本事"这个东西是"教"不出来的，必须从前辈那里"偷师"；"离岗培训"耗不起，必须"在岗培训"；要想真正成才，至少需要10年时间……在迄今为止的企业培训领域，类似这样的说法几乎成为常识。不过现在，这些常识已然开始动摇。企业急需用人，却偏偏找不到合适的人。"匠人"级别的老手基本都已临近退休，指望不上了；年轻人迟迟出不了师，上不了道。年轻人如果最终能够出师，能够成才，也没事，毕竟企业等一等就能用上合适的人才了。问题在于，如果老一辈"匠人"功成身退之时，年轻人依然出不了师，依然难堪大用，那可就坏了。这种情况对任何一家企业来说都是一个潜在的、巨大的危机，无论如何也要未雨绸缪。

在这个问题上，有一家日本企业的做法可谓给业界树立了好榜样。这家企业就是原田左官工业所[①]。公司第三代掌门人原田宗亮为了将传统的"左官匠人"（真正胜任工作的员工）延续下去，开发了一种新的人才培养方法。这种方法与该公司独有的商业模式融合，相互作用，形成了一种独特的体系，效果非常之好。

就拿该公司的主打业务之一——室内装修来说，为了让新人尽快成才，他们在首都地区专门设立了一家人才培训基地——东京左官人才训练养成所。这个基地的主要受训人员来自该公司的八家分公司。这些分公司彼此距离较近，因此操作起来相当方便。新人来到这里之后，首先要接受一个月的"魔鬼训练"。重点是，你只要一进门，便要立刻上手——教官会直接把家伙（涂装工具）塞到你手里，让你往墙上刷漆。

说白了就是"赶鸭子上架"。一切从"动手"开始。

这家公司的理念是："尽管原田左官的业务有很多，比如材料（涂料）调配、墙面养护与漆面维护等等，可我们认为没有什么现场作业能比涂装更有代表性，更能锻炼人了。""因为涂装很有意思，容易出效果，而且是眼睛看得见的效果，所以容易让人产生成就感，产生信心。必须让职场新人以最快的速度得到这些东西。通过尽快上手，尽快看到成效；通过尽快看到成效，尽快获得成就感。这样一来，兴趣就来了；兴趣来了，动机也就来了。剩下的事也就都好办了。""另外，现在的孩子从小接受学校的教育，已经养成了听话的习惯和接受教育的习惯，所以一旦你强制执行，不给他们任何发言权，甚至不给他们任何反应的机会，他们反而能非常顺利地接受你的指令，以最快的速度进入状态。这一招相当好使。"

具体的做法是这样的：递给新人工具后，先让他们看一遍老手刷墙的教学视频。能记住多少算多少，然后立马尝试相同的刷法。能做到多少算多少。当然，完全可以想象，大多数新人刷出来的墙面一定是不能看的。不过没关系，原田左官还有招，他们会将每一个新人上手刷墙的过程拍成视频，事后放给当事人看。新手一遍又一遍地看，当然，是对比着老手刷墙的教学

---

① 日语中的"左官"，是"泥瓦匠""油漆工"的统称。——译者注

片看。新手边看边比较，边看边模仿，彻底地模仿和查漏补缺（图069）。

这种"模仿"的培训方式极富成效。一般来说，新人培训往往需要半年左右的时间，而用"左官培训法"，新人出师只需区区一个月。

可见，人的"手脚"往往是可以"先行"的，是可以走到"大脑"前面的。很多东西即便大脑不理解，只要不停地做，经过成百上千次的操作之后，人就能够彻底掌握一门技能。哪怕掌握了这门技能之后，大脑依然不理解，也没有关系，只要不断地实践下去，迟早有一天大脑会理解。

这就是所谓"皮肤记忆"的原理。

将一项技能通过大量的实操结结实实地嵌入皮肤里，使其成为一种本能，甚至是一种应激反应，这种方式不但可行，而且极其有效。

遗憾的是，大多数企业的培训都没有遵循这个原理，甚至完全背道而驰。他们的错误在于，太相信"大脑"，不相信"手脚"。他们总认为只有大脑理解了，手脚才能跟上，否则手脚形同虚设，毫无用处。所以，他们在培训的时候，总是习惯于猛攻新人的大脑，希望能够把所有的理念、所有的知识全部灌进对方的脑袋里。殊不知"甭问为什么，只管照做就行"——这才是真正省时省力的聪明人的做法。

因此，离岗培训的效果往往不如在岗培训的效果好，就是这个道理。只让新人听课，不让新人上手，你的大笔培训资金就只能打水漂了。

当然，这样说并不是彻底否定离岗培训。那些需要深厚理论基础的工作，适合采用这种培训方式。比如某项工作有相当多的科技含量，不懂科学原理和相关知识便完全无法实践。那么，一段时间的离岗培训则是必不可少的。问题在于，对一般企业的一般岗位而言，离岗培训

图069 | 原田左官的"模仿"培训方式

往往不是必要的。大多数培训都适合"在岗"进行，适合实操，这一点必须做到心中有数。而实操最好的方式，就是给操作者找一个现成的榜样，令其模仿。

模仿就像照镜子。哪里像，哪里不像，应该怎么改、怎么做，一目了然。由于这一切全部来源于当事人的直觉，因此比那些"操作手册""使用说明"之类的教科书式的东西好用得多。

甚至不夸张地说，模仿能力本身也可以通过模仿这种行为获得。模仿得越多，便越会模仿，模仿的效果也越好。

还有一点需要特别强调一下，原田左官的培训方式尽管看似以"强制"和"模仿"为主，但由于这种方法能够以最快的速度赋能新人，也就是让他们在最短的时间内获得实操技能，并从中得到乐趣和成就感，因此也能在极短的时间内赋予这些新人自律的能力。而一旦有了自律，强制也便不再必要。新人自会凭着自律，自己去追求新的技能、新的乐趣和新的成就感。这既是人的本能，也是这种培训方式的真正妙处所在。

我常常能听到企业的高管在埋怨企业培训工作不给力时，以"员工缺乏上进心"为借口替自己的不作为开脱。这实在是太遗憾了。你自己给不了别人上进心，又能怪谁呢？

▶ 原田左官的商业战略

话说原田左官的"新人短期特训法"之所以存在，是有其道理的：

- 曾经这家公司的见习期太长了，四五年的时间才能出师。许多学徒出师时，甚至连工具的拿法都吃不准，这种状态怎么能把活干好呢？干不好活就没有成就感，当然也就挣不到什么钱。于是，大量的学徒出师不久就直接辞职了。
- 随着涂装行业的升级，许多涂料的混合工作已经不用学徒来干，在市场上就能买到按照各种比例要求搅拌、混合好的涂料成品。因此，工作的种类少了，工作量也就下来了，剩下的就是刷墙了，而这方面的技能一旦没有充分掌握，学徒的存在便会是尴尬和多余的。
- 原田左官的那些"匠人"，那些刷墙老手，大多数已经到了退休的年纪[①]。这些人一旦退休，原田左官的"匠人技能""匠人基因"就会消失殆尽。前辈的精湛技艺没有了传人，公司赖以生存的基础也便崩塌了，后果不堪设想。

可见，原田左官也是被逼上梁山，不得已才走上这条路的，没承想竟开辟了一条新路。

---

① 日本的油漆工匠在行业最繁盛时曾有30万人，现在只有约7万人，且其中六成是60岁以上的老年人。

当然，促使原田左官走出这一步，还有别的原因。其中最重要的一条就是新的战略思维的形成。显然，这一思维的转变与大环境的变化息息相关。时至今日，日本的装修市场已经与从前大不相同，发生了翻天覆地的变化。而最大的变化则体现在工作方式上——现如今，但凡大规模的项目，基本上都能实现自动化，利用AI或机器人技术搞定，已没有多少真人上场的空间和机会了。重点是，一旦实现了标准化、自动化和规模化作业，效率就会急升，价格就会急跌。这个时候，人就会更显多余。

不过，装修这个行当归根结底还是需要技术的，甚至需要艺术。因此"匠人"是必需的，不可能也不应该被淘汰。

左思右想，原田左官决定转变工作重心，将所有资源与精力集中到非连锁商业设施的室内装修上。

其理由如下：连锁店对所有分店的室内装修风格往往有着极为统一的要求，在这一块发挥的空间不大；非连锁店则不同，在室内装修这件事上，每家店都会要求个性，要求风格，要求设计感和原创性，以求能给顾客，特别是头一次上门的顾客带来强烈的视觉冲击和印象，从而成功地打响商业运营的第一枪。

因此，这些店对店铺内饰以及内装修的要求几乎"千店千面"。重点是，店主尽管心气很高，想法很多，但毕竟不是专家，这些想法具体应该怎么实施、怎么落地，他们是不可能懂的，所以他们对合作伙伴的策划与提案能力以及专业的设计能力，是有着极高的要求的。而这恰恰是原田左官擅长的。这家小企业至今还保留了极为古老、极为正宗的"日本匠人"传统。

练习13 | 尝试描述原田左官（粉刷业务）的商业模式

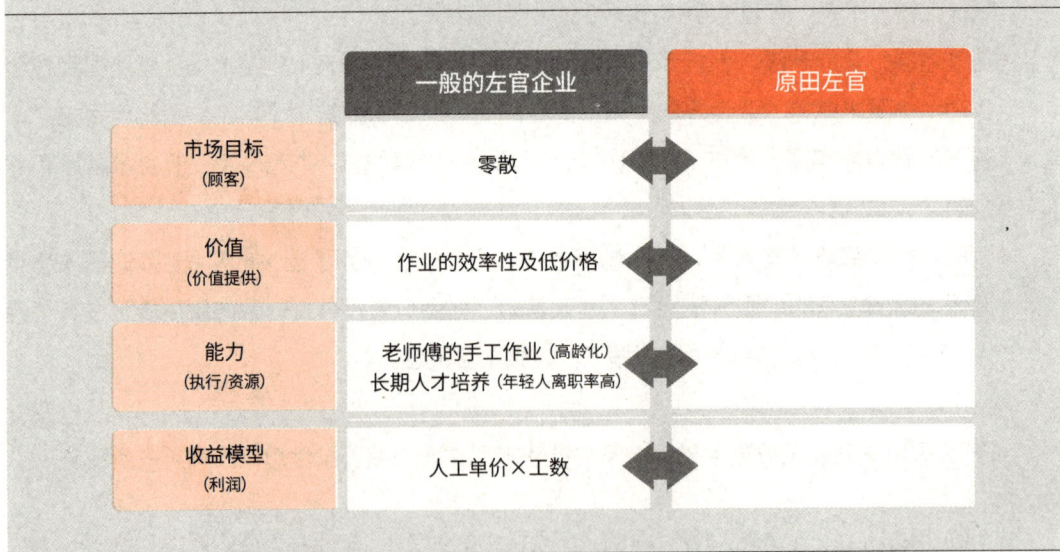

	一般的左官企业	原田左官
市场目标 （顾客）	零散	◆
价值 （价值提供）	作业的效率性及低价格	◆
能力 （执行/资源）	老师傅的手工作业（高龄化） 长期人才培养（年轻人离职率高）	◆
收益模型 （利润）	人工单价×工数	◆

更为可贵的是，这些匠人多数都是年轻人，甚至还有不少年轻女性。年轻人，特别是女性，对时尚的敏感，对设计的灵感迸发，正是原田左官的强项，所以在这个细分市场，原田左官具有得天独厚的竞争优势。

对外如此，对内其实也是如此。

对原田左官的那些年轻人来说，成为"匠人"本身就是他们的理想，而这家小小的企业就是他们实现理想的地方。因此，原田左官的年轻人都不乏"动机"，而且这个"动机"是极为强烈的，那就是拼命学习，尽快出师，这样不但能够得到一份优厚的薪水，而且不用担心被AI和机器人取代——这就意味着拥有一辈子无忧的、可持续的、稳定的技能和工作。

如今，原田左官的年轻人的离职率已经不足一成。而公司的50名员工中，有40余人是一线"匠人"，且其中的10人为女性。

▶ "员工第一主义"：凭这一信条不断走出逆境的南国丰田公司

南国丰田公司，是1980年在高知县成立的一家专门销售丰田车的4S店连锁公司。话说高知县可不是商人的福地，因为这里的少子化、高龄化现象十分严重，从20世纪90年代开始就已经是人口负增长的状态了。因此，这个县的经济发展程度以及县民腰包的情况，便可想而知。至少后者的数据一直位列全日本范围内的倒数前两名，且位次十分稳定。

然而，就是在这样一个经济死气沉沉、人们腰包瘪瘪的穷地方，南国丰田公司却取得了世所罕见的商业成功，书写了一代传奇。而这一切，都始于21世纪的第二个年头。

在那之前，这家公司则走过了一段十分漫长且曲折的探索与试错之路。

在商业的世界里，"顾客第一主义""顾客就是上帝"的逻辑几乎从未遭遇挑战，被所有商场中人奉为圭臬。

那时的南国丰田也不例外。在这一理念的驱使下，公司管理层狠抓"客户满意度"的提升。在这一指标上，南国丰田的表现长期位居丰田系4S店之首。

然而，人算不如天算。一个令公司老板甚至整个高管团队百思不得其解的现象发生了，那就是无论这家公司的客户满意度有多高，都无法将其转化为销售业绩。从前一个月卖多少车，现在一个月还是卖多少车，完全不见任何增长。且更为严重的是，你越是狠抓"客户满意度"，员工的离职率也就越高。对私企而言，这一点是相当致命的。因为私企培养一个人不容易，需要耗费大量的人力、物力、财力。员工好不容易出了师，没干多久就拍屁股走人，这岂不是令公司投进去的真金白银打了水漂嘛。

这些员工辞职之后大多依然会选择做老本行，这意味着他们中的多数人最后都会跑到公司的竞争对手那边去。

这个时候，公司的高管层才意识到事情的严重性，于是决定转变方针，采取新的经营管理战略。首先，在公司经营方面，他们舍弃了市场定位法，即严格地以商品价格高低去区分不同顾客层的做法。这就意味着公司对不同潜在顾客群体的销售方式乃至服务方式都将从根本上被颠覆。

其次，管理方面也出现了里程碑式的、革命性的变化——这家公司果断地放弃了"顾客就是上帝"的理念，将单纯追求"客户满意度"的做法彻底抛弃。

过去，南国丰田无论应对哪个层级的客户，都会想方设法地以价格取胜，靠价格卖车，这种做法是不可持续的。只要把价格压到最低，顾客就会满意，车也确实能卖出去，但是公司却赚不到什么钱。

重点是，当企业把所有的精力都集中到商品的价格上，特别是当企业除了"打价格战"之外，再也没有其他竞争招数的时候，往往会发生"一锤子买卖"现象。因为企业利润很薄，赚不到什么钱，所以必须不断地拓展新客源，这样便无暇顾及已经买了车的老客户。这就无法打造牢固的客户关系，无法形成"二次销售"（顾客买第二辆车时也选择你的店）和"介绍销售"（顾客将有买车需求的亲朋好友介绍到你的店）。

遭受一系列的惨痛教训后，南国丰田的高层终于意识到，迄今为止的做法是一条"死胡同"，是走不通的。他们终于明白了一个道理：如果想在一个本就单一、狭窄的市场（比如只销售一种特定品牌的汽车）长久地成长和获利，必须建立长期的、牢不可破的人际关系。

那么问题来了：对一家企业而言，所谓的"人际关系"都包括哪些内容呢？

无论你能举出几个例子，相信你都会同意一点，即对任何一家企业来说，重要的人际关系无非就是两方面：一是"与员工的关系"，二是"与客户的关系"。前者涉及"员工满意度"，后者则涉及"客户满意度"。

悟到这一点的南国丰田开始采取行动。

首先，他们对自己旗下的4S店进行了大胆的改造：撤去所有展车，将内部空间布置成优雅、舒适的咖啡厅。这样一来，"因为买车而来店"变成了"为了放松而来店"。南国丰田的这一举动为其带来了一个极其重要的商业资源——人流。

汽车销售店摇身一变，成了人们的休闲场所。人们在这里相聚，品尝美味的咖啡，享受精心的服务。重点是，你一旦去了那里，就会成为其忠实客户。人来了，企业还怕没买卖做吗？

既然"销售店"变成了"咖啡店"，那么店员的服务水平是否能跟上，店员是否能与顾客产生人际关系连接，便也成为一个重要的课题。而南国丰田为此采取了"终极人才战略"。

简而言之，就是两点：其一，录用一个人，只需100个小时；其二，放任型实习。

新人进入公司后，只学一些最基本的东西，便可直接上岗面对顾客。当然，这种做法有风险，新人在工作中极易出错并遭到顾客投诉。不过没关系，这正是南国丰田要的效果：新人只有犯错，才知道哪里出了问题；只有解决了问题，新人才能得到真正的成长。

这一成长体现在下面几个方面：

首先，新人会意识到合作的重要性，从而更具团队意识；其次，与顾客的摩擦会让新人得到极其难得的锻炼机会，可以培养与顾客的沟通能力；最后，在不断的工作实践中，在不断的试错中，观察问题和解决问题的能力也会得到极大的提升。

为达此目的，南国丰田让一线管理者彻底放手，对新人犯错误采取"大撒把"的态度。一线管理者唯一要做的，就是让新人给顾客赔不是。除此之外，他们几乎什么都不做，既不做具体的指示，也不提供任何帮助。所有的一切都靠新人自己搞定。而新人得到的回报也是相当有价值的：所有的本事都是通过在一线一步步试错得来的，因此格外"结实"，格外"耐打"。一句话，新人的成才率格外高。

领导力：从"领袖型""强人型"领导到"服务型""协调型"领导

▶ 现代领导力的3种类型

如果把一个组织比作一座山，那么能够站在山巅的人被称为"领导"，他们所具有的能力叫作"领导力"。

关于领导力的研究，很早就开始了。早在20世纪40年代，各种关于领导力的功能、领导资质乃至领导性格的研究便已经在管理学界兴起。

遗憾的是，一直到今天，关于"何为最佳领导力"的命题，无论是理论界还是实业界，大家始终无法达成共识。事实上，大家达成的唯一共识就是：领导力必须因人而异，因公司而异，因文化而异，甚至因企业发展阶段而异。

总之，领导的人格特质和行为习惯在很大程度上与其部下的成熟度及其所属组织本身的灵活度有关。后者不同，前者也必然会有所不同。这就是"领导力的偶发理论"①。

20世纪90年代，长期陷于发展停滞的苹果公司急需"破坏性再创造"，即"大破大立"的思维和行为。而唯一能为苹果做到这一点的，显然只有史蒂夫·乔布斯。讽刺的是，这位公司创始人此时已经被自己的公司开除，赋闲多年。由于苹果的处境实在艰难，公司内部"挺乔"之声日盛，高管层没有办法，只好重新请回了乔布斯。乔布斯一回归，便立马解散了董事会，解雇了包括CEO在内的所有董事。

这还没有完。乔布斯又对公司的产品线"大开杀戒"，将九成以上的产品停产，然后倾全公司之力，投入研发一款划时代的新产品——iMac（图070）。果然，这款产品不负众望，一推出便引爆了PC市场。

从此，PC市场多了一个产品品类，那就是"半透明机身"机型，而iMac则是这一机型公认的始祖。

显然，乔布斯就是典型的"强人型"领导。他的特点是，通过近乎恐怖的热情以及近乎偏执的痴狂，给公司管理层与一线员工带来鼓舞，让他们跟他"一起疯，一起狂"，从而成功地

---

① 也称"领导权变理论"，即领导力不是固定不变的，而是随着外部环境的变化而变化的。

图070 | 乔布斯的英明决策催生出的爆款产品——初代iMac

创造了一系列人类公司史上空前的奇迹。

但是，对一个组织来说，这种源于"强人型"领导的绝对支配也有其先天性的不足。这主要体现在如下几个方面：

其一，家长式管理。领导的"一言堂"（没有人能给领导提意见）。

其二，下属缺乏自律性（完全听领导的）。

其三，继承人培养不力（"强人型"领导有贪恋权力的毛病，并不热衷于为自己培养接班人）。

事实上，1990年以来，陷入经营危机的大公司并不少，而像苹果一样，从危机中再度崛起的案例也绝不罕见。可在这些案例中，如苹果一般极端，将全部资源倾注于一款新产品的"强人型"领导力案例却并不多见。

换言之，其他类型的领导力同样能帮助企业取得成功。而这些领导力流派中，也有两个典型："服务型"领导力（图071、072）和"协调型"领导力。

▶ 驯服巨兽的男人：成功将行业大鳄IBM改造成"服务型"公司的郭士纳

1992年，当时世界上最大的电脑制造公司IBM亏损数十亿美元。

说起来，IBM的业绩之所以如此惨淡，既不是因为彼时已开始流行的互联网，也不是因为PC业务，而是因为自己的"规模"。

由于迟迟无法对公司笨重的身躯"下刀子"，区区3年时间，IBM的累计亏损额就达到惊人的150亿美元。当时的业界人士送给了IBM一个"雅号"：濒死的巨象。这意味着除非公司主动解体，让身子迅速轻下来，否则没有其他办法。

1993年4月，公司的元老级精英——CEO约翰·埃克斯被解雇，继任者是一个圈外人，名

图071 | 服务型领导力

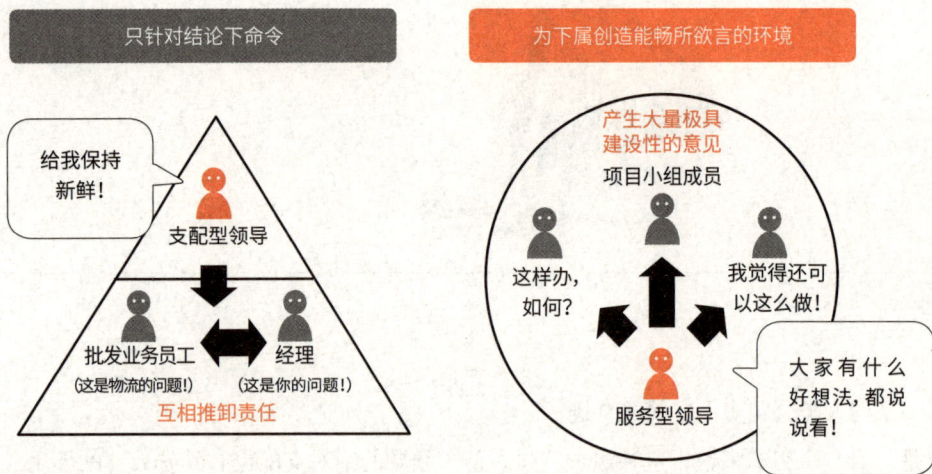

叫郭士纳。

所有人都以为郭士纳会将公司的原有架构打破，让无数人卷铺盖滚蛋——郭士纳正式就职前，IBM公司内外，甚至是媒体界、新闻界，每一个人都是这么想、这么猜的。可他们都错了，因为郭士纳就任后，并没有对IBM的组织架构做任何大刀阔斧的"解构性"动作，而是完整地保留了整个组织架构，在一体化的基础上，全方位地将公司过渡到另一个航向——从一家电脑制造商转型为一家服务型公司。

"愿景之类的东西，其实毫无必要。我们需要跟着市场走，市场要什么，我们就提供什么。""我们需要做的事情很简单，那就是置身市场，在市场中不停地行动。"

以上是郭士纳最喜欢挂在嘴边的话。

他将这些理念概括为专门为客户解决具体问题的"问题解决方案型商业模式"。而IBM的新战略，就是举全公司之力，向这一崭新的模式过渡。

具体地说，有如下两个方面：

其一，将公司的核心产品电脑主机的价格大幅度调低，以图迅速恢复市场份额。

其二，放弃迄今为止占统治地位的"垂直统合型"组织架构以及相应的商业模式。只要符合需求，只要性价比合适，其他公司的产品也可以参与本公司的客户服务计划。该计划是由IBM的专属项目小组为客户量身定制的"问题解决方案"。

要知道，彼时的IT业界，即便是水平分工，也大都是"硬软结合"的做法。将硬件与软件体系做各种不同的排列组合，提供给客户使用。可这毕竟是专家的做法、专业的做法，与客户的需求——特别是需求的变动——之间往往会产生天然的距离。因为客户不是这方面的专家，有时甚至完全不知道应该如何表达需求，因此客户需要一个贴身顾问，而不是工程技师。

图072 | 拯救了东京三丽鸥主题乐园的服务型领导力

主题乐园的经营危机（2014年）

视察：尽管有很多问题亟待解决，但是我相信有许多高品质的好内容被埋没了。

倾听：与公司所有员工直接对话，并为其打造一个可以畅所欲言的环境。

感觉：我想成为大家的"妈妈"。

小卷亚矢 馆长

而IBM的使命是，让自己成为客户的"信息技术方面的最强综合合作伙伴"，为其解决所有相关领域的烦恼，且随时随地提供终身服务。

其实，IBM的战略大转向并不像外界想象的那样顺利。最初，最大的问题就是老板虽热情似火，但整个团队却似乎跟不上。

之所以如此，并不是因为公司内部对郭士纳这个"外来户""空降兵"反感与抵触。恰恰相反，公司管理层对郭士纳的设想是高度赞同的，且在实际工作中与基层员工一起，奋战在销售第一线，充分发挥了"高层营销"的优势，并且在这一过程中严格遵守了公司的各项规章制度和流程。不过，也正因如此，这种由高层直接指挥、直接授意的"垂直型""官僚型"领导力的发挥，其实与服务业的基本性质是不相适应的。以这种方式营销，表面上看起来似乎效率很高，很快便能拿下合同，但往往不可持续，且客户满意度偏低——这意味着该模式如果不做调整，迟早有一天会给公司的业绩表现涂抹上浓重的阴影。

于是，郭士纳决定对公司内部做一次彻底的调查。他发现，那些有出色的业绩表现，且能适应公司"解决方案型""服务型"商业模式的领导者，其行为特征颇有相似之处。主要是以下几条：

- **工作风格：** 不求"率先垂范"，但求赋能团队。换言之，自己并不会直接站到台前，而是把表现的机会让给下属。
- **决策：** 重视"程序正义"的人极少。他们大多喜欢当机立断，从不拖泥带水，讨厌层层请示。换言之，他们往往对"上下尊卑"的阶层意识不感冒，只对"平等的战友意识"感兴趣。
- **赋能（激励）：** 他们往往并不重视具体数字指标的达成，而是更在意"是否能让自己与他人变得更好"这一终极目标。对他们来说，与实现前者相比，实现后者的喜悦会成倍

177

增加。

看来，商业模式"服务化"转型的实现，需要某种"自律分散型"领导力的发挥。这个趋势是非常明显的，也是非常必要的。

换言之，公司管理层，特别是中层和基层干部能够以高度自律的方式进行自我管理、自我驱动，这一点非常重要。

于是，郭士纳便把IBM全球业务的佼佼者，业绩表现极为突出的300名骨干员工召集到一起，对其进行彻底的"服务型"领导力教育，并将教育成果在公司内部大力推广、普及。这一招果然奏效，自那以后的9年间，IBM的销售额足足提升了250亿美元。且这一战绩的取得主要源自公司的"服务型"业务。

在卸任IBM老板一职之前，郭士纳出版了一本书，书名就叫《谁说大象不能跳舞？》。

在郭士纳的领导下，IBM这头巨象确实跳了舞，且舞步极其灵活。

▶ 阿兰·雷富礼的挑战：将行业巨头宝洁公司稳健地领向"基于小团队的网络型组织"之路

常言道，几家欢喜，几家愁。就在IBM绝处逢生的2000年，另一家巨头——世界最大的家庭日化用品生产商宝洁公司遇到了一场大危机。

1998年就任宝洁CEO一职的迪克·雅格，上任伊始便连烧数把火，做出了好几个大动作，对公司的运营机制进行了一系列改革。

以"充满机动性的组织架构"为基础，"进行快速反应，快速创新"，是他心目中理想的公司形象。为达此目的，他把重点放在强化产品研发环节上面，要求以最快的速度进行研发并拿到技术专利。为此，必须彻底打破在公司内部占绝对统治地位的官僚主义管理体制，赋予各部门，特别是一线部门最大化的权力。

由于改革的步子迈得太大，公司内部普遍感到不适应，进而导致迪克·雅格的改革目的几乎无一实现。在大力削减成本的改革中（新产品研发成本除外），公司各项工作全部陷于停滞状态，最后只剩改革目标空悬于纸上，真正的成果却难觅踪影。

在这种大背景下，尽管资金充裕，新产品研发工作却依然效果不彰，为数不多的新产品一上市便遭遇惨败。

就这样苦挨了两年，2000年，公司终于熬不下去了，走到了悬崖边上。

无奈之下，迪克·雅格只得引咎辞职。继任者是一位颇富传奇色彩的人物——阿兰·雷富礼。

雷富礼选择了一条更为稳健的改革之路。首先，他将公司的优势资源集中于几个主要品牌上，这几个品牌都饱经市场考验，深受消费者信赖，因此能够在最短的时间内恢复公司的现金流，改善公司糟糕的财务状况。与此同时，其余的改革完全同公司的财务表现挂钩，一步步来，绝不贸然突进。

重点是，雷富礼的经营理念与其前任不同。尽管都是公司元老级员工，并做了23年的同事，但两人的想法却完全不同。具体地说，雷富礼极为反对"大而全、小而全"的经营模式，不赞成所有的事情都必须在公司内部完成。他推崇的理念是：眼睛向外看，大开门户，充分利用公司外部的资源。

总结起来，就是以下两条：

- **消费者才是真正的老板：** 大力强化对消费者的信息收集与分析工作，为了解消费者的真实生活情况，追踪其网上痕迹，并形成有效数据库。
- **开放式创新：** 将新产品研发环节彻底对外开放。以半强制的方式，要求公司内部的研发人员将自己的技术专利进行外部转让，与外部共享研发成果，以期带来更多更好的创新，大力提升创新效率。与此同时，积极引进外部专利成果，以此促进公司内部创新。

在雷富礼就任CEO的2001年，宝洁公司的创新型产品，其概念、技术乃至成品完全源于外部资源的，占比不足两成。而5年后的2006年，这个比例达到三成以上，时至今日则占据了公司所有新产品的半壁江山。

需要强调的一点是，在迪克·雅格的改革中，宝洁公司曾倚重一种类似当年老福特创建的"红河超级工厂"的研发模式，这种模式崇尚"垂直统合"，是"大而全、小而全"体制的极端表现。该体制的典型产物便是全权负责宝洁公司研发工作的"中央研究所"。而雷富礼要打破的，就是这个体制和这个研究所。最终，该研究所被解散，所有科研人员和其他工作人员以及管理人员被重新整编，分配于若干个小团队中，每个小团队都被赋予了明确的职责与任务。这就让他们获得了极大的灵活性，可以充分地与世界各地的同业人士，无论是公司内的人还是公司外的人，建立起高效的研发合作关系。随时分享成果，随时互相支援，极大地提升了研发效率，增加了研发成果。这令公司的整体运营进入一种良性循环状态。

自此，宝洁的新产品层出不穷，公司业绩越来越好。

说起来，这种"开放型网格状组织架构"并不是没有短板。恰恰相反，其短板异常明显。这种组织架构过于复杂，不确定性太多，因此也不好控制。

事实上，尽管这一体制催生了无数市场上的爆款商品，可每当一个爆款出现后，这个爆款会对下一年度的产品研发产生什么影响，抑或如何利用这一影响，往往是不确定的。也就是说，这个爆款为什么卖得好，其本质逻辑往往极其模糊，颇有撞大运的感觉。

显然，这种感觉要是换了雷富礼的前任迪克·雅格，就凭他的急性子与强烈的控制欲，肯定是扛不住的。

在分散化网格型组织架构当道的今天，支配欲极强的领导力类型便不再吃香了；<u>既重视专业性，又重视与外部资源的协调性，能够主动适应（而不是被动接受）复杂的事物、暧昧的事物、充满不确定性的事物，</u>只有这样的领导力类型才能在激烈的竞争中生存下来。

这种类型的领导力，可以称为"协调型"领导力或"合作型"领导力。

显然，宝洁公司的CEO雷富礼就是这种领导力类型的典型代表。

在他的带领下，宝洁公司的发展气势如虹，在短短数年间便取得了一连串的佳绩：不但自己打造了一批大受消费者欢迎的品牌，2005年对剃须刀行业的王者——吉列的收购更是大获成功，让本已如日中天的宝洁公司在极短的时间内实现了综合销售额翻番的惊人业绩。

至此，雷富礼名声大噪，成了全球跨国公司中"神一般"的存在。在雷富礼上任初期，曾尖刻地讽刺他为"有点小糊涂的新任大学教授"的美国主流媒体《财富》杂志，也一改其一贯的口风，开始对雷富礼的才华与表现称赞有加，并送给他一个称呼：知名经营者。

可见，对领导一个完全开放环境下的创新体系来说，只有那些能够真正驾驭复杂性与不确定性的人，即"协调型""合作型"领导力的拥有者，才是唯一合适的人选。

再说回雷富礼的故事，就当作一个小彩蛋。

2010年，年事已高的雷富礼功成身退，辞去了宝洁公司CEO的职务。失去"顶梁柱"的宝洁公司很快便陷入经营困境，不得已之下，公司只得又请雷富礼重返CEO之位。那一年是2013年，雷富礼已经66岁。一上任，老爷子便大刀阔斧地进行改革，卖掉了数个不赚钱的业务板块，让宝洁"轻装上阵"。

▶ 丹尼尔·戈尔曼倡导的6个领导力类型

将EQ（情商指数）的概念推广到全球的美国著名学者丹尼尔·戈尔曼，也是领导力研究的先驱。他以领导者与下属在能力与关系方面的具体特征为依据，将领导力划分为6个类型。这6个类型可谓通俗易懂，一目了然。对这方面有兴趣的朋友不妨拿来参考一下。

详见图073所示。

图073 │ 戈尔曼的"6个领导力类型"

领导力类型	适合该种领导力的组织特征	具体的实践方法
愿景型 (Vision)	成员的动机和能力极强。	只需向成员提示达成难度较高的愿景（目标）即可。具体操作流程完全交给成员，领导只负责指出最终目的地，具体掌舵的是成员。
教练型 (Coaching)	与成员的关系良好，希望能让有干劲的成员尽快成长起来。	首先要掌握每一个成员的性格特征，然后通过有效沟通不断地激发其主观能动性，直至达成目标。适合达成中长期的目标。
民主型 (Democratic)	领导的能力比较差，成员之间的关系、氛围良好。	领导首先要承认自身能力的不足，然后要借助成员的力量弥补自己的不足。适合仅凭领导一个人什么也搞不定的情况。
调整型 (Affiliative)	成员的动机非常强，希望能把组织的关系进一步改善。	领导尊重成员的自主性和能力，与成员一起决策。能够提升成员的责任感和团结力，对希望提升团队整体综合能力的企业非常适用。
率先垂范型 (Pacesetting)	领导的业务能力很强，成员的动机和能力比较强。	领导要做部下的典范，向成员示范"就这样干"。过于强制的话，会招致成员反感。
命令型 (Commanding)	成员完全没有自主性，短期内拿出结果的压力大。	领导要求成员必须对自己的命令做出最快的反应。但是如果超出一定的度，领导就会使成员反感，所以需要进一步提升自身的影响力。

23 | 企业与组织文化：是什么阻碍抑或支撑了改革与创新？

▶ 企业固有的价值观和行为模式是由老板打造的

我们再来谈谈企业与组织文化（图074）。

"文化"这个词在日语中原本是没有的。众所周知，其英文单词是culture。将其翻译成汉字"文化"的，是日本文豪坪内逍遥。其词根的原意为cultivate，即耕田、播种的意思。说白了，就是将原本天然的东西，通过人类的主动干预、刻意经营，使其效率更高、收获更丰，从而能够更好地满足人类某种特定的需求。

所谓"文化"，不具备任何"纯天然"属性，一定是经过人的影响，充满"人为因素"的东西。

经常能听到某家公司的人说"我们公司没文化"，殊不知"没文化"本身就是一种"文化"。无论这种文化是自暴自弃、放任自流，还是个性张扬、充满活力，总之，"没有"文化是不可能的。只要有人，就必然会有文化。无人可以置身"文化"之外。

图074 | 企业与组织文化到底是什么？

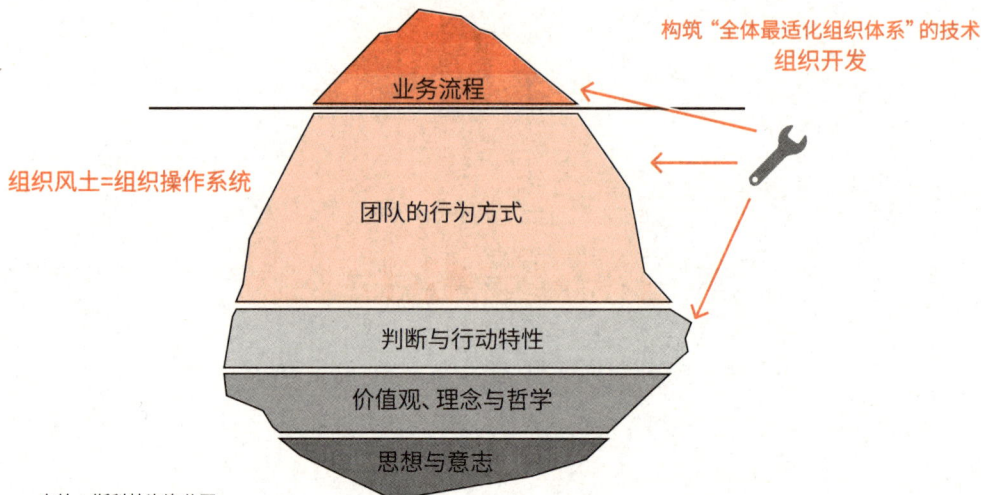

构筑"全体最适化组织体系"的技术
组织开发

组织风土=组织操作系统

业务流程

团队的行为方式

判断与行动特性

价值观、理念与哲学

思想与意志

出处：斯科拉咨询公司

同样的道理，有人的地方就有江湖。人构成了江湖，也就是所谓的"社会"。因此，任何"文化"都天然地具有了社会属性。文化与社会浑然一体，互为因果，互相影响。

由此，我们可以给"文化"下这样一个定义：所谓"文化"，就是某个社会组织的成员共同拥有的知识、信仰、艺术、道德、法律、行为习惯、能力等因素的综合体。这一概念的首倡者，是英国著名的文化人类学家——爱德华·伯内特·泰勒。

当然，这一概念所包含的要素很多，不易理解。所以我们可以进一步简化，只需将其解读为"除了人的个性之外的一切"。

所谓"文化"，就是这个意思。它不是完全不允许个性的存在，但无论是什么样的个性，最终必然会淹没（或融合）于一种组织的共性当中。而这种共性，往往是组织的领导者创造的，与领导者的个性高度一致。这就意味着，如果一个成员碰巧和领导者个性一致，那么他的个性可以在组织中得到保留，否则其个性便必然会被组织的共性吞没。

一个企业或一个组织的所谓"文化"，是指这个企业或组织的成员之间，有意识或无意识所共有的价值观以及行动模式。既然是"共有"，其影响力之大便可想而知。不夸张地说，强大的企业文化既可以成就一家公司，也可以毁灭一家公司。

"大企业病"就是一个典型的例子。传奇人物往往容易出现在大企业中，而且他们越强势，企业的"官僚作风"或者"家长制""一言堂"的作风就会越严重。他们可以强势调动企业的一切资源，高效研发新产品，所以这类企业的研发工作常常会具有极强的生命力和活力；同时，他们也有可能让企业寸步难行，完全无法进行科研创新，无法适应瞬息万变的市场需求。

正所谓"冰冻三尺，非一日之寒"，企业文化的诞生和消亡，均不是一朝一夕之事，而是有着漫长的过程。换句话说，企业文化的兴亡并不是天然发生的事情，而是人类行为催生的结果。这一点必须强调。

由此可见，那些动辄将企业的经营失败归咎于"文化不行"（即员工不行）的老板，是在推卸自己的责任。理由很简单，还是那句话：有什么样的老板，就必然有什么样的企业文化。

▶ 日本企业的兴衰全因企业文化

众所周知，20世纪70～80年代是日本企业发展的黄金期，日本企业实现了空前的突破，在世界市场所向披靡。

这种情况让欧美企业措手不及。要知道，在那之前，凭着所谓的"科学管理法""合理管理法"，欧美企业曾经占据着压倒性的优势。因此，对不按常理出牌的日本企业能够以截然不同的管理法和企业文化异军突起，欧美企业感到万分困惑。

最终，解开这一谜团的是早逝的西方现代管理咨询业的鼻祖詹姆斯·麦肯锡的7S理论。

- **硬件S:** 战略（Strategy）、组织（Structure）、体系（System）；
- **软件S:** 共享价值观（Shared Value）、经营风格（Style）、人才（Staff）、能力（Skills）。

说实话，实现跨越式发展的日本企业往往在硬件S方面表现得不突出，但是在以"人"为核心的软件S方面则极其擅长。而在软件S方面居于核心地位的，就是"共享价值观"，即所谓的"企业文化"。

让我们从日企的典型代表本田公司的经历谈起。

20世纪70年代，本田摩托车成功打入美国市场，并风靡一时。尝到甜头的公司管理层立马趁热打铁，借着摩托车的东风进一步挺进北美的汽车市场。毕竟汽车买卖才是真正的大生意。

于是，本田投入巨资在美国成立了一家汽车制造公司——HAM。该公司的法人代表，年轻的日本企业家入交昭一郎为了让美国员工能够理解本田的思维和行为方式，也就是日企独有的文化特质，可谓伤透了脑筋，想尽了办法。

首先，许多在日本人看来理所当然的事，美国人是理解不了的，更别提做到了。他只能将这些极其暧昧的元素和细节用语言明确表达出来，方能在自己与美国人之间搭起一座"沟通"与"理解"的桥梁。可即便如此，沟通的过程依然十分艰辛。比方说，对"团队精神"（团队意识，合作意识）这个词的理解，日本人和美国人就大不相同。

为了在美国的HAM打造"本田文化"（HONDA WAY，图075），高管中的日本人和美国人只能将每周五的夜晚拿出来，大家聚到一起，一边啃着比萨，一边交流和沟通。为搞定这项最基础的工作，他们足足花了一整年的时间。

前面提到，对日企而言，软件S中"人"的要素才是最为重要、最为核心的，所以塑造抑

图075 | 受到总部董事会高度重视的"本田文化"（HONDA WAY）

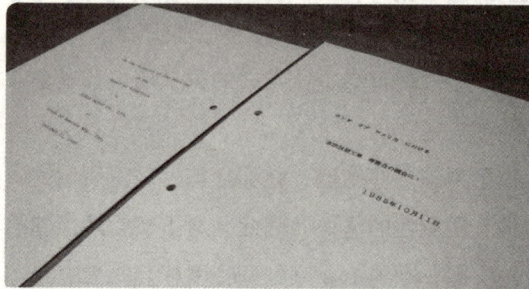

或改变这一点需要花费大量的时间。从好的方面讲，这恰恰是一种天然的壁垒，让日企的核心竞争力极难被模仿，是日企的优势所在。与此同时，这种日企特有的企业文化也是一把双刃剑，十几年后，日企为其付出了沉重的代价——过于重视"共享""共有""一致"的文化特质，让行动迟缓的日企跟不上席卷全球的IT革命，发展势头顿失，再也没有了往日的锐气和霸气。

▶ 改变了美国航空业的LCC的先驱：西南航空公司

LCC的意思是"廉价航空"，是英文Low Cost Carrier的缩写。乍看这个词，似乎有一股浓浓的"价廉质次"的味道。其实不然，LCC的横空出世绝对是革命性的事件，从根本上改变了已存在近百年的，居绝对统治地位的航空业传统的运营模式。

这场革命的发起者，是著名的美国航空业巨头——西南航空公司。

1971年，西南航空以三架波音737飞机（荷载112人）起家，开始了往返于得克萨斯州的达拉斯、休斯敦以及圣安东尼奥这三座城市之间的航行业务。

彼时，西南航空公司的掌门人，也是公司缔造者之一，40岁才开始创业的资深律师赫布·凯莱赫以具有强大"创造性破坏力"的企业运营方针，一举将西南航空公司推进世界顶级航空公司之列。

"顾客未必永远是正确的。""顾客第二，员工第一。""工作如果无趣，便没有意义。""航空旅行必须有趣，否则不如放弃。"

这些企业经营方面的新思维、新口号，对那时的美国业界来讲，称得上惊世骇俗。而这个效果恰恰是凯莱赫（图076）所需要的。他要的就是"不鸣则已，一鸣惊人"，否则根本无法

图076 | 西南航空公司创始人赫布·凯莱赫

在强手如林的航空市场生存下来，更别提发展壮大了。

不只如此，凯莱赫最牛的地方还在于：一方面，他能把公司员工的薪酬待遇推向美国同业顶级的水平；而另一方面，他能以极低的价格，至少是比竞争对手低很多的价格，推出让竞争对手望尘莫及的高质量服务。

他之所以能做到这一点，是因为他把效率提升到了极致，成本也控制到了极致。具体做法如下：

- ●**10分钟周转：** 将飞机在地面上驻扎的时间缩短到同行的四分之一以下，进而极大地提升了每架飞机每天飞行的时间和次数。
- ●**机型选择：** 飞机型号一律选用波音737。这样做的好处有两个，一是降低了飞机的维护与维修成本，二是节约了员工的教育培训成本。
- ●**机场利用：** 在大都市区，一般会避开中心区域的大型机场，选择郊外的小型机场。这样一来，既可以节省场地使用费，而且由于竞争较少（机场飞机数量少），还能极大地缩减飞机的待机时间，提升飞行率和飞行次数。

总之，以上这些做法，无论哪一条，都是那些航空业的老牌公司（比如美国联合航空、美国航空、达美航空这样的大型公司）根本无法做到的。

这些行业巨鳄惯常的做法是，以大都市中心区域的巨型机场为核心，在美国全境遍织航空网络，从而最大化地为客户提供便利、廉价的服务。

这就是经典的"轮毂和辐条"战略。大型机场的使用必然导致待机时间的延长和飞行次数的减少；与此同时，由于采用了"轮毂和辐条"战略，意味着航空路线复杂多变，因此必须采购大量不同种类的机型，才能满足不同航线的需求，进而造成成本控制以及员工培训方面的困难。

西南航空抓住了这样的机会。其做法可以简单概括为三个字：点对点。以美国各主要都市为目标，将这些目标都市以"点对点"的方式连接起来，开辟直达航线。换言之，所有航线均为典型的"两点一线"模式。因此与竞争对手相比，西南航空在成本控制这一块便具有了天然的、压倒性的优势。

这一优势在美国遭遇"9·11"恐怖袭击事件之后更是体现得淋漓尽致。那次事件让无数美国人对航空旅行产生了恐惧，导致航空市场一落千丈。而西南航空成为这场航空业大萧条中唯一没有亏损，甚至还有盈余的公司。

经过这次事件，西南航空很快迎来了事业发展的高潮。时至今日，西南航空已然成为教科书般的存在。几乎所有商学院在讲经营战略论时，都会将其事迹当作典型案例。足见这家公司的影响力有多大。

比方说，被称为"市场定位论第一人"的迈克尔·波特，以及"企业经营能力论"的倡导者、"企业资源基础观"的开创者杰伊·巴尼，都是这家公司的铁杆拥趸，其案例一直是他们在课堂上必讲的内容。

大名鼎鼎的"蓝海战略"以及"基于故事的经营战略"，也与西南航空的事迹有关，其案例经常会在这两个领域被提到。而著名电视节目《有远见的公司》（第四季），曾经提过一个脍炙人口的概念，叫"10倍型企业"。它指的是能够以超过业界平均水平10倍的业绩，长期保持高速发展的公司。而在该节目选出的7家公司中，西南航空赫然在列。

由此，开创LCC模式的西南航空彻底奠定了自己不可动摇的江湖地位。

那么现在问题来了：西南航空到底做了什么，让它的创新之举获得了如此之大的成功呢？

我们以"10分钟周转"为例，详细讲一下。

▶ "10分钟周转"是怎么来的？

原来，一举颠覆业界常识的"10分钟周转"是法庭斗争和资金不足的产物。

当初，凯莱赫创立西南航空公司时，心里便隐隐有了一种不祥的预感。原因很简单，尽管西南航空最初的市场行为仅仅围绕着得克萨斯州的三个城市展开（图077），可毕竟那三个地方也是美国鼎鼎大名的大都市，是航空公司的必争之地。重点是，那里早已盘踞着不少业界巨头。

果然，公司成立没多久，便被两个业界巨头告上了法庭。不仅如此，那两个巨头还不惜血本跑到美国首都华盛顿大搞所谓的"院外活动"（游说具有立法权的国会议员），企图以政治压力与法律手段相结合的方式，在最短的时间内迫使西南航空知难而退。

当然，出身律师行业的凯莱赫也不是吃素的。他决定应战，用法律手段捍卫自己的合法权利。

于是，一场新人与大佬之间的异常激烈的"一对二"法律大战在美国上演。

让我们简单地回顾一下这场法庭"车轮大战"的轨迹：

首先，巨头将西南航空告到地方行业管理组织——得克萨斯州立航空委员会，而后者支持巨头，裁定西南航空为非法运营，勒令其停止营业。西南航空不服，将官司打到得克萨斯州的地方法院，意外败诉。西南航空依然不服，再次上诉到得克萨斯州高等法院，却依然败诉。西南航空继续不服，把官司打到州最高法院，终于胜诉。这一次轮到巨头不服，又将官司打到国家最高法律机构——美国最高法院。然而，最终的胜利却属于凯莱赫的西南航空。

尽管胜诉了，但此时的西南航空，此时的凯莱赫，却因为这场官司花了太多钱，这位创始人几乎花光了创业的资本。

图077 | 西南航空公司开业时的航线网络（1971年）

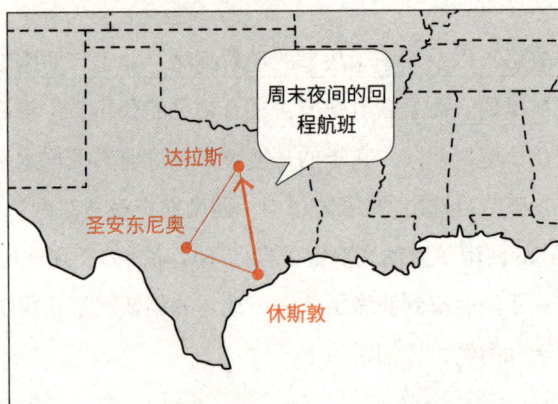

对彼时的西南航空来说，周末的定期点检是必不可少的。可为了这个，必须让公司的飞机从休斯敦空飞到达拉斯。飞机空载对当时资金紧张的西南航空来讲无疑是一种巨大的浪费，是承受不起的负担。

公司CEO拉马尔·缪斯急中生智，想出一个绝招：将每周末休斯敦至达拉斯的单程机票，以10美元的超低价卖出（该时段以外的票价是20美元，竞争对手的票价则是28美元）。此招一出，西南航空的机票立马大受乘客欢迎。

深受鼓舞与启发的缪斯又趁热打铁，进一步推出了一系列新的优惠措施：对商务旅行的乘客，平日晚7时之前的票价，一律定为26美元；而将平日晚7时之后以及周末机票的购买者，一律视为休闲旅行的乘客，票价减半，仅为13美元。

这就是其后被广泛采用的"分时段票价制"。

由于这一售票制度大获成功，西南航空一举实现了财务盈利，扭转了困扰自身多年的"缺钱"问题。有了钱，眼前的路就立马宽了许多。西南航空不失时机地采购了一架新飞机，当然还是波音737，以4架飞机投入愈发激烈的市场竞争。此时，该公司将目光投向得克萨斯州以外的大千世界。而第一个被其瞄上的是包机和飞机租赁市场。然而，这一次的尝试却没有成功。此时的西南航空已是"4机"之身，与从前的"3机"态势不同。千万别小看这一架飞机，对走"廉价航空""微利"路线的西南航空来说，简直可以说是决定性的。

彼时的西南航空，在其根据地得克萨斯州的航空市场中，已靠3架飞机实现了满负荷运营，没有再多加一架飞机的空间和余力。而让4架飞机吃3架飞机的饭，则肯定是死路一条，似乎没有第二种可能。除非发生奇迹，4架飞机才能实现满负荷运营。

而这个奇迹，还真就发生了。

该公司地勤总管比尔·富兰克林挺身而出，拍着胸脯说：<u>"只要把地面上的平均作业时间限制在10分钟以内，这件事就能搞定！"</u>

　　我们可以想象一下这是一个什么样的过程：飞机落到停机坪，搭上摆渡廊桥，打开舱门将乘客放出，清洁人员进入机舱清扫，再放入下一批新乘客；与此同时，还要打开飞机货舱，取出货物和乘客行李，放进新货物和新行李，且还要进行飞机点检、维护、加油等常规操作，再关闭舱门，撤走摆渡廊桥……这些工序的完成，即便效率再高，通常也需要45～60分钟的时间。而比尔居然说，他可以将这一切在10分钟内搞定！

　　但凡是一个头脑正常的人，此时的反应都想必是：你在要我吗？

　　然而，比尔是认真的。他之所以有这个自信，是因为他在职业生涯中曾经于其他公司尝试过这种做法，且获得了成功。他想再试一次，他有信心搞定。

　　问题是，比尔曾经的尝试，其对象是只能乘坐30人的小型飞机，而现在他面对的是荷载100多人的中型飞机，他能再次书写奇迹吗？

　　答案是，能。比尔再次成功了。而他的这次成功挽救了这家公司，不仅从根本上改变了公司的命运，也从根本上改变了整个航空业的形态。

　　当然，为了达成这个目的，必须实现乘客入舱简略化，要让乘客用最短的时间进入机舱，并安顿下来。因此，西南航空对机票的座位安排环节做了一个微小的却是革命性的调整——买西南航空的机票，将不会有具体的机票座位号，只能看到3个字母，即A（后列）、B（中央）、C（前列）。这就意味着，乘客进入机舱后，不必寻找自己的具体座位，只需按机票指示坐在相应区域——落座方式虽比公交、地铁略复杂，却比一般的客机简单数倍。

　　由此，不但乘客的进舱和出舱变得快捷，且机票的预订系统和购票的操作流程也被大幅简化，极大地提升了整体运营效率。可谓一举多得。

　　"<u>10分钟周转</u>"（图078）的实现给西南航空带来了巨大变化：别家的飞机，一天只能飞

图078 | "10分钟周转"的意义与价值

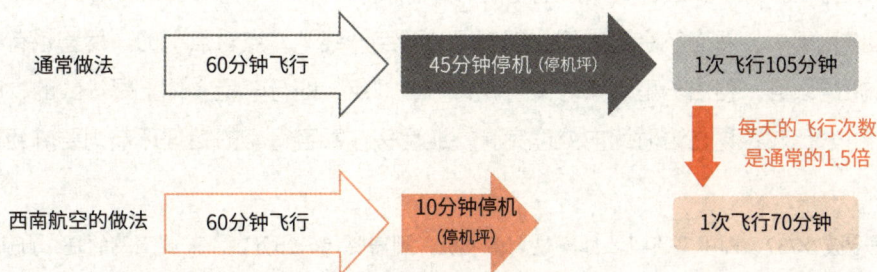

| 通常做法 | 60分钟飞行 | 45分钟停机（停机坪） | 1次飞行105分钟 |
| 西南航空的做法 | 60分钟飞行 | 10分钟停机（停机坪） | 1次飞行70分钟 |

每天的飞行次数是通常的1.5倍

8个半小时；西南航空的飞机，每天飞行的时间居然可以达到11个半小时！这多出来的3个小时意味着什么？意味着在相同的时间和空间里，西南航空凭空多出了一架飞机的生产力，生产效率足足提升了三成多！

总而言之，让西南航空一下子削减了三成左右的飞行成本，最终大获成功的"10分钟周转"，其实是被"逼"出来的。要不是一连串的官司导致资金紧张，这一"神来之笔"根本就没有诞生的机会。

那么，为什么"10分钟周转"西南航空能搞定，它的竞争对手却搞不定呢？

显然，这一招给西南航空带来了巨大的好处，那些行业巨头不可能不眼红，不模仿啊！

那么，这到底是为什么呢？

且看下文分解。

▶ 让"10分钟周转"成为可能的三大要素：素人、印地500、幽默感

"10分钟周转"[1]无法被效仿，原因到底是什么？

简单整理了一下，大体上有以下几条：

- **劳资关系：** 为了实现运营效率最大化，西南航空采取了"多任务"组织模式，说白了就是"一专多能"，每个人都要干好几样活。连飞机驾驶员和空姐都要在客舱里搞卫生。问题是，让驾驶员和空姐干清洁工的活，在大型航空公司根本不可能。大公司的组织架构大多是垂直统合型的，阶层分明，很难跨越层级分配工作，这就让所谓的"一专多能"模式在这些公司行不通。

- **座椅管理：** 前面提到，西南航空为了大幅减少乘客出入客舱的时间，彻底取消了乘客的座椅号。所有乘客只能领到三种颜色的塑料卡片，每种颜色代表一个不同的区域。乘客只需按顺序进舱，进舱后坐到相应的区域即可。由于塑料卡片可以反复利用，还能节省不少打印机票的成本。问题是，对大型航空公司来说，"指定座椅"本身就意味着一种"服务"。有不少乘客对"指定座椅"有需求。

- **网格化模式：** 西南航空的航线全部都是"两点一线""点对点"的。尽管也有不少需要转机的乘客，但由于是"点对点"，每一个"点"的行李量大体上是一致的，所以乘客的行李比较容易在短时间内处理完。行业巨头在乘客行李的处理环节则要麻烦得多——

---

① 仅适合波音737，即中型飞机。如果是大型飞机，则需要15～20分钟。需要强调的是，自从美国发生"9·11"恐怖袭击，机场安检增加了许多程序，且程序的执行十分严格。西南航空的飞机现如今在地面周转环节大概需要花费25分钟。

由于这些航空公司采用的多是"轮毂和辐条"型运营模式，所以核心机场的乘客行李量就是一个天量，处理起来相当费时费力。

当然，除了上述几条之外，还有一条就是"心墙"，即所谓的"常识"。

大型航空公司的员工"不相信一般情况下至少需要45分钟才能搞定的事情，只用区区10分钟就能搞定"。

那么，为什么西南航空公司的员工就信了公司的话，而且不遗余力地配合公司的想法呢？

这件事和该公司的人员构成有关。

话说西南航空公司成立初期，大多数员工都是别人棋盘上的"弃子"，即被其他公司解雇的人。对这些人而言，好不容易又得到一份工作，而且还是一份公认的好工作，所以必须格外珍惜。当新东家遇到麻烦时，他们就会挺身而出，无论如何也不能让公司倒闭。

员工有了这样的危机感，一切就好办了。

比方说，在该公司的空姐中，许多人在学生时代都做过啦啦队的队长，所以对当时公司颇为热辣、出格的制服（热裤、高跟长筒靴）接受起来毫无困难。再比方说，一些地勤作业员进公司之前从没和飞机打过交道，是不折不扣的"素人"，因此对航空业的所谓"常识"没有任何概念。

这些员工在听到公司"10分钟周转"的设想时，第一个想法便是：到航空业以外的世界里寻找答案，寻找坐标和榜样。显然，这一点是那些在这个行业里工作很久的人绝对不可能做到的，甚至连想都想不到。

他们瞄准的第一个参考对象便是被称为世界上最刺激、最高速的赛车运动——印地500系列赛（即"印第安纳波利斯500英里[①]大奖赛"）。

在赛事中，赛车手需要驾驶赛车绕场行驶200周。而每辆赛车在途中加油抑或换轮胎的次数均在6次以上。不要小看这个环节，该环节对比赛过程与结果的影响很大。假设每次加油、换轮胎，你都比别人慢0.2秒，那就意味着整场比赛下来，你在这个环节浪费掉的时间就是1.2秒，而这会导致你在赛道上比别人落后120米。显然，在如此高强度的对抗中，这样的差距是不能被接受的。

同理，即便你的车技再烂，被别人领先再多，如果每次你加油抑或换轮胎的时间都能比别人快1秒，那么这区区1秒，就足以令你实现比赛结果的大逆转，把你送上最高领奖台。

总之，印地500系列赛的加油、换轮胎环节，需要常年的打磨，需要超强的团队协作精神。而这两样东西会带来超强的技能和超高的效率。所有这一切，恰恰是西南航空的救命稻草和制胜法宝。

还有一点很重要，那就是西南航空的创始人凯莱赫自身的价值观。他最讨厌的就是"经验

---

① 1英里合1.6千米。——编者注

主义"和"官僚主义"作风，因此他常对员工说："不要问我，也不要问你们的上司。相信自己的眼光和判断，按自己的意志行事！"

"只要有必要，什么都可以干，没有任何禁忌。""到底什么是必要，什么是不必要，用自己的大脑思考。"——正是在这样的共同价值观的指引下，西南航空才能用"10分钟周转"创造航空业的奇迹。

另外，还有一点需要特别提一下。

凯莱赫最欣赏的员工素质，并不是"献身精神"，也不是"埋头苦干"的意识，而是"幽默感"。他认为，人即便身处险境，只要有足够的幽默感，便可以相对轻松地走出来。至少，人可以相对容易地做到"忍耐"。对乘客来讲，空乘人员的幽默感也很重要。众所周知，航空旅行常常会让乘客产生焦虑感。如果空乘人员能有一些幽默感，一定会让乘客感到放松、感到愉悦，而乘客的感动对培养客户忠诚度，乃至树立企业的品牌形象，有着极为关键的作用。

因此，技能的专业化固然重要，幽默感和人情味也是绝对不能忽视的。而这恰恰是凯莱赫人才观的一个核心组成部分，也是他对员工素质反复要求的一个重要方面。

对组织或团队建设来讲，幽默感也是不可或缺的。一个组织，一个团队，要想不断地挑战自我，开拓创新，既需要团队的每一个成员严格遵守组织的纪律、团队的共性，以求"团结"；也需要团队的每一个成员尽情地展现自我，将独一无二的个性释放出来。

显然，无论是遵守团队的共性还是释放成员的个性，都缺不了幽默。在前者，幽默会成为人际关系的润滑剂；在后者，幽默会成为个性与自信的源泉。西南航空之所以能够形成如此强大的企业文化，幽默感作用极大。说幽默感是西南航空最厉害的核心竞争力，恐怕也不为过。

业界公认的"企业文化论"的大家埃德加·沙因曾经说过：所谓"文化"，是在过去的成功经验的基础上建立起来的。人们对任何变革的苗头都会有一种本能的抵触心理。这就意味着任何与文化有关的变革，都会给整个团队带来巨大的心理冲击，从而导致变革失败。因此，进行"文化变革"，务必超越这股心理冲击波，务必在给人们提供了足够的心理安全感的前提下来做这件事，才能成功。

也许，西南航空的撒手锏——"幽默感"所起的作用正在于此。

24 | 资源（其二）：设备、店铺、物流中心等要素

▶ 固定资产分"有形"与"无形"两种

对企业来讲，最大、最强、最重要也是最核心的资产是"人"。问题在于，至少在会计学理论上，在企业的会计报表中，"人"不是以资产的形式，而是以"成本"的形式出现的。"人"以外的资产或资源，绝大多数都是作为"固定资产"（图079）出现在企业的会计报表中的，特别是资产负债表中。

比如：

- **有形固定资产：**土地、建筑物，硬件设施，机械设备，等等；
- **无形固定资产：**知识产权、软件、营业权。

只要看一下资产负债表就能立马明白，某家企业到底拥有什么样的资源，以及拥有多少资源。重点是，这张表上与"资产"有关的数字，并不是购买时的价码，也不是所谓的"时价"，即现在立刻卖掉会是什么价。它们是一种特殊的数字，代表着"购买价减去累计折旧额"。其中，"购买价"的详细数据可以从"附属明细表"中得知，而企业拥有什么样的土地、设施与设备，它们的具体位置在哪里，如果是上市企业的话，这方面的数据也必须公开披露，可以从有价证券报告书的"设备状况"一栏获知。

图079 | 有形固定资产与无形固定资产

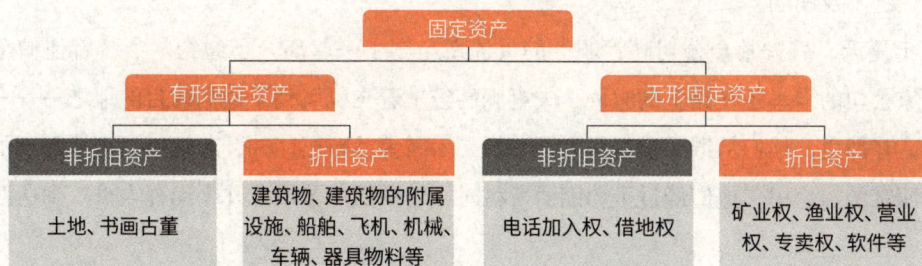

	固定资产		
有形固定资产		无形固定资产	
非折旧资产	折旧资产	非折旧资产	折旧资产
土地、书画古董	建筑物、建筑物的附属设施、船舶、飞机、机械、车辆、器具物料等	电话加入权、借地权	矿业权、渔业权、营业权、专卖权、软件等

不过，企业研发部门的知识产权的价值，一般不会体现在公开的财务报表中，或者即便有相应的条目，也常常会以"零"计价。所以，这方面的具体数据往往不得而知。

对大多数IT业的初创公司来说，花钱最多的地方常常不是"装设备、装设施"的地方（比如仓库或厂房），而是"装人"的地方，即办公场所。因此后者往往会是这些公司最重要也最重视的资产。

一般而言，IT业的初创公司租办公场所的礼金①就和一整年（12个月）的租金一样多。要知道，日本租房礼金的平均数是1~2个月的租金。显然，相当于12个月租金的礼金意味着房子是多么金贵。房子租下后，不仅要精装修，还要购买各种家具和装饰品，而这些方面的花销往往不亚于礼金的花费。

之所以这样做，理由很简单：IT业、互联网行业的初创公司常常是年轻人的天下，而年轻人喜欢时尚的办公场所，因此为了吸引更多优秀的年轻人，花这点钱总体上来说是值得的。

但是，有一家外国企业偏偏不信这个邪，把重金投到了另外一个领域——物流仓库。这家企业就是亚马逊。

▶ 亚马逊：生得快，长得慢

亚马逊的创始人杰夫·贝佐斯是一个办事利索的人。想当初，他以压倒性的速度进入互联网行业。

1994年的春天，彼时还在一家风投基金公司担任高级副总裁的贝佐斯意识到一场狂风暴雨般的革命——互联网革命即将到来。当时，贝佐斯惊觉互联网的利用率提升速度是如此之快，区区一年时间便上升了23倍之多！意识到这一点后，贝佐斯无比兴奋，立马采取行动。最初，他精心挑选了20种可以在网上卖的东西，都是他觉得应该比较好卖的东西。而这20种东西中，数量占比最大的是图书。

当时，图书类商品的邮购业务已经相当成熟，从而导致实体书店的生意越发惨淡。哪怕是市场中的头部商家，其份额占比也不足两成。这就意味着现在进入线上图书销售领域，是千载难逢的机会：其一，人们已经习惯于不去实体书店买书；其二，与网购相比，邮购的便利性、快捷性远远不及网购。

那年夏天，辞去基金公司高管职务的贝佐斯与妻子一起离开了纽约。当装着他们全部家当的搬家公司的卡车还在路上的时候，夫妻俩已经坐着飞机飞到了他们的目的地之一——得克萨斯州。在那里，他们从继父手里得到了一辆二手雪佛兰轿车，并开着这辆车直接杀到了华盛顿州的西雅图。途中，他们经过圣弗朗西斯科时，还面试并录用了几个编程人员。到达西雅图

---

① "礼金"是日本房地产租赁市场的一种特殊费用，是租房者支付给房东的酬谢金。——译者注

的当天，贝佐斯就确定了住所以及创业的地方，并立刻购入三个工作台，将它们装进了一个车库——没错，贝佐斯敲定的创业场所，正是一个车库。贝佐斯之所以这样做，不全是为了省钱，而是为了某种精神或者氛围，甚至可以说，是为了图个"吉利"。美国PC业巨头惠普公司和苹果公司当初创业的场所都是车库。

直到亚马逊成立，员工开始工作，装载贝佐斯全部家当的搬家公司的卡车还没有抵达目的地。

正是这种远超常人的速度，成就了贝佐斯以及他的亚马逊。正因如此，在急速进化、急剧演变的互联网行业，特别是电子商务行业，贝佐斯才能做到先人一步，提前掌握宝贵的商机与专业知识，而这一点对之后亚马逊的迅速崛起起到了不可估量的作用。

但是，与创业初期惊人的速度形成鲜明对比的是，后来的亚马逊"慢速前行"。而彼时，正值互联网泡沫在美国蔓延之际。这是发生在1999～2001年间的事情。

▶ 亚马逊的投资策略：重金投向绝对的能力——物流

2000年，一直稳定地维持着每年两倍左右增长率的亚马逊，增长率跌落到68%。而公司累计亏损额也一举突破了1000亿日元——正如贝佐斯预期的那样。

截至2000年，亚马逊在美国全境共拥有8个大型物流中心，其中6个是在2000年这一年建造的。据说，平均每个物流中心的投资额高达5000万美元。如此重金投入，令亚马逊旗下物流中心的总面积从之前的3万平方米左右增长到50万平方米的规模，而这些物流中心的员工总数也达到近8000人。

果然，这种看似"非理性"的投资扩张行为，遭到美国金融界，特别是职业证券分析师的持续批评。

"必须立刻停止愚蠢的投资物流中心的行为！""我们买你们的股票，不是为了投资仓库，而是为了投资互联网！不是为了投资线下，而是为了投资线上！""互联网企业就应该维持指数级增长，否则根本无法生存。这种不紧不慢的发展节奏无异于自杀！"

来自各界的批评声越来越多，且话里话外透着不耐烦和焦虑。

亚马逊在资本市场的表现也越来越差。随着2000年4月大环境的剧变（美国互联网泡沫破裂），亚马逊的股票价格断崖式下跌，到2001年10月，每股仅值区区5美元，甚至不到全盛期的二十分之一（图080）。

股价如此，贝佐斯却丝毫不以为意。他甚至认为，亚马逊之所以在股市表现不佳，恰恰是为了给自身提供压倒性的"可持续竞争优势"。理由很简单：长期以来，对美国消费者来说，自己订的货能够在第二天或者第三天被送到家门口，这样的事情从来没有发生过，这样的服务

图080 | 亚马逊股价暴跌（2001年）

他们从来没有享受过。美国全境没有一家物流公司能够做到这一点，甚至没有一家物流公司曾经想过要做到这一点，因为它有悖"常识"。不只如此，享受不到这样的物流服务，也没有对顾客造成任何困扰，顾客也没有觉得不便。而这一点被贝佐斯看透了。他明白，顾客没有需求，不代表需求不能够被创造出来。一旦顾客见识了更便利的服务，需求一定会爆发。

在贝佐斯眼里，正因为人们被"常识"所牵绊，没有一家物流公司做这件事，所以这个领域才有千载难逢的创新机会。眼下，他没有敌人，没有竞争者。

▶ "一站式服务"撩拨人心，"长尾效应"提供赚头

亚马逊的强项在于比线下实体店多数倍、数十倍的商品品类，以及各种各样的优惠、奖励方式。当然，更为重要的一点是，无与伦比的"快速物流"服务。这些都是3亿美国人从未见识过，甚至从未想到过的体验，怎能不被撩拨？

正是凭着IT技术强大的赋能效应以及大规模的物流投资，亚马逊才能实现"超能力"，才能在竞争中拥有碾压性优势。

由此，亚马逊又一次步入成长轨道，于2003年终于实现了扭亏为盈。

对于亚马逊网站上海量的商品种类的存在，业界习惯性地将其称为"长尾效应"（图081）。据说，将这个名词作为一种崭新的商业模式广泛传播的，是美国《连线》杂志前主编克里斯·安德森。

在发表于2004年的一篇文章中，安德森指出：以亚马逊为代表的大型网店（彼时多指"网上书店"）具有一个共同特点，即销售额的绝大部分均为线下实体店基本不碰的"小众商品"乃至"极小众商品"所贡献。这个比例高达93%（意味着"大众商品"在总销售额中的占比仅

图081 | 亚马逊网站上架书籍的"长尾效应"

一周的销售成绩（销售数量）

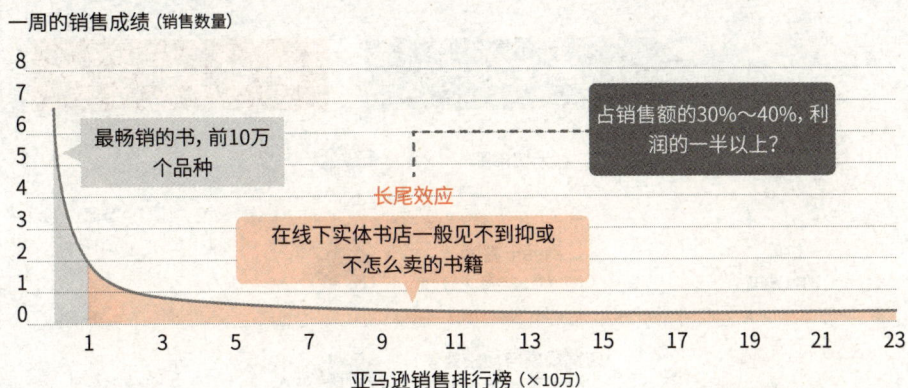

气泡框内文字：
- 最畅销的书，前10万个品种
- 占销售额的30%～40%，利润的一半以上？
- 长尾效应
- 在线下实体书店一般见不到抑或不怎么卖的书籍

横轴：亚马逊销售排行榜（×10万）

出处：E. Brynjolfsson, Y. Hu and M.D. Smith, "Consumer Surplus in the Digital Economy: Estimating the Value of Increased Product Variety at Online Booksellers"

为7%）。重点是，这些"小众商品"的近六成（57%），消费者是通过亚马逊网站入手的。可见亚马逊的影响力之大、竞争力之强。

在仔细研究了亚马逊网站的230万种图书的销售曲线之后，安德森发现了两个规律，并做了如下总结：

- **乘方分布：** 能卖出去的东西一直好卖，卖不出去的东西一直卖不出去。而后者占绝大多数。
- **28：72：** 与线下实体店一样，网店销路最好的东西往往是集中于头部的少数商品。但是，与线下实体店比较常见的20：80不同（即头部的两成销路最好的商品可以贡献八成的总销售额），在网络世界，尾部商品也能贡献不少销售额。

这就是所谓的"长尾效应"。

其实说起来，安德森的贡献在于捧红了"长尾效应"这个名词，而对这一互联网世界独有的现象的学术研究，早在他之前就已经有人开始做了。

事实上，最早意识到这个问题的是经营学领域以外的学者。1999年，生于罗马尼亚的物理学家艾伯特-拉斯洛·巴拉巴西发现了一个互联网的特殊规律，即网络数据的连接方式并不是人们想象的那样毫无章法，充满了随机性，而是有着非常清晰的结构性脉络。说白了就是，天量的网络数据往往会呈现"乘方分布"。

他将该现象正式命名为"无标度网络"。这一成果的取得在学术界引发巨大的轰动，对社会科学全领域的研究均产生了极为深远的影响。

	大型线下实体书店	亚马逊网上书店 (2000年)
市场目标 (顾客)	大都市圈	
价值 (价值提供)	商品丰富度 (每家店10万册以上)	
能力 (执行/资源)	店铺规模与地段条件 知识丰富的店员	
收益模型 (利润)	畅销商品大量进货且 大量销售	

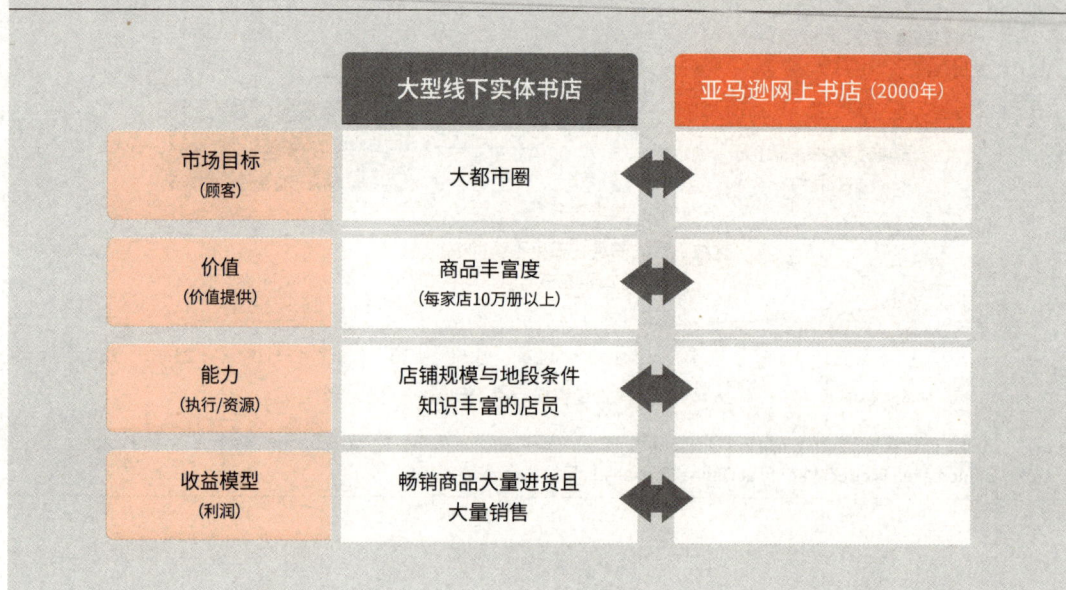

美国麻省理工学院的经济学家埃里克·布林约尔弗森和他的学生尤弗等人深入研究了"亚马逊现象"，并于2003年发表了他们的研究成果，进一步确认了"长尾效应"的存在，且详细论述了该效应的影响。

他们的研究表明，"长尾效应"的影响其实更多地体现在利润上，而不是销售额上。这一点出乎意料。按照他们的说法，线下卖不动的商品，即"尾货"，本来就是典型的"赤字商品"。换言之，这些东西一般都是"库存中的库存"，是不可能产生任何利润的。能卖一个是一个，总比白扔了强。但是，一旦把这些东西搬到了网上，情况就会大不相同。原因很简单，在线上，不用在乎"尾货"的"库存"。比如线上售卖图书，在全美国只有1本和有10,000本并没有本质上的区别，不会产生库存成本方面的任何差异。不只如此，只要搬到网上，"尾货"就可以按原价出售，不用打折。

还有一点很重要，这些"尾货"在线下大多已是"跳楼价"了，所以线上商家就可以几乎零成本得到这些货源，然后再在网上以原价销售，其利润相当可观。

重点是，和日本不同，美国没有所谓的"再售制度"[①]，即便是最新的畅销书，也可以立马打五折挂在网上销售。能以原价出售的"尾货"，反而可以让商家赚取更高的利润。

---

① 在日本和欧洲比较常见的一种图书发行制度。实体书店从发行商处拿到书后，必须按照统一定价出售，且万一一直卖不出去，可以将书退给发行商。——译者注

▶ 亚马逊的5个商业模式创新

成功创业20年来，亚马逊击败了无数对手，包括线下实体书店的绝对王者——巴诺书店。2013年，亚马逊的年销售额达到史无前例的745亿美元。

当然，这条成功之路走得并不顺利，一路上有大大小小的"战斗"。进军海外市场，拓展图书以外的商品，推广电子书，介入"云端"服务等，亚马逊为了做这些新业务，不得不进行大规模的物流投资、IT基础设施投资……

以亚马逊为舞台，贝佐斯在商业模式方面实现了5个创新，它们分别是：

其一，直销电商。图书、玩具、音乐、视频、家电等商品，均能在亚马逊买到。而亚马逊强大的IT和物流能力，是成功打造这一综合型直销电商平台的基础和前提。

其二，电商平台。除了亚马逊自身的直销渠道之外，该网站还门户大开，欢迎所有企业、商贩甚至普通人到其平台上开店。这类"外来户"在平台上的销售额达到了平台总销售额的四成以上。而亚马逊基本上只赚一个场地租赁费（含服务管理费），其收入仅占收入总额的一成左右。

其三，收费会员。一旦成为会员，便可享受当日送达的物流高端服务。亚马逊的会员总数已经超过1亿人，实现了超过1万亿日元的收入。

其四，电子书。为了推广电子书，亚马逊推出了专用终端设备——Kindle。Kindle的价格相当便宜，所以普及的速度超快。目前在美国，电子书市场已经占图书市场总量的六成以上，而在该市场中，仅亚马逊一家的份额便高达八成以上。

其五，IT基础设施服务。基于"云服务"的AWS（Amazon Web Service，即亚马逊网络服务）业务得到极大拓展，已为贝佐斯赚了至少1万亿日元。

今天，图书以外的商品销售额已占亚马逊总销售额的九成以上，这就意味着当人们提到该网站时，已不会再认为它仅是一个"网上书店"。

现如今，美国以外的市场为该网站贡献的销售额，也已经占到总销售额的三成以上。这就意味着亚马逊已经是一家不折不扣的大型跨国公司。

对已强大到如此地步的亚马逊而言，能够威胁到它的，恐怕只有政府的监管和自身的傲慢。

除此之外，已不可能有任何人、任何事能动摇亚马逊的地位了。

25 | 资源（其三）：知识产权的威力

▶ 知识产权的种类及其意义

知识产权有许多不同的种类。获得知识产权，需要经过各国专利管理机构的审查和确认。以日本为例，知识产权主要有以下几个种类：

- **专利权：** 目的是保护发明家的发明成果。有效期为20年。
- **实用创意权：** 目的是保护一些实用的小创意、小想法、小灵感。申请门槛较低，不用经过专门审查。申请成功后，有效期一般为10年。
- **设计创意权：** 目的是保护与"设计"有关的独特创意。有效期为20年。
- **商标权：** 目的是保护与产品标识抑或其他图案、图腾、印记有关的设计与创意。有效期一般为10年，但是如有必要，可以提出延期申请。这一条对企业来说极为重要。
- **著作权：** 需要进行创作的表现体，如文学、影视、学术、美术、音乐、电脑程序等等，均属拥有"著作权"的表现体之列，会受到"专利法"的保护。保护期限为：从该作品的创作年份到作者去世后50年；如果作者是法人，则为作品发表后50年。
- **商号权：** 目的是保护企业的名称。属于无限期保护。

需要强调的一点是，在大多数情况下，处于保护期的知识产权具有极为鲜明的"独占排他性"（且这一特质受到法律的保护），因此在激烈的市场竞争中，这会成为极其强大的竞争利器。因此，知识产权的保护框架还能起到一个非常重要的效果，那就是促进个人和企业去追求更多的知识产权，为此投资、学习和持续奋斗。

说到这里，我想起了一个著名的故事。

想当年，詹姆斯·瓦特数次研发蒸汽机（图082），均以失败告终。操劳过度的妻子早早去世且留下几个尚未成年的孩子，再加上创业失败背上2亿日元巨债，年仅37岁的瓦特遭遇了人生中的"至暗时刻"。而将瓦特从厄运的深渊中拯救出来的，正是彼时经历无数磨难，好不容易出台的英国专利法。换言之，如果当年英国没有建立起强有力的专利制度，便不会有瓦特的蒸汽机，也不会有其后的工业革命。

理由很简单，如果任何新成果、新技术都能被他人轻易地窃取或模仿，那么无论是发明家也好，资本家也罢，便不会有动机去研发和投资新技术、新创意了。

图082 | 瓦特与蒸汽机

▶ 知识产权才是最靠谱的竞争优势的源泉

波士顿咨询公司前高管马克·布拉克希尔和拉尔夫·埃卡特从公司出来后，作为知识产权战略家写下著作《无形之刃》（*The Invisible Edge*）。

在这本书中，他们将专利与商标之类的知识产权称为锋利的"刀刃"，拥有强大的力量。因此，他们呼吁每一个人、每一家企业都应该高度重视知识产权，因为它才是未来最厉害的竞争力的源泉。

两位专家认为，老虎伍兹、吉列和脸书之所以能取得如此卓越的成就，无不是拜知识产权所赐。

之所以这么说，是有理由的：

其一，老虎伍兹能在2000年取得令人震惊的佳绩，一个很重要的原因是他得到了一种高科技高尔夫球的强大助力。日本普利司通轮胎公司专门为美国耐克公司研发制造的新型高尔夫球，是老虎伍兹的制胜法宝。该市场的老大，美国泰特利斯公司分外眼红，立马跟进，也大获成功。问题是，泰特利斯公司被日本人以"侵权"之罪告上了法庭，并最终败诉，足足赔偿了日本普利司通公司1.5亿美元。

其二，吉列的"锋隐"系列剃须刀拥有30多项专利。从其5枚刀片的间隔，到连接把手的接续部位的构造，专利无所不在，把吉列的这款畅销产品保护得严严实实。竞争对手分外眼红，却没有办法染指，吉列的这道铜墙铁壁确保了高质量的使用体验（剃须时的贴肤感及柔顺感，清洗时的爽利感，等等）只为自己的产品所有，让大把收益顺利流进自己的腰包。

其三，脸书在知识产权方面的表现也远比自己的竞争对手要好。创业后，脸书第一时间花20万美元买下了网络专用域名facebook.com，以极小的代价断了山寨者的后路；信息流广告、时间线社交等功能，也均被脸书申请了专利。不只如此，脸书甚至花4000万美元从自己的竞争对手那里购买了不少主要专利。可见其对知识产权的重视与贪婪。

"无论你在其他方面做得多好，只要在知识产权方面失败了，你就会一败涂地，赚不到钱。"布拉克希尔和埃卡特反复强调。

▶ 苹果、三星和高通都离不开的ARM技术

问一个问题：半导体行业中，PC和CPU市场上的绝对王者——美国的英特尔公司；智能手机行业中，CPU市场上的老大——美国的高通公司，它们有什么共同点？

它们的共同点就是，它们共同依赖一家英国公司，这家公司的名字叫作ARM（图083）。

事实上，除了英特尔和高通，半导体芯片制造领域的另外两个重要角色苹果和三星，其业务的正常运行也依赖这家英国公司。

举几个例子。比如苹果公司独自研发的著名移动处理器芯片"A系列"，高通公司研发的同类芯片"骁龙系列"，三星公司研发的"猎户座系列"，都离不开一种叫作"ARM架构"的技术。

那么，如此牛的ARM公司到底是什么来历呢？

话说30多年前，英国艾康电脑公司开发出一种新技术——产业用处理器的设计架构。而彼时，苹果正好要推出自己的新产品，也就是世界上第一款移动终端、掌上电脑"苹果牛顿"（Apple Newton），因此一眼看上了这家英国公司的新技术架构，随即决定将其用到自己的产品上。苹果为此直接投资了这家英国公司，成了它的大股东之一。而接受苹果投资的艾康电脑的处理器研发部门也干脆独立出来，成为ARM公司。

这件事发生在20世纪90年代初。

图083 │ ARM与物联网

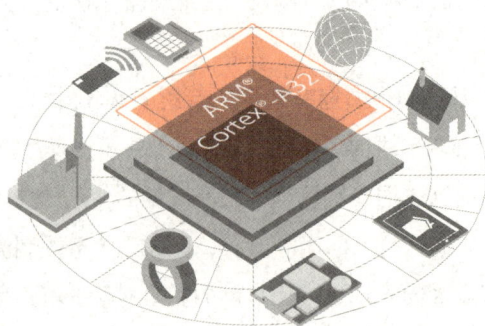

ARM的独门绝技是"省电""省力""省钱"，说白了就是<u>性价比高</u>。

那个时候，处理器领域的绝对王者是英特尔（彼时智能手机还未诞生，高通的崛起尚在酝酿），而英特尔的处理器有两个大毛病：一个是功能过剩，一般的产品和用户根本用不了这么多高端的功能；另一个是太重、太费电、太贵。一句话，英特尔的处理器性价比太低，不合算。相比较而言，用ARM架构设计和生产的处理器，则几乎解决了英特尔产品的所有问题，有着极高的性价比。因此，尽管ARM架构最初是为产业用芯片的设计与生产而研发的，可是后来却在家庭用乃至个人用产品方面大放异彩，受到追捧与推崇。比如家电、玩具、音乐播放器、智能手机，几乎你的生活中能够看到的日用电器里，装的都是ARM架构的芯片。现如今，其全球市场占有率已接近八成。

时至今日，人类已经进入物联网时代。这就意味着人们的生产活动和日常生活中，传感器将无所不在。而由传感器收集的海量信息将会被实时传到网上，形成大数据，并反过来影响人类的生产和生活。

显然，在物联网时代，ARM公司一定会有更大的作为，创造更多的奇迹。因此，<u>如果这个世界上有一份物联网时代"绝对不可或缺"的企业名单，那么其中一定会有ARM公司的名字</u>。

话说<u>作为企业的ARM公司，并不生产与提供任何实体产品，他们为外界提供的仅仅是一张图纸而已</u>（处理器核心部分的设计图）。换言之，所谓"ARM芯片（处理器）"，并不是由ARM公司生产，而是采用了其设计架构的意思。

芯片制造商将其他功能部件与ARM部件组合起来，生产各种性能、各种型号的处理器与芯片。只要含有ARM技术的芯片，都被称为"ARM可交换芯片"。理由很简单，任何含有ARM技术基因的芯片都具备一些相同的特点，比如性价比高、轻量化、省电。在现如今的智能手机、平板电脑、音乐播放器等移动终端领域，其市场占有率几乎达到100%。

令日本人深感自豪的是，这家曾经的英国高科技公司今天已经属于日本了。软银公司老板孙正义于2016年7月以300多亿美元的巨资收购了ARM公司。其实，孙正义花重金买下的，并不是一家"公司"，而是其背后庞大的知识产权储备以及强大的知识产权开发能力。

顺便说一句，ARM公司2016年的销售额大概是13亿英镑。其中，毛利（税前利润）为6亿英镑上下，利润率更是达到了50%。ARM公司是一家不折不扣的高盈利企业。

▶ 芯片巨头英特尔：掉进"创新者的窘境"陷阱

正当ARM公司如日中天的时候，老牌芯片巨头英特尔却陷入了典型的"创新者的窘境"（图084）。

图084 | 《创新者的窘境》一书指出了"创新者的窘境"

大企业的思维模式往往是"顾客导向型"的，这本是好事，可也恰恰因为这样，大企业更容易对创新反应迟钝，无所作为，进而在激烈的竞争中滞后，乃至落败。

其实，英特尔才是CPU业界真正的翘楚，具有全球公认的地位。换言之，在该领域的创新者行列，英特尔绝对不容忽略。问题在于，英特尔的成功，绝大多数是在PC行业获得的。PC行业给英特尔带来了丰厚的利润，因此PC生产成了英特尔唯一的业务支柱，其全部重心都倾斜到如何讨好这些传统用户上。英特尔著名的价值观，即"不断地向受用户欢迎的公司精进"的理念，其目标所指就是成为传统的PC生产商。

由此，那些低性能且分散的工业用产品以及移动终端产品的市场，根本入不了英特尔的"法眼"。为了在既存PC市场保持超高的竞争力，英特尔投入大量资源与精力，不断地研发、打磨其独有的精细加工技术，开发、生产了无数性能与价格极高的先进生产设备。正是这种贯彻到底的"垂直统合型"商业模式，为英特尔带来了一个又一个巨大的成功。

不过，问题也恰恰出在了这里。当移动终端市场随着智能手机的出现而实现空前发展时，英特尔最牛的利器成了其最大的绊脚石。

时至今日，以智能手机为主的移动终端市场已是传统PC市场的三倍以上（以台数计算），且其发展势头依然很强。而此时，在更有"破坏性创新精神与能力"的ARM和高通面前，在后来居上的采用"水平分工"商业模式的公司面前，英特尔的所谓"独门绝技"显然已经不够用了。

从这个意义上讲，英特尔的失败恰恰是其"创新者"的身份使然。

英特尔在创新方面发力过猛，以及它过于执着、过于单一的创新模式，恰恰损害乃至吞噬了其"创新者"的角色的内涵。

▶ 只为品尝咖啡本来的味道：梅利塔的故事

再来说回"咖啡"的话题。

前面已经提到过，公元13世纪，第一个通过煎煮咖啡豆得到咖啡这种黑色液体的，是伊斯兰世界的穆斯林。

之后，咖啡传到欧洲，并在制作技术上得到持续的改良。到了18世纪后半期，"布过滤法"，也就是"法兰绒过滤法"（把碾碎的咖啡粉倒入壶中的滤布上，沏上开水，让水通过滤布滴落）在法国问世。1840年，苏格兰人又发明了一种咖啡制作新技术，即著名的"虹吸制法"。

1908年，一种更具革命性的咖啡制作法出现在德国。时年35岁的家庭主妇梅利塔·本茨发明了"咖啡过滤器"（图085），由此，"咖啡滤泡法"诞生，并风靡至今。

梅利塔的故事颇有一些戏剧性。酷爱咖啡的梅利塔一家始终被一件事困扰，那就是咖啡难以名状的苦味和杂味。这让梅利塔颇感烦恼，于是她有了一个大胆的想法：能不能发明一种方法，彻底去除咖啡中的苦味和杂味？

于是，梅利塔开始了她的探索和试验。经过一系列尝试，使用了无数材料之后，她发现儿子平时使用的笔记本的纸张的过滤效果

图085 | 梅利塔的咖啡过滤器

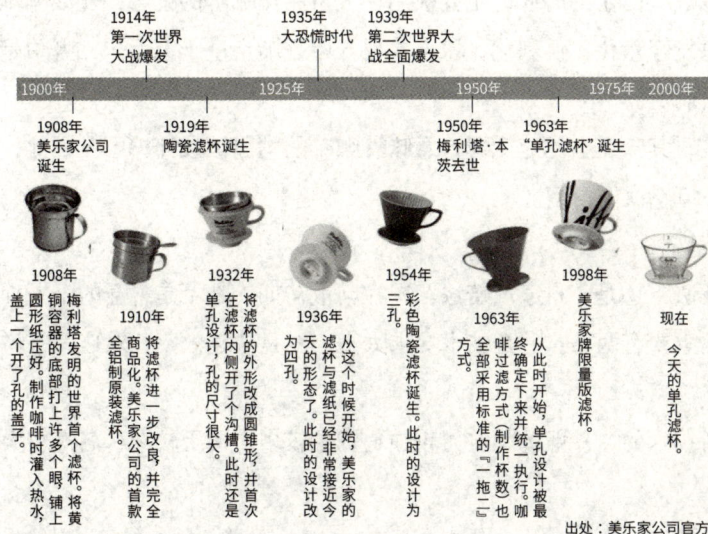

出处：美乐家公司官方网站

最好。

她认为，笔记本的纸张有一个特点：为了让不小心滴落到纸上的墨水能够迅速变干，纸张的吸水性相当好。

这个发现让梅利塔如获至宝，她立马为其申请了专利，并联合自己的丈夫和儿子成立了一家公司。这就是业务遍布全世界150多个国家的德国著名制造商、咖啡机行业的巨头——美乐家公司的缘起。

正是由于梅利塔的发明，我们现在才有机会享受到美味的手冲咖啡。

▶ 日本市场培育出的"自家煎焙和手冲咖啡"名店

20世纪50年代，日本最火的饮料店是饮茶室，随后饮茶室便风光不再。究其原因，很重要的一条竟然是"形象不佳"——彼时，一提起饮茶室，日本人便想到"灯光昏暗，烟雾缭绕，极不健康"。

于是，咖啡店迎来了千载难逢的发展机会。

在饮茶室名声不佳时，靠着对味道的极致追求，自家煎焙和手冲咖啡店开始在日本全境出现，并大有后来居上之势。

前面提到，在手冲咖啡的制作程序中，不用滤纸，而是用滤布，特别是法兰绒滤布进行过滤的方式比较主流，因此该方式也被称为"法兰绒过滤法"或者"法兰绒滴落法"。

之所以法兰绒滤布会比滤纸更受欢迎，据说一个很重要的原因是：由于布的网眼比纸大一些，所以咖啡豆的油分可以顺利滴落，不会被滤掉。而油分能让咖啡的口感更好，更润滑和美味。

顺便说一句，"法兰绒过滤法"诞生的时候，主要被用在大量制作咖啡的场合，比如咖啡店。后来随着技术不断升级，愈发轻量化、便利化，该方式也开始逐渐走进千家万户，哪怕是制作一杯两杯咖啡，也可以轻松搞定。

另外，如果直接研磨咖啡豆，其味道会迅速变薄，意味着咖啡的精髓被破坏掉了。因此，先把咖啡豆进行煎炒，再研磨，口感就好得多。

这种方法也被称为"自家煎焙法"。

不过，无论是"法兰绒过滤法"还是"自家煎焙法"，在问世初期，都不是普通的个人抑或普通的店家能够采用的。原因主要有两条：一是技术要求太高；二是缺乏效率，对店家来说很难产生利润。

当时，能够采用这两个最新技术的，一般都是实力较强、资源较多、资历较老、名气较大的店家。

▶ 风云再起：蓝瓶咖啡掀起的第三波浪潮

话说詹姆斯·费里曼第一次来日本，还是他19岁的时候。彼时的他是一位才华横溢的职业单簧管吹奏者。

那时费里曼已是"咖啡发烧友"，对咖啡的专业知识有了相当深厚的了解。正是由于对咖啡的热爱，他对星巴克千篇一律的味道感到不满，于是决定自己创业，亲手制作出真正纯粹的、令人满意的咖啡来。2002年，费里曼的咖啡生意正式起步，<u>业务只有一项，那就是直销已煎焙好的咖啡豆。</u>重点是，费里曼只使用业界公认的高级咖啡豆，而且相信自己独特的煎焙方式能够最大限度地还原咖啡豆的味道。

他给自己的咖啡生意起了一个好听又好记的名字——蓝瓶咖啡（图086）。

然而，在只有17平方米的车库里起步的蓝瓶咖啡，开业没多久便遇到了巨大的瓶颈。

蓝瓶咖啡只有彻底转变经营方向，才能有一线生机。问题是，对于到底应该往哪里转，费里曼迷茫了。

2007年，费里曼第二次来到日本，在友人的推荐与协助下，开始了极具意义的"日本巡店之旅"。日本的饮茶室也好，咖啡屋也罢，只要是友人推荐的，他便一定会去看一看。经过每天至少9家店的巡访，费里曼被深深打动了。

他发现，日本的每一家饮茶室和咖啡屋都有独特的想法、独特的模式，浸透着老板与众不同的价值观。那种"无论多麻烦，多耗时间，也要为顾客精心制作每一杯咖啡"的服务精神，给了费里曼无尽的灵感。

回到美国圣弗朗西斯科后，费里曼立马行动，将从日本得到的灵感植入新的咖啡事业

图086 │ 蓝瓶咖啡的店铺

中。这一回，他不再只做"煎焙咖啡豆"的直销业务，而是又搞起了"自家煎焙和手冲咖啡"业务。换句话说，他从"卖豆"变成了"卖咖啡"。店面依然是车库，只不过外面多了一顶帐篷。

当然，他依然只用业界公认的高级咖啡豆，使用自家独有的精致煎焙法。在此基础上，蓝瓶咖啡要一杯一杯地为顾客制作醇香美味的咖啡。

费里曼的蓝瓶咖啡的经营模式，主要有以下几条：

其一， 按照国际惯例，即"公平贸易"原则，从世界市场，特别是发展中国家市场购买高品质的咖啡豆。为此，费里曼专门雇了该领域的专家，作为职业"生豆买手"。每到咖啡豆成熟的季节，他们便会飞往世界各地，去品尝、鉴别、购买最优质的生豆。

其二， 以煎焙作坊为基础扩张店铺。毕竟决定熟豆的质量的煎焙方式，才是咖啡的味道之源，是企业的生命线，所以对煎焙环节不可有丝毫怠慢。蓝瓶咖啡甚至给每一种咖啡豆设计了专门的煎焙方式和流程，因为只有这样，才能把不同咖啡豆的特色发挥到极致。不只如此，蓝瓶咖啡还为每一种煎焙咖啡豆制定了"保质期标准"，并严格规定：所有煎焙咖啡豆必须在保质期的最高峰状态，即"美味峰值期"全部使用完。

其三， 煎焙咖啡豆（熟豆）一旦研磨成粉末，必须在规定时间内完成咖啡的过滤和滴落程序，不可拖延。换言之，研磨的咖啡粉必须在最短时间内被制作成咖啡，否则会影响咖啡成品的口感。另外，咖啡的研磨和滴滤等程序，均由专门的机器完成，最大限度地降低人工介入。这样做有两个好处，一来节省人力，二来可以确保咖啡质量稳定，不会因为个人的技术高低等因素影响饮用体验。当然，职员的业务培训是必不可少的，最短培训时间是50个小时，否则不可上岗。

其四， 做出世界上最高等级的味道，且必须完成"产品同一化"。每家店、每杯咖啡都要做到这一点。为达此目的，费里曼在各地的分店均设立了品管员一职，专门负责品质管理。这些人的日常工作只有两个：一是每天早晨试饮自家店的咖啡，以确认品质的连贯性；二是每月巡访一次兄弟店，并品尝对方的咖啡，以确认品质的"同一化"。

其五， 店铺选址时高度重视地价或租金的水平，价格越便宜越好。因为走的是高端路线，蓝瓶咖啡主要靠"口碑"，对一般商家格外重视的人流密集度等因素不用过多介意，因此店铺选址大多在工业用地与居民用地相混杂的地方。比如，日本的蓝瓶咖啡1号店位于东京江东区的清澄白河，那里就是典型的工业用地与居民用地的混杂之处。

其六， 店铺内部一律不设电源和Wi-Fi。这里既不是休闲场所，也不是办公场地。来这里的目的只能有一个，就是"喝咖啡"。

蓝瓶咖啡的美味和充满个性与追求的经营模式，令美国西海岸的投资家颇为欣赏。很快，便有超过4500万美元的巨额投资涌入这家公司，其事业发展的强劲势头愈发不可阻拦。时至今日，蓝瓶咖啡在著名的"第三波咖啡浪潮"中，已然成了标志性的存在。

那么，咖啡业界的所谓"三波浪潮"是什么呢？

简单回顾一下：

- **第一波浪潮：**速溶咖啡问世。这种冲泡式咖啡的出现让每个家庭和职场人士都能随时享受到咖啡的美味，因此得到极大的普及。由此进入"咖啡大量生产，大量消费"的时代。
- **第二波浪潮：**以星巴克为代表的"西雅图系咖啡连锁业"的兴起。此时强调的是"第三空间"的概念，即除了家和职场之外，人类最亲近的第三个场所就是咖啡屋。顺便提一下，此阶段对咖啡豆的品质和煎焙方式已有了较高的要求。
- **第三波浪潮：**只享受咖啡本来的味道。此阶段对咖啡豆的品质以及煎焙方式的要求达到了极致。由此，咖啡屋纷纷使用珍稀品种的咖啡豆。

第三波浪潮令星巴克很快意识到自己的处境。为此，星巴克大胆改革，也开始专注于使用珍稀品种的咖啡豆以及极其讲究的煎焙、滴滤方法。于是出现了著名的与顾客面对面的臻选咖啡店。现如今，臻选咖啡店在全球市场大面积普及开来。不只如此，在星巴克遍布全球的分店中，能够让顾客近距离观赏咖啡制作全过程的臻选烘焙工坊店也不在少数。最著名的一家就是位于上海的亚洲第一大也是世界第一大"星巴克旗舰店"。那里已然成了一个著名的观光景点和网友打卡的"网红店"，生意相当兴隆。

这波漂亮的反击，是第二波浪潮中的佼佼者对新势力的"尊严之战"。

练习15 | 尝试描述蓝瓶咖啡的商业模式

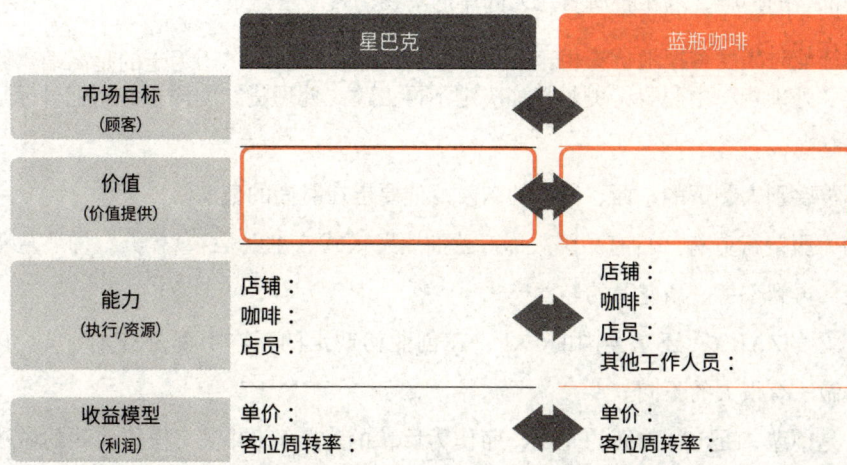

	星巴克	蓝瓶咖啡
市场目标（顾客）		
价值（价值提供）		
能力（执行/资源）	店铺： 咖啡： 店员：	店铺： 咖啡： 店员： 其他工作人员：
收益模型（利润）	单价： 客位周转率：	单价： 客位周转率：

209

26 | 通过能力革新颠覆整个行业（ZARA、优衣库）

2000年，诞生于西班牙的快时尚企业INDITEX集团（旗下主要品牌为ZARA）的全球分店总数终于突破了1000家。重点是，这1000家分店中，三分之一以上的店铺以及一半左右的销售收入均来自海外市场。

这一年，INDITEX集团的营业总收入为26亿欧元。尽管与美国巨头——老牌快时尚企业GAP之间的差距依然有5倍之多，但INDITEX集团的年综合成长率却已达到惊人的30%！不只如此，其利润率也远超GAP，与另一个业界新贵——瑞典的H&M一道，对GAP形成夹击之势。

只不过，无论是INDITEX还是H&M，它们对GAP发起的冲击都不是正面进攻，而是一种迂回进攻。

这两家企业以不同的价值和收益模型，形成不同的核心竞争力，去攻取不同的目标。

我知道上面这句话有点拗口，且听我慢慢道来。

ZARA最初是一家专门经营大量退货与尾货，即所谓"处理货"的女装零售店。这个行业看似门槛低，其实却很难做——你必须大量进货，否则根本没有货源，也不可能有利润。问题是，每次进货都是海量，你又很难真正"处理"掉，就很容易形成严重的库存。这种局面极具戏剧性：本来你的生意是"清理旧库存"，现在却形成更为严重的新库存。

面对堆积如山的"处理货"，INDITEX的创始人，也是这家女装店的主人阿曼西奥·奥尔特加倍感头疼。无奈之下，他把自己的女装店推向全国，专门经营"处理货"，并以此为噱头，大打"跳楼价"的招牌，终于将所有无人问津的货物销售一空。

这件事发生在1975年。

好不容易从"处理货"中脱身，奥尔特加决定不再去蹚"处理货"的浑水，而把目标瞄准了亮闪闪的"新时尚"。

奥尔特加不再要别人剩下的东西、淘汰的东西，他要走在时尚的最前沿。

顺便说一句，服装行业有"自有品牌服饰专营商店"模式，也就是SPA模式，即"从服装的缝制，到物流，再到零售一条龙"的经营模式。

无论是西班牙的ZARA，还是美国的GAP，在创业初期走的基本上都是SPA路线。只不过，两者的具体做法有很大的不同。

显然，GAP是前辈，是SPA方面的先驱，而作为后辈的ZARA却并没有模仿前辈的做法，而是打破了SPA的常识，放弃了GAP"预测时尚，提前大量订货"的经营模式。

原因很简单。奥尔特加认为"这个世界上没人能精准地预测未来"，而这就意味着任何预测失误都会给企业带来巨大的损失，而这种损失本来可以避免。他还认为"通过大量的广告宣传去推广某种新时尚"，即"强行地人为制造某种新时尚"的做事方式也愚不可及。先别说这种做法要花多少钱（巨额广告费），重点是，即便花了钱也未必成功，即便能成功也是小概率事件。

他决定换一种做法。这种做法有四个关键点：多、小、快、灵。

其中，"多"意味着要尽可能多地推出新款式，越多越好。把所有新款式拿到市场中去试，让消费者说话。"小"，商品数量一定要尽量小，绝不能形成库存。"快"，新品投入市场的一周之内没有成为爆款，便立刻全部下架。与之有关的所有追加订货全部取消。"灵"，只有真正的爆款才有"存活"的机会。因为这些爆款都是经过市场检验的，是消费者选出来的，所以绝对靠谱。大量投资和生产这些款式，绝不会产生任何浪费。只不过，奥尔特加要求，无论多"爆"的款式，只要销售周期超过四周，都必须全场下架。其目的有两个：第一，让顾客反复来店；第二，让顾客产生紧迫心理，即"现在不买，就买不到了"。说白了，这也是一种"饥饿营销"。

因此，全球ZARA店里最常见的招牌，就是"本品已售罄，不再进货"的标识。

果不其然，奥尔特加的心理战大获成功，鲜有女性消费者能扛得住这种程度的刺激与撩拨。ZARA爱好者的每年平均来店次数居然达到17次之多，意味着每三周就要来一次。要知道，在快时尚行业，其他品牌的消费者每年平均来店次数一般只有4次左右，和ZARA相比，简直太少了。

为了提升营业额，不断投入重金做广告，追逐新客户的做法，以及盲目扩展客户的范围，最后却不了了之的事情，在ZARA这个品牌上，甚至整个INDITEX集团，从未发生过。

▶ 为了"追逐""把握"而不是"预测"流行（时尚），ZARA将新款开发和投入的速度提升了近20倍

不去"预测"什么流行（时尚），而是"追逐""把握"流行（时尚）——这才是ZARA的价值观。而且这是一种典型的"破坏性创新"价值观。

奥尔特加认为，只有这样的价值观，才能够让他的企业获得稳定的销售收入。重点是，稳定的利润。理由很简单，因为他相信自己推出的产品永远是"最新款""最潮的货"，没有打折促销的必要；相应地，利润率也会大幅提高。

然而，时尚圈的"老大哥"GAP却做不到这一点。GAP的一个新款从企划阶段开始，到送进终端商店销售，常常要花上9个月左右的时间。与之相比，从企划到销售，ZARA仅需两周（图087），

图087 | ZARA实现的新品开发与投入速度

	GAP	ZARA
素描和设计	1个月	4天
制作样品	2~3个月	4个小时
全部用时	6~9个月	2周

比GAP足足快了近20倍!

那么,ZARA到底是怎么做到的呢?众所周知,该行业最费时间的环节就是企划和做样品的环节。为了最大限度地节省时间,加快节奏,ZARA放弃了外包,将该环节实现了彻底的"内部化",即全部工作都由自家公司的人搞定。由此,新款的素描、设计工序只需4天,用时仅为业界一般水准的约八分之一;而样品制作工序的用时则更为夸张,只需4个小时,仅为业界一般水准的约五百五十分之一!

另外,在供应链管理方面,ZARA的表现也很优秀。与另一意大利时装业巨头贝纳通的做法如出一辙,ZARA也将自家企业的供应链集中在本国,以预防各种意外风险。其中,西班牙地方上的中小企业是ZARA格外重视的零部件供给核心。

尽管西班牙最不起眼的小村镇的人力成本比亚洲或中南美洲国家高很多,但是ZARA的这种做法的性价比却极高:既实现了极致的品质(且这种品质是完全可预知、可把握、可持续的),又有极致的灵活性,重点是所有这一切都是在极短的时间内做到的。而这本身就意味着成本优势。

关键在于,这种优势具有极强的排他性。大多数同行都把工厂放到了海外,因此在上述方面根本无法与ZARA竞争,也无法模仿ZARA的商业模式。

物流方面,ZARA也把注意力全部放到了西班牙国内。INDITEX在西班牙境内以及邻近的欧洲国家生产的超过11亿件商品,出货之后首先会在西班牙国内的10个物流网点(其中ZARA专属的网点有4个)进行集中处理,然后再送往遍布世界各地的分店上架销售。顺便说一句,

	高级时装	GAP	ZARA
市场目标 （顾客）	富裕阶层 （长时间提供好东西）	◆	◆
价值 （价值提供）	品牌形象 高质量	◆	◆
能力 （执行/资源）	百货店 少量生产	◆	◆
收益模型 （利润）	少量高价	◆	◆

该公司所有的物流网点基本上都实现了满负荷运转，一周工作6天，一天工作24个小时，三班倒。这就令其物流速度达到极高的水准。全球各家分店的进货订单，不出意外的话都能在8个小时以内解决手续问题。如果是欧洲区内的销售店铺，可以实现36个小时之内完成配货；即便是欧洲以外的地区，也能通过航空运输在48个小时内搞定配货。

总之，INDITEX，特别是其旗下品牌ZARA，可谓真正做到了"快时尚"行业的极致：将最流行、最时尚的服装，以相对低廉的价格、最繁多的品种，迅速提供给消费者。这样的SPA商业模式绝对称得上独树一帜。

由此，INDITEX迎来了事业的黄金期。特别是进入21世纪后，INDITEX更是势不可当。2009年，该公司终于超过GAP，成为快时尚行业以及SPA圈内的新霸主。2018年，该公司年度销售总额为3.7万亿日元，实现利润8000亿日元，股票市值更是达到近10万亿日元之巨。

新商品层出不穷，通过极致的灵活性与速度"把握"流行（时尚），正是这种极致的"短平快"和大量试错的做法，成就了今天时装业的王者。

▶ SPA模式的亚洲奇迹：靠"材料"的力量取胜——优衣库的"超级垂直统合型"商业模式

时至今日，快时尚行业的海外两强INDITEX和H&M遇到的唯一对手，就是日本的迅销集团。其旗下品牌优衣库在全球范围内对两个欧洲强者形成了强大的竞争压力。

不仅仅是"迅速反馈体系"，也不仅仅是"快时尚"，迅销集团将手伸向了那些需要极高"材料力"与"研发力"的大型基础商品领域。

1988年的FLEECE（摇粒绒）系列，2006年的HEATTECH（轻舒暖）系列，2008年的BRATOP（罩杯式上衣）系列，2009年的ULTRA LIGHT DOWN（超轻羽绒）系列，等等，所有优衣库的爆款商品几乎都位于同时代服装业界价值链的顶端。而这些成就的取得，光靠一家时装公司的力量是不可能实现的。事实上，正是因为迅销集团与上游的材料研发行业的企业密切协作，才有了这些爆款的诞生。说白了就是，迅销集团直接从制作服装的材料入手，从源头上确立自己的竞争优势。显然，该公司走的是一条极为特殊的SPA路线，即最典型、最极致的"超级垂直统合型"商业模式。

迅销集团与日本东丽公司的合作，堪称一段佳话。

2006年，两家公司在东京召开记者发布会，正式宣布建立"战略合作伙伴"关系。从此，两家公司以一种"一心同体"的模式开始了"共进退"的商业之旅。确定关系后，这对合作伙伴一口气推出了73个不同门类的商品开发项目，仅在最初的5年中，便达成了2000亿日元的内部交易（迅销购买东丽的纤维原料）。随着合作愈发深入，在从2011年开始的第二期合作中，两家公司干脆将这个指标直接翻了一倍，定为5年达成4000亿日元的交易额。

就这样，一边追求独具特色、性价比极高的最新原材料，一边紧跟抑或探索全球最新的时尚，迅销旗下的优衣库逐渐形成了自己独有的价值观，那就是：无须主张流行，只需追求极简。让顾客永远能够以最简单、最素雅的方式，尽情地享受优衣库无穷的搭配选择所带来的快乐。重点是，这种快乐必须发生在日常生活的日常穿着中，而不是发生在时尚聚会的盛装穿戴中。

说起来，优衣库的海外拓展曾经受过一些挫折，不过现在已然站稳了脚跟，且顺利地进入新一轮提速周期。

顺便提一下，尽管"质朴价廉"是迅销集团的基本追求，不过近年来情况也有了改变。2006年推出的家庭向休闲服装品牌GU就是个典型的例子。诞生初期，GU的理念就是不折不扣的老传统"质朴价廉"，所以当时也被人们戏称为"第二个优衣库"或"优衣库的廉价版"。不过，迅销集团很快调整了经营方针。从2010年开始，GU的策略已然有了不少H&M的影子，即"对流行趋势迅速做出反应的快时尚品牌"。这一策略今天已初获成功。

2018年，迅销集团的销售总额首次突破2万亿日元大关，达到2.1万亿日元，其中实现利润

2400亿日元。特别需要指出的是，这些业绩的一半左右是迅销的海外业务贡献的，这说明迅销已经成为一家不折不扣的国际快时尚巨头企业。

　　该公司的业绩一度将其创始人柳井正送上"日本首富"的位置。柳井正将公司2020年度的营收目标提高到3万亿日元。这个数是大型服装企业的"底线"，如果达不到，将无法在现如今竞争激烈的全球时尚产业中幸存下来。

16 构建无人能够模仿的能力无比重要

关键词
向市场目标提供价值的能力、价值链（CRM、SCM）、核心竞争力、能力创新催生的新目标和价值、物流中心建设带来的竞争优势、与既存玩家之间的竞争

企业、事业（项目）、商品
三谷店
城市间的交通、蒸汽机车、铁路
亚马逊
运河运输业
本田、夏普

17 所谓"能力"，是资源与执行的组合

关键词
资源（人、财、物，知识产权，信息）
执行（流程、经验、组织）

企业、事业（项目）、商品
跳高技术（背越式）

18 "能力"的基本战略：或垂直，或水平

关键词
垂直统合模式
水平分工模式、IBM的PC兼容机市场
"执行"在先，"资源"在后
"创业家精神"就是"超越资源桎梏，勇敢追求机会"的勇气、智慧与魄力

企业、事业（项目）、商品
福特的红河工厂、通用汽车
PC、Apple II、IBM PC/AT、英特尔、微软、康柏
VisiCalc、莲花 1-2-3、iMac

19 执行（其一）：核心流程是SCM与CRM

20 执行（其二）：组织，取决于机能与构造

接下一页

04 "一等地段、半价销售"的罗多伦咖啡

第三章小结

21 资源（其一）：重点在于"人"的动机（激情）与技能

关键词
泰勒的"阶梯式薪酬模式"、梅奥的实验、动机、人际关系论、操作技能/构思概念的技能/人文技能(听、说、看)、模仿模式、放任型实习
企业、事业（项目）、商品
原田左官工业所
南国丰田公司

22 领导力：从"领袖型""强人型"领导到"服务型""协调型"领导

关键词
领导力的偶发理论、领袖型/服务型/协调型领导力、问题解决方案型商业模式、自律分散型领导力、消费者是老板、开放式创新、EQ、戈尔曼的"6个领导力类型"
企业、事业（项目）、商品
苹果公司、iMac
IBM、东京三丽鸥主题乐园
宝洁公司

23 企业与组织文化：是什么阻碍抑或支撑了改革与创新？

关键词
企业与组织文化、7S理论（硬件S与软件S）"本田文化"
LCC、"顾客第二，员工第一"理念、10分钟周转、"点对点"方式、"多任务"组织模式、"素人"录用、标杆参考战略、幽默感、员工的心理安全感
企业、事业（项目）、商品
本田、HAM
西南航空

24 资源（其二）：设备、店铺、物流中心等要素

25 资源（其三）：知识产权的威力

26 通过能力革新颠覆整个行业（ZARA、优衣库）

05 凭咖啡本身的品质一决胜负的蓝瓶咖啡

第四章
PROFIT MODEL

锁定收益模型：如何玩转资金？

27 | 关于资金的3个问题及其解决方案的进化

▶ 关于资金的3个问题：资金不足、赤字、盈余倒闭

做买卖离不开资金，这是一个世人皆知的常识。一旦资金周转不灵，企业就有倒闭的可能。到时候，员工丢饭碗，老板想跳楼，股东血本无归，债主暴跳如雷，总之谁也不好过。一般遇到这种情况，经营者团队往往难逃千夫所指，毕竟事情走到这一步，他们应该负主要责任。

归根结底，在商场上还是"钱"最大。甭管你在其他方面做得有多好，甭管你的市场定位（目标锁定）和你所提供的价值有多厉害，只要你没有钱，这些东西就都没用——没有钱，就不可能打造任何核心能力、核心竞争力，即便能打造，这些能力与竞争力也将不可持续。

可见，"筹钱"是一件多么重要的事情！

一般来说，在商场上比较常见的与金钱有关的问题，主要有以下3种（图088）：

其一，资金不足。创业初期打造核心竞争力，事业成长期业务规模扩大，在这些方面，资金严重匮乏。一句话，在最需要用钱的时候抑或最需要用钱的地方，手头没钱，这是商场上的大忌。

其二，赤字。某段时间经营出现亏损。这种情况偶尔发生，问题不大，若连续亏损，企业

图088 | 资金的种类与问题

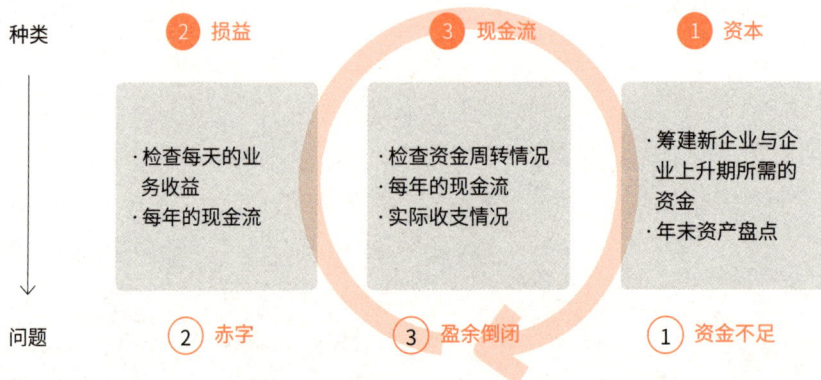

种类	② 损益	③ 现金流	① 资本
	·检查每天的业务收益 ·每年的现金流	·检查资金周转情况 ·每年的现金流 ·实际收支情况	·筹建新企业与企业上升期所需的资金 ·年末资产盘点
问题	② 赤字	③ 盈余倒闭	① 资金不足

就出局了。

其三，盈余倒闭。明明买卖赚着钱，有着不错的利润和发展前景，却无法支付客户的业务款项，从而不得不倒闭。

总之，"钱"这个东西并不简单，即便都是"钱"，其种类、性质和用途也常常是不同的，所以应对"钱"的方式也必然会有所不同。

总结一下，大概有以下几类：

其一，资本。它指为了创业抑或扩大事业规模所筹集的钱。其来源主要有：银行贷款、投资家的投资、自筹。资本的性质一般为长期资金，且可以产生利息（借款）抑或红利（投资）方面的收入。

其二，损益。在特定期间内（比如3个月或1年），某项事业、某项生意是否可以产生盈利，以及为达到盈利目标应该创造多少销售额，应该配置多少资源（进而产生多少成本），所有类似的计算均需提前完成，以便对事业资金的整体情况有个大致的掌握。

其三，现金流。在特定期间内，某项事业、某项生意到底会牵扯到多少"现金"，这个问题事关项目的生死，无比重要。比方说，即便你的买卖还在赔钱，只要你能搞来现金，甭管是银行的钱还是父母、朋友的钱，你的生意就还能维持下去，就依然有好起来的可能；即便你的生意还在赚钱，若万一遇到股东撤资、银行催债，或在某个地方花钱太多从而导致资金紧张，那么你的生意依然有可能失败。

▶ "会计"的力量：支持组织的运转，监督、评价组织的健康状况

为了避免上述问题的出现，人类发明了一种专门和"钱"打交道的学问，叫作"会计学"。会计学中有三个重要报表，分别是损益表、资产负债表和现金流表。靠这三个报表，你就能搞定一切和"钱"有关的事情。

在企业经营实务中，会计一般分为三类，即税务会计、管理会计和财务会计。种类不同，其作用的对象和目的也会有所不同。

● **税务会计：**组织作为一种社会性的存在，就应该尽相应的纳税义务以回馈社会。具体地说，一个组织或一家企业只要能够产生利润，就应该上缴法人税；如果拥有土地、建筑和设备等硬资产，还应该缴纳固定资产税；如果拥有大型事务所，还需缴纳相应的事业所税。

以上所有税款的计算，需要用到税务会计的相关知识。尽管这是任何组织或企业都必须要

做的事情，但是做法却略显特殊。

●**管理会计：** 为了规避前面提到的那些与资金有关的问题，企业的经营者需要对相应环节的资金状况有正确的理解和把握，要能够及时做出评价和调整，而这方面的工作，就牵扯到经营学语境下的会计学知识，这方面的专业知识被称为"管理会计"。

一般来说，管理会计有以下几方面的内容：不同部门、不同产品的原价计算与损益计算，盈亏平衡点（保本点）分析，现金流分析，安全性、收益性的经营分析，预算管理，预期业绩与实际业绩的对比分析和管理，等等。

管理会计的工作主要针对的是组织内或企业内的运营环境与状况，比方说"今年该怎么办"抑或"今年是一种什么状态"等等。

●**财务会计：** 前面提到的那些与资金有关的问题，也是公司股东、债主（比如银行）乃至客户的心腹之患，是他们关心的头等大事。因此，为了让他们放心，就必须及时、透明地向外部披露企业的运营状况，特别是资金状况。而财务会计要干的就是这个事——向组织或企业外部披露财务信息。

财务会计所利用的具体渠道或手段，就是前面提到的那三张表：损益表、资产负债表和现金流表。它们统称为"财务报表"。

财务报表的发布周期一般有两种：季报（每三个月发布一次）和年报（每年发布一次）。报表中需详尽记录企业的经营数据。

不过，财务报表的制作方式并非统一的，会随着国情的不同而有所不同；即便是同一个国家，也会随着大小环境的不同（比如政策发生改变）而有所变化，因此需要特别注意。

总之，我们可以给"会计"下一个定义，那就是：<u>经营者为了管理内部事务，以及外部利益相关者为了评价、监督经营者的工作，所采用的一种体系和工具。</u>

在日本，任何组织或企业都有专门的会计部门以及相应的责任人（会计经理），而在组织或企业外部辅佐其工作的机构和人员更是数不胜数。比如，仅在日本国内，专门向企业提供会计服务的专家学者、税务师和会计师就有约11万人！而这个事实也反过来印证了会计工作的重要性。

可见"正确的会计"，也就是"把账算对"这件事绝不简单，需要极高的专业度。

因此，作为一个经营者，或有心创业的人，务必彻底理解并掌握包括"企业会计七原则"[①]在内的所有会计学基础知识。非如此，则本章所涉及的"收益模型"（图089）方面的内

①　1. 真实性；2. 簿记正确；3. 资本利益区分；4. 明了性；5. 持续性；6. 保守主义；7. 单一性。

图089 | 收益模型的要素

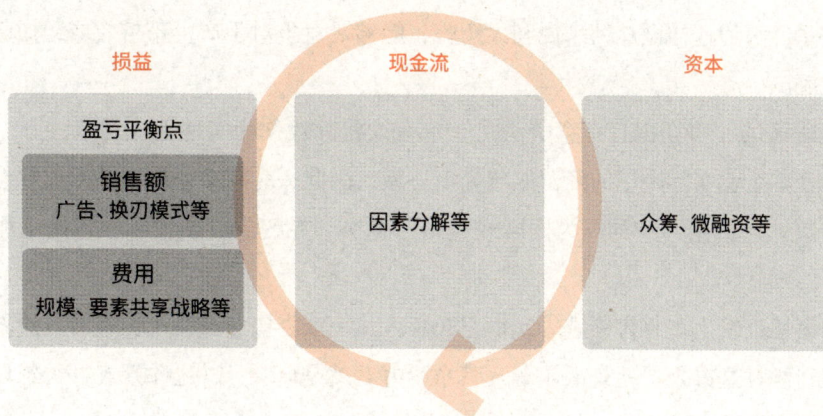

容就如同空中楼阁，读与不读、学与不学，基本没什么区别。

顺便说一句，本章所提到的"收益模型"，基本上适用于所有行业的所有商业项目，包含了与项目有关的所有资金筹措及运营方式。因此，与"收益模型"相比，其实更为正确的说法应该是"资本、损益、现金流模型"。毕竟从项目本身来说，真正核心的问题还是"损益"。而搞定"损益"问题的手段，最基础的就是前面提到的"盈亏平衡点分析"，它属于管理会计的范畴。

工业革命以后，企业的能力越来越多、越来越强，技术也越来越先进，企业经营的所有环节，比如销售、成本控制、资金筹措与运营等方面，也发生了极为显著的变化。

这一变化的连锁反应，可以从"费用"的角度一窥端倪。我们不妨一起来看一下。

▶ "费用管理手段"的进化史：从"分工"到"分摊"

说起"费用"，"尽可能便宜"是首要目标。

为了追求这一目标，前人可没少费功夫。"科学管理法之父"弗雷德里克·泰勒是第一个尝试将员工的劳动量化的人，而受其启发，在实践中大获成功的是福特公司的创始人福特先生。他开创的"流水线作业法"即是一种终极的"分工模式"，人类由此实现了真正意义上的大规模生产，且在此基础上将生产成本降至最低。

从此，"分工"与"规模化生产"便成了"便宜"或"廉价"的代名词。

20世纪60年代，波士顿咨询公司首次把"速度"的概念融入这一理念。这家世界顶级咨询公司认为，为了最大化地降低成本，速度很重要，甚至在许多情况下是唯一重要的。这就意味着要尽可能快、尽可能早地扩张规模，不惜一切代价增加产销量，以此来提升自己的综合成本优势，即生产成本和营销成本方面的优势。为了做到这一点，即便负债，即便在某段时间赚不到钱也没关系。因为这样做总的来说利大于弊，能够对竞争对手产生排挤效应，使己方占有更多的市场份额。

这就是著名的"市场占有率竞争法"，也有人将其戏称为"地毯式竞争法"。而该模式刚好与彼时日本企业实际采用的经营战略如出一辙，因此一时间在全球市场掀起轩然大波，引发极大的争议。"倾销"一词成为国际政经界乃至法学界的焦点，大体上就是从那个时候开始的。

同样的事情也发生在零售领域。20世纪70年代，一家零售连锁公司在美国中西部的偏远地区逐渐成了气候。这家公司就是沃尔玛。其拿手好戏就是LCO。以这种方式，沃尔玛成功击败了自己最大的竞争对手凯马特。

需要指出的是，沃尔玛的LCO模式并不仅仅是"削减成本"，其重点在于"不产生不必要的成本"。换言之，"零浪费"才是该模式真正的精髓。为达此目的，企业就必须对整体运营系统进行综合、全面的调整。与传统零售方式相比，这一做法是颠覆性的。

举几个例子。

比如说，为了减少库存浪费，就必须减少容易造成不良库存的季节性商品以及特价促销商品。显然，服装类商品是最典型的季节性商品，也是最容易成为降价促销对象的商品。因为服装一旦过季，基本上就不可能再有原价销售的机会了。一般来说，过季服装的设计甭管多漂亮、多时尚，也是卖不上价的。为了解决这个问题，沃尔玛大幅减少服装类商品的占比，彻底取消特价销售。

沃尔玛的新口号是：我们每天的价格都是最低价（图090）。重点是，最低价适用于沃尔玛的所有商品。

图090 | 沃尔玛的"无特价"宣言：EDLP

EDLP（Every Day Low Price）：每天最低价（意味着天天都是特价）

不过，沃尔玛这么干，也不是没有代价的，代价还不低。我们知道，正因为服装类商品一旦过季，很容易形成不良库存，所以应季服装的定价往往非常高，这也意味着利润相当可观。毕竟卖服装有风险，需要从卖出去的服装中把卖不出去的服装的钱也挣回来。沃尔玛在很大程度上排斥了这类商品，且宣称"所有商品均为最低价"，那么其毛利率如何，也就可想而知了。还有一点很重要，所谓"零售"，很大程度上赚的不是钱，而是人气。换言之，"捧人场"比"捧钱场"更重要。在"攒人气""捧人场"这件事上，"特价销售""含泪大甩卖"之类的噱头非常有效。而沃尔玛的对头凯马特显然没有利用这一点，因此在2002年破产。之后虽试图东山再起，但日子过得相当难。

随后，一股新的历史大潮以排山倒海之势到来。20世纪90年代，互联网的出现从根本上颠覆了一切，包括零售业。互联网最大的贡献在于，几乎瞬间将信息流通的成本降到接近零的程度，并且戏剧性地提升了信息的容量与扩散范围，使其无所不在。

由此，一种新的零售模式成为可能：每个人只需交一点点钱，办张会员卡，便能享受到"免费送货到家"之类的优惠服务。

不只如此，互联网的优势还催生出一种更新的、更具颠覆性的销售方式，也就是"免费增值模式"。

其大致逻辑是这样的：先免费向你提供某种商品或服务，让你形成消费习惯，当你离不了它的时候，再向你收费。该模式遵从所谓的"二八定律"，即顶端的两成用户最有可能成为"收费用户"。这些人或者是"重度使用者"，也就是我们常说的"铁粉"，或者是一些条件非常优越的人，比如社会精英或其他高收入人群。总之，"二八定律"屡试不爽，一再被证明行得通，这就意味着互联网带来的"免费增值模式"也能继续下去。

"费用管理模式的革新"，即"降成本"的最后一招，是"分摊成本"，也可以将其称为"成本的服务化"。

其逻辑依然不难理解：费用，或者说"成本"，无论多么低廉，都未必能让你"身轻如燕"。比方说，你有一家大型工厂，能够以超大规模的生产量将成本降至最低。问题在于，只要能够确保成本最低就行吗？显然不是。即便你的成本再低，一旦遇到经济危机，产品再怎么便宜也卖不出去，恐怕你就危险了。你根本负担不起一家大型工厂的维持成本，它会活活把你压垮。

因此，真正聪明的做法不是自己拥有工厂，自己生产产品，而是将生产外包出去，利用别人的工厂进行生产。

这就是"成本外包分摊"（图091）。显然，这是一种典型的"服务购买行为"，意味着你花钱买了与他人分摊成本和风险的服务。因此，这种模式也被称为"费用管理的外包服务化"。

图091 | 共享服务的案例：Gaia-X（盖亚-X）

举个例子，比如IT基础设施或软件之类的商品，不是采取"销售"的方式，而是采用"共享"或"服务"的方式提供给其他商家，这一模式现如今愈发普遍。

这种将软硬件"外包服务化"的方式，有一个统一的名称，叫作"XaaS"。其中"aaS"是英文词组as a Service的缩写，有"作为服务提供"的意思。"X"的含义则更为广泛。它可以代表"基础设施服务提供商"，写作"IaaS"（Infrastructure as a Service）；也可以代表"平台服务提供商"，写作"PaaS"（Platform as a Service）；等等。

XaaS体系中，比较著名的有AWS（亚马逊网络服务系统）和Salesforce（营销助力系统）等。前者是典型的IT基础设施服务提供商，后者则是典型的平台服务提供商。客户可以在"必要"的时候，只取"必要"的量使用，无须付出更多成本。

现如今，"成本外包分摊"模式已在业界普及。无论是个人还是企业法人，都有很多机会在很多方面享受这项服务。办公空间、商用车辆、停车场、机械设备等等，如今都可以通过租赁的方式搞定，无论是对经济实体的利益最大化还是社会资源的高效利用，都有着极为重大的现实意义。

▶ 销售手段的进化史：从"广告"到"免费增值"

做生意就是为了销售，为了赚钱。所以，如何提升销售额，是做生意永恒的主题。

正是为了实现这个目的，才有了市场定位以及锁定目标的必要；才有了确立客户价值，构建"能力"与核心竞争力的必要。换言之，东西卖不出去，钱赚不到，一切都没意义。

问题在于，你要赚的这个钱，到底从哪里来，怎么来？这件事并不简单。客户不可能主动给你送钱。所以，这件事需要你自己想办法——采取销售手段。

人们为了创造销售手段，可没少下功夫，下面就简单地帮大家回顾一下（图092）：

图092 | 收益模型的进化：销售额

广告	使用者不用付费，由广告商付费
换刃模式	初期投资很低，通过消耗品的销售赚取长期收益
服务化	用多少，花多少钱
订阅模式	与使用量无关，划定期限付费使用
免费增值模式	只需一部分重度使用者付费

● **广告：** 说来话长。它陪伴人类的历史最长。

1895年，意大利人伽利尔摩·马可尼发明了无线电报通信技术。但是这项伟大的发明问世后，却并没有引起商界的注意，被白白搁置了25年之久。直到1920年，其潜在价值才被美国人发现。这一年，人类历史上的首个商业广播电台KDKA在美国诞生，其所有者是美国西屋电气公司。最初，KDKA广播电台设在了西屋电气的一家工厂里。之所以这样做，与彼时的西屋副总裁哈里·戴维斯的一个想法有关——哈里认为，采用马可尼的无线电信技术，能够迅速推进收音机的销售。既然如此，不妨干脆把广播电台设在收音机工厂里，一边提供高质量的播音服务，一边大批量生产收音机。

这一招果然大获成功，西屋收音机的销售业绩一飞冲天，势不可当。

在当时的美国，经营广播电台的大都是一些收音机制造厂或专卖店，以及百货公司、报社、教育机构或教会，对这些组织或机构中的大多数而言，广播的经营只是一个副业，仅仅是为主业提供服务。而真正发现了广播事业的本质和价值的，是一位烟草行业的社会精英——威廉·佩利。他认为，大众化品牌的商业广告才应该是广播电台最重要的收入来源。他将数量众多的电台集合起来，使其成为一个完整的网络，进而创立了著名的哥伦比亚广播公司（CBS）。"广告模式"（即内容免费，靠广告挣钱）就此诞生。该模式一问世，便迅速占据了统治地位，一直到今天，随着互联网经济的不断进化，在"内容收费"已渐成气候的大环境下，这一传统模式依然有着举足轻重的作用，是许多IT业巨头的最爱。比如谷歌和脸书，都是这方面的典型。

● **换刃模式：** 在商业广告诞生之前，吉列推出了可更换刀片式的剃须刀。在那之前，剃须刀的刀片都是不可更换且昂贵的耐久消费品，剃须刀买回家之后，必须时常磨一下刀片，才能继续使用。但吉列的新款剃须刀彻底颠覆了这一行业传统，其刀片只有一周的寿命，成了不折不扣的易耗品；与此同时，价格也大大降低，令人们经常更换刀片成为可能。这种崭新的"低值易耗"的商品属性很快征服了市场，令吉列剃须刀迅速占据市场霸主的位置。

这种将耐用商品廉价化、低值易耗化的做法，被业界称为"换刃模式"。如今，该模式在不同的商品领域被活用，比如打印机和咖啡机都是这方面的典型案例。

●**计量收费制：**20世纪40年代，美国办公设备巨头施乐公司的经营曾一度深陷困境，而将公司从困境中拉回来的，是彼时的老板约瑟夫·威尔逊。历经10多年的磨难，1959年，施乐公司终于成功开发出一款划时代的产品——普通纸复印机，也就是施乐914复印机。问题在于，尽管这是一个革命性的创新，但产品价格实在太高，销量始终有限。

当时施乐公司的竞争对手的产品大多是所谓的"湿写复印机"（必须使用化学药水和专业复印纸的机器），而这类复印机的销售就采用了前面提到的"换刃模式"，也就是机器本身的定价很低，但通过销售大量耗材，特别是专用复印纸，可以赚取丰厚的利润。

与之相比，普通纸复印机最大的亮点在于，不用去买相对昂贵的复印纸，只要使用普通纸张就行，而且复印出来的东西还不容易褪色。这一点确实很吸引人。只是机器本身的价格太高，在一定程度上减少了人们的购买热情。这个问题需要解决。

显然，施乐与它的竞争对手走的是截然不同的路子：一个是机器便宜，耗材贵；一个是机器贵，耗材便宜。

这就意味着只要机器本身质量好，其实买施乐公司的914复印机更划算。可见在这一点上，施乐公司是吃了亏的，被竞争对手占了便宜。

那么，怎么解决这个问题呢？

威尔逊想出了一个绝招：每个月只要给施乐公司交一定的费用，就能以每张4美分的复印成本租赁到一台施乐914复印机。由此巧妙地解决了顾客的使用成本问题。

这一招也就是现在大家熟知的计量收费制。我们每个月的手机费（免费提供或者以极低的价格销售手机，然后收取月费和实际使用费）、电费（免费提供或者以极低的价格销售电表，然后按实际使用量收取电费），基本上都是用这个逻辑收取，无非是具体操作手段有所不同而已。

由此，施乐公司改头换面，从"复印机销售商"变身为"复印机租赁商""复印服务提供商"。

- **订阅模式：** 20世纪末，随着互联网在全球范围内的迅速普及，"商品的服务化"趋势愈发明显，催生了无数XaaS（某类服务提供商）。以此为背景，本来在报纸杂志行业极为常见的订阅模式也开始在网上成为主流。只不过这种模式在网上的专属名词换了一个，称为"**限时使用许可**"，即"只要支付一定费用，即可在一定期限内使用相关软件"。随着购买期限的不同，价格也会有所差别。一般来说，购买期限越长，价格越便宜。比如，在手机应用程序上下载歌曲、观看视频等等，都有类似的营销模式。

- **免费增值模式：** 互联网大潮催生的另一个王炸级别的促销模式，就是**免费增值模式**。网络游戏的"装备收费制"，食谱网站Cookpad的"收费会员制"，等等，都是这方面的典型。也就是说，大多数使用者都可以免费利用，只有一小部分重度使用者需要付费，以换取更高级别的商品或服务。

▶ 融资手段的进化史：从银行贷款、发行股票到"众筹"

前面提到，做生意最重要的资源就是"钱"，没有钱，一切免谈。因此，筹资或融资的话题是商界永恒的主题。

那么，一家企业在什么时候最需要用钱呢？

一般来说有两个阶段：一个是初创阶段，一个是高速成长及大规模扩张阶段。而企业的融资手段，过去几百年来也有了翻天覆地的变化。

简单概括一下：

- **发行股票：** 最初，开办或运营企业所需要的资金大多是通过私人渠道筹集的，比如老板从亲朋好友中筹集。但是，随着时代的发展，企业越做越大，单凭私人关系筹钱，很快便遇到了天花板。而超越这一界限的手段，就是发行股票。在这方面，荷兰人是当之无愧的先驱。人类历史上第一个股票交易所便诞生在荷兰首都阿姆斯特丹。

- **银行融资：** 通过银行融资的手段，其历史要比发行股票更为悠久。世界上最早的银行诞生于中世纪的意大利。不过，将"银行"这一概念真正发扬光大的却是19世纪工业革命时期的英国。彼时，铁路事业在英国发展迅速，而修建基础设施往往需要巨款，因此，能够大规模融资的银行便显出强大的优势。受英国的启发，明治维新时期的日本也开始尝试革命性的金融改革，最典型的动作便是将当时的换金所①改组成银行，而且其业务内容也从"三教九流来者不拒"转变为"以企事业单位的项目融资为重"。

- **风险投资：** 为成功概率低于十分之一的初创企业提供资金的机构，一般称为"风险投资

---

① 具备一些基本金融功能的传统钱庄，是江户时期非常普遍的民间金融机构。

（VC）公司"。比如说，美国IT巨头亚马逊诞生初期，为其提供资金支持的就是著名的老牌风投基金——凯鹏华盈。该基金的大股东之一约翰·多尔十分信赖亚马逊的创始人贝佐斯，即便在2001年互联网泡沫破裂的时候，也没有放弃他。

1999年，凯鹏华盈还连同另一家风投大鳄红杉资本投资了初创时期的谷歌公司。当时，凯鹏华盈与红杉执意要求谷歌必须把CEO的职位交给一个真正有行业经验的人。而这个意见最初遭到了谷歌创始人拉里·佩奇和谢尔盖·布林的坚决反对。但是，在风投公司的一再坚持下，二人最终还是选择妥协，把CEO的职位让给了一个"空降兵"——职业经理人埃里克·施密特。而施密特只用了17年时间，便将谷歌打造成业界王者，创造了一系列永载史册的科技与商业奇迹。

当然，两家风投基金获得的回报也是巨大的，投资回报率达到惊人的1000倍之多。

总之，"高风险、高回报"是投资界的铁律，而这一逻辑链条的根基，显然在风投公司。说白了就是：即便失败100次，只要成功一次，就能全捞回来。

- ●**天使投资：** 进入21世纪后，风投业的风景再一次发生了显著的变化。接受风投基金的输血，茁壮成长起来的一批IT大鳄，比如雅虎、谷歌、eBay、苹果等等，逐渐从资金的接受者变成资金的提供者，也开始向大批"后辈"注入巨额资金，不断地收购初创企业。受这一趋势的激励，以美国硅谷的创业者为代表，大量极富创新精神的年轻人纷纷下海创业，创建自己的公司。其目标也无比单纯，就是等着稍成气候之后被这些大鳄收购。一旦目标达成，他们手里便会掌握巨额现金，于是他们又把目光投向自己的后辈，寻找新的投资机会。说白了，这就叫"代际竞争"，接力棒一代传一代。而这些年轻的个人投资家一般被称为"天使投资人"。2013年，美国的天使投资人已达30万之众，每年的天使投资总金额更是达到约300亿美元的规模。这个数字已十分接近"代际投资"的鼻祖——风投基金的业务规模了。

- ●**众筹融资：** 说起美国纽约的象征，甚至整个美国的象征——自由女神像，恐怕无人不知，无人不晓。甚至说起这尊著名的雕像来自法国，想必知道的人也不在少数。当年由于建设资金链断裂，自由女神像项目差一点就功亏一篑了。而拯救这个项目的人，是美国新闻出版业的大家——报业大咖约瑟夫·普利策[①]。

那么，当年的普利策是怎么挽救了自由女神像的呢？简单，两个字：众筹。

利用自己在新闻传播领域的资源优势，普利策呼吁公众捐款，为自由女神像"输血"。他从12.5万人手里成功募集到10万美元，救活了这个项目。

---

① 以其姓名命名的"普利策奖"是公认的全球新闻领域的最高奖项。

同样的事情也曾在日本发生。当年，惨遭火灾摧残的日本国宝——奈良药师寺（图093），只有一座东塔幸存了下来。为了复兴这座珍贵的古迹，该寺住持（掌管寺庙的主僧）高田好胤想了一个办法：以"写经劝进"（通过书写经文修身养性）的方式筹资，每人每卷收取1000日元现金。迄今为止，从日本全国收集到的手写经文总数已经达到870万卷，募集到的现金总额超过100亿日元。

现如今，随着互联网的大规模普及，网上募资在技术上变得更容易。有越来越多的个人和项目通过众筹资金的方式获得了新生。在日本，最先利用众筹模式融资的多是一些艺术界人士，比如音乐家或电影制作人。他们通过这种方式让自己的创作能够善始善终。时至今日，为众筹提供服务的网络平台呈百花齐放之势。

以下列举几个比较典型的例子：

- **优惠型：** Kickstarter、Indiegogo、Campfire、Makuake；
- **捐赠型：** CrowdRise、Readyfor、Kiva；
- **借贷型：** LendingClub、maneo、AQUSH；
- **出资型：** Crowdcube、日本众筹证券。

所谓"优惠型"，意思是说对那些给众筹项目提供资金的人，不直接给予金钱方面的回报，而是提供一些消费时的优惠条件，比如"限量版"或"优先购买型"的商品与服务。

在这方面，诞生于2009年的网络众筹先驱Kickstarter是一个典型。这家公司在成立之后的区区10年间，便已经手了44万个与各类业务有关的线上众筹项目，其中成功达成众筹目标金额的项目就高达16万个；至于金额方面，累计筹资总额达到42亿美元。项目成功率接近四成，每

图093 | 药师寺的藏经阁：经文在得到复兴的藏经阁内永久供养

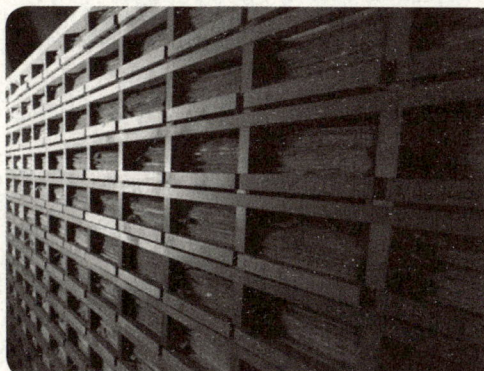

个众筹项目的筹资金额将近2.6万美元。可是另一方面，提供资金的网友人数多达1600万人，每人平均出资仅260美元左右，对个人来说并不算多。

这就意味着，众筹，特别是网络众筹，走得通。这是一种崭新的商业模式。

之所以这么说，是有理由的：<u>"把一部分消费者变成投资家和捐赠者""把一些埋藏很深的潜在需求表面化，使其得到变现的机会"——能够一次实现这两个目标的，至少现在只有"众筹"这一种方式。</u>

2015年，全球众筹业务总金额据说达到了344亿美元。这意味着甭管多小的心愿、多小的梦想、多小的事业，都有了在无数人的小小心意、小小善意、小小协助之下落地的机会。这样的时代已然到来了。

▶ 甭管什么样的组织，都需要有自己的收益模型

<u>无论是营利性组织（比如公司）还是非营利性组织（比如社会公益机构），都需要有自己的收益模型。</u>唯一的区别，无非是收益目标的性质或者说界限有所不同。对营利性组织而言，显然利益（赚钱）越多越好，没有上限；可是对非营利性组织来说，却未必如此，只要能够维持组织机构的正常运转，就已经达到目的了。

举个例子。在日本，学校的PTA（老师、家长联合会）是一种完全、彻底的志愿者组织，可即便是这种纯粹的非营利性组织，也需要有相应的资金去运营。因为PTA平时要搞很多活动，没有钱是绝对玩不转的。而这些钱从哪里来？就是从"会员费"中来。只要是组织成员，必须入会，必须缴纳一定金额的钱，就这么简单。当然，作为非营利性组织，"赚钱"不在考虑范围之内（特殊情况除外）。可起码钱得够用，不能有赤字，否则无法生存。

另一方面，由于会员费的标准一旦确定，便很难更改，很难涨价，所以万一出现经费不足的情况，也只能想一些办法来解决问题。比如说，举行慈善义卖会增加收入。再比如说，放弃购买专业印刷机的想法，转而使用廉价的"轻松印"网上印刷服务（将印刷业务外包给"轻松印"公司，以极低的花费实现高效、高品质印刷），以此来降低成本。

总之，<u>只要是商业，就必须要有收益模型，这是成败的关键</u>。

接下来，在大概了解了"基本收益模型是怎么回事"的基础上，我们再来梳理一下"广告""换刃模式""免费增值模式"以及"订阅模式"这几种收益模型的细节。

但是，考虑到讲这些东西需要受众具备一定的会计学知识，而读者中可能会有不少人在这方面有所欠缺，所以我会先抽出一些篇幅给这些朋友简单地介绍一下会计学。

我要讲的主要是三张表——损益表、资产负债表、现金流表。

专栏03 "会计"没什么大不了，只要搞定三张表

▶ 什么？ "会计"的诞生居然是为了 "超越朋友关系"？

据说近代会计学的雏形诞生于中世纪的意大利。彼时已然通过海路运输席卷东方贸易市场的威尼斯商人，心中始终藏着一个难言之痛：漫长的海上航行之路实在是万分凶险。风险和代价如此之大，意味着他们的生意但凡不能赚大钱，便会显得格外不划算。尽管组织成规模的船队需要用到庞大的资金，但只要能从东方运回丝绸与香料之类的欧洲稀缺商品，就能以极高的价格卖出，赢得不菲的利润。因此海上丝绸之路让威尼斯商人大发其财。他们决定进一步开疆拓土，以意大利名城佛罗伦萨为据点，将商业触角伸向欧洲全境。而在暗地里助他们一臂之力的，是彼时佛罗伦萨的豪门——著名的美第奇家族。该家族的银行帮了这些意大利商人大忙。

在贸易与融资不断相互作用、相互促进的过程中，留下与金钱往来有关的信息变得愈发重要。由此，"簿记"便在意大利逐渐发展了起来。

后来，为了赶超已然发展起来的西班牙、葡萄牙，特别是欧洲的"高才生"英国，作为新兴国家的荷兰创立了著名的东印度公司。以该事件为起点，向大型社会经济组织投资的金主，便从组织自身（自己赚钱，自己投资）以及传统意义上的银行（银行贷款），扩展到大量陌生人，也就是我们现在所熟知的"股东"（包括"庄家""散户"）（图094）。

可以这样说，荷兰是人类历史上第一个现代意义上的金融大国。许多近现代化的融资方式，比如股市融资，便起源于这个国家。

得益于此，东印度公司获得了强大的资金实力，得以组织起众多强有力的大型船队，并能在所到之处大量设置当地法人，专门负责运营公司的地方生意，说白了，就是殖民地生意。

由此，欧洲的东方贸易支配权便正式被荷兰人掌握在手。

问题是，大量陌生人出资，就会产生一个"信任"问题：谁也不认识谁，怎么保证资金的安全？

荷兰人想到的办法是：一切公开，实现簿记的透明化。具体地说，就是组织的经营者有义务详细记录并如实披露与受托资金有关的所有信息，包括收支信息（赚了还是赔了）以及资产信息（钱到底用在哪里了）——必须定期向金主汇报，不得有误。

这在英语中被称为"解释说明"（account for something），一般认为，"会计"（accounting）一词的英文便来源于此。

图094 | 资本出资方的进化

家族与亲属	▶	伙伴与友人	▶	股东 （陌生人）
威尼斯		佛罗伦萨		荷兰东印度公司

▶ 损益表（P/L）：推算每年的赚赔情况

自从英国人瓦特发明了高性能蒸汽机，英国的煤炭业者便在矿井排水泵上大量使用了这一最新的机器，从而让矿井的煤炭产量飙升。这是一个一举多得的大好局面：蒸汽机要想工作，离不开煤炭这种能源；而蒸汽机的工作本身又能促进煤炭的生产；有了大量的煤炭，蒸汽机就可以工作，就可以在各行各业驱动无数大型工厂的建设与生产；而无数工厂24小时连轴转，就会带来无数的商品与财富。由此，欧洲传统的贸易国家英国又多了一个更为响亮的新称号——"世界第一工业强国"。

几十年后，一位蒸汽机工程师又把前辈的这项伟大发明推向了一个新的境界——英国人乔治·斯蒂芬森发明了移动式蒸汽机"火车机车"。1830年9月，人类历史上第一条城际铁路——利物浦至曼彻斯特铁路（利曼线）正式投入运营，这意味着工业革命再一次迎来重大升级。

铁路一问世便横扫了物流行业，将传统的马车运输与河道运输赶出了市场。只不过，铁路也有其先天的缺陷，就是初期投资太大。首先，征地费就是一个大问题。修建铁路需要大量的用地，先不说征地本身有多难，即便你能征到地，从哪里搞那么多钱买下这些土地呢？不只如此，施工费又怎么办？修建铁路需要打隧道、建桥梁、盖车站，随便一个工程都意味着无数的真金白银砸进去。还有，铁轨需要多少钢铁？枕木需要多少木头？火车车体从哪里来？想想都让人头大，哪一项都不是省油的灯。

这张费用清单还可以无限延长。比如铁路修好之后，需要数额不小的日常维护费和修理费；需要雇人去经营和操作，需要大量的人工费、业务培训费；需要购置和修建大量的配套设施，会产生大量的管理费；至于燃料费，也就是购买煤炭的费用，就更不用说了。

重点是，投资铁路这件事，很难预估极为重要的投资回报率。因为在项目运行的过程中，资金需求情况以及损益情况经常会发生剧烈的变化，很难摸清规律，因此也就完全无法正确把握。

比方说，没有新的追加投资的年份，铁路就可能大赚；而有新的追加投资的年份（如进一步扩展、延长既有线路，或者修建新线路）就有可能赔钱。在这种情况下，这个项目到底是赚还是赔，投资者很难看得清，只能一头雾水。

于是，搞定"投资负担的平准化"这件事便有了切实的必要，有了可切实把握的判断标准。而业界对"投资负担的平准化"的强烈需求，催生出一个重要的会计术语及其运行体系：折旧。

折旧的逻辑（图095）是这样的：比方说一台使用寿命为10年的设备，没必要将其购买费用一次性算进运营成本，而可以分10次进行计算。换言之，每年计入成本的部分，只有购买费用的十分之一。这就意味着买这台设备花的钱被算入成本的时间只有10年，如果10年后这台设备还能使用，剩下的年份就是"纯赚"。

损益表（图096）并不是如实地反映每年资金的进出情况，即具体的收支情况，而是要如实地反映每年到底挣了多少钱抑或赔了多少钱。这就需要如实记录每年的销售额以及相应的营销成本（为了创造这些销售额，到底花了多少钱）。

所以，损益表也被称为"发生主义会计"。

总之，支出（每年花掉的钱的总额）和费用是两码事，不能混为一谈。前者只要与销售额的产生无关，便不可以被称为"销售费用"。

比如老板从公司取了一大笔钱给自家盖房子，那么哪怕公司因此而倒闭，也不能将这笔钱计入损益表的"费用"一栏。换言之，损益表上的情况依然有可能是"赚"，甚至是"大赚"。

当然，这是玩笑话。下面举一个现实中比较常见的例子。

比方说一家汽车制造厂有20辆车成了卖剩下的库存。我们假设这些车当时的生产成本是每辆100万日元。而本年度中，这家工厂又以每辆110万日元的成本生产了100辆车，并以每辆150万日元的价格卖掉了100辆车。假设在本财务年度初期，这家厂还曾花费2000万日元建了一个

图095 | 折旧的逻辑

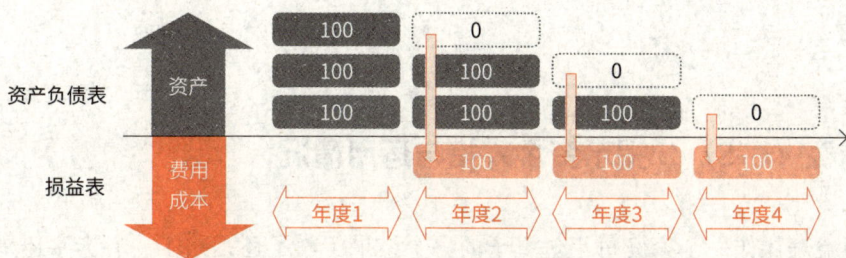

假定：使用年限为3年的折旧资产，在项目第1年的年末以"300"购入。因为需要使用3年，所以需要根据"定额法则"每年折旧100。

计入（会计账目）：折旧资产作为"资产"的账面金额每年减少100。与此同时，作为"成本"项目，每年需计入100的"折旧费用"。

图096 | 损益表（P/L）图

盈余的情况　　　　　　　　赤字的情况

销售额　费用成本　利润　　销售额　费用成本　亏损

仓库（折旧期为10年），而每辆车的销售成本为10万日元，在已经卖掉的车中，有20辆是去年剩下的库存，那么本财务年度的综合损益情况又如何呢？

一起看一下。

- **现金主义会计：** 收支=收入−支出=150万日元/辆×100辆−（110万日元/辆×100辆+10万日元/辆×100辆+2000万日元）=1000万日元（汽车生产成本只与当年实际生产的汽车的生产成本有关）；

- **发生主义会计：** 损益=销售额−费用=150万日元/辆×100辆−（110万日元/辆×80辆+100万日元/辆×20辆+10万日元/辆×100辆+2000万日元/10）=3000万日元（汽车生产成本只与当年实际卖掉的汽车的生产成本有关）。

看见了没有，后者的收益（赚头）与前者相比，居然是前者的3倍！

从某种意义上说，现代会计学的损益表所采用的"发生主义"簿记方式以及独特的"折旧"体系，对那些初期投资极大的项目来说，可谓一场及时雨，是为铁路建设这种大项目量身定制的方法。

▶ 资产负债表（B/S）：揭示资金筹措与运用情况

如果把损益表比作一个家庭每年过日子的一个结果（赚了还是赔了，有赤字还是有盈余），那么资产负债表（图097）所揭示的就是这个家庭全部财产的大概情况。

比方说，从父母或祖父母那里继承了多少钱或其他财产（房屋、字画、古董、股票、企业之类）。再比如说，家庭成员自己挣来多少财富（金钱或其他值钱的东西）。另外，既然是

图097 | 资产负债表（B/S）图

资金运用（总资产）　　　**资金筹措（总资本）**

| 流动资产
(库存、各类应收款项、现金、存款等) | 负债 |
| 固定资产
(有形资产、无形资产) | 自有资本
(资本+利润结余) |

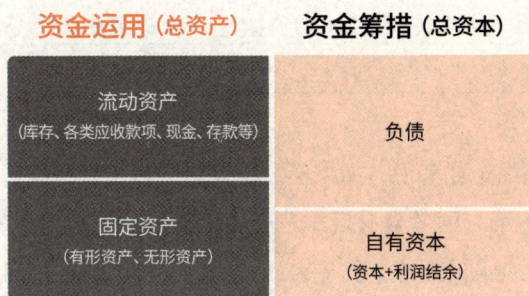

"总财产"的情况，自然会有"资产"的部分（物质或金钱），也会有"负债"的部分（房贷或车贷）。总之，只要与你的"财产"有关，就全都得计算进去。这就是资产负债表的功用。

从企业或项目经营的角度来说，"金钱"是一个核心要素。那么，这些钱到底从哪里来（筹钱渠道），又要到哪里去（用钱标的），就成为一个重点话题。所有的这一切都归资产负债表管。

资产负债表的起源，可以追溯到前面提到的那家重要的企业——荷兰人创办的东印度公司。

一起看一下：

- **资金筹措（总资本）**：①资本（创业者与股东的出资）+②利润结余（损益表上纯收益的积累）+③负债（银行贷款、公司债、各类应付款项、贴现票据等）；
- **资金运用（总资产）**：固定资产（有形资产、无形资产）+流动资产（库存、各类应收款项、现金、存款等）。

以上就是彼时资产负债表的大概样子。

其中，①+②，也就是"资本"与"利润结余"的总和，一般称为"自有资本"。这个部分属于一旦破产便几乎血本无归的钱，因此也被称为"风险资金"。反过来说，一旦公司的事业大获成功，这部分钱所代表的拥有压倒性优势的股票份额，也有可能让创业者和大股东彻底赚翻天，其升值幅度能达到几十倍，甚至上百倍。

这就是所谓的"高风险、高回报"，而这一点恰恰是"投资家"这个职业存在的意义。

话说记录资金动态样貌的损益表和记录资金静态样貌的资产负债表，在某些场合密切相关

（图098）。

简单梳理一下：

● 从损益表的"利润"栏中减去税金与分红之后，就成了资产负债表中的"利润结余"，从而令这笔钱的性质变成了"自有资本"。

对那些利润率比较高的企业来说，如果不经常投资的话，资产负债表的左侧，即"资产"便不会有什么增加，而右下方的"自有资本"会大幅膨胀。其结果就是，右上方的"负债"（比如银行贷款、友商或个人借款等）几乎为零，"自有资本"在总资本中的占比急剧增加。

这方面的案例有很多。比如，生产工业自动化设备中必不可少的核心部件传感器的龙头企业——日本基恩士公司（自有资本占比达93%），自行车变速器行业的王者——日本岛野公司（自有资本占比达90%），服装零售业老字号——日本岛村公司（自有资本占比达89%），都是这方面的典型。

● 位于资产负债表左下方的"固定资产"的部分，通过折旧可以变成"费用"；而这些费用会定期出现在损益表的"费用"栏中，不断增加其体量。相应地，资产负债表中的"固定资产"的金额会减少。

必须强调一点，所谓"折旧"，并不代表现实操作中的"资金支出"，仅仅是一种会计计算手段而已，通过折旧的方式，将固定资产费用化。问题在于，既然如此，无论是资产负债

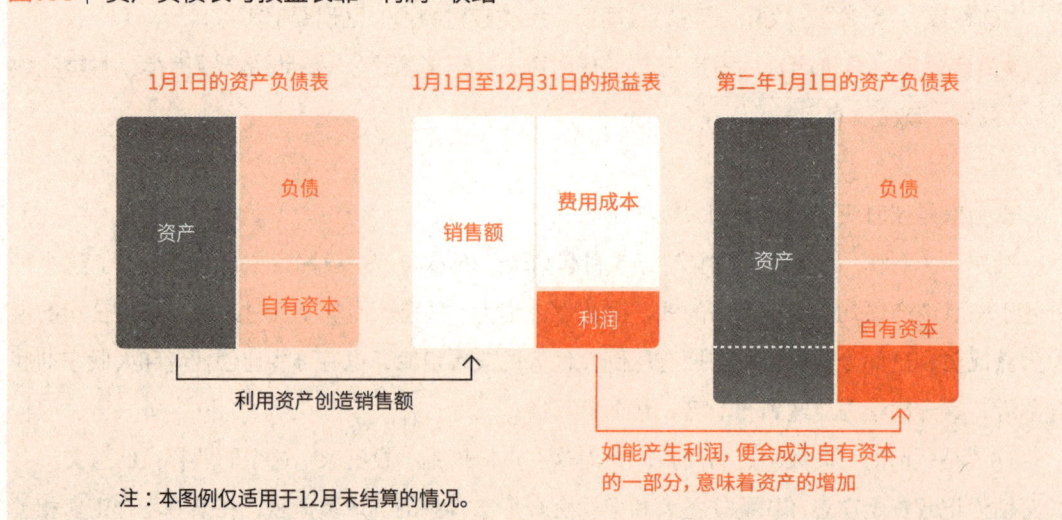

图098 | 资产负债表与损益表靠"利润"联结

1月1日的资产负债表　　1月1日至12月31日的损益表　　第二年1月1日的资产负债表

资产　　负债　　自有资本

销售额　　费用成本　　利润

资产　　负债　　自有资本

利用资产创造销售额

如能产生利润，便会成为自有资本的一部分，意味着资产的增加

注：本图例仅适用于12月末结算的情况。

表还是损益表，都无法准确地显示企业运营过程中实际发生的资金流动状况，这样就很容易出现所谓的"盈余倒闭"现象。为了预防这种奇怪的情况发生，我们还需要一个工具——现金流表。

▶ 现金流表（CF）：仅凭减少库存，就能提高现金流

出人意料的是，"盈余倒闭"是日本企业流行的破产方式之一，在所有破产案例中占半壁江山。企业在账面上（会计学意义上）是赚钱的，运营得不错，可是却纳不了税，还不起银行贷款，最后只能倒闭。

为了避免这件事的发生，我们需要现金流表。

大体上来说，所谓"现金流"，有3种不同类型：

其一，销售现金流，即当期纯利润+折旧费+销售债权（应收账款等）和盘货资产（库存等）的减少+采购债务（应付账款等）和贴现票据的增加。

总之，要计算在做生意的过程中，"现金"到底增加了多少。其中，"折旧费"仅仅是账面数字，并不会实际发生（也就是企业并不会实际支出这笔钱），所以还得把这笔钱从账簿中捞回来。

库存的逻辑是这样的：由于所有的库存都不是当期花掉的钱，所以只要能减少库存，就可以让当期的现金流增加。减少库存是制造现金流的一个极其重要的办法。

其二，投资现金流，即固定资产的减少。

这部分现金流是为了维持事业的正常运转所必不可少的资金（即管理运营费，属于流动资金项目）。卖掉固定资产，这部分现金流就增加；买进固定资产，这部分现金流就减少。

一般来说，把"销售现金流"和"投资现金流"统称为"自由现金流（FCF）"。只要它是正数，事情就好办，在经营方面需要用钱的地方都能得到满足，没有必要追加投资，或追加贷款。

只不过，如果你的企业正处于初创期或规模扩张期，情况就不大一样了。这个时候，与你的"产出"相比，恐怕你的"投入"更大。因此，追加筹资便会成为必要的事。这就需要用到第三种现金流。

其三，财务现金流，即贷款（金融机构）、借款（友商或个人）、公司债、股票发行等收入的增加+利息、分红等支出的减少。

自由现金流如果是负数，公司可能就要倒霉了。因为这就意味着即便你的损益表给出了一个"总体赢利"的结果，你的债主抑或潜在的债权人也会不再看好你，也不愿再借钱给你。同理，股东和潜在股东也会如此，不会再为你的旧股抑或新股买单（你既无法卖掉旧股变现，也

241

无法发行新股筹钱）。当所有筹资渠道都被切断，公司一旦有个风吹草动，便只能关门。因为那些既存债务和债主不会轻易放过你，会活活压垮你。

这就是"盈余倒闭"的逻辑。

经营企业，只重视损益表，不重视现金流表是不行的。为了减少风险，安全运营，一定要记住三点：第一，尽量不要增加库存；第二，固定资产投资不宜过度；第三，无论如何手头要留下足够的现金。

以上三点是无数"过来人"从血淋淋的教训中悟出的经商真谛，务必牢记于心。

28 收益模型的基本架构：损益（利润）=销售额－费用成本（固定成本＋变动成本）

▶ **"销售额=费用"，即"盈亏平衡点（保本点）"，到底是什么？**

最基本的收益模型是什么样的？就是随着销量的增加，销售额与销售费用增加。

不过，至少对"费用"一项来说，存在着两种不同的类型：一种费用会随着销量的增加而增加，另一种费用则不会。前者被称为"变动费用"（或变动成本），如原材料费、营销物料费、人工费、渠道费等等；后者被称为"不变费用"或"固定费用"（或固定成本），如土地租赁费、广告费等等。

- 销售额＝销售单价×销量
- 费用（成本）＝固定费用＋变动费用＝固定费用＋采购单价×采购数量[1]

以上述公式中的"费用"（含固定费用和变动费用）为纵轴，再以"销售额"为横轴画一张图，就能得到一张清晰展示"盈亏平衡点"样态的图表（图099）。其中，<u>"销售额线"与"费用线"之间的差距，即是所谓的"损益"空间。</u>

举个极端的例子。比如说销售额是零，那么变动费用也为零。此时，唯一留下的就是固定费用，因此损益的情况就会是"固定费用的损失"。显然，这会是一种非常大的损失。

另外，"销售额线"与"费用线"的交叉点，即是<u>盈亏平衡点（BEP）</u>。该点意味着<u>企业或项目的总体运营处于一种"不赔不赚"的状态，即处于"保本"状态。</u>然后，随着销售额的不断增加，利润开始出现，并逐渐增长。

换言之，只要越过保本线，则销售额越多，赚得也越多。

显然，这张图表中的核心数据还是"销售额"。比方说，如果实际销售远不能使实际运营的状态超过盈亏平衡点，即你在亏本做买卖，那么这个时候，你就要想方设法提高销售额，除此之外没有其他的出路。换言之，此时只有"开源"能救你，"节流"对你的帮助极小。因为

---

[1] 假设变动费用均为"采购费"的情况。

图099 | 盈亏平衡点图

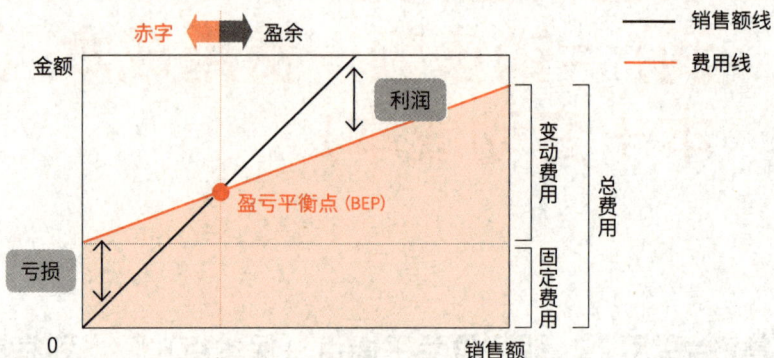

在这种情况下，无论你怎么裁员，怎么降低原材料的采购标准和质量标准，你的成本下降也不足以弥补利润不足的巨大空缺。不只如此，更要命的还在后面。正因为你裁掉了至关重要的人手，降低了至关重要的品质，你的东西就更卖不上价，也更卖不出去了。这样一来，你的局面会更加恶劣，你的生意离"盈亏平衡点"，也就是"保本点"会越发遥远。

因此，"盈亏平衡点分析"的目的，就是让你洞见局势，搞清楚为了确保盈亏平衡，你到底应该调整什么，改变什么，以及到底应该在多大程度上这么做。

顺便说一句，因为"销售额＝销售单价×销量"，所以为了提升销售额，你可以选择两个办法：一是提升销量，二是提升单价。只不过，在费用不变的情况下，提升单价的操作方法有相当大的难度。

关于这方面的内容，后面的文字中（第29小节）还有更为详尽、细致的论述，这里就一笔带过了。

▶ 当固定成本明显高于变动成本时，关键要抓好"规模"和"稼动率"管理

尽管从费用成本的构造来看，商业项目存在着各种各样的类型，可是有一点却是共通的，那就是如果项目初期投资成本过大，即不以规模（销售量或客户总数）为转移的固定成本过高的话，作为项目的经营者，首先要解决的就是"稼动率"的问题。

铁路、航空、酒店、电力抑或通信系统等基础设施建设项目，尤其如此。这类项目尽管非常难赢利，到达盈亏平衡点的时间很长，但是一旦到达乃至超过了盈亏平衡点，就可以大赚特赚。

正因为如此，上述典型的"固定费用型"项目往往会对"规模"有着本能的、执着的追求。规模往往越大越好。

"固定费用型"项目有一个非常大的优点，可以在很大程度上缓解对"规模"的过度追求所带来的运营负担，那就是这类项目的变动成本往往非常小，即便销售量激增，成本也不会暴涨。

打个比方，高速公路的销售是什么？是收取"过路费"吧？这就意味着路上的车越多，销售额就越大。但是，作为高速公路的运营商，路上跑10辆车和跑100辆、1000辆车，需要付出的变动成本却不会有特别明显的变化。

有一点需要特别强调一下，尽管我一再使用"固定费用型"这个词，但并不意味着"费用"会完全"固定"。因为这样的"费用"根本不存在。

举个例子，比如说铁路公司的车站建设费、铁轨铺设费、列车车辆购置费和人工费等等，这些都是比较典型的"固定费用"。一般情况下，这些费用确实会相对固定。可是，万一发生了"二般"的情况，比如说客运或货运量暴增，靠现有的资源根本应付不过来，怎么办？只能增加车辆，增加人手，比如列车驾驶员、维修工、车厢和站台的服务人员，甚至保安员、清洁工、厨师等等。这还算好的，更有甚者，还需要扩建车站，增加或延长线路。这些都需要大量的新资本、新投资，都意味着"固定费用"的巨大变化。

可见，所谓的"固定费用"，只是一种短期的表现，从中长期看，根本就没有什么"固定费用"，只有"不固定的费用"，即"变动费用"。

因此，对经营"固定费用型"项目来说，要想活下去，甚至活得好，归根结底要做好两件事：一是管好自己的"稼动率"，二是管好自己的"产出率"。

所谓"稼动率"，说白了就是：最大产能实现了几成。

所谓"产出率"，说白了就是：最大销售额实现了几成。

它们衡量的就是你现在做的事情，在多大程度上达到了你的能力天花板，在多大程度上把你所有的潜在资本榨干了。

问题在于，这件事从来不简单。就拿铁路运营来说，让铁道系统的稼动率达到100%几乎是不可能的事情。比如日本的电车系统（相当于中国的地铁或城市轻轨），大多数乘客都是学生或上班族。所以一般来说，早上通往市中心的线路往往爆满，而驶离市中心的线路则空空如也；可到了傍晚的另一个交通高峰期，情况则完全相反。

因此，即便拼命提高线路的运力，稼动率也不可能达到100%，平均稼动率将稳定在50%左右。

在这一点上，日本东急电铁创造了一个奇迹，创造了唯一的例外。

那么，这家公司到底是怎么做到的呢？

其实，这家公司有一个天然的优势。该公司旗下的重点线路，也就是连接东京与横滨的东横线，属于典型的"两头走""两头旺"的线路。换言之，无论是开往东京方向的线路，还是开往横滨方向的线路，永远都不愁没乘客。

话说东京和横滨之间有一块风水宝地——日本"私立双雄"之一的庆应义塾大学的大片校舍，也就是大名鼎鼎的庆应义塾大学日吉校区。有了这片校区，东急电铁旗下的轻轨生意就等于有了一张"天然饭票"。

说起来，这片校区还是颇有一番来历的。1929年，东急电铁公司主动赠给庆应义塾大学校董会一大片土地。这块地的总面积达24万平方米，且地理位置极佳。这片校区的存在为东横线增加了与通勤人流相反的人流。

说完了"稼动率"，我们再来聊聊"产出率"。

如果你的项目可以在产品价格上做一些文章，换言之，<u>如果你的产品价格有比较大的弹性，那么你就需要掌握"产出率管理"</u>（图100）的手段了。这么一来，产出率的提高会大大增加你的销售额。

我们以航空公司的运营为例。

众所周知，即便是同样的航空公司，同样的航线和座席，不同的人支付的机票价格也会有相当大的不同。

比如对那些因为出公差，无论如何也要在某个时间点乘坐某个航班的旅客来说，即便你让他多出10万日元买机票，恐怕他也会答应。对那些不在乎航班时间，且囊中羞涩的年轻旅客来讲，哪怕是1万日元的价格差，他们恐怕也会无比在乎。

图100 ｜ 民航班机产出率管理

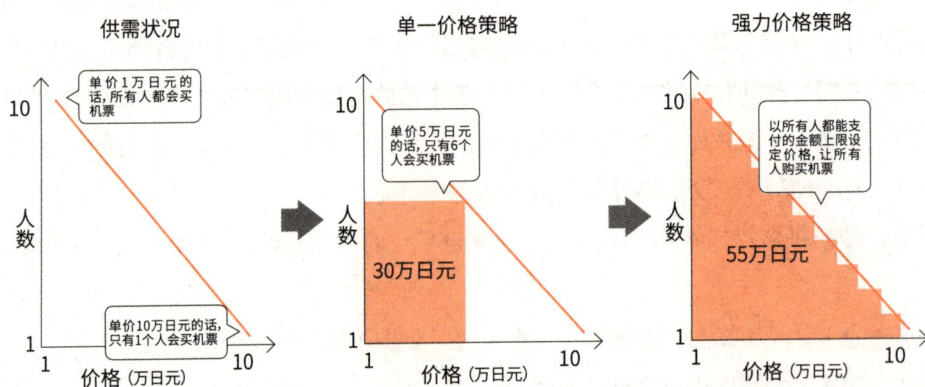

供需状况　　　　　　单一价格策略　　　　　　强力价格策略

单价1万日元的话，所有人都会买机票

单价10万日元的话，只有1个人会买机票

单价5万日元的话，只有6个人会买机票

30万日元

以所有人都能支付的金额上限设定价格，让所有人购买机票

55万日元

人数　价格（万日元）

假设某个航班上有10个座位，而支付这些座位机票钱的10位潜在旅客，每人能够负担的价格上限从10万日元到1万日元不等。那么，如果对这10位潜在旅客，你提供的具体价格只有一种的话，你的销售额最多能够达到30万日元。但是，如果你向旅客提供的机票价格是一个"价格篮子"，里面包括各种不同的价格类型（每一位潜在旅客都必须以其能够负担的金额上限购买机票），那么你能实现的潜在销售额的极限将是55万日元。

这个"价格篮子"的招数，按照"产出率管理"的逻辑，叫作"强力价格策略"；而只提供单一价格的招数，则叫作"单一价格策略"。

▶ 在变动成本大于固定成本的情况下，要想方设法在提高毛利率和低成本运营（LCO）上下功夫

与大型基建项目不同，小型零售或批发业的变动成本往往会远远大于固定成本。

在这些行业中，一般情况下仅进货费（采购费）这一项，占总费用的比例便能达到六成至九成。即便是剩下的成本，也大多不是固定成本，而是变动成本。比如人工费常常会在零售和批发企业的管理费中占一个比较大的比例，可就算是这一块的费用，也大多是变动成本。因为零售和批发企业的员工往往以"非正式员工"为主，是"钟点工"和"打零工者"。而这部分成本显然是变化的，因此要被算入变动成本。

在这种情况下，如何提升销售额和利润率呢？

这类行业的盈亏平衡点比较低，不会有太大的风险，问题在于，正因为变动成本的负担太重，所以一味追求规模的扩张，其实并不容易积累利润。而且，搞不好还有可能赚不到钱，甚至赔钱。销售量的无序扩大很有可能带来供给过剩和价格战的恶果。

所以，真正靠谱的办法只有一个，即尽最大可能削减变动成本，而不是一味追求销量的扩大（图101）。

美国零售业巨头沃尔玛的实践就是一个典型的例子。其LCO策略堪称商界典范。具体内容前面已经介绍过，有兴趣的朋友可以返回去复习一下。

总之，对零售和批发行业的公司来说，变动成本的最大头是采购费，所以学学沃尔玛的做法，对这一块痛下狠手，是一条不错的出路。

当然，要想赚大钱，提高毛利率也很重要。有意思的是，无论是提升毛利率还是削减采购费，最好的办法依然是扩大规模。只不过这种规模的扩大不是盲目的，而是有针对性的。

比方说，前面提到过这样的例子：第一，容易形成库存的商品，如服装类商品，尽量不进货或少进货，从而压低变动成本，防止这部分变动成本"固定成本化"；第二，大幅扩大快销品和畅销品的进货，进而最大限度地压低货品单价，降低变动成本的总负担，提升流动资金周

图101 | 固定成本型项目与变动成本型项目

固定成本型项目

- 稼动率达到极限
- BEP
- 首先追求规模
- 利润
- 变动成本
- 固定成本
- 销售额与费用成本
- 销售额
- 0

变动成本型项目

- 想方设法提升毛利率
- BEP
- 通过LCO降低成本
- 利润
- 变动成本
- 固定成本
- 销售额与费用成本
- 销售额
- 0

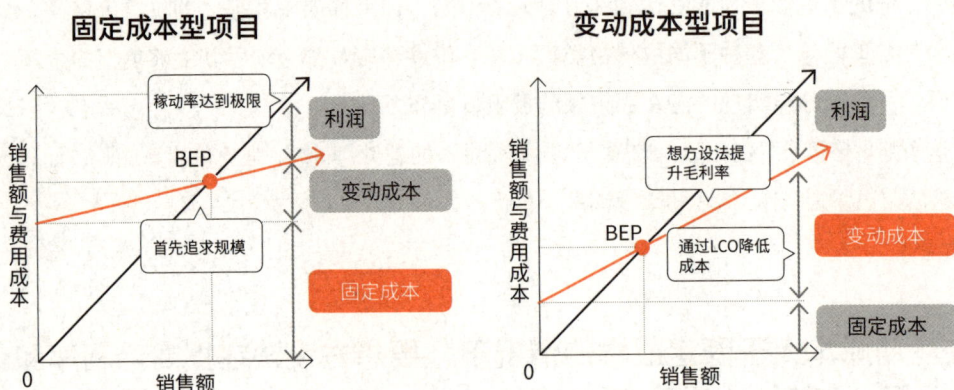

转效率，拉高总毛利率。因为即便是畅销品，只要你的订货量足够大，也能获得一个足够低的价格。

总之，只挑"对"的商品进货，而且尽量"大规模""大批量"进货，就能有效实现"低变动成本"和"高毛利率"的目标。

但是，无论你是找到了"对"的商品，还是在此基础上尽最大可能扩大规模，这些招数都会遇到瓶颈。原因很简单，你能做的事情，别人也能做——你能扩大规模，别人也能；你能买到的商品，别人也能买到，也能进货。所以最后又成了同质化竞争，成了纯粹的价格竞争。

日本的超市和便利店行业就是典型的例子。大家形成了若干个实力不相上下的超大型集团，接下来就是"消耗战"了。

为了改变这一状况，行业的大腕们想出了一个绝招。我们前面提到"对"的商品并不是哪一家的专利，谁都可以买到，可以进货，那么解决问题的思路也就来了：自己开发、生产有"独家专利"的商品，自产自销，不向任何竞争对手供货！

这下问题就解决了。即便在扩大规模这一点上大家分不出胜负，但是在"独家商品"方面分出胜负则很简单。而一旦做到这一点，提升毛利率也便不再是一件难事。

所以，在今天的日本，无论是大型超市还是知名连锁便利店，开发自己的商品，贴自己的商标，这类操作已相当普及，几乎成了一种"标配"。现如今，甚至出现了"独家商品"的升级版，也就是众所周知的"尊享级特供商品"。总之，无论名目是什么，瞄准的都是一些高端客户，因此定价也较高，毛利率自然也低不了。毕竟再"尊享"，只要是自己做东西，成本也高不到哪里去。

▶ "柒咖啡"，大获成功！

2013年1月，日本出现了一个崭新的咖啡品牌——"柒咖啡"。9月，"柒咖啡"制作设备在全日本约16,000家7-11便利店正式布设完毕，标志着日本咖啡文化的发展又进入一个新的阶段。

这种咖啡有两个品类，两种价格：普通"柒咖啡"标价100日元一杯，加冰"柒咖啡"标价150日元一杯。

总之，"柒咖啡"是惊人地便宜。

"柒咖啡"上市之初的销售预期是每家店每天卖60杯，之后才发现胆子太小了。实际上，这个年轻的咖啡品牌上市仅一年后，便达到了单店每天销售100杯的骄人业绩（图102）。2018年，这个数字更是飙升到130杯！比最初的预期足足翻了一倍还多。

这就意味着7-11集团每年卖掉的"柒咖啡"总量超过10亿杯！

根据瑞士雀巢公司日本分社的估计，全日本每年的咖啡消费总量为480亿杯左右，这意味着"柒咖啡"正式登场后，仅用了一年时间便让自己的市场占有率接近1%，更是用5年左右的时间让这个数值超过了2%。

不只如此，"柒咖啡"还带来了更多惊喜，实现了如下成就：

● **回头客率55%：** 顺便说一句，便当（盒饭）的该数据为40%。

正是因为"柒咖啡"的贡献，7-11便利店一下子多了不少回头客，让集团长期以来心心念念的"顾客固定化"战略在短期内有了巨大飞跃。

● **女性顾客占比50%：** 这个成绩也不简单。因为在便利店的顾客中，女性顾客的占比仅为35%；即便是咖啡，罐装咖啡销售的女性顾客占比也仅为30%。而"柒咖啡"能把这个数据做到五成，不可谓不牛。

● **并买率20%：** 所谓"并买"，就是在买某种商品时，会顺便买一点其他品类的商品。在这个指标上，"柒咖啡"的表现也相当出色。顾客买了"柒咖啡"之后，常常会捎带着再买一些零食，比如糖果、饼干、三明治、甜点之类的东西。

图102 | "柒咖啡"的盈亏平衡点分析：单价100日元的咖啡销售100杯的情况

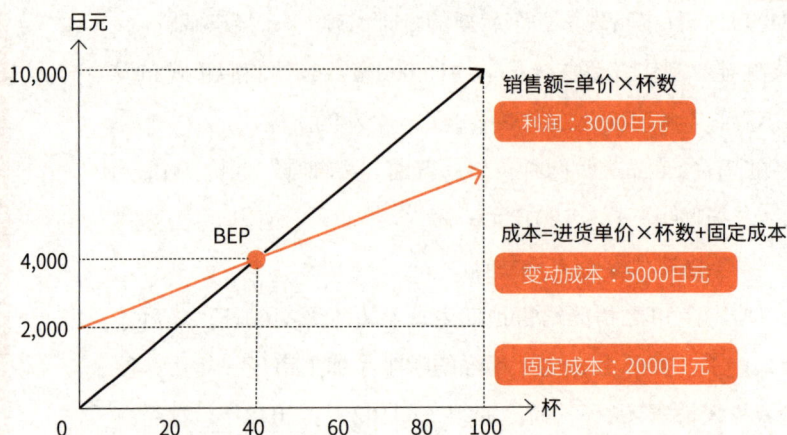

日元

- 销售额＝单价×杯数
- 利润：3000日元
- 成本＝进货单价×杯数+固定成本
- 变动成本：5000日元
- 固定成本：2000日元

BEP

10,000 / 4,000 / 2,000

0 20 40 60 80 100 **杯**

●**罐装咖啡销量稳定**：一般来说，便利店里卖两种咖啡，大概率会发生"同类相残"的现象。也就是说，"柒咖啡"的大卖，极有可能蚕食罐装咖啡的销售，令后者的销量直线下跌。可这种情况却并没有在7-11便利店发生。实际上，自从引进了"柒咖啡"，7-11便利店里的罐装咖啡的销量一直保持稳定。

我们再来看看"柒咖啡"的毛利率到底是一个什么样的水准。

对每家7-11便利店来说，包括机器折旧费、维护保养费、人工费等等，与"柒咖啡"有关的成本平均下来每天大概是2000日元。这样一来，以单价100日元的普通"柒咖啡"为例，每一杯咖啡的平均成本最多是50日元。

毛利率超过了五成，说白了就是"足足有一倍的赚头"。

对店铺老板来讲，这绝对是赚得最舒服的钱。从7-11集团的整体数据来看，"柒咖啡"单店日销售额大概是1万日元，给每家店带来的利润增量平均为3000日元，称得上不可多得的"镇店之宝"。

这些数据意味着集团每年单靠这些咖啡，就能增加500亿日元的销售额。

你可知道500亿日元意味着什么？

它相当于全日本所有麦当劳每年饮料类商品销售总额的三分之一，或者全日本所有星巴克每年饮料类商品销售总额的一半以上！

不过，"柒咖啡"能有今天，也经历了一波三折。

失败是成功之母。"柒咖啡"的成功印证了这句话。

"柒咖啡"的失败"连续剧"：走过30年，不堪回首的往事

7-11便利店做咖啡这件事，要回溯到20世纪80年代。那时，他们推出了一种咖啡制作的新理念，叫作"咖啡壶制作预存"。说白了就是提前把咖啡做好，放在咖啡壶里存着，以便顾客随时购买。

问题在于，为了保证咖啡质量，"咖啡壶制作预存"模式的制作流程明确规定了"每小时必须更换一次咖啡"。然而，由于种种原因（比如嫌麻烦、成本太高等），这一规定没有得到彻底的贯彻。这样一来，壶里装的旧咖啡或者新旧混杂的咖啡，其口味如何也就可想而知了。

既然如此，这种模式自然也难以长久维持下去，很快便以失败收场。

不过，7-11便利店并没有因此而气馁，而是发起了一轮新的挑战。

1988年，他们又推出一个新思路：立等可取的沏泡式咖啡。他们甚至为此开发了一款新设备，并推广到3500家终端门店。但是结果依然不理想。本来是打算"现做现卖"，让顾客喝个新鲜，没承想设备却不给力，关键时刻掉了链子，导致店铺内充满现煮咖啡的焦煳味。结果，不仅买咖啡的人少了，甚至进店的人也少了。

20世纪90年代，7-11重新出发，推出新模式。只可惜由于新模式不是"现做现卖"，咖啡口味不尽如人意。进入21世纪，他们又以"巴黎之星"为商标，推出了一种自助式咖啡业务，主营意大利浓缩咖啡和拿铁。遗憾的是，效果依然不太理想。每家店一天的销量，平均下来只有区区25杯。

练习17 | 从特许加盟总部的视角出发，尝试描述"柒咖啡"的商业模式

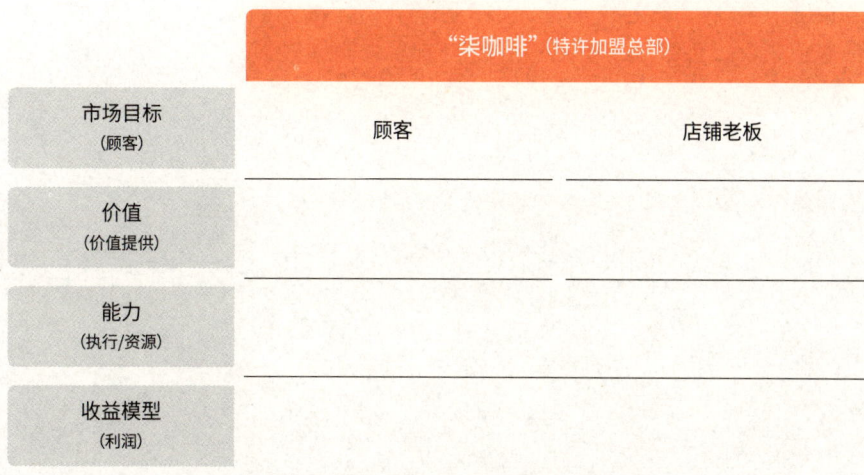

	"柒咖啡"（特许加盟总部）	
市场目标 （顾客）	顾客	店铺老板
价值 （价值提供）		
能力 （执行/资源）		
收益模型 （利润）		

不只如此，"巴黎之星"计划使用的设备，体积实在太大了，在便利店的狭小空间中显得格外碍事。因此，尽管集团下了很大力气，这款设备最终却只配备到2000余家门店便草草收场了。

这一路走来，7-11为了实现"咖啡梦"，居然足足失败了4次。

换言之，2013年闪亮登场并大获成功的"柒咖啡"，算得上"五局定胜负"棋局的最终局。

29 | 提升销售额的基本思路：水平展开、深度挖掘、缩小包围圈

▶ 深挖还是平展？短期还是长期？

说起来，增加销售额的具体操作思路有许多不同的方向。"经营战略论鼻祖"伊戈尔·安索夫在这方面做了许多贡献，其中最大的贡献就是发明了著名的"安索夫矩阵"（图103）。

其实，"安索夫矩阵"本来是为了研究企业的多角化经营战略而提出的，而这并不在本书原本打算涉及的内容范围内。不过，由于其"矩阵"逻辑的核心在于"基于横竖两轴乘法运算的成长方向性的整理"，因此该理论的适用范围极为广泛，姑且借来一用。

在这里，我们假设横轴为"目标顾客"，即企业到底瞄准了谁；纵轴为"顾客价值"，即企业到底能为目标顾客提供什么样的价值。

诸如"向20来岁的年轻女性（目标顾客），售卖价格在3000日元左右的'高感度'时装（顾客价值）"之类的商业项目案例，都可以作为一种参考。

确定了两个轴，就可以深入分析"安索夫矩阵"的逻辑了。该逻辑就是：矩阵中的所有不同板块，均以横竖两轴的两个指标（新值和旧值，抑或既存数据与新数据）为依据，进行不同的排列组合，由此得出不同的思考方向和具体的操作方法。

主要有以下4种排列组合方式：

其一，市场渗透：瞄准同一类目标顾客，以相同的顾客价值渗透之；

图103 | "安索夫矩阵"的应用：扩销战略矩阵图

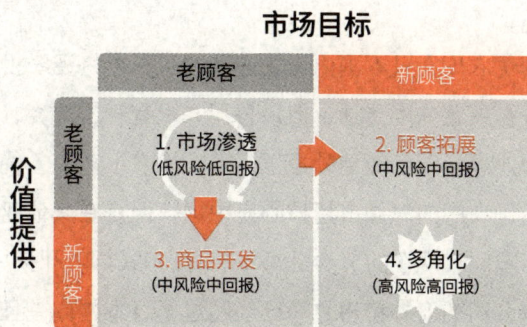

市场目标

		老顾客	新顾客
价值提供	**老顾客**	1. 市场渗透 （低风险低回报）	2. 顾客拓展 （中风险中回报）
	新顾客	3. 商品开发 （中风险中回报）	4. 多角化 （高风险高回报）

其二，顾客拓展：以相同的顾客价值，渗透不同的目标顾客；

其三，商品开发：对同一类目标顾客，提供不同的顾客价值的商品；

其四，多角化：向不同的目标顾客提供不同的顾客价值。

以上四条中的第四条，被安索夫称为"狭义多角化"；第二条、第三条与第四条合到一起，则被称为"广义多角化"。与此同时，安索夫也明确指出：第四条所指的狭义多角化战略，由于缺乏强势竞争力，极易招致惨败。因此，从企业的角度讲，最好先从第一、二、三条考虑这个问题。

接下来，我们就循着这个思路，从以上三个角度出发，深入探讨"扩大销售"（以下简称"扩销"）这个重大命题，看一看到底能有什么样的收获。

特别需要强调一点，在后面关于"商品开发"（也就是上述第三条）的案例介绍与说明环节中，我会以"时间"为轴，来详细解释一下攻克"扩销"命题的方向与具体操作方法。

下面让我们从矩阵中最简单的地方入手，来开启这段旅程。这个地方就是上述第二条——顾客拓展。

▶ 其二，顾客拓展（开拓新客户）：地域扩展与顾客层拓展

对批发、零售以及娱乐、餐饮等服务行业的企业来说，最容易想到也最简单的"扩销战略"就是地域扩展了。无论是直营店也好，还是加盟店也好，一定要先开几家店出来，打一个样板。然后再凭借不断增长的经验和资源把店铺布设到其他地域去，逐渐形成规模效应，增加销售量和销售额。

一般来说，只要进展顺利，当项目开始向全国推进时，项目的整体销售情况会进入一种"倍增"的状态。

举几个例子。

主营"女性30分钟健美操教室"业务的全球知名女性健身连锁品牌——美国Curves公司自2005年进军日本市场后，仅用13年时间便将日本的店面数扩展到1900家，会员数也达到了85万人。

日本著名快时尚品牌优衣库在日本国内市场饱和之后，也将视线投向了海外。

尽管最初的海外业务拓展曾一度受挫，但该公司并没有轻言放弃，而是咬牙坚持了下来。时至今日，该公司的海外业务经营已经绝处逢生，重新焕发了活力。优衣库的全球市场店铺总数已达到1000多家。虽然优衣库的海外市场核心是中国，但是在其他亚洲国家甚至欧美国家，该公司的业务拓展也相当顺利，现在的节奏是每年能有150家新店开张。

顺便说一句，目前该公司的海外销售总额已经超过了日本国内，且商品与顾客类型也与日

本国内市场并无二致。

再来说说法国著名时尚"老字号"——开云集团。

这家以经营意大利奢侈品牌古驰（GUCCI）为核心业务的公司，于2001年又获得了一颗意大利时尚王冠上的明珠——收购著名皮革制品品牌葆蝶家（Bottega Veneta）。从此，开云集团便搭上了海外业务拓展的顺风车，在全球奢侈品市场攻城略地。时至今日，其销售总额已飙升了18倍之多，达到1400亿日元。这就是强大的"地域拓展力"的成果。

日本著名工装品牌WORKMAN的案例也极具代表性。

该公司采取连锁经营的方式，首先在日本开了831家门店。2018年9月，WORKMAN除了主营职业工装、工服以及相关劳保用品的店面之外，又推出一个新系列，即直接面对普通消费者的产品和店铺，并命名为WORKMAN Plus。

该公司仅仅是从1700余种自家经营的传统商品中，挑出一些老百姓在日常生活中也能用到的商品而已，比如连帽雨衣、轻便雨靴以及其他户外活动必备品等。换言之，WORKMAN Plus和彼时许多人想象中的售卖"体育用品"没关系，售卖的全是"生活用品""日常用品"。

可就是这样的一个小创新，却大获成功。

尽管WORKMAN Plus售卖的东西在别家店铺也能买到，但是WORKMAN Plus的口碑好，以品质有保证和价格公道著称，因此大受欢迎。

据说，WORKMAN Plus最初的两家店——东京1号店和立川店正式开业时，顾客蜂拥而至，几乎挤破了店门，可谓盛况空前。于是，受到激励的公司本部决定趁热打铁，在2019年9月前再推出35家店。因为在不到一年的时间里开35家店是一件相当费劲的事情，所以公司决定将经营业绩尚可，排名却略微落后的10家WORKMAN的店升级为WORKMAN Plus的店。这样一来，不但拓店速度提高了，而且节约了不少成本。

总之，WORKMAN的这一操作堪称教科书级别的案例。它说明了一个很重要的商业逻辑：即便是同一个地域的同一类商品，只要稍做文章，把目标顾客从一群人转向另一群人，也会有极大的可能在"顾客拓展"方面有意想不到的收获。

有兴趣的朋友不妨一试。

说完了第二条，我们再来说说第一条。

▶ 其一，市场渗透：提升"单客份额"和"地域份额"

也许有些出乎意料，市场渗透的小名堂、小手段极多，且不同的名堂和手段会造成不同的结果。

比方说，你在同一个市场已经干了很多年，一直面对同样的顾客，销售同样的商品，所以你认为这块市场已是"一潭死水"，不大可能激起什么波澜了。但是要注意，这一判断很危险，有可能让你失去许多市场机会。

换言之，其实有一万种途径能够让你以为的"死水"重新变回"活水"。关键看你怎么想，怎么做。

这里面的关键词有两个：一个是"单客份额"，一个是"地域份额"。

- **市场份额** = 市场上自家公司的销售额 ÷ 市场总规模
- **单客份额** = 每个顾客购买自家公司商品的金额 ÷ 该顾客在同类商品上的消费总金额
- **地域份额** = 每个细分地域市场上自家公司商品的销售额 ÷ 该细分地域的市场总规模

显然，在上述三个指标中，平时最受大家重视的指标就是"市场份额"。其实它最不重要，因为它无非是一个笼统的状况，一个平均数而已，并不能给你什么具体的指导。而"单客份额"与"地域份额"要具体得多，而且基本上连操作方法都告诉了你大半（图104）。

一般来说，"单客份额"与"地域份额"这两个指标有一个共同的特点：数据参差不齐。高的地方很高，低的地方很低。所以它们很容易让你看出来自己的长处在哪里，而短板又在哪里；很容易让你找到具体的发力方向和发力方法。

比方说，份额低于平均值的地方，你要提高，而具体的方法是向那些份额高于平均值的地方学习。

当然，做生意从来不是简单的事。就拿"单客份额"来讲，去测算特定顾客到底在自家的

图104 | 以"单客份额"指标看市场

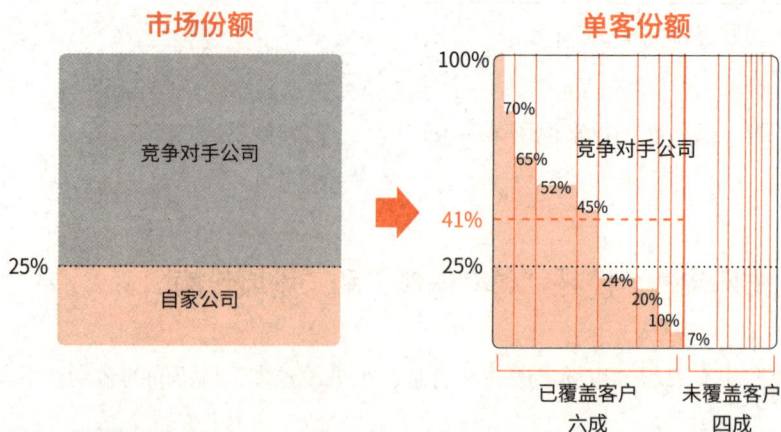

注：横轴表示"单客购买总额"。

某种商品或服务上花了多少钱，这件事本身就不容易，更何况还要去测算这位顾客到底在同类商品或服务上花了多少钱（显然涉及其他公司），那就更是难上加难。不过，正因为这样，这件事才有意义。

同样的道理，搞清楚地域细分市场上自家商品与服务的销售额以及该市场的总规模，也不是那么容易的事。正因如此，这件事才值得做，有大用处。

讲两个这方面的成功案例。

日本著名的图书、杂志、录像带经销商和租赁连锁商——茑屋书店（TSUTAYA），其母公司是不怎么为人所知的文化便利俱乐部集团（简称CCC），这家公司与日本家电量贩行业的巨头爱电王，都是这方面的高手，都在管理与拓展"单客份额"与"地域份额"这两个指标上取得了卓越的成就。

其实，他们的招数并不复杂，却需要付出极大的耐心和精力，以及大量人力。首先，每一个进店顾客的消费痕迹都会被如实记录下来，形成规模庞大的顾客行为数据库。然后在此基础上，通过T-POINT积分卡系统把周边商圈的信息结合起来，就可以掌握店铺周边方圆若干公里内的细分地域市场信息了，包括这些细分市场中的"单客份额"和"地域份额"信息。掌握了信息，再派人不厌其烦地去相关细分地域散发传单，或通过积分卡不断地向相关顾客提示优惠措施。有了"单客份额"和"地域份额"指标，人们起码能知道到哪里去、做什么、对谁做，以及做到什么程度。

不只如此，搞定这两个指标还有一个好处，就是能让你相对准确地判断出哪些地方适合开新店，以及新店需要达到什么样的程度，甚至能大概判断出新店的前景。

说完了前两条，我们再来说说第三条。

▶ 其三，商品开发：长期围猎与短期压缩

顾客对某个特定的商品或服务，一辈子可能花费掉的金钱总额，在业界被称为"客户终身价值"。把顾客的这部分价值尽可能多地收于囊中，这件事被学界称为"围猎战略"或"锁定战略"。

一般而言，拓展顾客是一件相当出力不讨好的事。无论是做广告还是做其他促销活动，常常很难见到成效。大把的银子砸下去，有时甚至连一声响都听不到。这无疑是一种巨大的资源与精力的浪费。

像在日本这样的发达国家，消费者大都比较成熟，想通过传统手段拓展新顾客，往往比登天还难。有人做过一个统计，在日本市场搞定一个新顾客，往往要付出数万日元的代价。

因此，对任何一个行业的任何一家企业来说，与"拓展新顾客"相比，"锁定老顾客"更

关键，效率更高，效果更好。出于这个目的，学者研发出一系列革命性的商业模式，比如前面提到过的"换刃模式"和"订阅模式"。

健身俱乐部行业在日本的年销售规模是4000亿日元左右。该数字近十几年来几乎没有变过。在这个市场里，KONAMI、RENAISSANCE和CENTRAL等巨头就只能通过不断地兼并重组，利用规模优势去争个你死我活了。没想到半路杀出一堆程咬金——美国Curves公司和其他"小伙伴"杀进市场，成了新兴势力。一般来说，泳池或健身房之类的设施是这种综合健身服务类企业的标配，而Curves和其他竞争者对这些老掉牙的东西一概不感冒，而是在其他方面下足了功夫。简单点说，他们围猎特定目标顾客，锁定特殊顾客价值，进行"一点集中式"的商业运营。

举几个例子：

- **简易基础体力训练：** Curves公司（以中老年女性顾客为主）；
- **24小时营业：** ANYTIME健身公司（以青年男女顾客为主）；
- **热瑜伽：** LAVA公司（以年轻女性顾客为主）；
- **私人健身训练：** 莱札谱（RIZAP）公司（以20～40岁的男女顾客为主）。

以上这些案例都有一个共同的特点或者说魅力，那就是"简便易行"。在任何一座普通的写字楼里拥有任何一个普通的角落，就能把这些生意做起来。因此，不仅Curves公司在日本市场干得风生水起，LAVA公司现在的小日子过得也是相当红火，分店开了一家又一家。

不过，必须指出的是，在商业模式，特别是收益模型的改革方面，走得最远的不是Curves公司，而是莱札谱。他们的一个突破性做法，是把迄今为止健身业界最常用的"长期围猎"战术，改成了"短期集中"战术。

在这家成立于2012年的新秀公司身上，你完全看不出一丝一毫的稚嫩。

他们的具体操作手段是这样的：在完全独立的私人训练室里，给顾客做美体塑形。全公司只有这一项业务，所有资源都被集中于此。

至于产品类型，也只有一个：为期两个月的强化美体塑身训练，价格是35万日元。

这个玩法不可谓不大胆。要知道，莱札谱起初既没有多少名气，也没有多少经验的积累和资源的储备，可是其产品要价却相当于健身行业的"老字号"整整三年的会员费！

三年的费用，在两个月内全部花光，顾客能买账吗？

你别说，还真有顾客买账。

事情是这样的，话说该项目的顾客里，三分之二为女性，且20～40岁的较年轻顾客占顾客总数的八成以上。这一点，便与那些50岁以上顾客占比超过一半的老牌健身业巨头大不相同。

重点是，该项目的顾客都有一个相同的苦恼：想减肥，但只凭自律却达不成目标。

既然"自律"不再靠谱，就只能靠"他律"解决问题。

由于莱札谱采取"一对一贴身指导"，受训者的一举一动、一餐一食便都有了具体的依据，从此不再盲目。私人教练是热情的，也是严格的。无论是肌肉训练，还是日常饮食，私人教练都要一一过问，严格约束。之所以要把事情做到这种程度，是因为该项目的成败完全由两个字决定：效果。人家花了那么多钱，且这些钱只在两个月里起作用，那就必须见到效果。

总之，这种类型的项目对产品的质量以及教练的素质要求极高。一旦顾客在反复权衡下最终选定了某位教练，那么他将在顾客身上花费192个小时的时间，对顾客进行贴身指导和训练。

由于没有泳池之类的重资产，只需在一栋普通写字楼里有一个普通房间便能开业，且相关辅助训练器材也能控制在最低限度，所以莱札谱的运营成本非常低廉。一般来说，像场地费（购买或租赁费）、水电费等方面的成本，对行业巨头而言，往往会占到其总运营成本的三成左右，而莱札谱的这个数字，只有区区5%。这是一个多么明显的竞争优势！

不只如此，由于所有的业务均采用"提前预约"的方式，特别是"网络预约"，因此几乎不存在"店头接客"的可能，这也在很大程度上帮助莱札谱节省了人工费用，减少了资源浪费。而这一点，也是其他行业巨头所远远不及的。

总之，收费很高（两个月的费用相当于其他行业巨头三年的会费）、效率很高（一个业务周期只有两个月，意味着一年内可以有六个业务周期），再加上成本很低，莱札谱真是想不赚钱都难。

显然，莱札谱的模式是一种非常典型的高收益商业模式。

正因如此，这家公司才有勇气孤注一掷，将所有的资源投到"两个月专业美体塑身"这一项业务上，而且号称"30天之内不见效，全额退款"。诚然，这一承诺是有风险的，但综合权衡下来，还是利远远大于弊：一来，这一做法会大大增加顾客的信心和安全感，从而让他们更容易做出尝试；二来，该项目的毛利率极高，也使主动承担这一风险成为可能。

高收益的好处还不止上述这些。最重要的是，因为收益率高，所以公司就有钱打广告，而且是大规模地打广告，从而让公司的业务能以最快的速度进入良性循环，能以最快的速度成熟起来。

由于砸下大笔资金做电视广告，莱札谱迅速"吸粉"，开业后仅用了3年时间，便让自己的年销售额超过了100亿日元。

令人惊奇的是，莱札谱的"顾客复购率"也很高，居然达到五成之多！这就让"单客消费总额"这一关键指标远超预期，达到90万日元。

2019年，莱札谱的"美体塑身"事业达到一个新高度：在全日本共有136家分店，专业塑身教练近900名。

只不过，对公司高层来说，这个成绩还远远不能让他们满足。他们的目标是一片更为广阔

	大型健身公司	莱札谱
市场目标 (顾客)	所有都市居民 (电车、自行车通勤) 60岁以上者占三成	
价值 (价值提供)	健康、减肥、改善体力等 所有健身项目都包括 高品质、品牌效应	
能力 (执行/资源) 地段	紧邻车站 (100家店)	
设备	两个游泳池、高品质的健身器械	
人员	专业健身指导教练	
收益模型 (利润)	持续缴纳会费的会员制 每月1.2万日元 盈亏平衡点：5000人/店	

的市场。

下面我将逐一分析几种具体的收益模型。

它们分别是换刃模式、广告模式、免费增值模式、订阅模式。

30 | 换刃模式的诞生及意义

▶ 把"耐用消费品"变成"日常消耗品"而大发其财的吉列：灵感与执念

1901年，金·吉列迈出了人生中的重要一步——为自己发明的"一次性换刃式安全剃须刀"申请了专利。一年后，也就是1902年，这种产品被正式推向市场，并大获成功。"换刃剃须刀"的问世不仅创造了一个商业奇迹，更为人类的营商行为开创了一个崭新的时代。

该事件被学界普遍认为是20世纪最初的收益模型创新尝试。

金·吉列诞生于一个发明世家。作为一名旅行商人，他在日常工作中经常想出一些新点子，且不断将自己的点子变成专利，并赚了不少钱。

他在皇冠瓶盖（便于封装和开启的一次性瓶盖）生产商皇冠瓶盖有限公司①做销售经理时，悟到了一个极为重要的商业原理。看着自己销售的商品被顾客使用一次便立马丢弃，他敏锐地意识到：正因为是"一次性"的东西，正因为"用完了就会被扔掉"，顾客才会一再地购买。而这一点，恰恰是绝佳的赚钱机会。

巧合的是，皇冠瓶盖的发明者正是金·吉列的老板——皇冠公司的创始人威廉·佩因特（图105）。更为巧合的是，此人也和金·吉列一样，是一个狂热的发明爱好者。凭借着"一次性瓶盖"这个小小发明，他为自己赢得了巨额财富。

佩因特经常对这位下属说这样一段话："我能行，你也能行。你也不妨尝试一下发明一个什么东西，是那种人人都离不开，而且用过一次就会扔掉的东西。你只要能成功，就能发大财！重点是，你的销售额还会相当稳定，不愁顾客喜新厌旧。"

佩因特的这番话正好说到了金·吉列的心里。

1895年，金·吉列来到一座城市出差，照例早起在旅馆里剃须，照例磨着他的剃须刀片。忽然，一道灵光在他的头脑中闪现，他猛然意识到：为什么刮个胡子需要用这么贵、这么厚的刀片？为什么每次使用前都得不厌其烦地磨刀片呢？如果能把这个刀片换成那种超薄的钢制刀片，岂不就能达到"价格便宜，用完即扔"的效果了吗？

要知道，在当时，剃须刀是不折不扣的耐用品，买回家之后要使用很长时间，很多人甚至会用一辈子。在这种情况下，一旦刀片钝了，就只能自己磨。当时"磨刀革"②非常流行，也是男人剃须时的必备用品。显然，这就太麻烦了，效率也太低了，十分考验人的耐心。

---

① 美国巨头Crown Holdings集团的前身，以下简称"皇冠公司"。

② 用皮革制作的磨刀用具，上面有大量的凸点，需要经常涂抹研磨剂，以防皮革老化、凸点钝化。

图105 | 皇冠瓶盖与一次性剃须刀片

发明者　　　　佩因特　　　　　　　金·吉列

磨刀革的价格还超贵，动辄要卖到5美元。要知道，那时的5美元几乎相当于现在的5万日元。为剃须花这么多钱，费这么大劲，显然是不值得的。也正因如此，这里面肯定有巨大的商机。想到这个商机的金·吉列，其心情之激动也可想而知了。

据说，当时这个已40岁的男人竟高兴得在镜子前跳起了舞。事后他自己想起来都觉得有些不可思议。

不过，想法固然绝妙，实现却没那么容易。把头脑中的灵感变成眼前的实物，这段旅程，金·吉列整整走了6年。之所以会这样，原因很简单：当时的炼钢技术还远未成熟。锻造出他头脑中所想的那种超薄钢材，实在是难于上青天。可即便如此，金·吉列还是咬牙坚持了下来。历经种种磨难，他终于找到了合作伙伴，终于把那片他朝思暮想的薄薄的刀片捧在了自己的手掌上。

然而，好不容易实现梦想的金·吉列很快又遇到了新的"拦路虎"。他的第一批"换刃式T型剃须刀"在1902年问世时，销量可谓惨不忍睹，整整一年下来，只卖出了区区51套，而被他寄予厚望的"刀片更换业务"，也仅仅卖出了168枚刀片。

究其原因，还是价格问题。金·吉列给他的套装产品定价5美元（一个标准套装为1把T型剃须刀，外加12枚替换刀片），而给散装替换刀片定价每12枚1美元，这个价格对当时的普通欧洲人来说，确实有些偏高，难怪销量不理想。不过，金·吉列却并没有轻易妥协，而是选择坚持这个价格策略。为了提升销量，他开始投入重金在报纸杂志上做广告，甚至还将自己的产品作为商店里购买饮料的赠品进行免费促销——当然，这依然是一种广告策略，只不过是更容易见效的"实物广告"。

最后，金·吉列使出了终极撒手锏——将"单刃剃须刀"升级为"双刃剃须刀"，极大地提升了产品本身的魅力。于是，"吉列剃须刀"终于爆发了。两年后的1904年，金·吉列足足卖掉了9万套产品，以及12万枚散装刀片。

时间来到10年后的1914年。那一年，第一次世界大战爆发。作为军需品，美国政府为参战队伍购买了350万套吉列剃须刀和3600万枚散装刀片。从此，用吉列剃须刀便成了美国所有男性公民的基本常识。

到1918年一战结束，吉列在这一年共卖出1000万套刀具和1亿2000万枚散装刀片，声势已达巅峰。

顺便说一句，早在1913年，金·吉列便开始改变其坚持了很久的价格策略。一来事业已经上了轨道，实现了大批量、低成本生产，有了降价的空间；二来随着普及率的迅速提高，该产品已然成为老百姓的日用必需品。在这种情况下，价格尽可能低廉就成了一个硬性需求，且符合双方的利益。于是，1913年，金·吉列将其套装产品的定价大幅下调至每套3.8美元，又于8年后的1921年，将价格直接降到1美元（图106）。套装产品自身的价格低到近乎白送。所有的赚头都从散装刀片的销售而来，而这恰恰是这位创始人最初的梦想——把耐用品变成消耗品，靠卖"一次性""用完即扔"的东西挣钱。

果不其然，这一商业模式威力惊人，有着超高的收益率——要知道，1枚散装刀片的制造成本甚至不到1美分，可见"12枚刀片卖1美元"的定价能赚多少钱！

12枚刀片的成本不足12美分，售价却高达1美元，这意味着利润是惊人的88美分以上。对吉列来说，这几乎就是"捡钱""印钱"了。

难怪当时的人戏称吉列的赚钱本事比"印钞厂"还厉害。

▶ 专利能够加快创新的节奏

在公司的业务蒸蒸日上时，金·吉列又碰到了新的麻烦，那就是持久的专利纠纷（图107）。

因为随着"换刃剃须刀"已成为绝对的主流，市场上出现了大批山寨货，价廉质次。而这些山寨者对金·吉列的专利权构成了极为严重且持续的挑战。

图106 | 使用吉列剃须刀3年后……

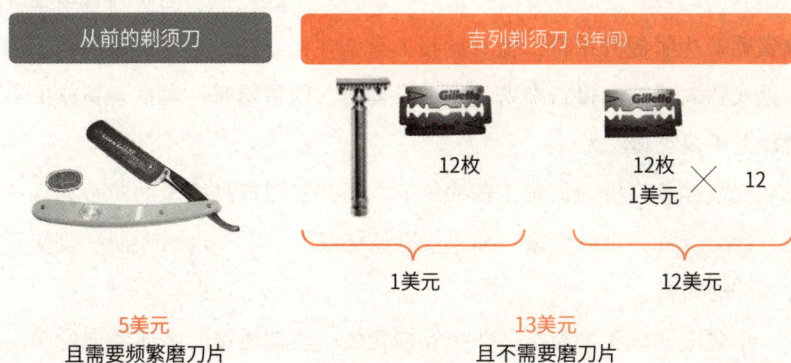

从前的剃须刀	吉列剃须刀 (3年间)

12枚

12枚
1美元 × 12

1美元

12美元

5美元
且需要频繁磨刀片

13美元
且不需要磨刀片

263

图107 | 金·吉列最初的专利（一部分）

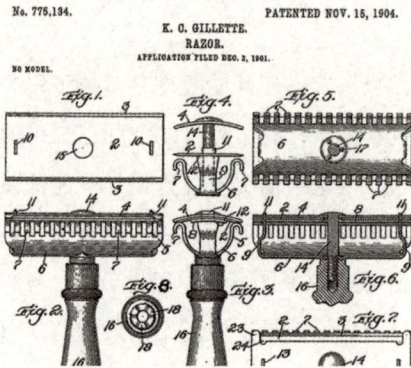

在这个艰难时刻，金·吉列选择了直面挑战，或者打官司，或者干脆将山寨者并购，一步一步地走了过来。与此同时，吉列公司在产品创新方面也下足了功夫。以经典的"双刃剃须刀"为代表，吉列不断地推陈出新，不断地申请专利，从不敢有丝毫懈怠。因为他们相信，创新才是维持核心竞争力的唯一途径。

话说真正意义上的专利制度，源于17世纪的英国。彼时的英国正处在工业革命的萌芽期，各种新想法、新产品、新技术层出不穷。为了保护发明创造者的劳动成果，英国议会动了不少脑筋，下了不少功夫。而最具决定性的一招，便是推出了人类历史上第一部真正意义上的"专利法"——著名的《垄断法》（*Statute of Monopolies*）。

该法案规定，所有被认可的专利发明者均可享有长达14年的受法律保护的专利独占权。这是一个决定性的时刻。其实，在那之前，各种专利法已在欧洲各地出现。就拿英国来说，所谓"专利"，就是由国王首肯的某项权利，它在很大程度上与国王的个人意志有关，并没有什么强制力和约束力，从某种意义上说是随意的。所以，一个随意的、不严肃的东西，被一个庄重的、严肃的东西取代，具有了法律上的约束力和强制力，这一转变绝对具有里程碑式的意义，将从根本上改变英国乃至全世界的面貌。

由此，一条光明大道被开辟了出来，大量资金涌入创新领域，大批创新成果不断出现，英国的工业革命驶上了快车道。

无论是发明高性能蒸汽机的瓦特（1769年），还是发明蒸汽机车的斯蒂芬森（1814年），都是该法案的直接受益者。难以想象，如果没有该法案的问世，这两项彻底改变人类命运的伟大发明会有什么样的结局。

要知道，一个想法变成实物简单，一个实物变成产业却很难。上述两项发明，在样品出来后，要想实现产业化与规模化制造，都需要大笔资金。不只如此，产品出来之后，还要不断地完善和升级技术，不断地提升产品的质量和性能，这些也需要大量资金。而英国的《垄断法》则确保了这一点，让大规模投资乃至持续投资成为可能。

▶ 真正保护换刃模式的，是知识产权

前面提到，吉列剃须刀的可更换散装刀片售价不低。恰恰是这一点，成了"换刃模式"最大的软肋。既然成本极低且制作工艺不难，那么"山寨"就会成为一件极其简单的事情。我们可以设想山寨货大多"价廉质次"，可是，万一有一家企业能够生产出"价廉质高"的山寨货怎么办？

这绝对是一个事关生死的大问题。而吉列公司长期面对烦恼，其根源就在这里。重点是，即便有专利权护体，有些钉子你还是会碰到，有些障碍你还是绕不过去。

事实上，吉列公司"换刃剃须刀"的初代产品在14年保护期满，专利权失效后，就遇到了这个问题。事情是这样的：吉列在初代产品的专利权失效前，已成功开发了换代产品——"3洞换刃剃须刀"，并为此申请了专利。公司对这项新技术相当有自信，认为顾客只要买了这款剃须刀，基本上就只会买自家生产的散装刀片，不可能有任何竞争对手出现。

遗憾的是，竞争对手还真出现了，而且这个对手还巧妙地绕开了专利法的限制。

一家叫作Autostrop的小公司向吉列发起了猛烈挑战。该公司成功开发了一款新产品，这款产品有个特点，那就是其可更换刀片可以同时适用于吉列的产品！

重点在于，Autostrop的东西比吉列便宜，而且质量也不差。吉列这下扛不住了，决定再次反击，手段依然是运用法律。

不过，这场官司打得非常艰苦，因为对方早就料到了这一点，提前做好了准备。毕竟对方不是单纯模仿，而是真实创新（意味着两款产品有着真实可辨的区别），只不过其创新产品与吉列的产品之间具有某种"通用性"而已。

无奈之下，吉列只好再次放出大招，选择并购自己的诉讼对象。

既然这是吉列的无奈之举，收购价格便可想而知了。

不过，这次挫折也教会了吉列一个道理，那就是：仅有创新是不够的，你的创新还必须速度足够快，成果足够牛，要让别人跟不上你。

打那以后，吉列像打了鸡血似的拼命创新，不敢有丝毫懈怠。从一系列的侵权案和官司纠纷中，吉列找到了自家产品的短板：刀体与刀头的连接部位做得太过简易。正因为这个部位做得太一般，那些山寨刀具的刀头才很容易安装到自家刀具上。所以，迄今为止，吉列所有的创新都在某种程度上走了弯路，把太多的精力和资源放到了刀片本身上，而偏偏忽视了一个如此关键的部位。痛定思痛，吉列决定在这个部位的创新上充分发力，以图彻底扭转被动局面，让

山寨者的刀片再也无法与自家刀具合为一体（图108）。

事实上，著名的吉列"锋隐5+1"系列（5层刀片，1层精修刀），就采用了"换装刀片内置"的新技术，且已获得独家专利权。有了这项技术，一个刀具里就可以同时置入多枚刀片，一下子方便了许多，触感也提升了不少。而由于内置盒的设计极为特殊，除了吉列自己的刀片，别家的刀片是放不进去的。这就在很大程度上杜绝了山寨现象的发生。

总之，<u>最终保护了换刃模式发明者的切身利益的，还是知识产权。正因为它的保护，那些价廉质次抑或价廉质优的山寨者的刀片，才无法替代吉列的刀片。</u>

▶ 采用了换刃模式的产品及反向换刃模式

<u>将某种商品低价销售甚至无偿奉送，然后再从某个或某些低值易耗品的零部件中赚大钱的模式，即换刃模式。</u>换刃模式一出现，立马引来无数效仿者，在各行各业遍地开花。

以下是几个具体的例子（B2C领域）：

- 喷墨打印机与墨水/激光打印机与墨粉（惠普公司、佳能公司）；
- 普通手机、智能手机与电话费、网络流量费（苹果公司、三星公司、华为公司）；
- 傻瓜相机与专用胶卷（柯达公司）；
- 电动牙刷与可更换牙刷头（博朗公司）；
- 家用电子游戏机与游戏软件（任天堂公司、索尼公司）；
- 咖啡机与咖啡壶（雀巢公司）。

图108 ｜ 吉列历代剃须刀

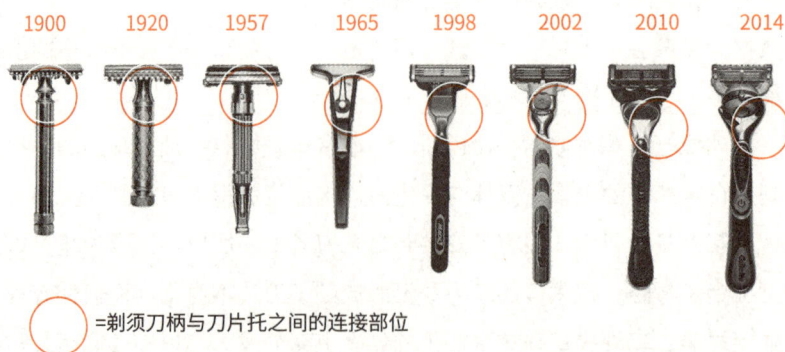

1900　1920　1957　1965　1998　2002　2010　2014

◯ ＝剃须刀柄与刀片托之间的连接部位

又或者，涉及B2B领域：

- 信息系统提供者与系统维护业务；
- 电梯制造商与电梯维护业务。

以上都是这方面的典型案例。

与此同时，世界上还存在一种相反的模式，叫作反向换刃模式。

所谓"反向换刃模式"，顾名思义，就是将某种商品的价格定得极高，与其相关的服务定价却非常低，可以提供免费服务，甚至免费上门服务。

举个简单的例子。

钢琴在日本家庭中有着较高的普及率，而调音师、保养师都是上门服务的。与钢琴本身昂贵的价格相比，其收费相对低廉。

传统商品如此，现代化商品也如此。

以苹果公司为例，iPod、iPhone、iPad、Mac PC等爆款产品，无一不是"反向换刃模式"的典型。

- 第一代iPod，定价399美元（内存容量5GB）。这个价格不算低，比竞争产品高出一倍以上。可是iTunes（苹果的内容商店）上架的音乐软件的价格，却只有区区1美元左右，不足业界通常价格的一半。
- iPhone手机上的iOS系统的应用程序（比如地图、导航等等），也有不少是苹果公司独自研发的，免费提供给消费者使用。
- Mac PC系列产品的操作系统OS X，以及主力应用软件iWork，也于2013年彻底"免费化"。

可见，苹果创始人乔布斯骨子里的"创新精神"，是多么根深蒂固。即便全世界都在效仿吉列公司的"换刃模式"，他也非要闯出一条新路。

再把话题说回金·吉列。

由于发明了具有里程碑意义的"换刃剃须刀"，并成功将其商业化，金·吉列发了大财，成了人人艳羡的亿万富豪。

只可惜名利双收之后，金·吉列的路走得极其坎坷。在兼并了一系列竞争对手，把公司做大、做强之后，与其后辈乔布斯一样，金·吉列也没有逃过被自家公司管理层扫地出门的命运。

	从前的剃须刀	吉列剃须刀
市场目标 （顾客）	一般男性	
价值 （价值提供）	耐久性	
能力 （执行/资源）	大量生产与销售	
收益模型 （利润）	整体买，整体换 价格高	

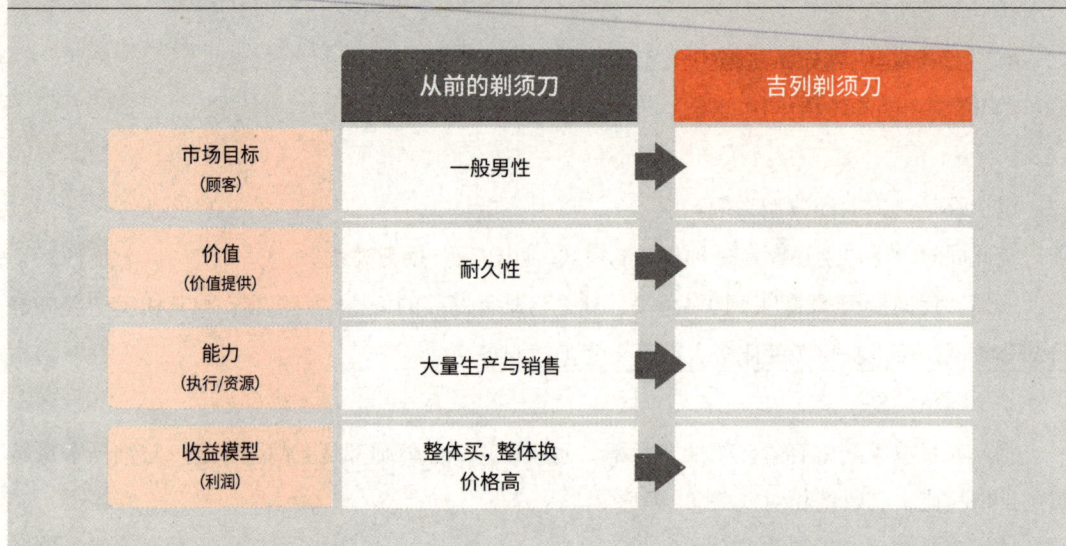

只不过，与乔布斯不同，离开公司后的金·吉列再也没能重返人生和事业的巅峰，而是每况愈下——他曾一度尝试再建公司，重回商场，却一再受挫，始终郁郁不得志。最终，在20世纪初席卷全球的大萧条中，在一次又一次的专利纠纷中，在一场又一场的法庭辩论中，这位疲惫不堪的商界巨人倒下了——金·吉列失去了所有个人财产，并于1932年在极度失意中去世。

不过，金·吉列亲手创建的吉列公司从来没有停下创新的脚步。在他离去之后，公司依然不断开发新技术，发明新专利：从最初的普通散装刀片，过渡到后来的刀具内置式刀片；刀片的数量也从2枚过渡到3枚，最后又过渡到5枚，而且是"5+1"，白送1枚精修刀。

顺便说一句，"+1"促销模式尽管今天已屡见不鲜，可在当时还是一个比较新鲜的事物，所以没少受到社会舆论的非议。好在吉列"锋隐5+1"系列上市后可谓气势如虹，业绩表现极为亮眼，甚至堪称惊人。

关键在于，吉列的"5+1"模式有着相当坚固的专利壁垒，竞争对手很难突破。这就让吉列公司的高收益结构极为强韧，公司能够持久地赚钱，而且是赚大钱。

2005年，该公司的年销售额终于突破了1万亿日元，且毛利率高达25%。

一家卖剃须刀的公司，能把生意做到这种程度，实在是了不起。

▶ 王者的挑战：会员制直销

成功地将速溶咖啡推广到全世界的，是瑞士饮料行业的巨头雀巢公司。靠着这一显赫的功绩，该公司的发展曾经气势如虹。只可惜进入20世纪80年代，雀巢的事业开始走下坡路，品牌影响力也大不如前了。

正如《权衡》（2010年版）一书所指出的那样，"便利性"（便宜、方便，哪里都能买到）与"高品质"很难同时搞定。轻易得到的东西，往往不太容易给人"值钱"的感觉，更别提"有面子"了。

于是，雀巢决定放一个大招，来彻底挽回这个局面。

1986年，一个划时代的新产品诞生了——雀巢创建了奈斯派索（图109）公司，推出了胶囊咖啡。

这种咖啡的原理就是：将刚做好的新鲜咖啡封入一个胶囊中保存，饮用时需要使用专门的意大利浓咖啡制作设备将胶囊中的新鲜咖啡重新抽出来。如此这般，人们就可以喝到极其浓郁、极其纯正的意大利风味的咖啡了。其感觉，与置身意大利本土饮用咖啡无异。

没承想，如此天才的想法最初却遭到激烈反对，而反对者居然来自雀巢公司内部——彼时，当埃里克·法夫尔将他的"胶囊咖啡"提案递到公司管理层面前时，迎接他的却是上司的冷眼。

"你提的新产品和公司既有的产品有冲突，会抢走自家公司产品的生意。"

上司草草打发了法夫尔，甚至连"项目开发许可"都没有给他。

不过，倔强的法夫尔却并没有因此气馁，而是躲在暗处一个人搞起了研发。

功夫不负有心人，他终于成功了。他亲眼看到了凝聚自己无数心血的劳动成果成功上市，并成为一个经典。

只不过这一天，距离"胶囊咖啡"的灵感突然浮现于法夫尔脑海的那一天，已经整整有11年了。

当然，再经典的项目，其实现也不可能一帆风顺。

首次面世的"胶囊咖啡"遇到了一个问题，就是消费者的初期

图109 | 使用奈斯派索3年后……

3年里,每天喝3杯咖啡

0元
(本来是3万日元)

55日元/个 ✕ 3285个

约18万日元

针对个人客户的"至尊服务"项目,能够让顾客享受6盒以上8折优惠以及免邮费的待遇

投资很高:雀巢公司最早推出的胶囊咖啡机需要应对不同的咖啡种类与混合方式,因此需要用到11～15个气压值。性能要求如此之高,造价自然不菲。当时每台胶囊咖啡机的定价为3万日元。

显然,这个价格对消费者来说,多少有些高了,而且也和"胶囊"一词给人较为"便宜"的印象不太相符。

怎么办?雀巢公司很自然地联想到经典的"换刃模式"。该模式对解决"胶囊咖啡"的诸多问题,实在是再合适不过了。

在极短的时间内,雀巢采取了一系列措施:首先,请来好莱坞著名的"不老帅哥"乔治·克鲁尼做品牌代言人;紧接着,又针对法人客户推出"会员制"直销服务。只要成为会员,就能免费提供(是"借",不是"送")奈斯派索的咖啡机,而且能以每个60日元的超优惠价格买到奈斯派索的咖啡胶囊。

顺便说一句,这里所说的"法人客户",基本上都是一些高级宾馆和写字楼。换言之,这些地方都是社会精英扎堆的场所。这些法人客户有一个共同的特点:一方面爱面子,喜欢展示光鲜的形象,另一方面却不愿多花钱。所以雀巢的这一招,可谓切中要害。

与当年的吉列公司一样,雀巢也碰到了专利问题,或者说山寨问题。

因此,在产品研发和专利获得上,雀巢也不敢有丝毫怠慢,特别是对奈斯派索的这款王牌产品,始终保持着高度敏感。最终,雀巢公司为奈斯派索的"机器"和"胶囊"一共申请了1700多项专利,把那些非"纯正"的"可替换胶囊"挡在了门外。

只不过,专利的有效期一过,麻烦还是会来。

2012年，随着奈斯派索的几个最基础的专利权到期，大量的山寨者"如约而至"。从那时起，雀巢公司的法务人员就开始面对无穷无尽的官司。

好消息是，奈斯派索在海外的发展相当顺遂，特别是在亚洲最大的咖啡市场日本，表现得格外出色。由于成功打通个人客户的脉络，法人客户与个人客户一起发力，奈斯派索在日本市场的销售额达到5000亿日元的高点，市场份额也高达50%，等于一举拿下日本市场的半壁江山。

▶ 环境问题的解决之道：垂直统合模式

好不容易打开局面的奈斯派索很快又遇到了新的问题，而且还是一个极为棘手的问题，那就是"环境问题"。

胶囊垃圾怎么处理？填埋，会污染环境；烧掉，更是如此。而彼时对这种塑胶垃圾的处理，几乎只有"填埋"这一种方式。

欧洲国家对环保问题格外敏感，所以至少从表面上看，奈斯派索的好日子似乎所剩无几了。

2016年，在居民和环保组织的长期抗议下，德国政府对奈斯派索下了"逐客令"，公开声明：从此以后，德国境内的任何公共场所不会再有奈斯派索的影子！

对雀巢公司来说，该声明无异于晴天霹雳。奈斯派索遇到了上市以来最大、最严重的危机。

对此，雀巢公司是这么做的：只要是自家公司的废弃胶囊，全部免费回收，自行处理。

雀巢公司的员工会在上门提供其他服务时，捎带着取回顾客积攒下来的胶囊垃圾，然后送到专业的定点处理厂进行处理。

这样一来，雀巢的经营模式就成了最典型的垂直统合模式。从咖啡树的栽培，到咖啡豆的采购，到咖啡的生产、贩卖，再到垃圾的回收，可谓无所不包，真正做到了"一条龙"。

▶ 突破"专利"瓶颈：并购竞争品牌

2017年9月，雀巢公司干了一件震动业界的大事：将著名的蓝瓶咖啡重金拿下，以4亿多美元的价格收购了蓝瓶近七成的股份。

这个并购案非常经典。无论是对一心追求"品牌高端化"的雀巢来说，还是对志在拓展世界市场的蓝瓶创始人费里曼，以及渴望拥有更高回报的投资者而言，这一结果堪称"皆大欢喜"。

2018年，雀巢公司再次砸下8000亿日元重金，取得了星巴克的商品销售权。这一次，雀巢将星巴克咖啡装进奈斯派索胶囊，卖给了全世界。

显然，雀巢公司看重的就是星巴克超强的品牌影响力。若星巴克与奈斯派索的品牌价值相结合，必然会产生不可估量的效应，发展前景不可限量。

那么，这一次，雀巢公司能否如愿呢？

一切都刚开始，我们不妨拭目以待。

31 | 广告模式的诞生及其威力（CBS、雅虎）

▶ "广播网"的诞生：出身烟草行业的"贵公子"佩利的身手

在20世纪20年代，一个极其重要的"收益体系革新"事件不容忽视，就是"广告模式"的诞生。

我们知道，对做生意这件事，媒体广告的作用不可小觑。通过做广告，商家可以迅速打开市场，回本，赚钱。与此同时，媒体也能得利，仅通过收取广告费就能维持正常运转，乃至赚大钱。既然如此，媒体就可以将丰富多彩的媒体内容免费提供给普罗大众，从而积聚人气，进一步提升广告业务的吸引力。

当然，最大的受益者还是普罗大众。人们既可以无偿享受无数高质量的文化产品，又无须为此背负任何精神负担或"必须购买商品"的义务。

那么，如此一举多得的美事，如此天才的点子，当初到底是谁想出来的呢？

最初意识到并证明这一点的，居然是一位出身烟草行业的"贵公子"，名叫威廉·佩利。

佩利毕业于美国宾夕法尼亚大学沃顿商学院。毕业后，他进入父辈创立的烟草公司任职，且由于表现出色，被提拔到副总的职位。这位"贵公子"最为关注也极其擅长的领域就是广告宣传，靠这个本事，他为公司赚了不少钱，在职场中混得风生水起。

正是在这个过程中，一个新生事物吸引了他的视线，那就是"广播广告"。彼时，初生的广播电台事业基本上没有受到多少人重视，而所谓"广告"，也几乎没有什么商业促销性质，无非是为一些经营广播电台的机构、商店打知名度而已。

佩利的父辈于1927年将宾州费城的一家经营困难的小电台CBS买下，而这个小小的举动居然改变了"贵公子"佩利的一生。

从此，他的兴趣便不再与家族传统的烟草生意有关，他将全部精力投向了新生的广播电台事业。

自从拿下CBS，敏锐的佩利立马洞悉了其未来的发展方向。他迅速抓住两个重点：第一，电台节目的品质；第二，广告主。

彼时，美国的大多数广播电台都是独立运营的个体，而所有的广播节目都是从地方大台那里直接购买和播放的。换言之，大家播的东西都差不多，而且内容单调乏味，好似地方报纸一般，基本上买1张和买10张没什么区别。

重点是，这种"同质化"具有鲜明的地方色彩，并没有在全国范围内形成网络，这意味着全体美国人基本上无法接触到本地区以外的任何广播节目。

既然如此，对那些拥有全国知名度的大品牌商来说，在各家电台大做广告的价值几乎为零，没有任何魅力可言。

所以，佩利决定从这里下手，去改变局面。打定主意后，佩利便开始行动了。他挨家挨户拜访全国的大小电台，端出了自己的提案：我们家自己制作的节目，你们可以随便用，免费用；但是与此同时，"带广告"的节目，必须在我们指定的时间段播放。

如此美事，对方当然没有不应承下来的道理。于是，与CBS结盟的地方电台急剧增多，如雨后春笋般在美国各地涌现出来。1928年，以16家加盟电台起家的CBS广播网声势迅速壮大，即使很快便遭遇到史无前例的大萧条，其疯狂扩张的脚步也没有被阻止。截至1937年，广播网已扩大到114家加盟电台的规模。如此一来，CBS便具有了竞争对手无法匹敌的强大优势——其节目可以在全国播放，让全体美国人听到。各路大品牌商蜂拥而至，争相奉上广告订单，其中不乏可口可乐这样的享誉全美国乃至全世界的超级品牌（图110）。

今天，CBS已是美国广播电视行业著名的三巨头之一，而由CBS开创的事业，更是早已跨越美国国境，覆盖了全世界。

▶ 让广告主欲罢不能："大众向节目"与"细切广告框架"

"我梦想着过一个白色圣诞，正如我一生中无比熟悉的圣诞那样。"这句世界名曲《白色圣诞》中的歌词，想必许多人熟悉。而这首歌的演唱者，20世纪中期享誉世界的美国歌坛巨星

图110 | 通过吸引听众和地方电台，CBS大幅提升了广告收入

允许合作伙伴免费使用CBS的自制节目，交换条件是，必须在指定时间播放赞助商的广告。

加盟电台数量增多，使广告商的产品给顾客留下"国家级品牌"的印象。

1928年
16家电台
➡
1937年
114家电台

宾·克罗斯比，就是由佩利的CBS一手捧红的。

克罗斯比发现，广播电台的麦克风与扬声器不再适合传统演唱方式，于是发明了一种新唱法，也就是著名的"吟唱方式"。具体地说，就是声音不张扬，极尽柔顺平滑的唱法，听来好似有个人在你耳边呢喃，令人陶醉不已。而为其最新唱法买单的，正是彼时事业蒸蒸日上的CBS公司。

1931年，CBS为这位年轻唱将量身定制了一套节目——《克罗斯比秀》。该节目一播出便风靡一时，不但为克罗斯比本人打开了好莱坞的大门，使其成为后来的美国巨星，而且还吸引了无数商家的灼热视线，为CBS带来了不计其数的大额广告合同。

从此，无论是廉价的日用消耗品，比如饮料、肥皂、药物、啤酒①，还是昂贵的耐用消费品，比如家电、汽车，都与广播结下了不解之缘。对广告主来说，他们最爱的节目都是一些有着极高人气的大众娱乐节目，比如"喜剧秀"和"音乐秀"。这类爆款节目的广告时段，是这些广告主的必争之地。

不过，这一广告业务的荣景却并没有让佩利满足，他又瞄上了一个新的领域：新闻节目。

与大众娱乐节目相比，新闻节目的制作成本较低，且数量极大，而且观众也非常爱看。重点是，人们天天看，因为新闻天天有。如此肥沃的广告土壤若是闲置，实在太可惜了。

彼时，美国所有广播电台的新闻节目都是从国家级大型新闻报道机构直接购买并播放的。特别是美联社，在这个领域几乎处于垄断地位。由此，全体美国人每天从广播中听到的都是同质化程度极高的新闻节目，没有什么新鲜感。

对此，佩利颇为不满，与美联社的关系也极为不睦。

于是，1930年，CBS自己的新闻业务板块横空出世，成了美联社强有力的竞争对手。

重点是，这一次，上帝再次站到了佩利一边。

1939年，第二次世界大战全面爆发，刚从大萧条中走出来的美国人再一次被恐惧所笼罩。越是这样的时刻，人们对娱乐与新闻的需求也就越强烈。而娱乐与新闻，都是CBS的强项，是这家传媒巨头的拿手好戏。

终于，命运般的时刻到来了。

纳粹德国对英国首都伦敦进行了大规模空袭，一时间震惊世界。而CBS通过其英国分公司对这场大轰炸进行了现场直播。

令人心房震颤的爆炸声、建筑物的倒塌声以及播音员声调高亢的现场播音，通过无线电波传回了美国，传遍了全世界，令该节目成为空前的爆款节目，将CBS的新闻业务乃至整个广播事业一举推向了最高峰。

见此盛况，无数广告主纷纷打开自己的支票簿。佩利心目中新闻广告业务的荣景，终于变成了现实。

---

① 1933年，美国废除了著名的《禁酒法案》。

如此这般，在这位"贵公子"的悉心打造下，CBS终于登上了媒体行业食物链的顶端，被大众认为是"美国娱乐与新闻报道业的核心"。

　　可见，在"看透大众的心思"这一点上，佩利绝对是一个天才。

　　与此同时，佩利对广告主的需求，哪怕是那些最细腻的需求也极其敏感。20世纪40年代，电台节目的广告播放模式发生了深刻变化。在那之前，广告节目的时长往往可以达到0.5～1小时。在那之后，广告节目每次播放的时长变成5～15分钟，最多不超过20分钟。可即便如此，赞助商依然趋之若鹜，广告业务依然生意兴隆。

　　顺便说一句，人类社会进入电视时代之后，广告时长再一次被压缩。现如今，30秒甚至10秒的广告已屡见不鲜。当然，这也要视节目的"爆款度"而言。

　　正是这种"短广告"的运营体系，让CBS的收益结构坚如磐石。由此，CBS成为美国广播电视网著名的三巨头之一。

　　美国汽车行业的巨头通用汽车公司就是电台广告的受益者之一。

　　我在前文中曾经提到，为了和老福特的"国民车"——T型车叫板，通用汽车反其道而行之，选择了一种最笨的"水平细分战略"。也就是说，与福特倾尽全力只做一款车不同，通用汽车主动选择迎合市场的细分化需求。

　　显然，这种笨方法是有巨大风险的，其资源投入多，成本效益差，生产效率低。在这种情况下，能够让该模式成功的唯一方法，就是迅速吸引大众的注意力，并在极短的时间内勾起他们的购买欲望。这一点，是彼时通用汽车公司面对的最大课题，也是至难课题。而在这个课题上帮了大忙的，就是电台广告。由于这种广告模式直接刺激人的感官，因此与其他类型的广告相比，这种广告极易打动顾客。通用汽车的"水平细分战略"最后之所以能成功，电台广告可谓功不可没。

　　再把话题说回"贵公子"佩利。

　　为了获得最优秀的人才，他可谓煞费苦心，倾尽全力。也正因如此，CBS的节目才有始终如一的高品质和始终如一的高口碑。

　　也许是被自身的成就冲昏了头脑，从而过度自信；也许是贪恋那份"驰骋商场"的快感和成就感，佩利始终不肯让位，始终不愿将事业交到后辈手中。而他的这种做法违反了自己年轻时亲自参与制定的"企业内部退休制度"。

　　市场竞争依旧残酷，时代变化依旧迅速，年老的佩利已不再适应这个瞬息万变的世界了。而这位白发苍苍的"贵公子"的固执所导致的直接结果，就是他一手打造的CBS的业绩在20世纪末期剧烈起伏。

红杉资本和路透社：孙正义给雅虎的爆发添了一把火

就这样，无论是报纸杂志还是广播电视，广告模式以极为强大的生命力，成功驾驭了一代又一代媒体平台，一路走到了今天。值得一提的是，始于20世纪90年代的互联网经济热潮更是给该模式注入了新的活力，令其势头更旺。

1995年，由斯坦福大学的两位博士研究生联合创立的互联网搜索引擎——雅虎迎来爆发式增长。彼时，距离这个新生事物的问世还没过去多久。

受其业绩吸引，数家风投公司很快表示了投资的兴趣。创立雅虎的两位年轻人左思右想，最终选择接受红杉资本的100万美元注资——其后的一年，就是拼速度和拼体力的"规模竞争"的关键期了。

"这是命运的安排。""从今往后，全世界的知识与智慧都会集中到互联网上来。问题是，如果在浩如烟海的信息中，人们找不到自己想要的东西，抑或即便能找到，也要付出很多时间，那么互联网的存在本身就失去了意义。""这件事是上天赋予我们的任务，这是造福全人类的大事，必须干到底！"——两位年轻人这样想着，不禁动起了休学的念头。

话说在雅虎诞生并初显身手的1994年和1995年，主营网络搜索引擎项目的竞争对手为数不少，且都是新兴公司，比较典型的有Excite、Infoseek、Lycos、AltaVista等等。问题在于，互联网的世界看似一望无际，却容不下太多玩家。同一项服务有两家公司提供，在互联网的世界是极其罕见的，一般情况下两家会一决雌雄，胜者留下，败者出局。而决定胜负的关键，只有两个字：规模。谁的规模大，谁就能胜出。而衡量规模大小的标准只有一个：网民访问量（点击量、停留时间等等，以下简称"流量"）。

显然，要争取流量，就要扩大规模；要扩大规模，就要有充足的资金。于是，竞争的焦点便一目了然了，那就是"钱"。谁能在最短的时间内搞到最多的钱，谁胜出的机会就大。而雅虎的两位年轻人在"烧钱"这件事上，也确实表现出了超强的魄力与决心。

接受红杉资本的投资后，在最初的10个月里，雅虎的营收便达到150万美元，可是与此同时，花销也着实不少，一共花掉了214万美元。换言之，雅虎有了64万美元的亏空。对当时的雅虎来说，这种程度的亏损是巨亏，如果不及时"输血"，游戏是玩不下去的。无奈之下，红杉资本又紧急筹资200万美元注入雅虎。但没过多久，这笔钱又见了底。

在这个关键时刻，是英国通信业巨头路透社拯救了雅虎。与路透社的合作让雅虎可以将全球最权威、最新鲜的新闻类内容即时上线，一下子令网站流量暴增，进而吸引来逾80家企业广告主，一举实现了赢利。

彼时，日本的软银公司已在业界摸爬滚打了10余年，积累了不少经验和资源。该公司的掌门人，后来的商界大佬孙正义独具慧眼，看中了雅虎的无尽潜力，于是亲自飞赴美国，找到那两位年轻人，端出了自己的提案：第一，向雅虎注资，交换5%的股份；第二，设立雅虎日本分公司。

在那之前，孙正义的软银已经在美国IT业界有所斩获，比如全美计算机经销商展览会领域的大腕COMDEX，刚被孙正义以800亿日元的价格拿下。而将全球IT媒体领域的巨头Ziff-Davis收入囊中，更是花掉了孙正义2300亿日元的巨款。他与雅虎的缘分正是源于这项收购案——Ziff-Davis公司出版部门的负责人对他说：雅虎不错，很有前途！

孙正义二话不说，立马带上自己的得力助手井上雅博（后来担任过雅虎日本公司总裁），飞往雅虎的大本营——美国加利福尼亚。

此时，年轻的雅虎，包括两位创始人在内，只有区区6名员工。

▶ "目录型检索+免费服务"与"门户网站标签广告模式"

第二年，也就是1996年，孙正义再次找到雅虎的两位年轻创始人，端出了一个新提案：追加投资，而且这次的投资金额是100亿日元。

两位创业不久的年轻人被这个金额吓到了，不禁犹豫起来。见此情形，孙正义不慌不忙，使出自己的撒手锏：如果两位接受这笔投资，那么软银旗下的两个重量级IT平台——COMDEX和Ziff-Davis必将全力支持雅虎。

此招果然见效。两位年轻人终于点了头，100亿日元落袋。当然，这一次，孙正义拿走的是雅虎近三成的股份。

有了这笔巨款，两位年轻人如虎添翼。他们迅速整合了雅虎的电子邮件和网络融资板块，并在这些关键领域不断地调整、升级、精进，终于在后来席卷全球的"门户网站大战"中胜出（图111）。

概括起来，雅虎的战法主要有以下几条：

- 将互联网上杂乱无章、不计其数的网站通过人工手段归纳整理，并进行具体、细致的分类，将其"目录化"。网友可以利用雅虎自行开发的搜索引擎进行目录检索，轻松找到自己需要的信息。由此，"**目录型检索**"成为雅虎的业务核心。
- 电子邮件、网上聊天、网络游戏、商品导购、网上日历、网络融资等等，大量的在线服务全部免费提供，从而最大限度地实现"差异化经营"与"跑马圈地"的目标。尤为重要的是，实现"**流量最大化**"的目的。
- 收益来源是针对网站访客的**标签广告**（网站上的商业广告收入占公司总收益的九成以上）。

图111 | 雅虎创立的门户网站商业模式

	雅虎网站	
市场目标 （顾客）	一般网民	B2C企业
价值 （价值提供）	目录及检索 无偿提供各种线上服务	大规模渗透不看电视的客户层
能力 （执行/资源）	人工制作目录 广告销售、服务开发与收购能力	
收益模型 （利润）	关联网页的横幅广告 （上架期保证型、页面浏览量保证型、点击量保证型、行为保证型）	

由于雅虎是门户网站，且流量惊人，所以标签广告的收益极为可观。这就令雅虎的商业价值倍增。1999年末，创业不到5年的雅虎，其股价总额一举冲破了1000亿美元大关，达到惊人的1090亿美元。

随着2001年美国互联网泡沫破裂，雅虎身价暴跌，股票市值一度跌至巅峰期的二十分之一，只剩区区50亿美元。不过即便如此，雅虎还是顽强地生存下来，挺过了那场危机。

只可惜，几年之后，雅虎还是失去了门户网站的所有优势，"泯然众人矣"。讽刺的是，摘走雅虎头上王冠的正是其力推的互联网扩张大潮。更为讽刺的是，这件事的直接操盘手正是两位创始人的师弟，同为斯坦福大学高才生的拉里·佩奇和谢尔盖·布林。他们创立了谷歌公司。

▶ 从效果渐失的横幅广告，到关键词广告

以雅虎为代表的互联网公司为了赚钱，把横幅广告玩出了花样。

他们开发出一连串的横幅广告玩法：上架期保证型，规定一个具体的广告上架期限，并予以保证；页面浏览量保证型，保证上架广告能够得到一个大概的总体浏览量；点击量保证型，保证网页点击量为有效点击，将网页滞留时间过短的点击彻底排除，也意味着只对有效点击收取广告费；行为保证型，根据大数据计算出网民的上网习惯，只在网民的"有效行为期"上架

广告；等等。

其中，点击量保证型与行为保证型等几种玩法颇受广告主欢迎。与CBS的佩利等业界前辈一手开创的"大规模""大众媒体"广告模式不同，这些只有互联网平台才能实现的，极其精准、极易量化的超级广告投放模式，显然具有不可比拟的巨大优势。

正是由于无数广告主的疯狂热捧，互联网行业才会在极短的时间内吹起巨量泡沫。

2000年，仅美国市场的线上广告规模就超过80亿美元（超过市场总体的3%）。重点是，这个数字似乎还在以超乎常识的速度疯长……

那时的雅虎及其竞争对手肯定被一道亮眼的光闪晕了……

随着互联网的过度扩张，"信息海洋"很快变成了"垃圾海洋"，"信息轰炸"也很快变成了"疲劳轰炸"。线上横幅广告的效率和效果开始走下坡路。

20世纪90年代初，整个网络上只有数万个网站，而区区数年之后，这个数字居然一路飙升到数十亿！

别忘了，雅虎的商业模式是通过人工手段整理目录，再利用目录进行检索。而其"目录检索引擎"显然已无法适应网站大爆发的局面。于是，取而代之的是以Infoseek为代表的"机器人型自动检索引擎"。问题在于，与人工作业相比，机器人的操作非常粗糙，而过低的检索精度也使其扩张步伐大大减缓。

解决这种两难局面的，正是雅虎的后辈——谷歌公司。创业于1998年的谷歌有着明显的后发优势，凭借着卓越技术，谷歌搜索引擎在"大量""快速""精准"这几个关键指标上的表现极为出色，在极短的时间内跃升为业界主流。

2002年，谷歌搜索引擎成为美国线上搜索市场当之无愧的王者。有了它，美国人的信息收集能力得到革命性的提升。

随着谷歌搜索引擎的火爆，一种崭新的线上广告模式被"发明"了出来。这就是经典的"关键词广告"，也称"检索关键词联动型广告"。

具体的操作方式是这样的：在谷歌主页搜索栏输入关键词，会出现一连串的搜索结果，然后在显示结果的网页边角处粘贴广告（等于广告主花钱购买了相应的关键词广告位），便会产生极大的关注度。但是，网上的信息量过于庞大，搜索任何一个关键词，都会显示极多的网页，而搜索信息的网民根本不可能浏览全部网页。

在这种情况下，所有广告主都会往前排挤，因为位置越靠前，被关注的概率便会越大。那么，这种关键词广告模式，又应该如何定价呢？

两个字：竞价。当针对相同的关键词出现多家广告主时，位置的优劣将由广告主竞价决定，谁出价高，谁往前排。

话说想到这个天才的赚钱点子的人，名叫斯科特·巴尼斯特。1996年，他将自己的这个创意卖给了美国著名的初创企业孵化器公司"创新实验室"（Idealab）。这家公司的掌门人比尔·格罗斯于两年后的1998年，亲自组建了一家新公司，也就是Overture公司的前身，并在该公司的运营过程中实践了巴尼斯特的创意，证明其确实有用。而他的这次成功实践，为之后众多搜索引擎公司的事业带来巨大的福音。一句话：搜索服务可以让企业赚钱，而赚钱的唯一方法就是让广告买主"竞价"。

"关键词广告"模式的诞生还为广大中小企业打开了进入线上广告领域的大门。

原因很简单，传统的横幅广告需要在相应网页上占据较大空间，因此收费颇为昂贵，大多数中小企业负担不起。而"竞价"的诞生，至少给中小企业提供了一个机会——或者由于运气好，某个关键词的广告买主较少，可以用较为低廉的价格让自家广告往前排；或者即便买主较多，排位相对靠后，也起码还有一些可能让网民看到。

▶ 资源的"一点集中化"：在商业模式创新上不作为的雅虎和微软，帮了谷歌大忙

眼见着"关键词广告"模式异军突起，雅虎和微软（拥有门户网站MSN）却并没有及时跟进。毕竟这两家都是彼时门户网站的巨头，拥有足够多的流量可以支撑传统的横幅广告。既然钱够赚，而且老工具用着得心应手，那么何必去改变呢？

说来颇具戏剧性，其实微软早在1998年就已经花费2.7亿美元买下了一家专营"关键词广告"业务的IT公司LinkExchange，但不可思议的是，微软在其门户网站MSN上正式搭载这一功能，却是在两年后的2000年。雅虎正式引进"关键词广告"模式是在2001年，而且还是借由前文中提到的Overture平台实现了这一点。

在瞬息万变的互联网世界，片刻的犹豫便可能意味着巨大商机的错失。两个主要竞争对手居然同时犯错，敏锐的谷歌当然不会放过。谷歌行动了，而且速度极快。

1999年，谷歌引擎以超高效率的精准检索能力一鸣惊人，开始享有全球性的声誉。这家初创公司的卓越表现吸引了众多风投基金的注意，各路资本蜂拥而来。在极短的时间内，谷歌便成功集资30多亿日元。不过，彼时的谷歌对如何利用这一身的本事赚到钱，却并没有一个明确的头绪，在很长一段时间内，其收入几乎为零。此时，比尔·格罗斯的实践给了谷歌极大的灵感——没错，正是"关键词广告"模式让谷歌在极短的时间内强大起来。

问题在于，尽管付出了极大努力，但这一领域的先驱Overture和LinkExchange却始终无法被谷歌成功拿下，而是最终成为别家的囊中之物。无奈之下，谷歌只好另起炉灶，自行研发。谷歌的速度极快，一年后的2000年，便推出了独家技术软件AdWords。

在这个关键时刻，雅虎却犯了三个大错，且每一个都堪称致命。

	谷歌	
市场目标 （顾客）	一般网民	B2C/B2B企业
价值 （价值提供）		
能力 （执行/资源）		
收益模型 （利润）		

其一，雅虎在2000年6月至2004年2月之间将谷歌搜索引擎主动搭载到自己的平台上，为对手做了嫁衣。

其二，Overture被雅虎以16亿美元收购。这本身是一件好事，只可惜这件事发生在2003年，那时的谷歌已然一骑绝尘。

其三，谷歌的"独家技术"AdWords借鉴了不少Overture的创意。雅虎将对方告上了法庭。但是，2004年，雅虎居然仅以260万股对方股票（当时价值2.6亿美元）的条件，便同意与谷歌和解。

总之，创业初期昂扬的斗志、强烈的速度感，在雅虎身上已经逐渐成为过去时。作为门户网站绝对的先驱，作为全球互联网事业功不可没的开创者和推动者之一，创业未满10年的雅虎老态尽显，几乎无法跟上时代发展的脚步。雅虎不但完美错过了"机器人型自动检索引擎"的业界潮流，也与"关键词广告"模式的历史大潮擦肩而过，最后被谷歌超越。

2004年，谷歌完成了IPO。一年之后，其市值便一举超过1000亿美元，比雅虎的两倍还多。而由于业绩不断恶化，雅虎公司创始人之一杨致远于2008年辞去CEO职务，将指挥权交到继任者手里。只可惜，领导班子的轮换并没能改变雅虎的命运，业绩不佳、财务困难的局面始终没能得到根本性的扭转。

2017年，包括门户网站在内的一批雅虎的核心业务板块，被美国通信业巨头威瑞森（Verizon）公司以45亿美元的价格打包买下，被直接统合到美国在线服务（AOL）体系之内，成了这个庞大架构中的一部分。与此同时，谷歌的股票市值已达到6500亿美元。

32 | 免费增值模式是一条布满荆棘的险路（Cookpad）

▶ 什么东西应该免费，什么东西又应该收费？

前文曾提到《长尾理论》这本经典著作，其作者是美国《连线》杂志前主编克里斯·安德森。而此君的另一本著作《免费》，更是无人不知。在某种意义上，称其奠定了现代互联网商业模式的基础也不为过。

该著作的贡献在于，首次指出了"免费"的价值，并深刻地论述了应该如何利用这一强有力的价值杠杆去生财，进而构筑可持续的盈利体系。

具体地说，利用"免费"杠杆挣钱，有如下几种模式：

其一，内部补助型；

其二，第三者补助型；

其三，少数利用者负担型；

其四，志愿者型（公益型）。

下面我们详细地解释一下这几种类型（图112）。

其一，内部补助型。

为了吸引顾客来店，去街头免费分发纸巾，抑或免费送货上门，减轻顾客负担。然后将这些成本通过销售额的提升消化掉，且能产生大量盈余（比如亚马逊网站）。

其二，第三者补助型。

将内容产品及相关服务全部免费，再以接受广告投放的方式挣钱（比如民营电视台、谷歌）。

其三，少数利用者负担型。

为内容使用方提供免费服务，再向内容制作方收取软件使用费（比如Adobe PDF）；对买方免费，而对卖方收费（比如信用卡、贝宝）；对网络社交游戏本身免费，而对游戏周边装备收费（比如GREE、LINE）；对基本服务免费，对会员升级服务收费（比如印象笔记、Dropbox、Cookpad）。

其四，志愿者型（公益型）。

把大量"志愿者"的评价和文章免费公开，大幅提升内容产品的价值与吸引力，从而促成

图112 | 关于"免费"的4种收益模型

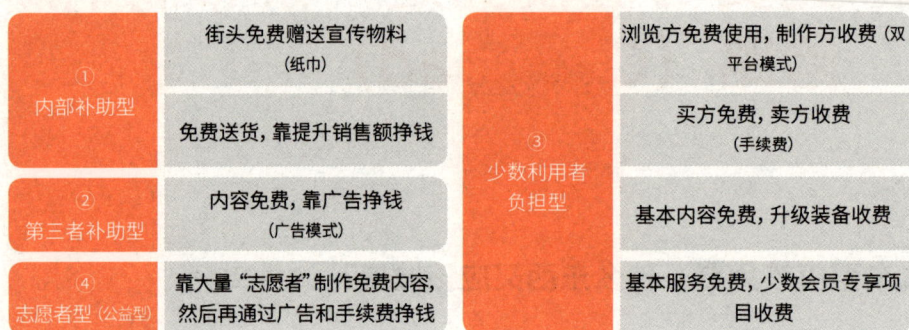

		少数利用者负担型	
① 内部补助型	街头免费赠送宣传物料（纸巾）	③ 少数利用者负担型	浏览方免费使用，制作方收费（双平台模式）
① 内部补助型	免费送货，靠提升销售额挣钱		买方免费，卖方收费（手续费）
② 第三者补助型	内容免费，靠广告挣钱（广告模式）		基本内容免费，升级装备收费
④ 志愿者型(公益型)	靠大量"志愿者"制作免费内容，然后再通过广告和手续费挣钱		基本服务免费，少数会员专享项目收费

流量剧增。然后再通过有效流量收取商家的广告费，或通过有偿送货收取消费者的手续费，实现盈利（比如价格网）。

　　顺便说一句，上述第三种类型——少数利用者负担型是由著名风险投资家弗雷德·威尔森做出定义，并以网络公开征集的形式命名的。随后，人们又对这个名称进一步优化，将"free"（免费）和"premium"（收费）这两个英文单词合并，创造了一个新词"freemium"，这就是今天"免费增值模式"一词的由来。最终，"免费增值"的说法在《连线》杂志前主编安德森的推广下，得以广泛传播。

　　必须指出的是，免费增值模式之所以成立，与互联网的某些特殊属性有关。正是因为网上数字内容及其相关服务在某种意义上可以实现几乎为零的边界成本[①]，该模式才有可能成立。

　　安德森本人也亲自对"免费增值模式"进行了实践。他将自己的大作《免费》一书公开上线，允许广大网友在限定期间内免费阅读或下载。这一招果然奏效。借着互联网大潮，《免费》一书迅速火爆，网络下载量一举突破30余万次，在社会上引起强烈反响。很快，免费窗口关闭，想得到电子版或线下实体书的读者必须掏钱购买。而得益于线上免费下载期所引发的热潮，没用多长时间，《免费》一书便毫无悬念地晋身全球"超级畅销书"之列。

▶ "收费会员化"模式没前途！——颠覆这一"常识"的Cookpad

　　再来说说食谱检索网站Cookpad（图113）。在日本，20~40岁的年轻女性中，至少有96%的人知道该网站。特别是在30岁左右的女性群体中，有四成以上的人号称自己"每周使用Cookpad网站的次数超过一次"。

---

① 只须投入时间精力，而无须投入任何物质成本，而且储存、传输、流通成本也几乎为零。

图113 │ Cookpad网页

截至2018年末，该网站的"私家菜"食谱投稿总数超过305万个，月活跃用户数也达到惊人的5500万人。可见这个网站的运营有多么成功。

重点是，尽管惊人的流量也能为该网站带来不菲的广告收入，但其主要收入来源却并非这一块——Cookpad的收费制会员人数虽不多，只有大概200万人，不足其活跃用户总数的二十分之一，但就是这200万会员每人每月交纳的280日元会员费，贡献了该网站六到七成的收入。

不过，可以想见，在"免费"早已成为互联网世界的常识的背景下，Cookpad做到这一点到底有多难。

话说Cookpad的前身是一家小小的食谱分享网站，出自日本人佐野阳光之手。那是1997年的夏天——彼时，年轻的佐野刚刚大学毕业；彼时，我们这个世界不要说智能手机，连ADSL（一种高速通信技术）也没有。

由于佐野做的小型食谱分享网站思路非常清晰，颇受女性群体，特别是年轻女性群体的青睐，所以通过各种搜索引擎寻路而来的访客数量在短时间内迅速增长，这让佐野大为诧异，也颇有成就感。

问题是，佐野并不知道如何利用流量挣钱，网站的收入非常之少，而暴增的流量差点让他的网站瘫痪了，他花费了不少网站维护费用。

就这样艰难地维持了六七年，Cookpad的事业终于迎来一个重要转机。2004年，随着一些擅长广告业务的员工入职，该网站的广告收入有了巨大增长。比方说，让人气用户，也就是Cookpad平台上的"野生网红"录制视频节目，令松下品牌电子压力锅的销量狂增26倍；再比方说，策划实施一系列的"私家菜菜单竞赛"节目，让食醋和烤肉蘸料的销量大幅提高；等等。Cookpad有了这些骄人业绩，相关从业者自然闻风而来，送来价值不菲的广告订单。而大笔商家广告费的注入让Cookpad的经营终于步入正轨。

显然，仅仅"步入正轨"无法满足年轻人旺盛的斗志和勃勃野心。

	免费用户	收费用户	广告主
市场目标 (顾客)			
价值 (价值提供)			
能力 (执行/资源)			
收益模型 (利润)			

2008年，佐野决定再度挑战曾经让他饱尝败绩的"收费会员制"经营模式。

前面提到，在"免费增值"理念大行其道的互联网世界，"内容与服务免费，靠广告挣钱"的想法与做法具有压倒性的优势，已无人敢挑战。即便是"内容与服务收费模式"，也仅仅限于网络游戏领域的"装备升级和周边产品销售"环节。除此之外，"有偿内容"和"有偿服务"根本不可能成立。

就是在这样一种背景下，佐野决定向这一"常识"发起挑战。

当然，他之所以能下这个决心，也与遇到"贵人"有关。2008年11月，Cookpad被都客梦公司[①]相中，成为该公司旗下官方服务项目中的一员。由此，Cookpad的收费会员数开始飙升。2012年，Cookpad更是在智能手机用户"收费会员化"转型中获得成功。截至目前，该网站的收费会员在月活跃用户总数中的占比已接近4%。

今天，佐野已经将视线跨越日本国境，投向了全世界。美国、西班牙、印度尼西亚……Cookpad的寻梦之旅才刚刚开始。

---

① DoCoMo，日本最大的移动通信运营商。——译者注

▶ 仅靠"免费增值"不能确保成功，"时间"和"资金量"决定一切

"免费增值确实有用，问题是需要时间。"创业4年后，印象笔记CEO菲尔·利宾这样说道。

这确实是经验之谈，是肺腑之言。

事实上，该公司独创的电子笔记应用程序的免费用户，在开始使用后一个月之内的"有偿用户"转化率连1%都不到。可有趣的是，免费用户使用这款应用程序超过两年后，这个数字会暴涨到12%！

换言之，产品使用期超过两年后，平均9个人里面就会有1个人为这款产品付费。

说白了就是，人一旦养成习惯，就会离不开。而养成习惯绝非朝夕之事，需要时间，且是充足的时间。

除了"时间"之外，"资金量"也很重要。没有充足的资金做支撑，你不可能撑到"免费变增值"的那一天。

成立于2009年，提供"电子收据签发（在线支付）"服务的Chargify公司在这方面就是一个典型的例子。想当初，该公司的商业模式是这样的：接受其服务的商家，每个月可以免费享受50次收据签发服务。只要业务量超过这个数，便需要缴纳49美元的月费。

只可惜，为这个想法买单的客户寥寥无几，仅仅一年后，公司便由于缺乏收入、资金不足而濒临破产。

已经没有退路的Chargify干脆彻底甩掉"免费"二字的束缚，将自己的业务变成彻头彻尾的收费服务，而且将月费提高到了65美元。于是，曾经免费使用该平台的商家纷纷"脱粉"，使Chargify的用户数急剧减少，几乎所剩无几。可就是这留下的少数用户救了公司一命，让公司重新步入正轨，恢复了活力。尽管数量少，但这些用户个个都是含金量超高的"付费用户"。重点是，由于不用再伺候那些"既不想出钱，又无比挑剔"的免费用户，公司还省下了不少资源和精力，可以全力以赴地提升对付费用户的服务品质。如此一来，公司的经营状况立马出现了转变，并于2012年实现了盈利。

今天，尽管该公司依然只有区区30名员工，但未来的发展已不可限量。

总之，收费用户的获得谈何容易，需要时间。而度过这段艰难的时光需要有足够的资金来支撑，否则扛一天都是无尽的煎熬。

因此，创业初期进行"赤字化"经营，需要提前备足"粮草"。

还有一点需要特别注意：即便你是"免费增值"理念的"骨灰级"粉丝，也不能过于依赖"免费"二字，不能在这方面做过了头。一旦惯坏了用户，再想让他们为你付费，就会比登天还难。

话虽这么说，"免费"阶段的重大意义也不容忽视。毕竟这是"抛砖引玉"的关键环节，如果你的"砖"没有足够的魅力，是绝无可能引来"玉"的。所以免费产品与服务的质量要有保证，否则极难形成口碑效应、社群效应，自然也不会有多少人愿意成为你的付费用户。

绝大多数互联网初创企业都会本能地举起"免费增值"的大旗，但最后能成功的企业却少之又少。

可见，"免费增值"并不是成功的法宝。要做好这件事，可不简单。

33 | 订阅模式的冲击（奈飞、声田、Adobe）

▶ 源于现实世界的订阅模式

话说"商品"这个东西，无论是软件还是硬件，只要你把它买下来，它就是你的了，你想怎么使用就怎么使用。

问题在于，至少相对来说，"买"的代价较高，并不合算。所以不去尝试彻底"拥有"某件商品，只对"真实使用"的部分付钱，这样合算得多。

所谓"买不如租"，就是这个道理。

此操作被业界称为"商品服务化模式"。

美国施乐公司初次推出"计量收费制"是在20世纪60年代，可谓该模式应用的先驱。没过多久，"商品服务化模式"又有了一次重大升级，几乎让用户获得了与"买下""拥有"毫无二致的体验，即"想怎么使用就怎么使用"——此即现如今已然尽人皆知的"订阅模式"的雏形（图114）。

1997年，今日的流媒体巨头奈飞公司诞生了。最初，这家公司的业务仅仅是线上DVD租赁。"一周4美元，邮费2美元，延迟返还罚金1美元"是它的业务架构和收益模式。这一线上内容租赁生意之所以能成立，与DVD本身的属性有关。毕竟和VHS录像带相比，一张又轻又薄的DVD碟片在储存、运输等方面实在是方便太多了，因此即便没有线下实体店，这个生意也照样能做。

图114 | 订阅模式的定位

	拥有	不拥有
缴纳一定费用，无限量使用	售罄 （销售） 漫画销售	订阅模式 （限时定额缴费） 可以看漫画的茶饮店
用多少花多少	共同拥有 （权利分割销售）	服务化 （计量收费制） 漫画租赁

两年后的1999年，奈飞的服务再度升级，从"用多少付多少"变成"限定期间内随便用"。具体地说，就是"只要每月缴纳15美元的基础费用，碟片随你看"。换言之，"延迟返还罚金""邮费""手续费"统统取消。

在互联网经济的发展历程中，奈飞公司的模式升级意义极为重大。可以说，这是一次不折不扣的革命性的重大创新。

2000年，奈飞再次出手，实现了另一个里程碑式的创新——推出"内容自动推荐系统"。这一技术的基本逻辑是这样的：以顾客的网上足迹为依据，根据历史数据判断顾客的喜好，然后再有针对性地向顾客推荐符合其喜好与期望的内容。

有了划时代的创新，奈飞的事业一飞冲天。

截至2005年，奈飞的付费会员数超过420万人，上架作品数超过3.5万个（套），每天的DVD租赁成交量达到100万张。

奇怪的是，生意做得如此顺风顺水，奈飞却于2007年改变了战略，这又是为什么呢？

且看下文分解。

▶ 在线音乐、视频内容的"会员订阅制"大潮势不可当

随着互联网的大规模普及以及网速的迅猛提升，在网络上直接欣赏以电影为代表的视听内容成为可能。这就促进了所谓"边下边播"模式的诞生。显然，又一股网络世界的新浪潮即将来袭。奈飞敏锐地意识到了这一点，于是决定再度换招。

2007年1月，该公司将其业务核心从传统的"DVD租赁"板块转向"线上内容发布"，集中优势资源猛攻"边下边播"网络视听市场，并再一次大获成功。

尝到甜头的奈飞再接再厉，对其内容产品的来源进行升级，不仅大量购买影视公司的畅销作品和电视台的爆款节目，还投入巨额资金拉开了内容自制的大幕。2013年，投资1亿美元的奈飞原创网剧《纸牌屋》系列一经推出，便成为空前爆款。

连续的爆款产出能力以及先天的发行优势让奈飞摘下了影视产品市场的王冠。2018年，该公司的年销售额达到158亿美元，而股票市值更是一举突破1000亿美元大关，达到惊人的1600亿美元。这个成绩甚至超越了美国最大的有线电视公司——康卡斯特公司，以及好莱坞"常青树"迪士尼公司，由此奈飞成功坐上全美乃至全球媒体行业王者的宝座。

奈飞在视听内容领域的另一个重要市场——音乐内容市场的战况又如何呢？

与其在影视业所向披靡的情况不同，奈飞在音乐内容市场并没能一骑绝尘。这一领域涌入了太多巨头，大家各显神通，斗得不亦乐乎。声田、苹果音乐、亚马逊音乐无限、YouTube Music等等，几乎你能想到的线上内容巨头，都在局里。

该领域的先驱是苹果公司。随着一系列划时代的终端设备的风靡，特别是2007年智能手机iPhone的横空出世，苹果占据了绝对先机。通过专营线上音乐商店iTunes Store，苹果以每首歌不足100日元的价格普及了数字音乐的线上发行，令人们养成了在网上听歌的习惯。

总部位于瑞典斯德哥尔摩的线上内容提供商——声田公司于2006年以经典的"免费增值"和"限期订阅"模式进入这一领域，正式展开了与苹果的争锋。

上线初期，声田的音乐服务有许多明显的不足，比如"只能随机播放，无法连续播放"，"广告乱入现象太多、太频繁"，这些都极为影响欣赏音乐时的流畅度和快感；更要命的是，喜欢的音乐"只能在线上听，不能下载"，这一点更是饱受网友诟病。不过，彼时该公司的服务几乎免费，能以这样的条件听到所有心爱的音乐作品，网友也就接受了所有的不便。

有了大量网友，特别是年轻网友的支持，声田的业务拓展相当顺遂。时至今日，其"收费会员制"模式的推行也有了极大的进展，每月不足980日元费用的付费会员人数迅速飙升，已占该网站月活用户（每个月的活跃用户）总数的四成多，总人数接近8700万。换言之，其全球月活用户的总数居然是2亿人！

当然，作为行业的老大哥，苹果并没有作壁上观。2015年，苹果推出了一款重磅产品——苹果音乐。有了这款软件，iTunes商店上架的所有音乐内容，用户只需每月支付980日元，便可随意享用（图115）。

尽管行动略微滞后，但是凭借着强大的品牌影响力和卓越的客户忠诚度，以及以iPhone为代表的一系列终端设备的超高普及率，苹果音乐一经推出便受到热捧，其活跃用户在极短的时间内迅速暴增。

2019年6月，苹果音乐的全球付费月活用户总数已达6000万人，苹果音乐由此成为苹果公司服务类业务板块的"支柱"。

图115 | 音乐内容提供服务的比较

	服务费（含税）	歌曲数量（万首）	免费计划	特点
声田	980日元/月	4000	有	世界最大
苹果音乐	980日元/月	4500	无	与iPhone的融合
亚马逊音乐无限	980日元/月	4000	无	"亚马逊尊享"服务的会员能以780日元的低价购买
YouTube Music	980日元/月	1亿？	有	与视频内容统合起来强有力的推荐奖励功能
LINE MUSIC	960日元/月	4700	无	LINE、索尼、爱贝克思共享音乐资源

前文曾经提到，苹果的商业模式是典型的"反向换刃模式"。这一模式的空前成功造就了今天的苹果。但是，近年来苹果的发展势头似乎有所放缓，而在一定程度上为苹果扭转这一颓势的，就是以苹果音乐"订阅模式"为代表的服务类产品。

▶ "法人向"软件提供商Adobe的成功："会员限期订阅模式"再显神通

大家熟知的PDF软件的开发商Adobe公司，其主力产品是于2003年推出的Creative Suite（CS）。在那之前，动画设计、网页设计、动画编辑、图像编辑等业务需要用到的软件非常专业而零散，比如Photoshop、Illustrator、InDesign、Dreamweaver、Flash Professional等等。这些都是职业人士耳熟能详的Adobe软件。于是，该公司干脆推出CS系统，一举解决了零散的问题。其实，所谓"CS"，就是把上述专业制图软件来个"大锅烩"，放到一起而已。然而，用户使用的便利度和舒适度却有巨大改善，极大地提升了职业人士的工作效率。

2012年，Adobe公司又将自己旗下所有的制图软件再次打包，以经典的"会员限期订阅模式"推出了一款云产品——Creative Cloud（CC）。这款产品是以彼时极为畅销的CS6系列为基础打造而成的，用户每个月只需缴纳40美元左右的费用，便可长期使用。而且，会员还能享受到免费升级的高品质服务，这意味着缴费会员使用的永远都是最新版的软件。重点是，用户在作业时还可以同时连接多个终端设备。

第二年6月，该公司宣布：将业务全面转向CC板块，不再开发新的CS版本，全面取消CS软件的线下销售。

此招一出，有拍手叫好的，也有破口大骂的。后者主要是一些老客户，他们已经通过线下销售渠道使用该公司的制图软件多年，早已适应了这一模式。Adobe的这一招确实灵验，推出之后，极大地提升了公司的业绩。

事后想来，Adobe的这一招很有先见之明，在战略逻辑上是合理的。

首先，对职业制图人士以及法人客户来说，与其每隔数年支付一次数千美元的费用，不如每月支付数十美元的费用。尽管从数学意义上讲，两者几乎没差别，但后者让人感觉像是"赚了"，在心理上会更舒适一些。

其次，对Adobe公司来说，这样做也有极大的好处，让公司可以把所有的精力和资源都倾注到一款产品上。无论是研发环节还是后勤支援环节，都立马轻松了许多。

而最后的结果也证明了这一点：一来，客户"脱粉"率大幅下降；二来，公司销售额快速增长。2018年，Adobe的年销售额与2012年相比足足提升了一倍以上，达到90亿美元。

其毛利率也相当可观，竟有31%。

▶ 再次回归现实世界：以"服装租赁"挑战商海的Stripe

不仅仅是软件、音乐、视频、教育教材之类的数字化内容，即便是时装、咖啡、健身美容、汽车等实体商品，其营销也能处处见到"订阅模式"。可见这一模式的适用范围有多广。

以时尚女装为主营业务挑战网络商海的先驱，是2015年2月创立的日本企业airCloset公司。每月只需要缴纳6800日元，就可以享受到职业造型师亲选的三款服装套餐打包租赁服务，且套餐包可以直接送货到户。虽然会员无法直接改变套餐包里的具体的服装款式，但是套餐包本身却可以无限量更换，而且依然是每个套餐包三款服装。这意味着如果会员对某个套餐包内的服装款式不满意，还有机会继续挑选自己真正喜欢的服装。

该模式一经推出，便受到广大女性消费者的欢迎。见此情形，另一家业界大腕也坐不住了，对airCloset公司发起了猛烈挑战。同年9月，包括日本最大的女装品牌earth music & ecology在内，拥有大量知名时尚品牌的日本时装业巨头Stripe集团推出了线上时装租赁服务"MECHAKARI"。

显然，MECHAKARI的优势是无可比拟的。只要成为该服务项目的会员，你就能从50个大品牌，3万多款时装中任意挑选自己喜欢的服装。MECHAKARI模仿了airCloset的做法，也采用"三款服装打包租赁制"，不过与airCloset相比，MECHAKARI的服务有一个重要的区别或者说优势，那就是所有送货上门的服装都是新品。如果你喜欢，可以直接掏钱买下；抑或只要你的租赁期超过60天，这些衣服就直接归你了。

正因如此，除了租金之外，在归还或更换服装租赁包时，需要缴纳380日元。这名义上是物流费，其实也有小补成本的意思。毕竟你穿过的衣服无法再租赁给别人。由于月费便宜，只有5800日元，所以这一点费用对大多数女性消费者来说都不成问题。

现在问题来了：你做的是"租赁"生意，怎么能回回都把"新品"送到租客的家里呢？不怕赔钱吗？

相信许多人都会对这一细节心存疑问。可答案却异常简单：MECHAKARI本身就做着二手服装的生意，相对来说比较容易消化掉这些货品。仅靠租赁环节，MECHAKARI就已经能收回定价的两成；再通过二手货销售，收回定价的五成。这样就能拿回定价的七成。这个比例不算低，不但可以回本，还能有不小的盈利。

MECHAKARI的母公司Stripe集团采用的是典型的SPA经营模式，即"制造、零售一条龙"。其制造成本大概只占产品定价的三成，这就意味着如果能够收回定价的七成，除去其他管理及物流费用，最后依然有一到两成的利润可赚（图116）。

这一点是拥有制造环节的商家的优势，是纯粹的网络公司无法比拟的。

由此，MECHAKARI后来居上，业绩一路飙升。截至2018年11月，其付费会员数已达1万2000人，仅用两年时间便暴增了2.5倍。当然，由于该公司依然处于初创阶段，前期费用，特

图116 | MECHAKARI的商业模式

租赁服务 二手商品销售电商

二手商品数据
商品提供 (发货)

MECHAKARI
服装"订阅模式"服务

STRIPE CLUB
品牌官方二手服装邮购业务平台

新品租赁 | 返还

购买

MECHAKARI会员

一般顾客

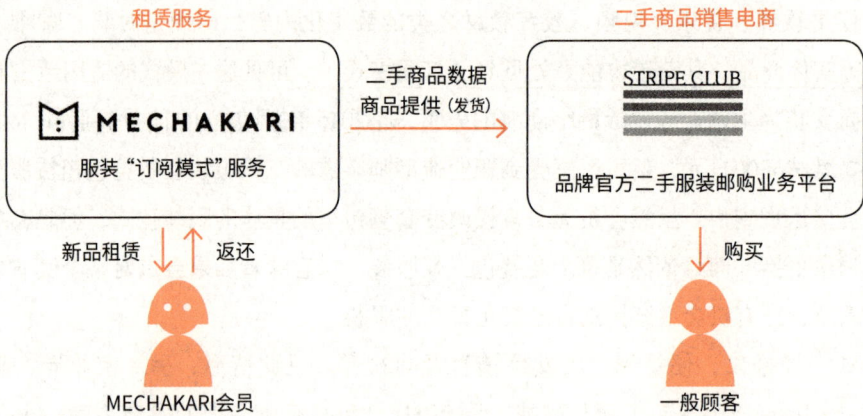

别是广告费投入较多，账面上还是亏损状态。不过，除去这些费用，MECHAKARI已实现盈利，且数字可观。

据说，其中期目标是：付费会员数达到20万人。

正如前文所言，"订阅模式"并不是万灵丹。至少前期的大规模投资不是谁都负担得起的，这意味着采用该模式的公司在初创阶段必然遭遇巨额赤字。谁的资源多，谁能扛得住，谁才能笑到最后。事实上，即便是一些大公司，在这条坎坷的路上也常常栽跟头，比如日本著名的时尚购物平台ZOZO和人气商务正装连锁专卖店AOKI都曾试水该模式，最后无功而返。其中，前者坚持了13个月，后者只勉强熬过了6个月。

可见这条路有多难走。

那么，能够挺过所有苦难，咬牙坚持到最后，成功摘下王冠上那颗璀璨明珠的，又会是谁呢？

收益模式的变革，是"建设性破坏"的自我革新之路

▶ 挑战"荧光灯服务化"的松下

众所周知，对大企业，特别是管理僵化的日本大企业来说，改变商业模式，尤其是改变收益模式，从来不是一件容易的事。因此这方面的案例极少，更别提成功案例了。

在这里，本书奉上两个成功案例。

先画重点：这两个案例中的两家大公司到底是怎么克服内外压力，做到这一点的呢？

2002年4月，百年老店松下电器推出了"安心照明服务"（图117）。这项服务的具体内容是：把相关灯具产品以一定的价格租赁给法人客户（主要是各类事务所），然后负责回收再处理。

稍有环保常识的人想必都知道，玻璃的环境污染程度远比塑料严重，几乎不可自然分解。而日本又是环保大国，对高污染垃圾的处理有着极为苛刻的法律规定（比如收取高额费用，乃至罚金）。因此，对大量使用、大量消耗灯具商品的法人客户来说，处理废弃灯具便成为一个恼人的现实问题，长期得不到根本性解决。松下公司推出的这项服务至少在理论上能够彻底解决这些客户的这块心病。不只如此，该服务还响应了日本政府大力提倡的"绿色消费模式"。

问题在于，这项"服务"到底应该如何销售呢？

图117 │ 松下的"安心照明服务"业务结构解析

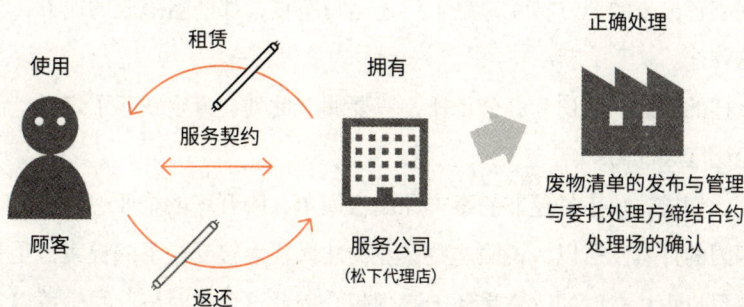

使用　租赁　拥有　正确处理
服务契约
顾客　返还　服务公司（松下代理店）
废物清单的发布与管理
与委托处理方缔结合约
处理场的确认

要知道，尽管松下本身是一个"大摊子"，可是在这之前，无论是该集团旗下的生产厂家还是终端专营店，长期以来销售的商品都是"产品"，而不是"服务"。"卖产品"好说，基本上卖出去就完了，顶多再加上一个"售后服务"环节。而售后服务只是产品销售的延续，本身并不构成一项生意、一个项目或一个产业。而现在，松下要做的是生意，是产业，且"服务"是唯一的核心。

显然，这家百年老店要挑战一个未知的世界。

首先，客户从哪里来，仅这一个问题便能难倒英雄汉。要知道，全日本范围内，可以作为该服务项目潜在客户的法人单位，有600万家之多。

潜在客户太多，等于没有客户。再说，一般的法人单位，无论是公司还是机关团体，都不大可能过于频繁地更换灯具。

总之，松下的"安心照明服务"，从诞生的第一天起，便颇有一些"画蛇添足"的味道——乍一看似乎满大街都是客户，可是再好好想想，就会猛然意识到自己的存在实属多余，因为根本没有多少人对此项服务感兴趣，更别提掏钱购买了。

由于这项服务只能采取"上门提案"的方式来推广，业务人员需要浪费无数唾沫星子，消耗大量时间，因此效率也很成问题。

说起来，这项服务真是好处多多，<u>不但可以让客户以极低的价格享受到同等质量的照明服务，而且还为其解决了处理高污染垃圾的风险和成本问题。</u>如此美事，理应应者如云才对！

可是，应该到哪里去找，又应该如何找出这些客户呢？

▶ 如何从全日本600万家法人单位中找到自己的客户？

第一个关键词：时机。

选对时机，无比重要。

首先要争取找到那些能够"一次性更换或新装全部灯具"的客户。而这种客户去哪里找？当然是那些刚刚冒出来的地方，无论是工厂还是写字楼，那些新落成的地方、马上就要开张的地方，理应是首选。

无论什么样的建筑、厂房和办公场所，只要属于此列，肯定缺不了灯具，而且是大量的灯具。这就是无比巨大的需求。

问题在于，切入这块市场绝非易事。原因很简单，刚开张的企业想不了那么长远，谁不想自己拥有亮闪闪的灯具？所以，说服这些企业的法人代表接受松下的提案，是一件相当麻烦的事情。这不但费口舌、费时间，效果还未必理想。因此这个"时机"尽管可以考虑，却并不是最佳时机。

那么，是否还存在其他的"好时机"呢？

幸运的是，无论质量多好的灯具，都有一个短板，那就是"使用寿命"是有限的。

新开张的企业不知深浅，干了一段时间的企业则不然。一旦到了灯具大批量报废，需要缴纳高额处理金乃至罚金的时候，这些企业自然会念起松下这项贴心服务的好，接受这项服务的概率就会大大增加。

因此，在企业开张的时候吃闭门羹没关系，先让他们对自家的服务项目有个大概的了解和印象就行。等时机一到，客户自然会主动过来。

一般来说，日本制造的灯具平均使用寿命是1.2万个小时。这里所说的平均寿命，是指在使用时长达到1.2万个小时的时候，基本上一半左右的灯具就会报废。

在现实世界中，一成左右的灯具会在使用到"平均寿命"长度的三分之二以前报废，四成左右的灯具会在使用到"平均寿命"长度的三分之二以后（不超过"平均寿命"）报废。因此，我们假设一家企业或机构每天平均的亮灯时间是12个小时，那么从其开业，正式使用灯具照明那天算起，大概经过670天，他们就会上门拜访了。

这就是销售的最佳时间点。

一般来说，只要到了这个时间点，目标企业或机构的灯具就会在短时间内大量报废，而各种与"废弃物排出"有关的事宜则会一下子冒出来。

在日本，这方面的新闻经常见诸报端，而这些新闻本身就是无比宝贵的信息源，不能轻易放过。

当然，日本的报纸上也不乏各地的新工厂和新写字楼落成的新闻——对这些信息都要做好笔记，然后搁置600天。

第二个关键词：经营视点。

如果仅仅从普通客户的角度去看，"灯具问题"就是两个字：麻烦。但是，如果你换一个视角，站在老板的立场考虑问题，情况就会大不一样——"灯具问题"将是一个异常严重的"经营风险"。

举个例子。

曾有一则大新闻轰动了全日本：在青森县和岩手县境内，人们居然发现了堆积如山的违法产业废弃物，总量达到惊人的82万立方米！

重点是，日本全境共有1万2000余家企业直接或间接地卷入该事件，其中不乏一些世界级的知名企业，这一事实极大地震撼了日本社会和日本政府。于是，许多当事企业被政府公开点名，成为无数媒体关注的焦点，迅速登上了新闻热搜榜的前排位置。这些企业的声誉受到无法挽回的沉重打击。

日本企业，特别是那些知名度比较高、规模比较大的企业，一时间人人自危。此次事件可谓对企业经营者进行了一次效率超高、强度超高的教育，让他们深刻认识到"环保风险"之大，废弃物处理之难。

打那以后，一些重点企业和官方机构纷纷举起"环保"大旗，纷纷表态要争当"环保标兵""行动模范"，每天都将"环境与人类的关系"之类的话题挂在嘴边，好像一天不说，就显得不够积极似的。而这些法人单位，就是松下的绝佳候选客户。

具体地说，在中期经营计划与愿景中，明确写入"环境经营"理念的公司（如理光等），导入"环境会计"计算体系的公司，以官方机构为交易对象或业务伙伴的公司，等等，都是松下的目标，都有极大的可能将"安心照明服务"项目视为一种"福音"，而不是一个麻烦。毕竟，只要购买这项服务，就等于把所有与"废弃物"、与"环境"有关的风险和麻烦都推出去了，推给了松下——一家百年老店，一家靠谱的世界级大公司。

这就意味着彻底放心，彻底安全，因为所有相关风险会瞬间归零。

还有一个重点。一般来说，符合国际通用的ISO14001标准（一种环境管理体系认证制度）是所有企业都会严肃对待的一个极其重要的经营基础，而松下提供的服务显然也能为企业解除这方面的后顾之忧。

至于怎么找到信息源，还是那句话：关注报纸上的新闻足矣。

另外，你还可以这么做：把"环境经营""企业愿景""SDGs（联合国可持续发展目标）""ISO14001资格认定"等关键词输入网络，会有大量有趣的信息跳出来，给你惊喜。

这些搜索结果所涉及的企业或社会组织，很有可能是一些"环保领域"的新手，瞄准它们

练习22 | 尝试描述"安心照明服务"的商业模式

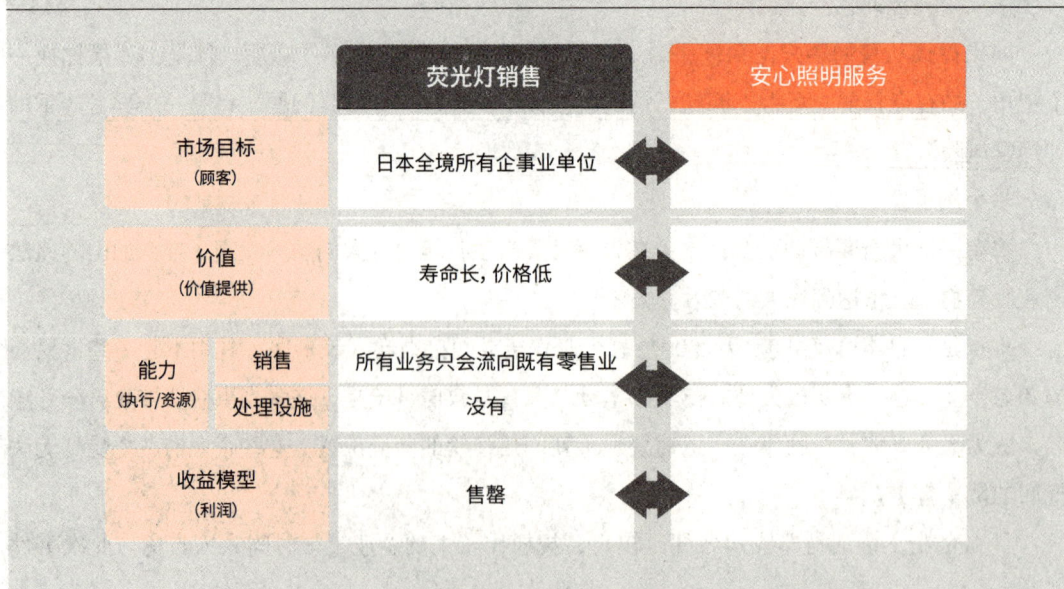

		荧光灯销售	安心照明服务
市场目标（顾客）		日本全境所有企事业单位	
价值（价值提供）		寿命长，价格低	
能力（执行/资源）	销售	所有业务只会流向既有零售业	
	处理设施	没有	
收益模型（利润）		售罄	

进行营销，大概率不会空手而归。

第三个关键词：以拖为进。

这是所有招数中最强有力的一个。顺便说一句，这里所说的"拖"，不是"拖延"的意思，而是"拖拽"或"吸引"的意思。

换言之，对客户的态度，不能是"硬推"，而应是"吸引"。愿者上钩。而这一点，不仅适用于松下的案例，而且适用于所有商业项目。

显然，松下"安心照明服务"业务板块的负责人宫木正俊深谙此道。正是出于"拖"的目的，他力排众议，坚持举行新品发布会。

果然，发布会后，各路媒体的反应极为强烈，纷纷在头版头条予以报道。正是这股来自舆论界的劲风，推动了包括松下在内的众多公司及相关代理店的"沉重身躯"，让它们不得不向前走，以顺应社会风潮。

这股来自舆论界的劲风具体表现为：发布会后，众多媒体的采访申请纷纷而来，让松下有关部门的工作人员应接不暇；其旗下的专营销售代理店，也有许多潜在客户打来电话进行业务咨询。

很快，松下的"安心照明服务"计划终于迎来了关键时刻。

保险业巨头"损保日本"成为该计划的第一号客户，且是一个重量级客户。打那以后，"安心照明服务"计划的势头便一发而不可收了。7年后的2009年，该计划的法人客户总数已达6800家之多，足以令松下稳稳地立住脚，并成功实现盈利。可即便如此，与全日本600万家潜在客户的总数相比，这个数字依然只是一个零头，占比刚刚超过0.1%。

显然，松下依然任重道远。

▶ 放弃"换刃模式"：爱普生的墨盒革命

接下来要讲的收益模式改革的成功案例，与日本老牌工业巨头爱普生公司有关。

作为全球喷墨打印机市场著名的三强之一[①]，爱普生偏偏在最具前景和潜力，发展也最为迅猛的亚洲市场上碰了不少钉子。首先，在本应成为重点营收来源的打印油墨这一块，市场上销售的八成油墨居然都不是自家正品，而是杂牌货。其次，为了节省成本，一些打印需求巨大的法人客户也给爱普生添堵。他们把便宜的爱普生家用打印机（售价仅8400日元）搬到公司，然后再给它装上一个大型外用墨盒套件（成本约2800日元），就这么直接当办公打印机用（图118）。

如此一来，喷墨打印机市场上传统的"换刃模式"便不再灵光了，等于这家公司的收益结

---

① 另外两家是惠普和佳能。

构乃至整个商业逻辑彻底崩溃。

爱普生的管理团队陷入烦恼之中，一时不知该如何是好。他们经过冥思苦想，终于获得灵感：既然客户这么喜欢大容量墨盒，那就干脆把它"扶正"，由公司推出自家正品，让山寨货统统"卷铺盖走人"！

但是，有一个问题：应该如何定价？

按照"换刃模式"的逻辑，墨盒是可以频繁更换的，这一块的收入可不是一个小数。所以打印机的定价可以低一些，靠周边配件和耗材赚钱。而现在要换大墨盒，就意味着这项收入会断崖式下降。那么，为了覆盖这部分损失，打印机本身的定价就必须要比老款高很多，而且据计算，很有可能要高一倍。在这种情况下，即便你大幅压低油墨的价格，最后的总价也会远超老款——这样的新款，亚洲的消费者会买账吗？

迟疑归迟疑，因为实在没有其他办法，项目还是上路了。东西做出来了，销售决策也下了，当地的销售代理店却表现得异常消极。40家店中，只有10家店表示愿意尝试。

可这个世界上的事就是这么奇怪，你永远不会知道哪片云彩会带来降雨，更别提什么时候会降雨。就在爱普生的高管极度失望的时候，神奇的转机出现了。

2010年，在东南亚最大的市场——印度尼西亚市场上，爱普生的大容量墨盒打印机居然获得了成功（图118）！由于老款打印机被彻底下架，单从销售量来说，新款的销量还不到老款的一半，但由于新款的单价比老款高一倍多，所以销售额得以成功维持，毛利率更是有了明显提高。

这个项目活过来了！这本身就是巨大的成功。

那么，项目复活的原因又是什么呢？

因为它满足了客户的潜在需求。

事实上，长期以来，客户自行改装的办公打印机有一个大问题：大型外用墨盒套件故障

图118 | 改造打印机墨盒的案例（印度尼西亚）

太多，使用起来极其不方便。特别是给墨配件中的油墨堵塞问题频发，更是令使用者伤透了脑筋。

显然，这些毛病对每个月打印量超过1000张的商务型客户来说，堪称"致命"。

最先引进爱普生这款新品的法人客户，是对打印品质极端重视的银行。银行入局后，其他行业的客户也纷纷跟进，新款打印机的市场逐渐扩大。随着销量增加，成本降低，爱普生及时调整了油墨价格，使其与山寨货之间的价格差缩小。这样一来，无论是打印机还是油墨，正品使用率都有了提升。新品的路子越走越宽。

2011年，新款打印机的市场已扩展到30多个国家，一年后的2012年，又迅速扩展到90个国家。2014年，这款新产品甚至卖到了发达国家。

凭借"先行者优势"，爱普生大容量墨盒打印机的口碑在新兴国家市场逐渐建立起来，几乎达到街知巷闻的程度。既然如此，爱普生在该市场中享有压倒性优势，也就可以理解了。

2018年，爱普生打印机的销量达到1550万台，且其中55%都是大容量墨盒的机型。前面提到，大容量墨盒机型的毛利率明显高于老款，所以爱普生的整体盈利水平也有了极大的提升。

美国达特茅斯学院商学院教授维贾伊·戈文达拉扬曾经提出一个著名的理论——逆向创新。显然，爱普生的例子就是教科书级别的"逆向创新"（图119）。而且，该案例还有一个值得称道之处，那就是"源于发展中国家市场的创新，可以扩展到发达国家市场"。

爱普生实现这样的创新，其最初的行为动机是自保。要不是被当地的山寨货挡住了财路，导致其商业模式彻底崩溃，爱普生也不可能想出这个主意，搞这样的创新。换句话说，这个项目能成立，并且最后能成功，还要感谢当地的山寨货。

问题在于，这个新模式在发展中国家市场行得通，并不意味着在发达国家市场也一定能行。理由很简单，在发达国家市场，打印机销售的"换刃模式"已深入人心，再加上人们比较守规矩，又不缺钱，所以犯不着做出一个故障极多的山寨货来占小便宜。

图119 │ 爱普生的"反向换刃模式"

	从前的爱普生打印机	改造机型	爱普生大容量墨盒打印机
实体价格	8400日元	8400日元	15,900日元
套件改造费	-	2800日元	-
打印1万张的油墨费	42,000日元	500日元	2000日元
合计金额	50,400日元	11,700日元	17,900日元
业务上的问题	频繁更换墨盒	故障和污渍很多	稳定运行, 没有问题

出处：《日本企业在新兴国家市场的商业创新——爱普生"墨盒"的导入过程》(松井, 2017版)，三谷引用制作

既然如此，爱普生的"逆向创新"又是怎么"反攻"发达国家市场的呢？

还是依靠"先行者优势"。因为是先行者，所以一旦创出口碑来了，人们就会迅速记住你。

同时，大容量墨盒确实可以极大地减少更换配件与油墨的烦琐程序，即便是在发达国家市场，消费者也会对此有需求。而如果满足这一需求的是像爱普生这样的大公司，那么发达国家的消费者自然愿意掏钱买单。

▶ 歌坛巨星的赚钱之道：不靠卖歌，靠举办演唱会

关于收益模式创新，最后一个话题是"数字对现实"，即"线上对线下"。

美国歌坛巨星泰勒·斯威夫特是一位有着世界级知名度的年轻女性。2015年，年仅25岁的她荣登"全世界最赚钱女歌手"的宝座。

那么，你肯定会好奇：她都赚了一些什么钱？或者说，她的赚钱之道又是什么呢？

首先，她的专辑卖了300万张，有一笔不小的版税收入。其次，与可口可乐和苹果公司的巨额广告合同，也是一个不小的财源。但是，这两项收入和下一项相比，却是小巫见大巫。巡回演唱会的票房收入才是她所赚收入的最大头。

2015年，她总共举办了85场演唱会，观众达208万人，这场名为"1989巡演"的演唱会之旅总共收获了2.5亿美元票房。她本人的分成为票房总收入的三成，这就是7500万美元！

放眼全球，音乐产业的市场大抵如此。

众所周知，由于网络的发达，实体唱片业急剧衰落。时至今日，全球实体唱片销售市场的规模已不足巅峰期的一半。可另一方面，线下演唱会市场的规模却达到了10年前的3.2倍！重点是，这还是以票房收入计算的市场规模。事实上，由于这些年门票价格下跌，演唱会变得愈发亲民，10年来走进现场观看演唱会的观众人数是过去的24倍！

与从前相比，这是一种崭新的商业架构：音乐本身及相关周边物料（视听内容）以完全免费或"会员订阅"的模式通过线上渠道提供给消费者，公司再通过举办线下演出（演唱会）的方式把钱赚回来。

显然，在这种情况下，前者（线上）就成了后者（线下）的广告道具，而后者则成了前者的延伸及变现渠道。哪怕后者的人数只有前者的百分之一，也足以让该模式成立。毕竟现场演出的票价不低。而之所以会有不少人甘愿付出如此大的代价到现场欣赏表演，其原因就在于"现场"二字。能够在现场见到真人，能够在现场感受氛围，这种体验是"非现场"远远不能及的。

人们之所以争相体验线下的现场感，恰恰是因为线上长期的"免费"或"有限收费"模式

对其不断"洗脑"。所谓"羊毛出在羊身上",就是这个道理。

在这方面,歌坛老将麦当娜是当仁不让的先驱。

当年,49岁的麦当娜毅然离开了自己出道以来足足效力了25年之久的老东家华纳音乐,一时间轰动歌坛,而其选择的新东家就是现场演唱会动作的高手——Live Nation。2007年,麦当娜与这家公司签下10年合约,价值高达1.2亿美元,其目标就是4个字:举办巡演。

一年后,声势浩大的"STICKY & SWEET TOUR"全球巡回演唱会正式拉开了帷幕。麦当娜的足迹遍布全球32个国家,现场观众达350万人,票房总收入达4亿美元——这个成绩是个人歌手在乐坛创下的历史性纪录。

泰勒·斯威夫特、Lady Gaga、碧昂丝、凯蒂·佩里……不知这些麦当娜的后辈会在何时超越这一纪录。

有一点是肯定的,那就是她们都将遵循一个新的游戏规则,即前文提到的新型收益模式。这是大势所趋。

在第一章到第四章中,我们已经把经营学的6个基础科目以不同的商业视点大概过了一遍。在接下来的第五章,与项目经营有关的最后3个要素也将和大家见面。这3个要素分别是:向团队成员指明"终点"的"事业目标",团队"能力"的奠基石"共同语言",以及这些年愈发可以左右项目生死的"IT和AI技术"。

27 关于资金的3个问题及其解决方案的进化

关键词
资金不足、赤字、盈余倒闭、资本、损益、现金流、税务会计/管理会计/财务会计、企业会计七原则、盈亏平衡点
费用成本：分工/规模化生产/LCO/分摊成本/成本的服务化 (XaaS)
销售额：广告/换刃模式/计量收费制/免费增值模式/订阅模式
资金筹措：发行股票/银行融资/风险投资/天使投资/众筹
企业、事业 (项目)、商品
波士顿咨询公司
沃尔玛
AWS、Salesforce
CBS电台
吉列
施乐

专栏 03 "会计"没什么大不了，只要搞定三张表

关键词
威尼斯商人、簿记、股东 (陌生人)、折旧、现金主义会计/发生主义会计、损益表、资产负债表、资金筹措与运用、流动资产与固定资产、销售现金流/投资现金流/财务现金流
企业、事业 (项目)、商品
东方贸易、东印度公司、基恩士、岛野公司、岛村公司、铁路事业

28 收益模型的基本架构： 损益 (利润) ＝销售额－费用成本（固定成本+变动成本）

关键词
盈亏平衡点 (BEP) 图
固定成本型项目、变动成本型项目、扩大规模、稼动率管理、产出率管理、强力价格策略、毛利率、独家商品
企业、事业 (项目)、商品
铁路事业、东急电铁
航空事业
零售业、沃尔玛

29 提升销售额的基本思路：水平展开、深度挖掘、缩小包围圈

关键词
安索夫矩阵（市场渗透、顾客拓展、商品开发、多角化）、狭义多角化/广义多角化、单客份额、地域份额、客户终身价值（LTV）、长期围猎、短期集中、全额退款保证
企业、事业（项目）、商品
Curves、优衣库、工装品牌WORKMAN、WORKMAN Plus、CCC、爱电王、莱札谱

接下一页

06 "五局为定"的"柒咖啡"

关键词
日销
盈亏平衡点
回头客率
并买率
企业、事业（项目）、商品
7-11便利店
柒咖啡

第四章小结

30 换刃模式的诞生及意义

关键词

皇冠瓶盖、一次性消耗品、换刃模式、专利制度、连接部位、反向换刃模式

企业、事业（项目）、商品

吉列、Autostrop、"锋隐"系列、iPod等

31 广告模式的诞生及其威力（CBS、雅虎）

关键词

电台、节目的品质与广告主、国家级品牌、短广告、新闻节目

规模竞争、门户网站模式（目录型检索+免费服务+横幅广告）、关键词广告

企业、事业（项目）、商品

烟草公司、CBS、通用汽车、雅虎、红杉资本、谷歌

32 免费增值模式是一条布满荆棘的险路（Cookpad）

关键词

免费增值模式（内部补助型、第三者补助型、少数利用者负担型、志愿者型）

收费会员、装备升级收费

企业、事业（项目）、商品

Cookpad

印象笔记

33 订阅模式的冲击
（奈飞、声田、Adobe）

关键词
订阅模式、不拥有与无限量使用、原创作品
统合打包模式
新品租赁模式
企业、事业（项目）、商品
施乐、奈飞、声田、苹果音乐、Adobe CC、
airCloset、MECHAKARI、Stripe

34 收益模式的变革，是"建设性破坏"的自我革新之路

关键词
废弃物处理的风险转移
潜在客户销售法（时机、经营视点、以拖为进）
可更换墨盒、改造套件
逆向创新
票房收入
企业、事业（项目）、商品
松下、安心照明服务
爱普生、大容量墨盒打印机
泰勒·斯威夫特、麦当娜
Live Nation

07 靠胶囊咖啡赚大钱的奈斯派索

关键词
《权衡》、便利性与高品质
奈斯派索咖啡机与咖啡胶囊
专利、可替换胶囊
环境问题、垂直统合模式、品牌影响力
企业、事业（项目）、商品
雀巢、奈斯派索、蓝瓶咖啡、星巴克

第五章
GOAL,
LANGUAGE,
IT&AI

锁定三要素：
事业目标、共
同语言、
IT和AI

事业目标：确立愿景与达成目标的重要性

▶ 所谓"事业的经营"，就是"确立并实现目标"

任何事业的"经营"，说白了就是为这项事业定一个目标，即做这项事业，你到底想达到什么目的；然后再去琢磨为了达成这个目标，你都应该做什么准备，下哪些功夫。其实这件事本质上和中世纪意大利的航海家以及冒险家为了一夜暴富而勇敢地挑战茫茫大海没什么区别。

关于"为了实现目标，都需要做点什么"，我们基本上已经捋了一遍，大家心里应该有谱了，现在我们再来聊聊"目标"本身。当然，聊"目标"，必然离不开"愿景"。

先来看一个公式：

● **事业经营=事业目标×商业模式**

这里所说的"事业目标"，可以分为"抽象"（软性目标）和"具体"（硬性目标）两类（图120）。

● **软性目标：愿景、任务以及价值。** 这项事业"未来的样子""应该完成的使命""应该持有的价值观"等等，对这些抽象的概念，你到底是怎么想的。时间周期：以5～30年为

图120 | 事业经营与事业目标

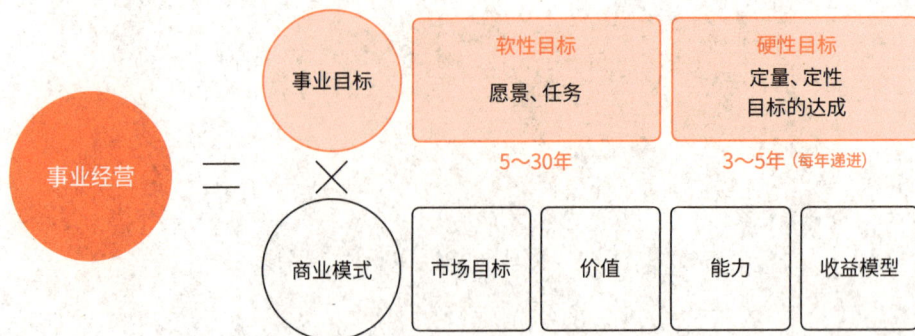

一个周期。

- **硬性目标：** 销售额、利润（率）、市场份额、客户数量等等，这些关键要素的定量化、定性化目标，对任何一项事业来讲，都是不可或缺的。时间周期：按年算，年年累积，以3～5年为一个周期。

再来说说"愿景"。最近，一些日本企业，特别是大企业似乎都犯了一个毛病，那就是在"愿景"上不清晰。大家的说法大同小异，张口闭口就是"为社会的发展做贡献"。这其实跟没说一样，没有任何意义。

确立"愿景"绝不是摆官腔，更不是要花腔，"愿景"是与一家企业或一项事业的目标息息相关的东西，是一个团队无论如何也要到达的憧憬之地、理想乐土。

我们来看看味之素的案例（图121）。

集团整体的愿景是"做一家为全人类的健康做贡献的全球化企业"。怎么样？看似无比正确，其实没什么营养吧？

现在重点来了，味之素旗下的3个业务板块，却有着相当具体、相当明确的愿景。比方说，其重点的"高品质生物技术"业务板块，愿景是这样的：成为拥有世界一流的氨基酸技术，并能够以此为人类做出卓越贡献的国际化氨基酸科技企业集团。

这里有一系列关键要素：

A. "拥有并使用氨基酸技术"：意味着该业务板块将以技术为核心来运转，而这个技术就是氨基酸技术。

B. "世界一流"：意味着必须达到以及保持世界顶级的技术水平。

C. "人类""国际化"：意味着世界上的每一个人都是该项目的目标客户，不偏向于某一个特殊地域或人群。

这些关键要素有着重大的战略性制约意义。正因为有了这些东西，你的事业无论拓展到什

图121 | 味之素公司"高品质生物技术"业务的事业发展

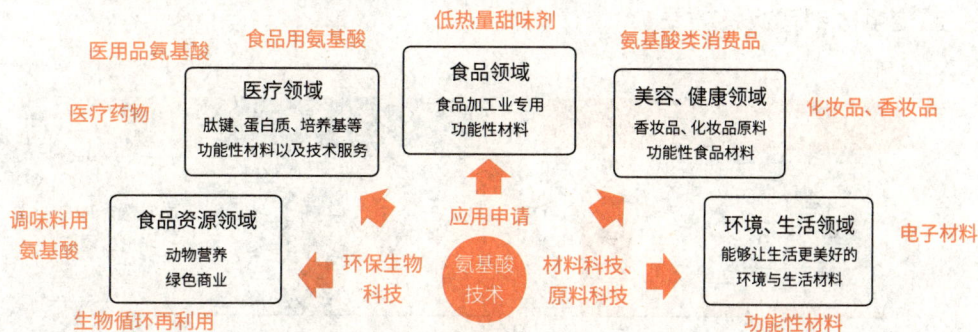

氨基酸技术的高附加值化，市场创造型用途的开发

311

么样的程度，什么样的深度与广度，都不会偏离方向。

就拿味之素的"高品质生物技术"业务来说，无论是医疗领域的氨基酸技术，还是饲料合成方面的氨基酸技术；无论是材料循环利用的生物技术，还是食品或化妆品方面的原料，甚至是电子材料，味之素均有所涉足，其业务的拓展不可谓不宽，不可谓不广。

可当你回顾这项事业的发展历程时，你会发现，尽管其经历了迅猛扩张，却从未偏离那几个方向，也就是上述A、B、C三条。

为什么会这样？

愿景的作用，就在于此。

▶ "事业目标"是一种"假设"的东西，首先要从"顾客视角"切入

现在问题来了。愿景定得好，确实会让我们在大体上了解我们想要做的事情（项目）到底会涉及哪些领域，以及到底要达成什么样的目的。只不过，如果你将愿景本身视为"项目目标"的话，还是会"迷路"。"愿景"无法给你指出一条具体的路、明确的路，更别提在这条路的路边给你插上信息详尽的路标了。其实，这些路标才是你眼下最应该关心的东西，它们才是你真正的"项目目标"，所以它们必须具备这样几个属性，即定性化、定量化、可视化、可操作化。

重点是，定量化的项目目标不可定得过于长远，如果以10年为限，难免变更频繁，因此应尽量以设定中短期目标为主。当然，10年目标不是不可以定，只不过要将这种长期目标划入"愿景"的范畴，将其视为一个终点，至少是"阶段性"终点，而把路标尽可能留给中短期目标，特别是短期目标（图122）。

当然，对新项目或者初创企业来说，哪怕是为了调配资金，也可以把眼光放长远一些，

图122 | 定量化目标的设定方法

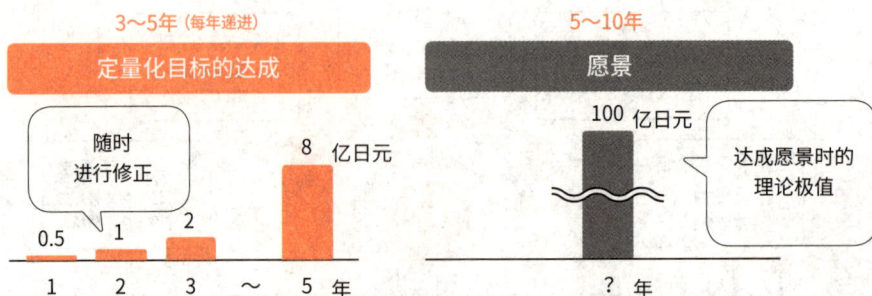

可以考虑到诸如"该项目一旦大获成功，大概能赚多少钱"之类的事情，并把它视为一种愿景。但还是那句话，愿景属于目标，却不能代替目标，它只是一种"理论上的最大值抑或极限值"，与眼前的现实是严重脱节的。因此一旦将愿景本身视为目标的话，你就很有可能在极短的时间内消耗完所有的资源，特别是资金。这就很容易导致极其严重的经营困难甚至破产，所以一定要慎之又慎。

不过，相反的案例也确实存在。当初设想的目标过小，其后的成功则大到令人措手不及，这样的事情也并不鲜见。谷歌和脸书就是典型的例子。如果你的项目抑或初创企业在启航之后，发展速度快到令人不可思议，那么彻底忽略当初的小目标，再定一个大目标，完全没问题。这个时候，你需要有足够的胆识去适应新情况，有足够的魄力去设立新愿景，如此这般才能吸引到足够多的投资。

对新项目和初创企业来说，所谓"定量化目标"，其本质就是这样。它本来就是一种"假设"的东西，本来就需要不断地调整、不断地修正。

再来说说如何制定销售和利润方面的目标。

一般而言，这类目标是按年度制定的，也可以一次性制定数年的目标。具体的目标制定方法有很多，最简单的方法就是"市场×份额"：先粗估一下数年后这块市场会有多大，然后设定一个彼时自己应该占有的份额，再做一个简单的乘法。

不过，不妨回想一下我们前面讲到的与商业模式有关的知识细节——销售额和利润到底是从哪里来的，又到底是怎么来的呢？

结论如下：销售额是由"目标客户"（意味着要锁定市场目标）与"客户价值"（意味着要明确顾客的需求，明确向顾客提供的价值）决定的，利润是由"销售额"以及为了销售而必须获取的"能力"（人、财、物、技术等）成本决定的。换言之，利润是由"收益模型"决定的。

既然如此，你在为自己的企业或项目设定销售额目标时，就必须从商业模式的视角出发，站在顾客的立场上考虑问题。非如此，当你偏离目标时，你便无法找到原因，无从做出修正。

那么，如何站在顾客的立场上确立销售目标呢？

可以参考这样一个公式：

销售额=潜在顾客总数×自己的份额×顾客单价

其中，"顾客单价"可以这么理解：商品单价×单客购买量。

这些量化目标何时能呈现"盈利状态"，是你需要关注的重点。为达此目的，你必须时刻留意自己的公司或项目团队在成长过程中的种种组织性边界①，要不断地将其与你的商业模式做对比，不断地把你的商业模式往前推或者往后拽，使你的商业模式尽量适应你的成长过程。

重点是，无论如何不能这样去设定你的销售目标，即：销售额=商品销量×商品单价。

这个公式的逻辑完全是"一厢情愿"的，没有任何"顾客的立场与视角"。

还有一个"坑"要避开，那就是尽量不要站在股东的立场，以股东的价值实现为核心去设定目标。

这个"坑"害过太多人、太多企业，所以你要千万小心，不可重蹈覆辙。

▶ 20世纪70年代后期始于美国的"股东价值偏重症候群"

"企业"到底是谁的？

如果是股份公司，那么显然是股东的。这些人拥有在股东大会上投票表决的权利，而公司的经营似乎也应该尊重这个权利，按照股东的意思行事。

一言以蔽之，企业的经营者仅仅是股东的"代理人"，他们的一切行为都应该反映股东的意志，他们毕生的目标就是要实现股东价值的最大化。而所谓"股东的价值"又是什么呢？如果你是一个股东，你最希望从企业得到的东西是什么？是股价的上升，是更多的分红，对吗？

正因如此，你不会在意你想要的这些东西到底是短期的还是长期的。而这一点本身就是一个天大的问题，很有可能将你的企业送上一条不归路。

在这方面，美国的案例很有代表性。20世纪70年代后期，机构投资者逐渐成为美国企业的主要股东，拥有了决定性的话语权。自此，企业的经营者便要面对来自大股东的强大压力，那就是要让企业"赚钱"。换言之，这些股东最重视的东西就是股价上升，最好是飙升，且这个周期越短越好。

由此，经营者的报酬体系和商业思维也发生了一个重大变化，那就是"报酬围着股价转，经营围着报酬转"。他们的薪水不再是现金，而是自家企业的股票；他们的行为逻辑也不再与企业的命运相关，而是被ROE（Return on Equity，净资产收益率）、ROA（Return on Assets，资产收益率）以及PER（Price Earnings Ratio，市盈率）这些具体的、赤裸裸的财务指标拿捏得死死的。这就带来了一个可怕的后果：与竭尽全力找到新战略、新能力相比，与进行开创性改革相比，通过裁员减少成本、提高利润，通过卖掉眼下不怎么挣钱但前途无量的技术或业务板块来兑换现金，更有利于增加企业经营者的收入，而且操作更简单，效率更高，效果更好。既然如此，企业的经营者就必然会做符合自身利益的事情。

---

① 组织的规模是太过保守还是太过激进；组织的效率是太高还是太低；组织前进的步子是太大还是太小，是太快还是太慢；等等。——译者注

由此，美国企业CEO的报酬一路攀升，从普通员工薪资水平的十几倍、几十倍，一路暴涨到数百倍！而这条路的尽头，就是像安然公司和世通公司的"会计造假破产案"、雷曼兄弟公司的"次贷破产案"这样的悲剧。

事实上，在这些悲剧发生之前，企业界已经有了一种动向，那就是纠正走火入魔的"股东价值、财务价值偏重症候群"。

▶ 将所有要素联系起来，使其"可测化"：平衡记分卡的出现与兴起

美国诺朗顿研究院的戴维·诺顿一直认为，"仅仅凭借财务指标的历史数据去管理商业项目业绩的方法实在是太老旧了，对过去的信息过于依赖，无法适应瞬息万变的21世纪的商业环境，因此必须淘汰"。

问题在于，淘汰了旧模式，新的模式又是什么呢？

对此，诺顿与另一位牛人一起，展开了对这个重大课题的研究。研究项目的名称是"未来企业的业绩评价系统"，而与其合作的那位牛人，名叫罗伯特·卡普兰。

项目开始两年后的1992年，成果出来了——平衡记分卡（BSC）。

平衡记分卡的覆盖范围之广是空前的：既有反映"过去"的财务视角，也有反映"未来"的创新与学习视角；既有来自"外部"的顾客视角，也有来自"内部"的业务流程视角。而这4个视角或者说维度，共同构成了一个新的评价体系，能够把某家企业或某个商业项目的运营情况表示清楚（图123）。

具体操作方式如下：

首先，依据项目或企业的战略需求，制作"总体战略图"。从上述4个视角出发，将所有

图123 | 平衡记分卡的案例

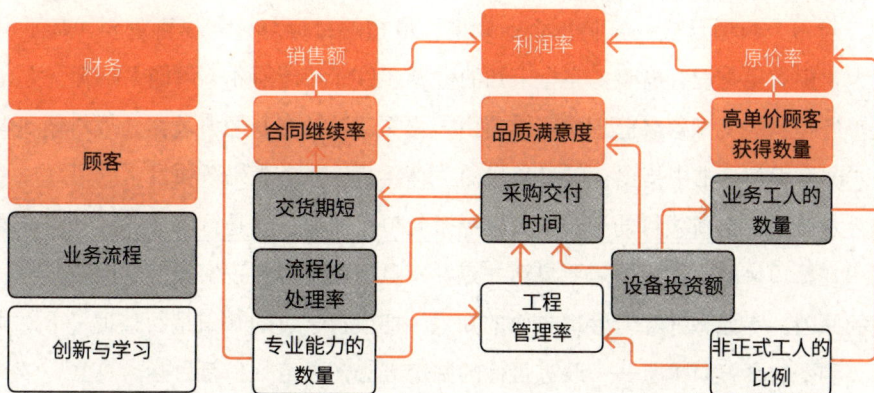

与项目运营有关的活动内容联系起来，构建一个总览全局的路线图和时间表。其次，为这些彼此关联的活动内容设定具体数值的目标及评价标准。最后，在对这些数字指标的实际运营情况进行实时监督的前提下，不断根据实际情况的变化改进项目运行的流程，使其效率更高；提升团队成员的技术水平，使其更有能力。这样不断循环，直至达成"以改革促发展"的最终目的。

所谓"平衡记分卡"，就是这样一个逻辑，这样一个体系。

即便在"财务指标一边倒"的20世纪90年代，以"改变财务依赖型经营""将长期战略与短期经营相结合"为目标的平衡记分卡体系也受到了美国企业极高的评价与广泛欢迎。

据权威机构调查显示，1997年，有64%的美国企业表示已经采用了平衡记分卡或与其近似的"多面化业绩评价体制"主导自身的经营行为，足见这一理念多么深入人心。

当然，诺顿和卡普兰也没闲着，他们不知疲倦地改良、修正这个劳动成果，使平衡记分卡体系一直到今天依然具有勃勃的生命力。

▶ 如果目标没有达成，应该怎么办？

所谓"目标"，就是用来实现的。换言之，不指望实现抑或根本不可能实现的目标，没有任何意义。

那么，那些你坚定地认为绝对是现实的，有可能实现的目标，最终却没能实现，你又该怎么办呢？把责任推给下属或整日借酒消愁吗？没有意义，于事无补。

要知道，越是这样的时候，越要追本溯源，弄清楚这些目标到底是怎么定下的。

归纳起来就是一句话："目标"与野心、干劲、耐心没有多大关系，它是科学的产物。必须要以客观、科学的方法对待目标，以此为前提制定出来的量化目标，才会更为清晰、明确，才能在计划与现实发生偏离时，让你明白事情的来龙去脉，知道问题到底出在了哪里，从而做出正确的调整。

不过，对一个新项目或一家初创企业来说，最初的目标与计划尽管重要，却不可拘泥于此。正因为要挑战完全没有经验、完全未知的世界，目标和计划才不可能太精确、太高效。

前文曾经提到的美国著名管理学家维贾伊·戈文达拉扬在其经典著作《战略创新者的十大法则》（2005年版）一书中指出：既有项目的"必达文化"会杀死新项目。

言外之意就是：在新项目的运营中完全照搬老项目的那一套是行不通的。

所以，在新项目的运营上一定要灵活一点。一旦遇到目标与现实脱节的问题，与其纠缠于产生偏差的原因，不如恶补经营管理方面的知识，抑或将学过的知识重新整理一下，找一找头绪。然后，剩下的事就简单了——改进目标的制定方法，再定一个新目标。

共同语言：让商业项目进入快速推进的轨道

▶ 巴别塔为何倾覆？

《圣经·创世记》第11章中有一个经典故事。

这个故事是这样的：

很久以前，人类只会一种语言，却已经无所不能。自负的人类便有了野心，试图建一座高塔直抵天庭，挑战天上诸神。

这座塔叫巴别塔。上帝愤怒了，顷刻间"摧毁"了这座塔。重点是，上帝用的方法仅仅是"搅乱人类的语言"——让人类的语言瞬间分化，从单语种变成多语种。于是，出生地不同、民族不同、血缘不同、立场不同、信仰和文化不同的人，语言也变得不同，且彼此再也不能直接交流。如此一来，巴别塔的建设便无从谈起。刚建好的柱子很快发生倾斜，刚铺好的地板很快布满裂缝，在极短的时间内，这座耗尽了人类心力的高塔彻底崩塌了。

遗憾的是，这个故事所描绘的悲剧性图景在我们所处的现实世界屡见不鲜。<u>一句话：如果没有共同语言，人们就不能形成合力去做事情，去达成目标，那么最终的结果便只有一个——自取灭亡。</u>

《圣经》也为"巴别塔崩塌"一事做了如下总结：我们这个世界之所以历经千万年依然不断地经历种种苦难，一个最根本的原因就是"语言出了偏差"。换言之，从古至今，人类社会所面对的一切难题，其产生原因都可以归纳为四个字：沟通问题。

人类社会如此，组织更是如此。

要想让一个组织作为一个整体、一个完整的系统，以高度的自律运行，第二个关键要素就是"共同语言"：<u>如果组织的成员不能使用相同的思维框架与语言体系考虑问题和处理问题，大家就无法进行高效沟通，甚至完全无法沟通。这样的话，任何愿景和事业目标，甚至任何卓越的商业模式便都失去了价值和意义。</u>

那么，什么是组织的全体成员必须掌握的共同语言呢？这个问题的内涵与外延非常丰富，篇幅有限，这里只举两个重要的例子，一个是"设计思维"，另一个是"理论思维"。

▶ 设计思维：为了快速试错

1991年，由三家公司合并而来的"设计农场"IDEO公司成立了。其核心团队成员有三位，分别是斯坦福大学教授戴维·凯利，戴维的弟弟汤姆·凯利，以及另一位牛人蒂姆·布朗。

这三位牛人曾于20世纪80年代提出过一个开创性的产品开发理念——设计思维。这个理念的特点是"高速循环流程"。

所谓"高速循环流程"，其核心逻辑是一种崭新的哲学，即"任何更好的解决方案只来源于以用户为中心的大量试错"。因此，要想做出真正的爆款产品，必须大量召集T型人才（既有高深的专业技能，又有广博的见识和卓越不凡的沟通能力）和π型人才（在T型的基础上，再加一项本事、一个技能），然后凭借这样的团队以最快的速度不断地推出新样品，不断地试错，不断地测试市场与顾客的喜好，直到锁定那个"最对"的样品为止。这一过程，被称为"高速循环流程"。

正因如此，这里所指的"流程"不可能是一条单向通行的直线，而必须是一个可以不断循环的，极具弹性的东西。

IDEO公司为其"设计思维"的落地设定了5个具有鲜明循环特质的步骤，分别是：（1）Empathy（理解、共鸣）；（2）Define（定义问题）；（3）Ideate（形成概念）；（4）Prototype（制作样品）；（5）Test（测试）。

在实际操作中，以上5个步骤必须以最快的速度不断地循环，直至找到那个最佳解决方案（比方说找到"最对"的样品）。

这便是著名的"设计思维EDIPT模型五步实践法"（图124）。EDIPT为上述5个英文单词的首字母缩写。

图124 │ 设计思维的循环流程：EDIPT

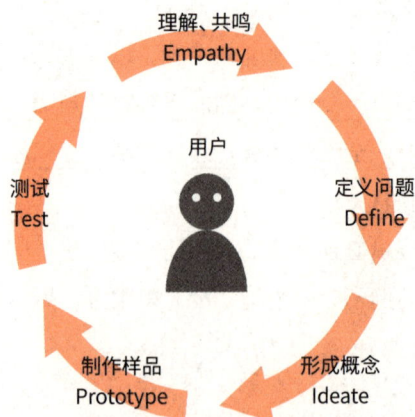

先来说说第一步，也就是"E"的部分。

首先，要精确地甄别出你的目标客户，通过调查问卷或街头采访等方式对其进行深入的观察与研究。你需要掌握这些人的"个人故事"和"实际行为"。比方说，任何一个人购买或者使用任何一种商品，总是会有理由的，而且这些理由肯定既有个性又有共性。只要你有耐心追本溯源，其实很容易找到一些浅显易懂的内在规律。而这些内在规律必然会令你理解顾客，乃至与顾客产生共鸣。

再来说说第二个和第三个步骤——"D"与"I"。理解了顾客，并与顾客的内心产生共鸣之后，你下面要做的事情就是找出问题所在。换言之，就是要"定义"问题。"问题"是什么？就是顾客的价值，抑或在实现顾客价值的路上，到底都有哪些绊脚石。搬开这些绊脚石，顾客自然会买你的东西，接受你的服务，让你赚钱。

"定义"了问题之后，下一步就是"形成概念"（找到问题的解决方案）。你已经找到了绊脚石，下面要做的事情就是移开这些碍事的石头。

这里要提两个关键词，一个叫"头脑风暴"，一个叫"逆向头脑风暴"。

说到"头脑风暴"，就不能不提到美国"创造工程之父""头脑风暴法之父"亚历克斯·奥斯本。这位创新思维领域的大师对我们这个世界最大的贡献，就是经典的奥斯本检核表法，也称"奥斯本73问"。

篇幅有限，这里仅向大家简单描述一下该方法的大概内容。

奥斯本检核表法主要应用于新产品的研发环节。具体地说，就是在研发过程中，利用这个手法引导团队成员针对9个大类[①]的70多个小问题进行思考，帮助他们打开思路，开拓想象空间，促进他们更快、更好、更多地产生新设想和新方案，进而令整个新产品的研发过程更顺遂、更高效。

至于"逆向头脑风暴"，是哥伦比亚大学教授威廉·达根始创的一种特殊的"头脑风暴法"。在头脑风暴会正式召开之前，先把一个或若干个主题（命题）抛给相关团队成员，让他们在会前不断地反复思考，直至思考大体成熟，然后再召开头脑风暴会，让与会者将他们的想法统统倒出来，在会上探讨、打磨乃至争论，直到大家完全或者在某种程度上达成共识。

经过头脑风暴，"概念"就出来了，就可以向下一步进发了。这一步就是"P"——制作样品。样品完工之后，就进入第五个步骤，也就是"T"的部分——测试。然后周而复始。

需要特别强调一点：制作样品这个步骤，对任何一种创新思维或手段来说，都是绝对不可或缺的一环，堪称"最强创新思维之道"。理由很简单，无论如何不能让创意停留在口头上，更不能仅仅把它放在脑子里，一定要将它变现。哪怕你做出来的产品雏形再幼稚也没关系，只要有了实实在在的东西，就可以进行调整改进。

---

① 9个大类的问题分别是：有无其他用途、能否借用、能否改变、能否扩大、能否缩小、能否代用、能否重新调整、能否颠倒、能否组合。——译者注

总之，创新思维归根结底要靠"样品"引领。使用样品、理解样品，才能发现问题、定义问题，才能形成概念和解决问题，才能做出更好的样品，测试出更好的结果。因此，仅仅靠问卷调查，是不能产生创新的，只有让顾客亲自尝、亲自试了之后，真正意义上的创新之旅才会开始。

▶ 打开"创意"之门：别问，观察！

无印良品这家知名日企是如何创新的呢？其有一个专门的计划——良品计划。以此为核心，商品部、设计室、品质保障部三位一体，共同撑起了该公司的新产品研发环节。

具体流程是这样的：

首先，只要确定了某个主题（命题），设计室就要配合这个主题拿出一个关键信息——照片，大量各种各样的照片。比如市场上已经存在的所有类似品、竞争品的照片，以及畅销品、长销品的照片，甚至包括数百个目标客户家里的照片，等等，这些都是设计室必须准备与提供的关键信息。

然后，把所有相关人士召集起来，大家一起观察和思考，发现问题，寻找答案。

举个真实的例子。

曾经有一个案子，需要该公司开发一种新型储物柜。最初，该公司的设想是开发一种"椅柜两用型的家具"，既可以当椅子用，也可以当柜子用。他们之所以会有这样的想法，是因为听到大量年轻人的呼声——"东西太多了，想要一个柜子！可是地方太小，没地方放柜子。"于是，他们就想开发一种"椅柜两用"的家具，帮年轻人解决这个难题。

没错，即便从设计室搜集的照片来看，年轻人的呼声也确实是实情（图125）。

图125｜良品计划的"收纳家具项目"

观察
（日式小屋的）长押
可作为收纳空间

确实

数百个用户家里的照片

良品计划　　　　　　　　用户

当这些客户家里的照片摆在你面前时，你的第一反应一定会是：确实够挤的，确实没地方了。连个站的地方都没有，怎么可能再放下一件新家具？

可是再好好瞧瞧，情况也不尽然，似乎还有一个地方有不少闲着的空间。没错，这个地方就是"墙面"（即"长押"，日式房间特殊的墙面隔板）。当然，墙上也不是完全闲着，也挂着不少东西。比如墙面的钉子上挂着衣架，衣架上挂着各种衣服；比如墙面上贴着挂钩，钩子上挂着各种小饰物、小配件……不只如此，有些客户家的墙上还挂着雨伞。

显然，年轻人的居所其实并不缺收纳空间。他们有一个极其方便且巨大无比的"储物柜"，那就是墙面。只不过，大多数人没有意识到这一点罢了。这就是商机，超大的商机。

无印良品敏锐地意识到了这一点，立马改变主意，放弃了"椅柜两用"的想法，转而瞄准一个更大的目标……

不久，一系列"可以挂到墙上"的家具诞生了。这些家具一上市便立马火遍全国，受到年轻人的疯狂追捧。

据说，人们的行为至少有八成是在完全无意识的情况下做出的。这意味着什么？意味着即便你问他"你的烦恼在哪里？""你到底想要什么？""什么地方让你感到不方便？"，他也不知道该怎么回答你，或者他稀里糊涂地回答你几句。因此，通过这样一种渠道获得的信息看似很有用（因为是顾客亲口说的），其实用处不大，甚至有可能起反作用。所以，不必问，观察即可。观察客户的日常起居，看照片、视频或亲自上门拜访都行，只要不违背对方的意愿。

总之，当"设计思维"成为团队所有成员的共识时，你的团队才会达成正常的沟通，乃至高效的沟通，而这对建立一个"高速试错循环"的商业模式而言，可谓至关重要。

▶ 理论思维：所有一切的基础

当你采访一家日本企业人事科的干部，问他"你们公司最重视的新员工的能力或者素质是什么"时，他大概率会这样回答你：是"逻辑思维"的能力。

无论是对理科生还是文科生来说，逻辑思维能力都是最重要的。

我认为有两个原因：第一，做任何一种业务，都离不开逻辑思维能力；第二，大多数员工，特别是新人，都缺乏这种能力。

想来也是，逻辑思维能力如果不是如此重要，也没必要把它放到第一位。同理，如果这种能力不缺，也没必要如此渴求。

现在问题来了：什么叫逻辑？

所谓"逻辑"，说白了就是"理论"，是一种思维体系与架构。而"逻辑思维能力"，顾名思义就是一种分解或构建"理论"的能力。

"逻辑"的英文单词logic的词源是希腊语logos，意思大概是：充满理性的论证，支配世界的真理。

与logos形成鲜明对比的是希腊语mythos，它有神话、寓言、悲喜剧的意思。它是指人类千百年来口口相传的故事，故事里充满了爱恨情仇及跌宕起伏的情节。问题在于，故事的世界里从来不缺感性和戏剧性，唯独缺少理性，缺少真理。

想必这一点，古希腊的哲人们很清楚。所以，他们把思考的重心放到了logos上，由此产生了逻辑学，而逻辑学最终成为数学的一部分。一直到今天，我们使用的所有电子产品，特别是计算机产品，包括所有的电子零部件，其基本原理均源于此。它必须严谨和理性。

可是另一方面，现实世界中，大多数人的思维方式却既暧昧不清，又缺乏理性。人们的思维充满了各式各样的偏差，还有大量的潜意识在捣乱。在这种情况下，人们每天能有一两回刻意、理性的思考都是一件难事，更别提"吾日三省吾身"了。

那么现在问题来了：所谓"理性"，所谓"有逻辑"，到底又是一种什么样的状态呢？

在那些和"逻辑思维"有关的教科书中，大抵能见到以下几条：

- 所谓"有逻辑的思考"，其含义是这样的：能够明确命题，并在此基础上搭建金字塔形思维模式（塔尖为"结论"，其下部均为"理由"和"证据"，也就是所谓的"论据"），然后确保塔上的每一块砖之间没有任何缝隙，彼此完美拼接。
- "思维金字塔"的搭建方式有两个：自上而下（即演绎法，先给出结论，然后证明结论）与自下而上（即归纳法，先给出证据，然后推出结论）。前者常用的工具是"问题树法"，后者常用的工具是MECE法[①]。

不过说实在的，但凡你不是古埃及的法老，搭建金字塔就绝非易事，更不要说在日常沟通过程中随时搭建了。这本身就够"传奇"的，绝非人世间应该有的正常状态，即所谓的"理性"状态。

所以，日常沟通过程中的"理性"与"逻辑"，其本质应该是极其单纯的东西。说白了就是一句话：把所有精力集中在一件事上，一件最具分量的事上。直接打蛇的七寸，看看会有什么结果，然后再顺着这条反馈链继续思考和沟通，直至拿出最后的成果。

由于是把所有精力集中于一点，也就是那件核心的事情上，因此这样的思维方式，我称之为"聚焦思考"。

---

① Mutually Exclusive and Collectively Exhaustive，意为"相互独立，完全穷尽"。也就是说，针对某个重大议题，能够做到不重叠、不遗漏地细分所有已知因素，而且能够借此有效把握问题的核心，相对圆满地解决问题。

▶ 如何推进"削减成本全员大讨论"？

做个假设：你们公司现在正进行着一场全员大讨论，中心议题是"如何全方位削减成本"。

"我们公司的用电效率是别的公司的两倍多！"可能会有一些高管喜滋滋地说。问题在于，和公司整体的运营成本相比，电费这一块所占的比重到底如何呢？假设这一块的比重仅为1%，那就意味着"无足轻重"。

说一句可能引起争议的话：只要"不重要"，就意味着"无所谓"。

理由很简单。占全部成本仅1%的项目无论表现得多么优异，比如用电效率是别人的2倍、3倍，甚至10倍，对整体成本都几乎没有任何影响，完全可以忽略不计。

假设有人以"我们公司的零部件调配费用比其他公司低一成"来夸耀自己的成绩，你怎么理解？

仅有区区一成，值得自夸吗？

假设零部件调配费用在公司整体运营成本中所占的比重极大，占到六成之多，那么答案是肯定的：值得夸耀。理由很简单，这一成很关键。

假设零部件调配费用在所有同类公司的整体运营成本中所占的比重都是六成，那么你在这一项上比别人低一成，就意味着你有6个百分点的竞争优势。

如果你还能使使劲，把这个优势再往上拉一点，拉到两成，那你就有12个百分点的竞争优势。既然如此，你不如倾注全部精力与资源把"零部件调配费用"彻底调查清楚，研究明白，然后在这个议题上发动公司全体成员讨论一番，这才是更有价值的事（图126）。

图126｜某件事是否真的重要，到底应该怎么看？

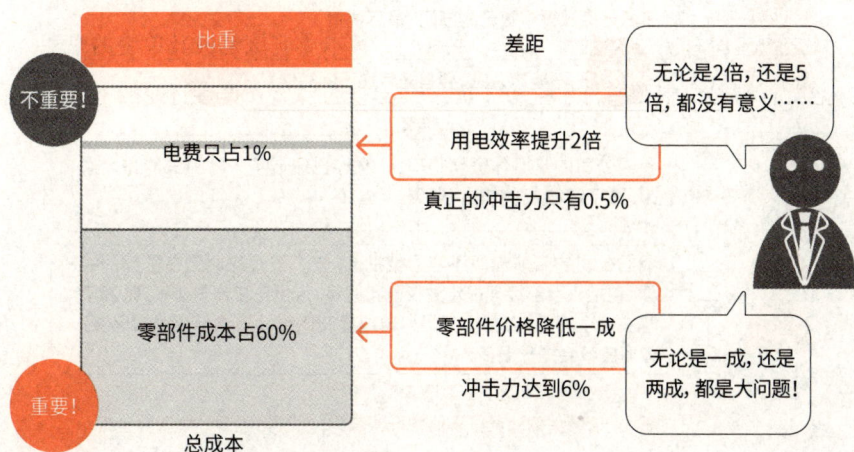

▶ 只要你能将你的"聚焦思考"有效地传递出去，人们就会闻声而动

职场沟通中有一个相当经典的陷阱，坑了不少人和不少公司，那就是"自说自话""单方通行"——每个人皆如此。人们只带着嘴巴，却忘了带耳朵；只顾说，却不愿听抑或根本没工夫听，因为光顾着说了。

这样的沟通纯属浪费时间，没有任何价值。

所以，关键是要抓住"重点"，要"聚焦"。如果你真的希望自己的话被对方听进去，并且希望对方能够按照你的意图付诸行动，那么首先一定要让他真正明白你希望他付出的行动为什么很重要，到底哪里重要。

举个例子。你对下属说："那份紧急文件必须尽快拿给我！"下属却磨磨蹭蹭。你很不爽，很不满意，怎么办？

你跟他这样说："那份文件今天之内要是不能交给老板，恐怕我就得卷铺盖走人了……"

又或者，你跟他这样说："那份文件早一天拿出来，公司就能多挣一个亿！"

你看看他会怎么反应？不出意外，他会干劲十足。

当然，前提是你必须再跟他聊一些细节，让他清楚你是认真的。

这就叫"聚焦"。只要你把你的"聚焦思考"有效地传递给你的下属，那就不愁他不会动起来（图127）。

只要做到这一点，组织内部的沟通和决策效率便必然会有显著提高，必然会发生质变。

重点是，这样做，事情才能够真正"落地"。否则，它们将永远在天上飘着，始终不接

图127 | 以"聚焦思考"的方式进行沟通

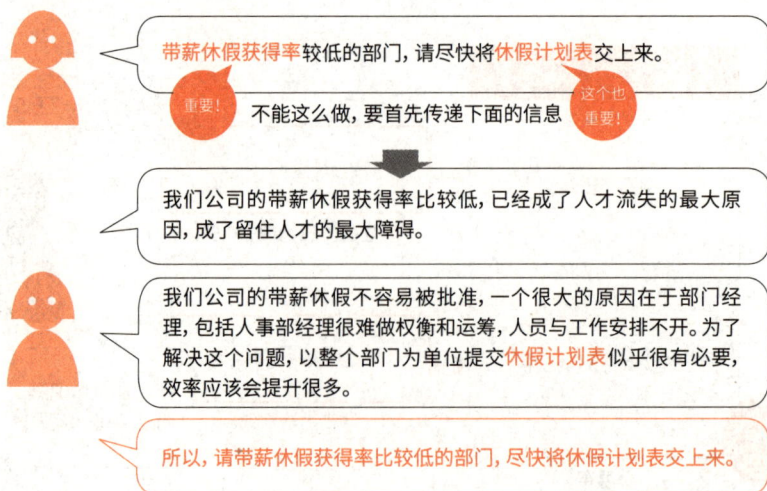

带薪休假获得率较低的部门，请尽快将休假计划表交上来。

重要！ 不能这么做，要首先传递下面的信息 这个也重要！

我们公司的带薪休假获得率比较低，已经成了人才流失的最大原因，成了留住人才的最大障碍。

我们公司的带薪休假不容易被批准，一个很大的原因在于部门经理，包括人事部经理很难做权衡和运筹，人员与工作安排不开。为了解决这个问题，以整个部门为单位提交休假计划表似乎很有必要，效率应该会提升很多。

所以，请带薪休假获得率比较低的部门，尽快将休假计划表交上来。

地气。

　　特别是在这个时代，这个唯有"高速试错"才能够生存下去的时代，这一点显得格外重要。这是任何企业或项目团队都必须具备的基础能力。

说一说大受欢迎的"SWOT分析法"

▶ 所谓"SWOT矩阵"，无非是一种"整理"的逻辑

美国斯坦福研究所的阿尔伯特·汉弗莱为研究"企业的中长期计划为何会失败"这一广受学界和商界关注的课题，琢磨出了一个新型分析架构——SOFT分析模型。其后，经过不断地试错、打磨与调整，这一模型的基本结构和内容逐步完善，成了今天知名度极高的"SWOT矩阵"。

不过，成功推广这一概念的却是哈佛商学院的著名学者肯尼斯·安德鲁斯。其最大的贡献在于，将长期以来模棱两可的"企业战略层面的计划性手段"以极其简单、清晰的方式呈现了出来，且至少从表面上看极具可操作性。

具体地说，对"外部环境分析""内部环境（人、组织）分析""战略构建""执行计划"这几个板块的操作流程，全部进行了细分化与具象化处理，使企业上至老板，下至员工，均能一目了然，能够比较容易地付诸实践——至少理论上是这样的。

这一分析架构中经常会使用到的工具之一，就是"SWOT分析"。由于它简单、明快、可操作，因此自诞生起便极受欢迎。即便是今天，据说仍有超过七成的企业在实际经营管理活动中经常用到它。

在SWOT矩阵中，所有有利于企业达成自身战略目标的内部（组织）要素，均被称为"长板"（Strengths）；反之，则被称为"短板"（Weaknesses）。同样的逻辑，所有有利于企业达成自身战略目标的外部（环境）要素，均被称为"机会"（Opportunities）；反之，则被称为"威胁"（Threats）。

由此，"战略"这个词的概念就出来了：所谓"战略"，就是要把外部环境存在的"机会"与内部环境存在的"长板"组合起来；与此同时，尽可能规避内部的"短板"与外部的"威胁"。

显然，将"战略"本身及构建"战略"的操作流程具象化的分析框架，就是"SWOT矩阵"（图128）。

说来有趣，SWOT的英文发音与SWAT一词十分相近。后者的意思是"美国特警部队"（Special Weapons and Tactics）。只不过，要是真论起功力与武力值来，两者之间的差距可就

图128 | SWOT矩阵

为了达成目标

		积极正面的因素	消极负面的因素
要素	内部	长板 Strengths	短板 Weaknesses
	外部	机会 Opportunities	威胁 Threats

大了，根本不是一个级别。

说句不怕得罪人的话，在我看来，所谓的"SWOT分析"仅仅是一个"框架"而已，根本谈不上有什么"武力值"。它只是人们整理思路时的一个工具罢了。

我之所以这样说，是有理由的：就算你把SWOT矩阵的那张表全都填满了，又能得到什么？能得到直接的结论吗？不可能。即便从逻辑思维和理论思维的角度上看，这样的一张表，到底能在多大程度上拓展你的思维空间，抑或凝聚你的思维成果？恐怕也没多大用处。

这就意味着，它名义上是"SWOT分析"，其实里面一点"分析"的成分都没有，仅仅是一种"要素整理"而已。

我认识一位在业界颇具知名度的企业老板。若干年前，这位老板是SWOT分析的骨灰级粉丝，学习、研究、使用SWOT分析几乎成了他的日常习惯。可是有一天，他却在我面前长叹一口气，说了这样一番话：每到开会的时候，下属拿来的企划书或谏言类文件的内容都过于零散，完全没有头绪。明明我再三提醒他们"一定要做SWOT分析，把分析表附上"，而且再三推动相关内容的大规模培训，可他们就是做不到。这下把我惹毛了，我严厉地斥责他们，勒令他们务必做到。没承想，当他们终于做到的时候，我更傻眼了！回回开会的时候，人手一张SWOT分析表，然后在表上直接给你标出结论，几乎看不出一点"认真思考"的痕迹……还不如以前呢！以前他们起码能考虑、分析，现在连这都没有了，脑子都不动了……

说实话，我能理解这位老板的苦恼。说白了，SWOT分析表不是"思考"的加速器，反而容易成为"思考"的制动器。

总之，它仅仅是一个"整理"的工具，与"思考"无关，更与"分析"无关。

► TOWS分析：能够为许多课题引出一堆选项的好东西

不过，在SWOT分析的应用方面，有一个好东西能用，那就是SWOT分析的衍生模型——"TOWS模型"。该模型的首倡者是美国旧金山大学管理学教授，著名学者海因茨·韦里克。在发表于1982年的论文《TOWS矩阵：形势分析的一个重要工具》中，韦里克首次提出"TOWS模型"的概念，并对其进行了完整的论述。

这个模型的逻辑很简单，就是将SWOT给出的所有"机会"和"威胁"——与"长板"和"短板"做搭配组合，然后拿出一个结论（图129）。

换言之，经过这样的排列组合，到底应该如何施策，就会产生许多选项。它堪称一个派得上用场的好工具。

具体地说，有如下几种搭配组合方式：

● 将"机会"与"长板"相结合，就能得出"**积极进攻**"方面的策略；
● 将"机会"与"短板"相结合，就能得出"**短板强化**"方面的策略；
● 将"威胁"与"长板"相结合，就能得出"**差别化经营**"方面的策略；
● 将"威胁"与"短板"相结合，就能得出"**积极防御或主动撤退**"方面的策略。

有了这个框架，剩下的事就好办了。

比方说，你的企业或项目各有5个长板、短板、机会和威胁，那么在这4个象限中，分别有25种不同的排列组合方式（5×5），合到一起，就是4个大类、100种不同的方案（25×4）。

图129 | TOWS矩阵

这种矩阵，也被称作"交互矩阵"或"互补矩阵"（图130）。

当然，可以想象，这100种方案中肯定存在完全无意义的方案选项。可即便剔除那些意义很小抑或完全无意义的选项，剩下的选项（或至少是灵感）也足够你发挥一番了。

还是那句话，挑重要的、关键的干。如果同时有20个选项都很重要，那么就要果断取舍，在反复权衡下单独挑出几个予以重点应对。一般情况下，哪怕你仅能应对一种方案，只要这个方案对你而言是最重要的，那么搞定或至少在一定程度上搞定它，你的处境立马就会好起来，效果非常明显。

现在问题来了：到底应该如何搞定你认为很重要的方案呢？

显然，在这一点上，仅依靠TOWS分析模型的力量是不行的。因为从本质上来讲，TOWS和SWOT一样，仅仅是一个工具，而不是答案。换言之，单靠这个东西，你是不可能得知具体的操作方法的，包括哪个或哪些备选方案真正"重要"抑或"最重要"，工具本身也不可能给出答案。它最多只能给你一些灵感，告诉你一些方向性的东西。

所以，"使用工具"的逻辑就显得格外重要。务必要将其用对地方，而不能滥用。

比方说，一旦TOWS模型给出了不少方案选项，你便立马召开会议，对下属发号施令：这些是TOWS分析表给出的结论。这块、这块和这块，需要我们重点应对，积极行动！

这种简单粗暴的处理方式是行不通的，你的下属照样不知道该怎么办。正确的做法应该是：以TOWS分析模型给出的结论为依据，号召大家进行更为深入的调查、研究和思考，然后把大家经过调研和深思熟虑后的结果拿到桌面上进行广泛的讨论、论证，最后再决定选哪个方案，以及如何操作。

图130 | 交互矩阵（机会×长板）

| | | 长板 Strengths | | |
	S1	S2	S3	S4
O1	—	—	S3O1	—
O2	S1O2	—	S3O2	—
O3	—	S2O3	—	S4O3
O4	—	—	—	S4O4

机会 Opportunities

总之，再先进的工具，其本质也依然是工具。它应该受人驾驭，绝不可让它驾驭人，更不能把它神化。

▶ SWOT分析：是否到了应被"召回"的时候?

1997年，一篇极具冲击性的论文横空出世，震撼了业界和学界。这篇论文的标题是《SWOT分析：已然到了"被召回"的时候》。

该论文的作者特里·希尔和罗伊·韦斯特布鲁克对20家自称"SWOT分析爱好者"的公司进行了深入调研，并得出了一个颇为令人意外的结果：这20家公司中，居然没有一家曾经在制定企业战略的实践过程中用到过SWOT模型的分析结果。你没听错，是一家都没有！

重点是，他们天天做SWOT分析，却没有一次落到实处。

由此，两位学者得出结论：所谓"SWOT分析"，大多只是制作一个长长的清单，再对清单上的内容进行某种一般化乃至完全无意义的解读，不存在优先顺序、轻重缓急，也没有任何对具体问题点的检验和论证。因此它徒有其表，已然到了"被召回"的时候，就像公司的故障产品一样。

想必这样的一个结论，"SWOT之父"汉弗莱和安德鲁斯听到后会颇感意外吧。

话说不仅仅是经营管理领域，在任何一个领域中，所谓的"框架""脉络"都有其特殊的使用目的和明确的定位。SWOT矩阵也是如此，它的"目的"与"定位"是非常明确的，说白了就是为了"整理"。

至于"整理"完毕后需要做什么，比如检验、论证具体的问题点，再比如分出优先顺序，聚焦核心问题等，这些后续事宜都是SWOT矩阵的使用者自己去考虑的，与模型本身没有关系。

同样的道理，SWOT矩阵与TOWS分析框架结合起来使用，效果会好一些。但这种组合使用的方式，其目的依然仅仅是"引出提案"而已。至于之后的事情该怎么办，还是要靠"人工"，靠"人"的智慧和力量去决定。

这一点务必注意。

IT和AI：技术的进化及其真正的意涵

▶ IT和AI的活用能力决定项目成败

直到今天，以互联网与电脑科技为代表的IT技术也没有停止其迅猛发展的脚步。特别是第三代AI技术，已然打破了人类曾经无法逾越的壁垒，进入了一个人类曾经无法想象的崭新的发展阶段。

现如今，以机械学习和深度学习为手段，AI技术的触角已被极度拉伸，达到了一个全新的境界。对AI来说，图像识别、人脸识别、文字识别都已完全不在话下，甚至连人类本身的智力系统与逻辑思考体系，也可以在很大程度上被其取代。著名的"人机大战"就是典型的例子。

这样的例子还有很多，简单列举如下：

- **有价证券交易员：** 美国投资银行巨头高盛公司已经将其内部证券交易员的人数从600多人减少到2个人。之所以能做到这一点，是因为200位系统工程师共同设计的应用程序（AI），能够将证券交易业务的效率（速度）提升数百万倍！

- **焊工：** 话说近20年来，焊工在中国是非常受欢迎的职业之一。由于需要高超的技术和极高的熟练度，这项工作的收入颇高，为中国创造了数百万个高收入岗位。可是这几年随着AI技术的介入，情况有了很大改变。使用该技术的机器人焊工大量涌现，已经夺走了不少焊接领域的工作。特别是在造船领域，这一点体现得格外明显。现在中国有许多大型造船厂的零部件焊接车间几乎已经看不到工人的身影，焊工宿舍也是"人去楼空"。

- **汽车驾驶员：** 众所周知，无人驾驶技术的开发先驱是美国的谷歌公司。现如今，该公司的无人驾驶技术已然达到了"即便行驶1000公里，需要驾驶员介入的次数也不超过一次""即便行驶537万公里，发生事故的次数也不超过一次"的水平。换言之，现在的无人驾驶技术的安全性已经很高了。

AI就是这么厉害，其应用范围早已超越人类想象力的边界。

AI技术的广泛应用势必极大地改变今后的社会面貌以及企业经营的面貌，该技术不仅将成为企业竞争的核心，也将成为大国竞争的重中之重。

问题在于，如果仅仅是绞尽脑汁网罗各路AI技术的高手，或大批量培养AI领域的苗子，恐怕也未必能确保在激烈的竞争中胜出。这个领域里的人才竞争已经愈演愈烈。这只会让已经红得发紫的"红海"变得更红、更紫，甚至完全变成"黑海""墨海"也未可知。

不过，也许还有机会。回顾一下IT发展史，特别是IT革新史、创新史，研究一下前辈们的血泪教训，说不定会有不小的收获。

首先，不妨听一个真实的故事。这个故事与人类历史上第一台电报机——莫尔斯电报机有关。

▶ 教训1：抓住具有创新精神的顾客（铁路公司）

话说由塞缪尔·莫尔斯与其得力助手阿尔弗雷德·韦尔共同发明的电报机，在1844年迎来了命运的转机。

这件事还得从头说起。

其实莫尔斯最初的主业是绘画。当年，这位曾在欧洲学习绘画技艺的美国画家，在一个极其偶然的机会下接触到电子通信方面的知识，并立马对其产生强烈的兴趣，遂决定投身这一领域。他一边教绘画，一边搞研发，经过一番努力，终于鼓捣出了一个划时代的新东西——电报机。而他的助手韦尔则进一步改良了这项新发明，将其变成一台真正具有实用性的机器（图131）。

由于彼时电报机的发明所引发的竞争异常激烈，莫尔斯和韦尔在英法两国申请专利时，屡遭先行一步的竞争对手强力抵制，进展颇为不顺。他们只好重新聚焦美国本土市场，希望有所突破。功夫不负有心人，1842年，他们的事业终于有了起色，拿到了铺设巴尔的摩—纽约铁路

图131 | 莫尔斯电码：短点、长点、空白的组合

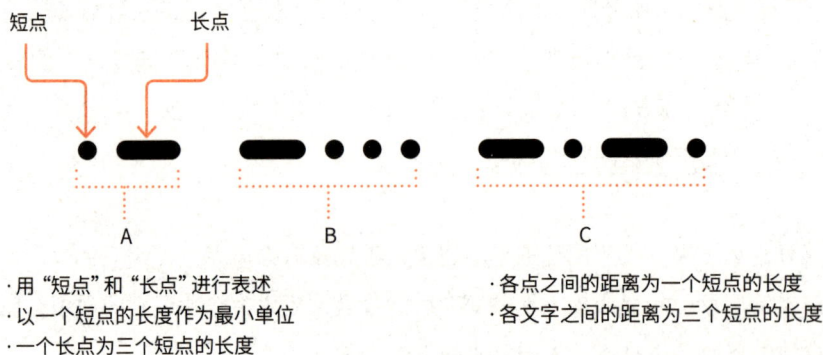

- 用"短点"和"长点"进行表述
- 以一个短点的长度作为最小单位
- 一个长点为三个短点的长度
- 各点之间的距离为一个短点的长度
- 各文字之间的距离为三个短点的长度

沿线（约64公里）电子通信线路的许可，并得到政府专项预算拨款的支持。

铁路公司也对该项目的实施寄予厚望。因为长期以来，<u>列车运行的安全管理始终是他们的一块心病，一旦有了电报机，便能够让距离遥远的两点迅速取得联系，这会极大地提升安全管理的效率与效果。</u>而这一点是他们梦寐以求的。

1844年的一天，见证奇迹的时刻终于到来了。这一天对全体美国人来讲，还是一个特殊的日子：巴尔的摩市将举行民主党总统候选人推选大会。显然，对莫尔斯他们来讲，这简直是天意。

后来发生的事情已被载入史册：莫尔斯团队以压倒性的优势战胜所有主流媒体，第一个将巴尔的摩市的选举结果传回了首都华盛顿。全美国乃至全世界见识到了莫尔斯电报机的威力。

数月后，莫尔斯团队倾力打造的巴尔的摩—华盛顿铁路电信系统完工。而完工后的第一封电报，是莫尔斯亲自拍给得力助手韦尔的一行简短电文：此乃上帝之神技。

自此，美国的电信业发展一发而不可收，进入了空前的大发展期。10年后的1854年，美国的通信电缆总长度达到最初的1000多倍，有惊人的6万多公里！

1858年，海底通信电缆终于将欧洲和美国连接到一起，海底电缆事业的新纪元由此开启。此后，这样的连接愈来愈多：1865年，连接了英国与印度；1870年，连接了中国和英国；1871年，连接了中国和日本。

即便在今天，这样的连接依然没有终止，还在不断延伸。

▶ 教训2：直面风险（海底电缆）

1851年，世界上第一条海底电缆在法国加来和英国多佛尔之间铺就。第二年，爱尔兰、比利时和丹麦也通过海底电缆与英伦三岛连接了起来。

30年后的1881年，世界海底电缆总长度已经超过21万公里。而英国资本在这项庞大事业中的占比居然达到七成！显然，这是一种具有压倒性优势的垄断地位。

英国人之所以能做到这一点，自有其道理。彼时，海底电缆的制造需要极高的技术水平，而海底电缆的铺设更是麻烦，不仅需要技术，还需要丰富的经验。重点是，项目需要用到装运海量电缆的大型专业船只。不只如此，<u>这还是一个风险极大的项目，需要经营管理团队具有极高的冒险精神和企业家精神，敢于直面风险，迎接挑战，果断决策，快速执行。</u>当时，除了英国人，没有谁能做到这些。

当然，英国人从付出中收获的巨大好处也是他国所远远不能比的。

英国几乎以一己之力构建了一个覆盖全世界的庞大信息网，这使英国得到全球范围内重要信息的速度比任何其他欧洲国家都能快上2～3个小时。这是一个无与伦比的优势，也是一副威力巨大的"武器"，它强有力地支撑了维多利亚女王时代英国的无尽辉煌与荣耀。

最先受益于这股由民间资本掀起的电信建设热潮的，是各大通讯社，特别是以路透社为代表的英国的新闻报道机构。有了"电信"这个神器，不仅是全球范围内大大小小的事件，还有时间、天气等方面的信息，也能得到及时、精准的报道，对社会形态及人类生活方式的改变产生了极为深远的影响。

不过说到生活方式的改变，真正的决定性影响却不是由以莫尔斯为代表的电信行业的先驱带来的，而是来自另一个划时代的新生事物——电话。

▶ 教训3：不做不知道（电话）

自格雷厄姆·贝尔取得专利权（1876年），并建设了人类历史上第一个<u>电话系统</u>之后，电话事业的发展便迅速改变乃至颠覆了一切。

不过，在电话普及的最初阶段，事情的进展却没有那么顺利。

1877年4月，贝尔为自己的公司找到了第一批客户——电器行老板。彼时的电话业务仅有"专线服务"这一种，也就是所谓的"两点一线"服务，将老板的私宅与店铺连接起来，让他们足不出户便能随时了解到店里的最新情况。电话服务的收费不便宜，每年需缴纳综合服务费40美元（相当于现在的120万日元）。费用高一些也就罢了，问题是"专线服务"的适用面太窄，每天最多用上几十分钟便无话可讲，而且除了自己店里的人，没法与更多人直接通话。这些都极大地影响了线路的使用效率，让电话看起来颇有些"鸡肋"的色彩。贝尔公司最初的客户拓展举措的效果极其有限，半年时间里只搞定了600多个客户。

于是，贝尔决定继续创新，彻底改变这一尴尬局面。不久，另一个重量级发明——"交换机"问世了，这项发明也已被载入史册。有了它，手边有电话机的人便可以互通电话，相互交流。这就极大地提升了线路的利用效率，让情况有了戏剧性的转变。

自此，电话事业的发展进入了快车道。很快，记录"新朋友"的"电话簿"问世，人们有了自己的"电话朋友圈和人际关系网"。与此同时，为了方便识别不断增多的"新朋友"，"电话号码"问世，并被随机地分配给所有电话机，让这些冷冰冰的机器有了真正的"身份"。

如此这般，<u>作为"商用专线"而诞生的电话，随着"交换机""电话簿""电话号码"的相继问世，走进寻常百姓家，成为从根本上颠覆社会形态和人类生活方式的划时代产品。</u>直至今日，电话依然是我们生活中重要的通信工具（图132）。

当年电话诞生的时候，无论是贝尔还是其他人，谁会想到这个东西竟然会有如此好的发展前景？

图132 | 网络的类型

全连接型　　　　　　星状分布型　　　　　　高速公路型

交换机

需要10条专线　　　　　　只需5条专线　　　　　　不需要交换机
如果是10个人，就需要55条专线　10个人就需要10条专线（电话）　　　　（互联网）

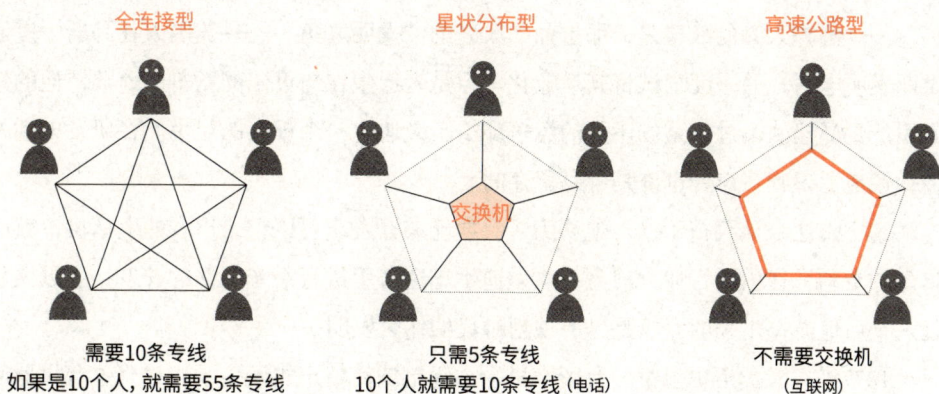

总之，当电话终于构建出连接一切的网络时，其强烈的外部性①便显现出来。

这一外部性所带来的压倒性竞争优势，使贝尔的成功远远超出最初的预期：随着打赢一系列与竞争对手的专利纠纷战，贝尔公司终于将合法专利权收入囊中，并以此为武器，开始疯狂地抢占市场。1878年6月，以客户装机量1万余部起家的贝尔公司，仅用了不到3年的时间，便将这一数字拉升到13.3万部，堪称爆发性成长。彼时的美国，是民营企业自由竞争的乐土，也是世界上最大的市场，因此电话普及的速度之快、效率之高，在全世界范围内都没有哪个国家比得上。至19世纪末，全世界电话机的装机存量有七成半在美国。

这里还有一个有趣的小插曲。话说以贝尔为代表的电话产业的先驱，为了大举提升产业价值，曾经绞尽脑汁，赋予了电话很多衍生功能。他们提供各种服务和娱乐内容（通过电话收听剧场直播或电话公司播出的音乐节目等），可是广大民众却并不领情，依然痴迷于电话机的基本功能——聊天。

这可让贝尔及其同行犯了难，一度将电话的聊天功能视为提升业绩的大麻烦。可在普通用户看来，正是这个几乎完全无内容甚至无意义的"闲聊"功能，是电话机最有用的功能，也是普通用户心目中最强的价值。

这一点，对今天的IT世界依然极富启发性。随着智能手机的普及，一系列的服务和内容类产品出现，可即便如此，智能手机的最大功用依然在于"消磨时间"。换言之，越是那些表面上看起来既没有内容也没有意义的东西，越会成为IT行业最大的收益支柱。比如"社交平台"，依然是"聊天"的主要场所；再比如"游戏和视频类内容"，依然是供用户来"打发时间"的。

---

① 此处所说的"外部性"，是指加入电话网的人越多，其价值便越大。且这一价值具有极高的普惠性，能够让所有加入者受益。

▶ 教训4：技术的无限可能性，先从"假说"开始（留声机）

一个鲜为人知的故事是，那位鼎鼎大名的"发明之王"——美国人托马斯·爱迪生也曾经试图发明电话，并一度尝试将其产业化。但是爱迪生在与贝尔的竞争中落败，他的伟大计划因此而严重受挫。不过，这场惨烈的竞争却给了爱迪生一个极大的启示。在研发电话的过程中，他敏锐地意识到：声音也许是可以留存的。

这个想法令他兴奋不已。他认为，只要能够开发出可以记录声音的电话机，就能成功避开贝尔的专利，在电话行业大展身手。爱迪生迅速着手进行录音电话的开发，夜以继日，废寝忘食。最后他鼓捣出来的竟然是另一项划时代的伟大发明——留声机。

1877年，人类历史上第一台留声机——锡箔圆筒留声机诞生了。尽管这台机器制作精巧且能成功地收录声音，可是录音的时间非常短，且有较大的噪声，让爱迪生并不满意。他感到些许茫然，不知这样的一台机器会有什么样的应用场景和什么样的前途。

于是，他在一张纸上写下10种留声机潜在的应用场景，即提出了10种假说：（1）代替信件和速记；（2）失明人士专用的书籍；（3）训练口才与话术的工具；（4）欣赏音乐的道具；（5）记录回忆和遗嘱的工具……

最后的结果，想必大家已经知道了。留声机应用的彻底爆发，几乎完全是上述第4条假说使然。问题在于，对开创者来说，当一个新生事物摆在你面前时，你不可能知道它在未来到底有多少潜在的应用可能，以及这些可能性当中，到底哪些会爆发，哪些会死亡。因此，开创者无论如何要养成思考的习惯，养成"提出假说"的习惯，要为这个新生事物设想尽可能多的应用可能性，留出更多的想象空间。

再说回爱迪生的留声机。这里还有一个神奇而有趣的段子。

留声机本来是爱迪生为了与贝尔竞争，煞费苦心做出来的东西，没承想其成果却被贝尔公司夺走，成为人家的赚钱利器。

事情是这样的。贝尔的事业伙伴，德裔美国技师埃米尔·贝利纳将爱迪生发明的圆筒留声机做了改良，推出了升级版——圆盘留声机（图133）。这种留声机有一个非常大的优势，那就是只要事前灌录好原版唱片，便可对该唱片进行大规模工业化复制生产，而且生产出来的所有成品唱片均可放在圆盘留声机上播放。正是这一点，让行动缓慢的爱迪生公司吃了亏。

不过，正如前文所言，尽管爱迪生在这一战中败下阵来，"为新生事物规划前景"的"假说"原则，却作为这一事件的宝贵经验留存下来。唯一遗憾的是，如果爱迪生能早一点意识到留声机在"音乐欣赏"方面的广阔前景，并在这个领域集中优势资源攻关的话，结局也许就会被改写。

显然，贝利纳能成功，就是因为抢在爱迪生之前看准了这一点，并迅速付诸了行动。

凭借卓越的才华和受到市场肯定的优异产品，埃米尔·贝利纳成立了自己的留声机公司，

图133 | 圆盘留声机

并迅速让公司成为市场上的绝对主力。其后，他又对产品进行了多次改良，且一再推出新产品，使自己的公司始终都能走在音乐市场的最前沿。

▶ 教训5：高管和中层管理者应主动掌握与使用新技术有关的基础知识

将二战后的日本从一片废墟中拯救出来的，是日本强大的制造业。而日本的制造业之所以强大，是因为企业内部有一个强大的文化基因——改善，而且是"全员参加型改善"。重点是，"改善"之所以成立，之所以有效，是由于统计学手段的采用。在这方面，戴明的贡献很大。他以统计学知识为基础独创的"流程管理"方法，让曾经不可想象的"高品质与低价格同时存在"成为可能（图134）。

图134 | 戴明的老师休哈特的"品质管理法"（例）

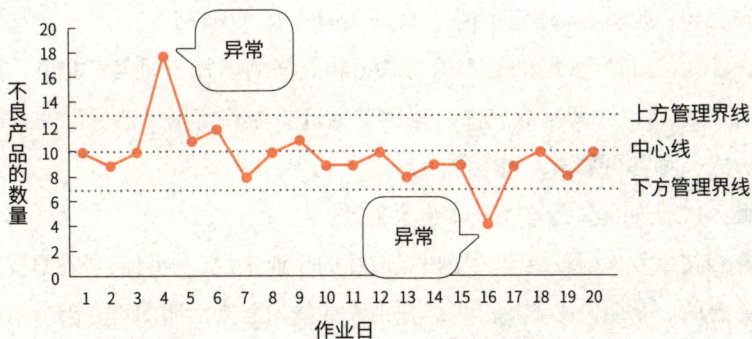

事实上，首先受到戴明理论熏陶的，是日本企业的经营管理者阶层。1950年6月到8月，戴明在日本开办了一系列专业讲座，即著名的"统计学质量管理8天课"。数百名日本企业的技术人员、管理人员和学者参加了课程。特别是在箱根市举行的"经营者质量管理讲习会一天课"，吸引了全日本制造业领域的45名重量级人物参加，在当年成了轰动一时的大新闻。在这堂课上，戴明对这些日本企业的超级精英说了一番话，至今广为流传。他是这样说的："我相信，凭在座诸君的能力，5年之内，日本企业必然会成为欧美同行企业强劲的竞争对手。"

戴明讲座的影响力是巨大的，效果堪称"立竿见影"。3个月后，一位参加过该系列讲座的日本顶级企业家便报告了成果：公司的生产率一口气提高了30%。

紧接着，数月之内，又有不少公司相继报告了相同或相似的成果，一时间传为佳话。据说，日本企业的学习速度之快、学习效果之大，让戴明本人都深感意外。后来，他在接受媒体采访时回顾了当时的心情："我本来以为日本人会在五年内'出师'，没想到仅用了两年时间，他们就做到了这一点！"

那么，日本企业为何能如此迅速地成功呢？

概括起来，有两个原因：一是统计学的威力。正因为运用了基于统计学理论的质量管理思维，那些在制造现场沉睡了多年，数量极为庞大的流程信息与质量信息才会被成功唤醒，并得到最大限度的活用。

二是领导力的威力，或者说是"率先垂范"的力量。正因为企业高管与中层管理者率先介入，先学先试，所以这一理念与方法才会如此迅速地在企业内部推广开来，并迅速成为一种常识、一种习惯，甚至一种文化。

▶ 教训6：AI技术的活用，须先从小组织开始，先从解决公司内部问题开始

在AI技术大爆炸的今天，作为一个组织，到底应该做些什么样的准备，以及如何准备呢？

1848～1855年，美国加州掀起了一股空前的"淘金热"。在这场大潮中，真正发了大财的是谁呢？是那些淘金者吗？非也。真正发财的是为蜂拥而至的淘金者缝制结实耐用的工作裤的企业——李维斯公司，也就是那家发明牛仔裤的美国企业（图135）。

PC行业也一样。真正发大财的是中国的联想和美国的惠普公司吗？非也，是美国的微软公司。前两者制造机器，后者制造软件，也就是制造驱动和使用机器所需的应用程序。想想看，两种赚钱方式，哪种更靠谱，风险更小？

淘金业如此，PC业如此，想必AI技术也会如此。

对一心想靠AI技术发大财或者至少干出点成绩的企业来说，"自己开发AI技术"在大多数情况下也是不必要的。企业没必要搞开发，把别人的技术拿来活用即可。因为AI技术仅仅是一

图135 | 金矿工人的工作裤——李维斯牛仔裤的前身

19世纪50年代，李维斯公司因生产耐用度极差的工作服，激起金矿工人的普遍不满。由此，该公司决定以油布为原料，为工人制作更结实的工装裤，并将这种工装裤商品化。后来，该公司又将这种工装裤的原料改为粗棉布，颜色也改成了经典的靛蓝色。1873年，作为该公司合作伙伴的裁缝匠人雅各布·戴维斯又对工装裤进行了改进，增加了铆钉。他与李维斯公司一起，共同取得了这种工装裤的专利权。这就是牛仔裤的由来。

个工具，而不能将应用AI作为目的。

对大多数公司而言，真正重要的事情是掌握一种"能力"。今后，随着物联网技术的应用不断取得革命性进展，公司内外的信息与数据一定会迎来大爆发的时代。如何将这些海量的大数据与AI技术相结合，更好地解决公司所面临的实际问题，这才是真正的重点。

即便是始终走在全球创新领域前沿的日本软银公司，正式成立专门的队伍（AI/平台统筹部）去做这方面的事，也是2015年的事情了。而且这支队伍的人手极少，最初只有区区数人而已。本来，软银成立这样一个部门的初心或者说任务，是想利用AI界的老大哥IBM最先推出的IBM Watson（曾一度是AI的代名词）体系拓展新领域、开发新项目，所以当初为该部门的成立所召集的人才中，不仅有AI方面的技术高手，还有不少解决商业课题和系统开发问题的专才。重点是，他们不依靠"空降兵"，而是以公司内部的人才为主。

这就意味着，这件事的核心目的还是解决公司内部的问题，而在这一过程中，需要借助AI技术所拥有的问题理解、思路拓展以及为问题的解决提供具体操作方案的卓越能力。这些实操经验的积累对公司未来的发展极具意义和价值。

显然，AI技术的重中之重还是人才的培养。为了培养人才，公司必须为他们提供大量的实践机会。AI技术看似高深，其实归根结底还是重在实践——反复的、大量的实践。

在商业的世界里，去外部寻找资源抑或向外部输出资源，从来都是一个可选项，甚至是必选项。问题在于，你首先要把内部搞定，才有能力去管外部的事情。

▶ 教训7：要主动成为有利于AI人才成长的公司

在我看来，AI人才和一般的IT人才是有着本质上的区别的。后者需要掌握的专业技能是如何构建一个信息收集与管理的体系；而前者则不然，前者需要从这些收集来的海量信息中发现新东西，即新灵感、新启示、新路径，并利用AI特有的机理与架构去分析问题、解决问题，创造价值。

因此，与对技术本身的理解抑或掌握技术的程度相比，富有弹性的技术应用能力以及快速的试错能力才是AI人才真正应具备的核心能力。

再者，AI技术自身的进化也是极为迅速的，因此与经验的多寡相比，实践的速度与实践次数更为重要。

世界知名的空调大厂日本大金工业集团就是这方面的先驱。该公司颇有先见之明，一早就采取了"AI人才培养"的内部教育制度，对大学毕业，刚刚步入社会的新员工进行AI技术培训。

2017年末，大金公司专门成立了一所企业内训学校——大金信息技术大学，并于第二年精心挑选了100名新入职的员工，将他们送入该校学习，且是"离岗培训"。换言之，在为期两年的学习过程中，这些新员工无须工作，只需专注于学校的学习内容。

为了有力地配合这一内部培训战略，大金公司还改变了招工策略，大幅增加了新员工的招聘人数。比方说，2017年，该公司只招聘了283名新员工，但是随着大金信息技术大学的成立，一年后的2018年，公司的新员工招聘人数增加到430人。比2017年多出的近150人中，有近三分之二的人被送进这所学校学习AI技术。

大金每年投入企业内训的资金虽然已达10亿日元，可是与这家空调行业老牌巨头的规模（年销售额2万亿日元，员工总数7万余人）相比，这点数字几乎可以忽略不计。

所以对该公司而言，真正的问题不在于"钱多钱少"，而在于能否为AI人才提供足够的施展机会与空间。

正如半个多世纪前，日本企业的大人物从戴明那里学到东西一样，今天的日本企业的大人物需要学习、需要掌握的东西也在于此。换言之，他们需要明白，真正重要的不是AI技术的相关知识本身，而是其他的一些东西。比如，深刻洞察AI与物联网技术的能力边界——哪些能做，哪些不能做；"能做"的事情，到底应该"怎么做"；应该如何构建一个能够充分激发AI技术所具有的一切潜力的事业项目，并高效地运作这个项目；在这一过程中，人才从哪里来，应该怎么用，以及为什么要这样用，其理由是什么。所有"实务面"的知识，才是真正重要的知识，比AI技术的知识本身更重要。与此同时，如何让这些知识充分适用于本公司或本部门的实际情况，让员工能理解、能接受，乃至能投入，这本身也是一个重大问题，等待着公司的管理团队去思考和解决。

总而言之，如果不能让AI领域的青年才俊在公司内部茁壮成长并大显身手，那么你的企业就是一家失败的企业，不会有未来。

这一点，公司的高管与中层管理者要铭记于心。而迈出这关键的第一步的重任，也在这些经营管理者肩上。

到此，本书的主体内容正式告一段落，有劳大家阅读了。

不知道大家在这一过程中是否感受到了乐趣？是否在脑海中模拟过一些商场实战？

书中给出的所有方法、所有框架，你都可以使用，都可以在运营公司或项目的实践中尝试。不出意外的话，你会发现，有了这些工具的帮助，整理浩如烟海的信息和数据变得简单多了，而且在这个过程中，你还能锻炼出超凡的洞察力，一眼就能看明白问题到底出在哪里。不仅如此，调研问题以及处理、解决问题的能力也会提高。

下面的文字，将会是我免费送给大家的"彩蛋"。说是"彩蛋"，干货却不少，有心的朋友还是尽量不要错过。

在"彩蛋"章节中，我将向大家介绍近年来实用性明显上升的"微观经济学"。我还会给大家讲一个故事——关于"市场定位学派"与"能力学派"的百年战争，我将其称为"经营战略史"。

对经营学感兴趣的朋友，不妨参考一下。

第五章小结

5

35 事业目标：确立愿景与达成目标的重要性

关键词

事业经营=事业目标×商业模式、软性目标（愿景、任务、价值）、硬性目标、憧憬之地、战略性制约、顾客视角的销售目标、股东价值偏重症候群、雷曼危机、平衡记分卡、"必达文化"会杀死新项目

企业、事业（项目）、商品

味之素公司、"高品质生物技术"业务

36 共同语言：让商业项目进入快速推进的轨道

关键词

巴别塔、共同语言

设计思维、以用户为中心的试错、EDIPT、奥斯本73问、逆向头脑风暴、观察

理论思维、聚焦思考

企业、事业（项目）、商品

IDEO

良品计划（无印良品）、可以挂到墙上的家具

专栏04 说一说大受欢迎的"SWOT分析法"

关键词

SOFT分析、SWOT矩阵与SWOT分析、长板与短板/机会与威胁、TOWS矩阵与TOWS分析、交互矩阵、选择方案

企业、事业（项目）、商品

斯坦福研究所、哈佛商学院

37 IT和AI：技术的进化及其真正的意涵

关键词

第三代AI技术、机械学习/深度学习、无人驾驶技术、莫尔斯电码、聊天、留声机、网络的外部性、改善、统计学流程管理法、经营者质量管理讲习会、AI人才培养、大金信息技术大学

企业、事业（项目）、商品

高盛公司、谷歌

铁路公司、海底电缆、贝尔、留声机、李维斯公司、软银、大金公司

第六章
COMPLEMENT

微观经济学
基础与经营
战略史

38 微观经济学的基础用语

▶ 经济学变得越来越实用了

英国人托马斯·孟的著作《英国得自对外贸易的财富》以及英国人亚当·斯密的史诗级巨作《国富论》奠定了近代经济学的基础。顾名思义，所谓"经济学"，就是研究人类经济活动的学问。但是，"经济学"这门学问从诞生的第一天起便饱受争议，遭到大量类似"中看不中用"的指责。

之所以会如此，是因为至少从表面上看，经济学似乎只会罗列一大堆难解的原理和公式，而无法进行实验和反证。因此它是"似是而非"的科学，乃至"反科学"的东西。

不过近年来，情况已经有了很大的改变。"经济学对指导现实世界中的实践确实有用"已逐渐成为人类社会的一个主流认知。而这一革命性进步的取得，首先应归功于"博弈论"及其派生理论"匹配论"的出现。当然，"行为经济学"的诞生及快速发展也对这一进程起到了至关重要的推动作用。

为了让大家加深对经济学发展史的总体理解，我们从复习古典经济学入手，系统地捋一遍思路。不过，这里所说的"古典经济学"，并不是国家层面的"宏观经济学"，而是市场和企业层面的"微观经济学"。

首先，让我们从微观经济学的几个基础用语开始。这几个用语分别是"需求与供给""不完全竞争"和"比较优势"。

▶ 需求与供给（其一）：均衡点

顾名思义，经济学中的所谓"需求"源于消费端，而"供给"则源于生产端。这个很好理解。重点是，"需求"和"供给"这两个概念基本上只与价格和数量有关。所以在宏观经济学领域，它们意味着"物价"和"GDP"（国内生产总值）；而在微观经济学的语境中，则意味着商品或服务在市场中的"价格"与"生产量、销售量抑或交易量"。

举个例子。假设现在市场中有一种商品，由于其使用价值非常高，深受广大消费者欢迎，所以销量极大，经常发生断货现象，因而价格（交换价值）不断上涨。在这种情况下，受到激励的厂家便会火力全开，迅速扩大生产规模，令出货量在短期内急速提升。想象一下此时的供给曲线的状态。

然而，由于价格提高、供给增加，消费者的消费意愿便会相应下降，进而导致销售量的减少，乃至库存的增加。想象一下此时的需求曲线的状态。

于是，价格与供给量又会出现断崖式下跌，从而让消费需求回升，价格再度提高……

显然，这是一个典型的循环。问题在于，这样的循环会无限持续下去吗？答案是：不会。在现实世界中，这个循环会在某一个时间点和数量值上"稳定"下来，进入一种相对平衡的状态。

这就是微观经济学中非常著名的概念——"均衡点"的由来。

所谓"均衡点"，是指某种商品或服务的价格与数量基本稳定下来，不再有过大、过多的变化，即"使用价值"与"交换价值"达到平衡状态（图136）。

一般来说，只要国家不出手干预，比如进行价格管制或通过发放消费券等方式刺激需求，任由市场自由发展，那么市场便会自动发挥作用，让需求与供给（抑或价格与数量）通过自由匹配达到一种大体上平衡的状态。这种现象，亚当·斯密称之为"看不见的手"。

但是，事物并不总会按照理想状态运转。事实上，市场失调的现象比比皆是，从而造成一个非常麻烦的问题，即所谓的"不完全竞争"。这个时候如果国家还不出手干预，后果将不堪设想。

这方面的话题，我们稍后再说。在这之前，还是先介绍几个经济学的基本概念，也就是"边际成本"、"边际利润"以及"盈亏平衡点"。

▶ 需求与供给（其二）：边际成本、边际利润、盈亏平衡点

商品的成本主要分为两大部分，一是固定成本，一是变动成本。其中，无论供给量是增加还是减少，都不会发生变化的成本，叫作固定成本；而随着供给量的增减成比例变化的成本，则被称为变动成本。

举个例子。7-11便利店销售的某种咖啡，进货成本为50日元，而售价为100日元。假设不产生"尾货"（由于卖不出去而形成库存或只能销毁），那么这种咖啡的变动成本就是每杯50日元。如果平均每天能够售出50杯，那么销售额就是5000日元，变动成本则为2500日元。

我们假设这家店有一台咖啡机，是从公司总部租借来的，每天的租借费用是2000日元，那么无论卖出多少杯咖啡，这一块的成本都是固定的，就是2000日元。

假设除了上述成本，其他一切费用（比如人工费、管理费、广告费等）均可忽略不计，那么这家店的咖啡销售每天会产生多少利润呢？

图136 | 供需均衡点

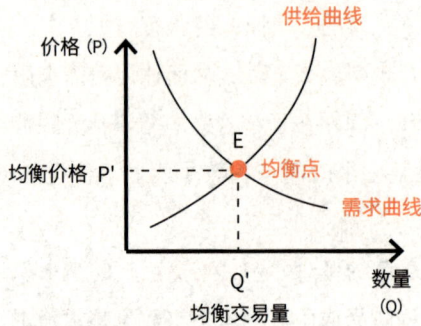

有如下几种可能：

第一，1杯咖啡也卖不出去。

在这种情况下，每天的固定费用2000日元就会变成赤字。

第二，每天卖出40杯咖啡。

在这种情况下，销售额是4000日元，变动成本是2000日元，再加上固定成本2000日元，刚好不赔不赚，利润为零。这就是"盈亏平衡点"。

这就意味着只要每天的销售量能够超过40杯，就会产生利润。卖得越多，利润越大。

问题在于，固定费用并非"永远固定"，也会随着情况的变化而变化。比方说，每台咖啡机每天能够制作的咖啡数量上限是100杯，那么，如果这家店想制作101杯咖啡，就必须再从总部租借一台机器。如此一来，固定费用就变成了每天4000日元，制作咖啡数量的上限也变成了每天200杯。

那么现在问题来了：在这种情况下，销售101杯咖啡，会让这家店增加多少成本呢？

再多生产一个，会导致总成本增加的成本，被称为"边际成本"。

经过计算，当销售量是99杯的时候，总成本为6950日元（变动成本4950日元＋固定成本2000日元）；销售100杯的总成本为7000日元；销售101杯的总成本为9050日元（因为多了一台咖啡机，所以固定成本翻倍）；销售102杯的总成本为9100日元；销售200杯的总成本为14,000日元。

按照"边际成本"的概念，可知销售第100杯的边际成本是50日元，而第101杯的边际成本一下子飙升到2050日元，是前者的40倍之多。而从第102杯开始，边际成本再次回归到50日元的水准。

问题在于，即便随着销量的继续攀升，边际成本再次降低，是否就意味着可以多赚钱了呢？比只有一台咖啡机的时候赚得更多吗？

未必。让我们再来看一个指标——边际利润。（图137）

图137 | 咖啡销售的盈亏平衡点及边际利润

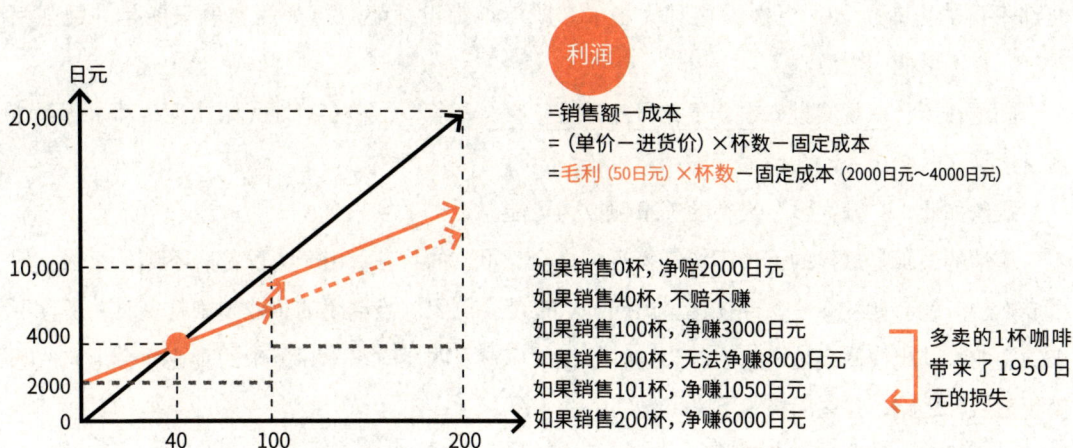

利润

=销售额−成本
= (单价−进货价)×杯数−固定成本
=毛利(50日元)×杯数−固定成本(2000日元～4000日元)

如果销售0杯，净赔2000日元
如果销售40杯，不赔不赚
如果销售100杯，净赚3000日元
如果销售200杯，无法净赚8000日元
如果销售101杯，净赚1050日元
如果销售200杯，净赚6000日元

多卖的1杯咖啡带来了1950日元的损失

再多卖一个，所能够增加的利润，被称为"边际利润"。

以这家便利店为例，当销售量是99杯的时候，利润是2950日元；当销售量是100杯的时候，利润是3000日元；销售101杯的利润是1050日元（因为多了一台咖啡机，导致固定成本增加）；销售140杯的利润是3000日元；销售200杯的利润是6000日元。

看见了没有，销售第100杯的边际利润是50日元（3000日元−2950日元），第101杯的边际利润则是-1950日元（1050日元−3000日元）。也就是说，你多卖了1杯咖啡，反而少赚了近2000日元！

重点是，为了超越销售100杯所产生的利润——3000日元，必须卖141杯！

换言之，你必须卖到140杯，才能赚到和卖100杯同样多的钱。这不是吃饱了撑的嘛。

显然，但凡没有绝对的自信，不宜轻易扩大规模。咖啡机，还是以一台为妙，不可以太贪，否则很有可能得不偿失。

可见，"边际利润"的概念及计算方式，是任何一个做生意的人都应该掌握的。关键时刻，它真的有大用。

▶ "垄断"与"规模效应"：现实世界中的"市场"，大多"不完全"

前文中提到的所谓"供需平衡"状态，有这样一个前提，即市场中有足够多的竞争，且价格等方面的重要信息可以在市场中畅通无阻地传递，做到完全共享。这样的状态，被称为"完全竞争"。

显然，在"完全竞争"的大环境中，所有商家的经营都会处于一种典型的"临界状态"，谁都不可能占有优势，更别提绝对优势了。既然谁都没优势，每个商家就只能是"勉强活着"，都不可能"太滋润"。

问题在于，在现实世界中，不大可能存在"完全竞争"，最多只能无限接近，却永远无法真正达到。

既然如此，"赚大钱"之类的美事便成为可能。

事情的逻辑是这样的：当市场越接近"完全竞争"的状态，由于大家都赚不到什么钱，那么成本效应就会愈发突显。谁在这里出问题，谁就会倒闭。当倒闭的企业越来越多时，幸存下来的企业，其规模便会越来越大。当这种规模效应愈发明显时，幸存下来的企业便会走向"寡头化发展"之路，并逐渐稳定下来，最终一统天下。

这种状态，被称为"垄断"。

垄断的极致不是"一家独大"，而是"独有一家"。当某个市场中只有一家企业时，其市场定价权就会"完全自由"，处于一种"绝对支配"的位置。这意味着一切由卖家说了算，买家只能顺从。这个时候，只有政府出手才能摆平，于是便有了"反垄断法"，其目的是保护、鼓励乃至创造竞争。

问题是，在一些天生规模大、密度高的事业领域，垄断几乎是不可避免的。进一步讲，其实这样的行业只有存在垄断，才能更符合所有人的利益，才能节约更多的资源，创造出更多的社会和经济效益。

那么发生这样的情况，应该如何处理？

简单，将其"国有化"即可。上述事业领域创造的产品，往往具有"社会公共产品"的特质。这样的领域不宜让民企或私企经营，理应收归国有，让全民拥有，为全民服务。

比如铁路、通信（电信）、邮政等行业，均属此列。

当然，由于管理不善、效率太低、亏损太大，相关经营机构不得不将这些社会公共资源卖给民间，进行所谓的"民营化"改革，这样的事情也并不鲜见。日本的新干线事业就是一个典型的例子。

然而"民营化"并不是万灵丹，有时民营的效率和效果甚至还不如"国营"。特别需要指出的是，"社会公共产品"的特殊性决定了"赚钱"不是其经营机构的最高目的，甚至完全不是目的。显然，这一点民营企业是不可能也不应该做到的。因此，"民营化"的要素固然可以汲取，但"国有化"的根还是不能丢。

事实上，包括日本在内，发达国家在这方面的教训实在是太多了。

在形成寡头垄断的市场中，后面会提到的"博弈论"将成为主流，市场中暗流涌动，各种各样的权谋之术会让人大开眼界。因此，小企业在这样的环境中是无法生存的，一冒头便会立马遭到打压，瞬间被碾得粉碎。这就是"规模效应"的作用。

一般来说，容易形成寡头垄断的市场都具有某些鲜明的特点，比如风险极高、投资额巨大等。因为风险高，所以要用到大量的钱（特别是研发投资，而且一旦研发失败，这些钱极有可能打水漂），钱不够的企业根本无法涉足。

这样的案例有很多，比如半导体芯片产业，特别是CPU和存储器芯片产业，以及液晶面板、有机面板产业等等，都是大家熟悉的例子。

无论是半导体产业，还是液晶面板产业，日企都曾经独领风骚。许多主力产品乃至产业本身，就是由日企从无到有创造出来的。可遗憾的是，这些日本人曾经领先的领域，后来却被其他国家或地区超越。

不过，上述行业所代表的市场终归是少数，现实世界中常见的市场形态并没有这么极端。事实上，在绝大多数案例中，并不存在绝对意义上的"垄断"，而仅仅是具有某些垄断性的因素而已。具体地说，市场上游被几家大公司把持着，他们占据的份额往往过半；而市场下游则有无数中小企业争锋，少则几十家，多则上万家。

之所以几家大公司可以占据半壁江山，是因为"规模效应"使然。既然如此，为什么那些没有任何"规模优势"的中小企业也可以活得生机勃勃呢？

答案也异常简单，那就是因为"市场的多样性"。

市场形同江湖，山高水深，复杂多样。这样的一个大千世界，在大多数情况下是极具包容性的。

换言之，有规模优势的企业能活，没有规模优势的企业也未必就会死。

具体地说，大企业不仅仅有成本优势，可能还会有一些其他优势，比如由资金和人才优势带来的差异化产品优势。而小企业也有小企业的优势，比如产品更接地气，更新换代更快，反馈与服务更迅速，物流更直接，等等。总之，大家各有所长。作为企业或项目的经营者、掌舵人，一定要有卓越的洞察力，能够看透市场原理，只有这样，你所投身的事业才会将它的本质和未来的模样清晰地呈现在你眼前。

▶ 比较优势：自己能做的事为何还要"外包"给别人做？

英国著名学者大卫·李嘉图于1817年提出的"比较优势理论"，在那个年代可谓颠覆常识。

在那之前，生产率最高的国家会在贸易方面占据绝对优势——这种认知早已深入人心。可现实却并非如此。发达国家与发展中国家做贸易，贸易从来都是双向的，并不是发达国家的物产单方通行，发展中国家的物产照样可以"逆袭"发达国家市场，让发展中国家从发达国家那里赚取大量的金钱。

为什么会这样？原因很简单，"比较优势"使然。

即便发达国家的生产率在所有产品品类上均出类拔萃，比发展中国家强，但强中自有强中手，这些优秀的产品本身也会分出高下来，不可能都一样强。因此，发达国家只需做一件事，那就是只把他们"最强"的东西拿来生产以及出口，其他的事统统交给发展中国家去做就行。这种做法的赚头最多，效益最大，因而也最为符合资本的属性、市场的属性。

换言之，即便其所有产品的生产率都远超发展中国家，发达国家也不可以把所有资源，把所有人、财、物都分配给那些（至少对自己而言）生产率相对较低的产业和产品。

"比较优势"的理论不仅适用于宏观世界，也适用于微观世界；不仅适用于企业，也适用于个人。

美国著名经济学家，1970年诺贝尔经济学奖获得者保罗·萨缪尔森曾经举过一个非常形象的例子。他是这么说的：一个律师聘请了一位女秘书，并非因为他打字的速度不如女秘书快。事实上，即便这位律师本人的打字速度远超女秘书，他依然应该这样做。理由很简单，因为律师的最大价值并非在打字上，而是在他的本职工作上。因此，将自己的努力方向放在自己最擅长的本职工作上，才是最赚钱的选择。

同样的道理，企业与家庭也应如此。企业之所以外包一部分工作，家庭之所以请钟点工或叫外卖，并不是因为这些企业或家庭搞不定或不擅长做那些事情，而是因为将所有资源和精力都倾注到自己最擅长的领域，才是最合算的，好处最多。

这就是"比较优势"的思维与行为逻辑。

▶ 博弈论：囚徒困境

博弈论所研究的就是"如何做决策"。

在微观经济学的世界里，任何经济主体的经济活动都存在几个基本要素，即市场、游戏规则、竞争对手和自己。在这样的环境里，如何决策才是最正确、最英明的呢？

对所有经济主体来说，这是一个永恒的命题。而用来思考这一命题的主要理论工具，就是"博弈论"。

1944年，杰出的美国数学家约翰·冯·诺依曼与美国著名经济学家奥斯卡·摩根斯特恩合著了一本书，叫作《博弈论与经济行为》。该书的问世，正式宣告了"博弈论"的诞生。

"博弈论"的一个经典案例便是著名的"囚徒困境"。它的意思是说，对个体最合理、最优的决策，往往对全体而言恰恰是最糟糕、最坏的选择。换言之，个体必须出卖全体的利益，才能实现自身利益的最大化。

这真是一个不幸的逻辑。

下面是"囚徒困境"的具体场景：

假设有两个囚犯A和B。准确地说，由于还没有最终判刑，他们二人目前还仅仅是"嫌疑犯"。

尽管他们二人是共犯，但由于警方暂时没有掌握充分的证据，因此等待他们二人的具体刑罚，将由他们彼此的供词决定。

我们假设二人的前途命运存在以下3种可能：

1. 如果双方都能招供，说出真相，那么他们将分别获刑7年；

2. 如果双方都保持沉默，且能将这种沉默坚持到底，那么由于缺少证据，二人所受的刑罚将会减少到2年；

3. 如果两人中只有一人招供，另一人保持沉默，那么招供的人将会被当场释放，而保持沉默的人将会独自获刑10年。

在此情况下，A、B二人应该如何决策呢？

假设本案中不存在任何情感或情绪因素，当事人均能冷静思考，做出合理行为，只不过二人被分别关押审讯，彼此无法进行直接沟通。重点是，两人之间的信赖关系也很一般。那么，在这样一种情况下，他们的思维和行为又会如何呢？

博弈论中经常会使用到的一个工具，在此时便能派上用场，那就是"支付矩阵"（payoff matrix，图138）。该矩阵详细展示了在囚徒困境中，每个人的每种选择将会如何令其获益或受

图138 | 博弈论的支付矩阵

		囚徒B	
		合作	非合作
囚徒A	合作	(−2、−2)	(−10、0)
	非合作	(0、−10)	(−7、−7)

(A的获益、B的获益)

损，以及不同的选择会给其同伴带来什么影响。

再强调一遍，在囚徒困境中，尽量减少乃至免除刑罚对所有当事人而言，都代表着获益，否则就是受损。那么对A和B来说，双方都保持沉默，意味着两个人均可在相当程度上获益；如果双方都招供，则意味着两个人均在相当程度上受损；只有一方保持沉默，另一方招供，才能让两个人中的某个人获益最大化，而另一个人则受损最大化。

此时，A会怎么想，怎么做呢？

让我们猜测一下他的内心世界。估计他会这么想：我沉默，B招供的话，他没事了，我会被判10年；我招供，B沉默的话，我没事，他判10年。退一万步讲，即便我俩都招供，也仅仅是判7年而已。这比他出卖我，而我不知情强，起码能少蹲3年监狱。

于是，A得出一个结论：甭管怎么说，招供比不招供好。

你猜怎么着？B大概率也会这么想。最后的结果很有可能是：两人都招供了，且都被判了7年。（图139）

换言之，他们二位并非不知道"两人都沉默"是最好的结局，可是出于对彼此的不信任，这个上上策恰恰是他们最不会考虑的。因为这恰恰是风险最大的选项。

需要注意的是，在支付矩阵中，涉事各方损益情况的呈现方式并非一成不变，而是有各种不同的形态、不同的意涵，因此不可一概而论。不过即便如此，在大多数情况下，都会存在一

图139｜囚徒困境

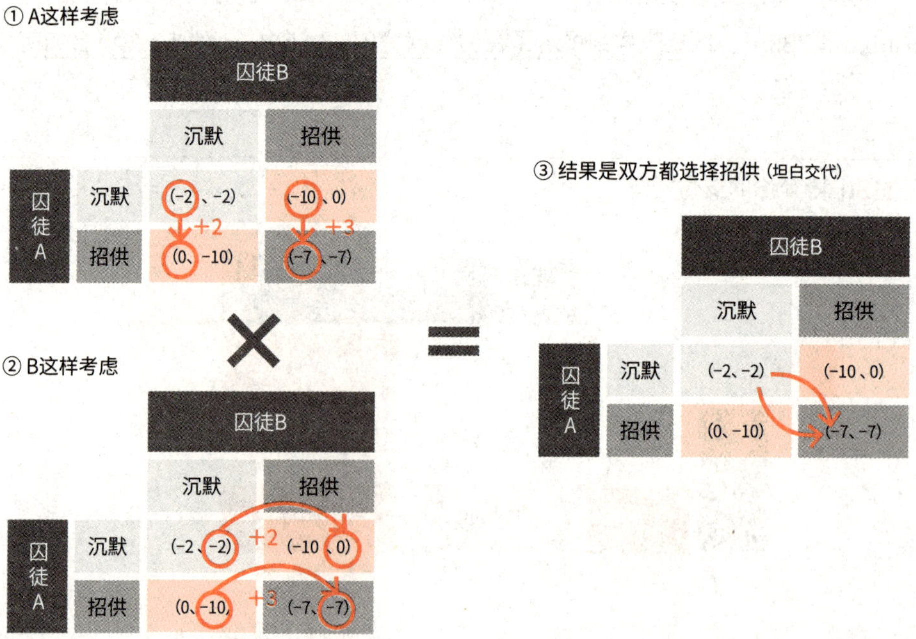

① A这样考虑

② B这样考虑

③ 结果是双方都选择招供（坦白交代）

个"基于合理判断的均衡点"（我们可以将其理解为"判断的终点"，意味着思考与判断到此为止，不再继续）。这种现象被称为"纳什均衡"，是以美国著名经济学家约翰·纳什的名字命名的。

再说回囚徒困境。

介绍两个概念："帕累托改进"和"帕累托最优"。假设有一群固定的人和一堆固定的资源，在不损害其他任何人既得利益的情况下，能够让至少一个人的境况（资源分配的效率）变得更好，这就叫"帕累托改进"。而将"帕累托改进"不断重复所能达到的极致状态，就是"帕累托最优"，它意味着"改进"已经做到头了，"改无可改"了。

显然，即便是在囚徒困境中，"帕累托最优"也是存在的，也就是整体利益最大化，而非个体利益最大化。如果这个点刚好能够和"纳什均衡点"严丝合缝地对接上，则是皆大欢喜的结局。问题在于，囚徒困境之所以是"困境"，就是因为当事人彼此之间不信任，所以这种场景中的"帕累托最优"几乎是不可能实现的。换言之，囚徒困境中的"帕累托最优"是"双方都保持沉默，蹲2年班房走人"，而"纳什均衡点"却是"双方都招供，共同蹲7年班房"。（图140）

后者与前者差别极大。

这样的状态被称为"非合作博弈"。博弈过程中几乎完全没有信任与协作的要素，双方非要争个输赢，堪称典型的"零和博弈"。

说起来，非合作博弈是一种相当普遍的社会现象，在日常生活中比比皆是。

具体地说，只要不存在"全员均获胜"的可能，就必然会出现赢家和输家，必然会出现非合作博弈。无论是生活中的应试、应聘，还是商场中的商品销售和货源采购竞争，等等，都会出现这种情况。

图140 | 非合作博弈的"帕累托最优"与"纳什均衡点"

市政工程的招标活动（假设存在标价的上限与下限），就是这方面的典型案例。由于最后中标的企业只能有一家，因此所有参与者几乎别无选择，只能被动地将自己的出价死死地压在标价下限附近，与此同时，心中不断地祈祷其他出价方别再往下压价了，再压下去，大家只能一起死。

显然，这就是典型的非合作博弈，参与方之间没有任何信任与协作。因此，其"纳什均衡点"完全不会与"帕累托最优"吻合。

那么，我们假设发生了奇迹，在这个招标活动中，"纳什均衡点"与"帕累托最优"神奇地吻合了，真正地实现了"帕累托最优"，又会怎么样呢？

简单，出标方会哭晕在厕所。因为所有应标方会齐心协力，共同把出价控制在标价上限附近，最后让中标的企业享受到一个无限接近上限的价格。

当然，这种场面只能出现在幻想中。除非发生意外或者拍电影，不然现实世界中的招标活动几乎全部都是囚徒困境的典型案例，全部都是"非合作博弈"的战场。

总之，在现实世界中的竞争市场，"纳什均衡点"往往会落在离"标价下限"最近的地方，甚至跌破下限的情况也很多。

顺便提一句，招标活动中的"帕累托最优"现象确实在现实世界中真实地存在着，而且并不鲜见。

其操作流程是这样的：活动开始前，所有参与方（抑或大部分参与方），也就是应标方已充分分享了关于这次招标的内部信息，彼此之间初步建立了信赖。与此同时，这些参与方在私底下已达成某种"共同行动"的口头乃至书面协议。然后，招标会正式开始。会上出现了一个奇特的场景：第一个应标人一上来，就给出了接近标价上限的出价，随后出价的人也纷纷以相似的策略出价。虽时高时低，出价却死死地贴着标价上限走。最后，中标方的得标价几乎就是标价上限给出的金额。如此这般，"纳什均衡点"与"帕累托最优"完美地契合了。

这种情况在现实生活中确实存在，只可惜它是典型的犯罪行为。

这种事前沟通好，拥有某种强制性约束力的博弈，被称为"合作博弈"。在这种状态下，"帕累托最优"是可以实现的。而"合作博弈"的模式尽管在有些地方不适用，但其适用范围也十分宽广。这就意味着即便囚徒困境的话题似乎不太讨喜，但博弈论本身所具有的天然建设性，也能在现实世界中起到很大的积极作用。

举个例子。新闻出版业的未来战略应该如何制定？众所周知，随着互联网的迅猛发展与普及，现如今出版行业的日子不太好过。销售量只剩下不到一半，而印刷出版量却不减反增。这又是为什么？明摆着，越是这种时候，越需要"精华""精品"，需要精益求精。与仓促出台企划案相比，严选题材，在稿件的质量以及设计、包装、印刷和市场营销的品质方面多下功夫，才是成功突围之道，为什么大家反而变得如此毛糙和敷衍了呢？这不是自寻死路吗？

显然，在互联网的强力威逼之下，各家出版社掉进了典型的囚徒困境的陷阱，进而导致"纳什均衡点"与"帕累托最优"逐渐偏离。

那么，如何才能摆脱困境，重新上岸呢？至少有一点是肯定的：这件事仅凭一两家公司搞不定，必须全行业动员起来，大家一起想办法，定规矩，共同行动。

问题是，做得到吗？

▶ 匹配论：通过数学运算设计社会制度，解决社会问题

以数学和经济学手段为主体的"博弈论"被成功代入社会性命题，并用来解决社会问题，这一划时代的成就的取得要归功于两位美国学者，一位是哈佛大学教授埃尔文·罗斯，另一位是加州大学洛杉矶分校教授罗伊德·沙普利。

20世纪60年代初，作为数学家的沙普利开始研究一个有趣的社会性话题——男女关系，特别是婚姻关系。

他将人类的婚姻生活假设为一个数学命题，并在研究中发现了男女间"安定匹配"关系中的数学逻辑。

20年后，沙普利的后辈埃尔文·罗斯也开始在该研究领域崭露头角。经过长期大量的试错，他发表了自己的研究成果——全美实习医生匹配程序（图141），并发现这一体系的本质居然与沙普利的"婚姻生活数学逻辑"一脉相承。这令他颇感诧异。

后来，罗斯又数次改良自己的研究成果（即通过程序运算，得出医院与实习医生之间的最佳匹配关系），让实习医生与院方的匹配度更高，从而消除了双方的许多心结。于是，1993年

图141 ｜ 实习医生匹配程序

| 实习医生 | 志愿医院清单 | 匹配（不断重复） | 实习医生接收清单 | 医院 |

实习医生 8300人　　志愿医院清单　　匹配（不断重复）　DA算法　　实习医生接收清单　　医院 1375个程序 定额10,500人

注：数字是日本2013年度的实际数字，DA即Deferred Acceptance（延迟接受）的缩写。

357

之后，该程序被全美医院大量采用，收获了良好的社会效益。

时至今日，罗斯的"基于博弈论的匹配运算程序"已经得到全社会的广泛运用，为各行各业解决了不少难题，因而广受社会各界好评。

公立学校的选择运算、肾脏提供者与需求者的匹配运算等等，都是这方面颇具代表性的案例。

2012年，因在匹配论的拓展及其系统机制的应用研究课题上取得不凡成果，罗斯和他的前辈沙普利共同获得了该年度的诺贝尔经济学奖。

不夸张地说，两位学者的贡献是革命性的，彻底改变了经济学的面貌以及长期以来人们对这一学问的偏见。在他们之前，经济学的价值仅仅在于让人们利用供需平衡的概念，对人类的经济活动有个大概了解，以便在关键时刻敲敲警钟；而在他们之后，经济学的价值有了本质上的改变，可以让人们用来设计一些对现实世界极其有用的新体系、新模型，从而让人类更加高效地改造这个世界。

▶ 行为经济学：反向利用人类行为"不合理性"的战略

利用经济学的手段，分析消费者和企业的决策行为的学问，叫作"行为经济学"。

行为经济学的诞生，其最初目的是对古典经济学学究式思维的批判。毕竟个人与企业在经济活动中的决策不可能全都是合理的，因此不可能全都用一个公式或一条曲线（比如"需求曲线"）完整、准确地表述出来。

以美国著名经济学家哈伯特·西蒙为代表的一批学者，联手开拓了这一经济学新领域，并使其在20世纪90年代之后迎来了迅猛发展的黄金期。

讲一个颇具戏剧性的段子。

话说行为经济学领域的著名学者，也是《怪诞行为学》一书的作者丹·艾瑞里，有一天发现了一个奇妙的广告。

他发现，英国《经济学人》杂志的网络版售价为59美元，纸质印刷版售价为125美元。奇妙的是，《经济学人》的网络版和纸质印刷版的打包售价也是125美元！

这就奇怪了。既然打包价是125美元，还有哪个傻瓜会去单买价格完全相同的纸质印刷版呢？显然，在这种情况下，纸质印刷版的单独存在是没有意义的。难道大名鼎鼎的《经济学人》杂志的出版公司居然会犯如此低级的失误，搞错了数字，写错了价格？

可能性不大。于是，在好奇心的驱使下，艾瑞里决定一探究竟。

他的研究结果显示，人的行为常常是"不合理"的。（图142）

以《经济学人》的产品定价为例，有如下几种可能：

图142 | 选项的差异导致不同杂志版本的选择率大不相同

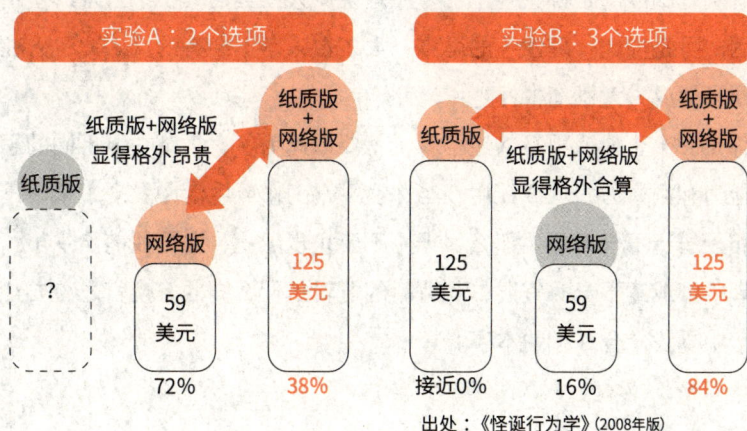

実験A：2个选项

纸质版+网络版
显得格外昂贵

纸质版
?

纸质版
+
网络版

网络版
59
美元
72%

125
美元
38%

実験B：3个选项

纸质版+网络版
显得格外合算

纸质版
125
美元
接近0%

网络版
59
美元
16%

纸质版
网络版
125
美元
84%

出处：《怪诞行为学》(2008年版)

- ●"网络版售价59美元" "纸质印刷版和网络版打包售价125美元"——在二选一的情况下，选择"打包"的读者只有38%左右，六成以上的读者认为单买网络版足矣。
- ●如果再加上一个选择"纸质印刷版售价125美元"，那么选择"打包"的读者就会猛然飙升到84%！

为什么会这样？原因很简单，"占便宜"的心理使然。

如果单买纸质印刷版也要花125美元的话，那么买"打包"是一个更实惠的选择，会让人觉得占了很大的便宜。换言之，正是这个看似画蛇添足的选项，让"打包"立马变得极富魅力，成了最佳选择。

这便是行为经济学的重点研究领域之一，也就是所谓的"相对性问题"。说白了，这就是"诱饵效应"。

其理论依据是这样的：没有人可以对事物的绝对价值进行绝对正确的判断。"极限理性"与人性的复杂完全不兼容。因此，人类所做的价值判断只能是相对的，不会是绝对的。这就是"相对性问题"的意义所在。

无论是薪酬还是餐厅的品质，抑或新闻的价值，等等，世间所有事物都可以用"相对性问题"的逻辑来进行解释。一言以蔽之：刻意放出一个"劣质比较对象"（诱饵），让人们对商品的价值进行再认知，并给予一个高于其实际价值的评价，这种"诱发错觉"的行为逻辑，就是行为经济学中"相对性问题理论"所要研究的课题。

就拿《经济学人》杂志的案例来说，由于存在着一个明显劣质的选项（与打包商品同价格的单品），人性中的一个潜在弱点便暴露了出来（受诱饵所惑，选择了经济上不合理的商品）。"为什么这种愚蠢的选项会存在？""这家店这么搞，居然还能活着，到底是怎么回事？""这个品牌到底瞄准的是哪些客户？"照理说，人一旦遇到了不合理的事情，应该去分析一下背后的原因。可是如此"理性"的思维，大多数人是不会有的。因此，人在完全无意识的情况下上钩，便自然成为大概率事件。

所以，如果你是一个企业或项目的经营者，就要以此为鉴，尝试一下不同的思维模式，锻炼一下逻辑分析能力和洞察力。从今往后，当你在日常工作或生活中发现了某些不同寻常的事物，让你觉得自相矛盾、不合常理，那么，千万不要止步于此，要再往前走一步，好好想想你所看见的"不合理"抑或"不合时宜"，其背后的逻辑是什么样的。换言之，要让自己锻炼出一种从"不合理"中寻找"合理"的本事。

▶ 但是，个人或企业行为的"不合理"之处，均可进行"合理"的解释

什么是行为经济学？说白了就是要从经济学、数学乃至逻辑学的角度，去解释个人或企业的一切行为。显然，一切行为，必然会包括许多看起来似乎不那么"合理"的行为。

经济学家蒂姆·哈福德曾经在自己的书《卧底经济学》中提到一个有趣的行为心理学现象：人类愚蠢的行为，与其背后的激励因素有关。人们的任何行为都源自相应的激励因素，且都是"合理"的，只不过这些"合理"行为所表现出的客观状态或所带来的客观结果，偶尔会是愚蠢的。

举个例子。美国大公司CEO的薪酬是一个天文数字，实在是太高了。比方说，迈克尔·艾斯纳任职迪士尼公司CEO的20年间，总收入居然超过了1000亿日元。显然，这么高的薪酬是"不合理"的。即便存在着薪酬激励机制，也不至于搞出这么大的动静，动用如此大规模的资金。事实上，哪怕这份激励只有原先的一半，甚至是十分之一，也足以让这位CEO使出吃奶的劲为公司效力。

难道迪士尼公司的钱是大风刮来的吗？

非也。哈福德独具慧眼，看出了这里面的名堂，然后得出结论：迪士尼公司之所以这样做，自有其道理，也就是完全"合理"。（图143）

让我们来看一下这件事的逻辑：

● 企业的人事体系是典型的"淘汰晋级制"。因此，所有员工从进入公司的第一天起，便会将"晋级"二字铭记于心，并以此为目标打拼。

● 可是另一方面，人事评价工作却相当不容易做。一般来说，"只有功劳，没有苦劳"是常态。换言之，你工作是否努力不重要，真正重要的是你的能力和业绩如何。问题在

图143 | 为何美国公司CEO的薪酬高得离谱？

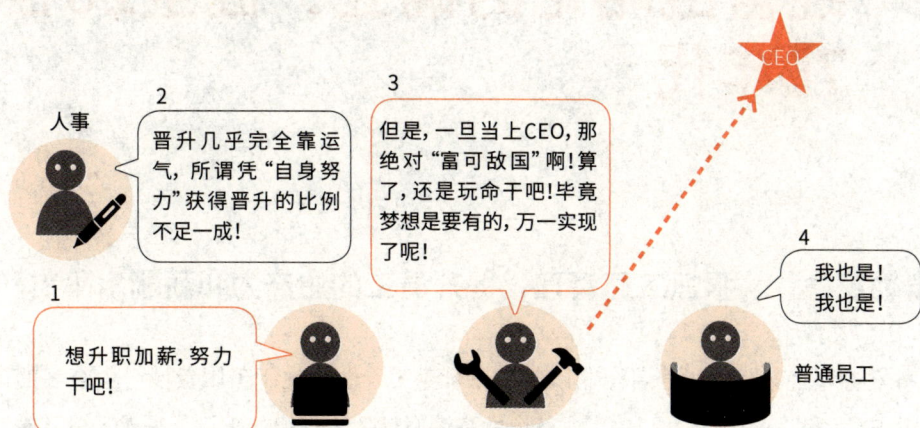

注：此图据蒂姆·哈福德的著作绘制

于，能力很难准确评价，而业绩尽管相对容易评价，却往往与能力无关，而是运气使然。其结果就是，职场中至少有九成的晋升是源于运气，而不是能力。

● 既然如此，要想让全体员工依然能够拼尽全力为公司服务，将晋升视为最高目标，就只剩下一个手段了，那就是"物质刺激"。具体地说，就是要大幅度地拉开不同职级的薪酬差距，让晋升的魅力增加，进而使所有员工能够始终如一地为这个目标努力，以获得越来越高的报酬。这就是一种被高度简化了的企业激励机制。

这件事的逻辑一目了然：CEO拥有超高薪酬，是为了激发下面的员工，乃至底层员工的"斗志"，激励全体员工去努力。

但是，一个有趣的事实是，尽管CEO可以获得如此高的报酬，但这个报酬对CEO本人却没有丝毫激励效果，即便这个报酬与公司的总体业绩密切相关。这一现实真的是无比讽刺。

经济学早已将触手伸向社会生活的方方面面，并不断试图理解社会，设计社会，改造社会，换言之，试图不断地解构并重构社会。而其中的一门学问，便是经济学的重要分支——经营学。

既然如此，我们有必要了解一下这门学问的历史及发展脉络。基于这样的认识，在下面的章节中，我们将粗略地回顾一下经营战略论的发展史，共分3个小节，分别是"经营战略论的确立""日本企业的大发展"，以及"近年来的经营战略论"。

不要走开，马上回来。

经营战略论的确立：截至20世纪70年代

▶ "泰勒革命"：狠抓工厂管理，提升员工的生产力和薪酬水平

"科学管理之父"——著名企业家弗雷德里克·泰勒出生于美国费城一个有名的律师家庭。彼时正是19世纪中期，第二次工业革命的高潮时期，大规模的工厂、采矿场、建筑工地遍布西方世界。

不过，当时西方国家的工厂里却充斥着"怠惰"、"恐惧"与"不信任"。人们只要置身于工厂内部，便会觉得浑身不舒服。

其实问题出在薪酬体系上。照理说，彼时西方国家的工厂普遍采用"计件工资制"，谁干的活多，谁拿的钱多。这本身很正常，很合理。问题是，如果工人们表现太好，干活太多，进而导致整体薪酬水平提高太快，工厂管理层便会下调计件单价，刻意地控制员工薪酬。这样一来，工人们便没了干劲，开始混日子了。毕竟干多干少一个样，薪酬没区别。于是，偷懒之风便开始蔓延，甚至谁干得多，还会受到来自工友的强大的舆论压力和人际关系压力。

企业管理层对这一情况的处理办法也非常有限，基本上除了斥责和解雇之类的威胁手段，以及口头上的"金钱刺激"，没有什么太好的招数。

年轻的泰勒在工厂里目睹了这一切，于是便下定决心做点什么，因为无论如何都不能让这种状况再持续下去了，否则谁也不能受益。

自此，泰勒深入工厂的生产一线，进行了长时间的观察、思考与研究。为了早日得出结论，他用了许多新思路、新方法，比如通过秒表测算并分析工人的作业时间，在多人数、大规模作业中精准测算每个工人在每道工序之间的行走距离。泰勒的做法在当时的历史背景下堪称革命性的创新。因为彼时常用的工作量分配方法是传统的"经验法则"，而对泰勒来说，一切都要靠计算，一切都要有数据，一切都必须源于客观事实、科学逻辑。

采矿场的执铲工岗位就是一个颇为典型的例子。

这个岗位上的工人的日常工作就是铲运矿石、矿灰和矿砂。这些工作看似简单，但如果管理不善，现场便会乱作一团，效率极其低下。因此，工人作业的计划性与现场管理的重要性便突显出来。

泰勒将其研究成果的试验场放到了这里，并取得了明显成效。（图144）经过他的改造与培训，采矿场执铲工的工作效率显著提高——无论是插铲速度，还是插入矿砂后铲子的高度和

图144 │ 泰勒的"执铲工研究"

铲运量的最优化

每天的作业量（重量）

21磅①

每次的作业量

工具的最优化

乱七八糟

根据不同的用途（铲运物品）
给铁铲编上号码

矿石　　矿灰和矿砂

矿石　　矿灰和矿砂

深度，甚至连挥铲装车的时间都有明确规定，进行了最优化处理。工人只要照做，在规定时间内就一定能达成作业指标。不只如此，泰勒还从根本上改良了工人的薪酬体系，只要工人能超越既定指标，那么超过多少，就能多拿多少钱，上不封顶。

不过，为了充分贯彻泰勒的创新管理手段，工厂需要对现场的组织结构进行相应的调整。具体地说，就是要增加一个负责现场管理的团队。每天的作业量，乃至作业内容都会有所不同，所以现场的人员分配就得有专人负责。而且不同的工人需要用到不同尺寸和功能的铁铲，合理、高效地分配生产工具也是一项极其重要的工作。工人正式开工后，还有大量的现场监督、协调与管理方面的事宜需要有人操心，因此无论如何要设立一个专门的团队来负责这些事。

增加管理人员就一定会增加许多成本。可是，增加这些成本到底值不值，还是结果说了算。而这个结果是极其惊人的：自从用上泰勒的方法，工人的作业效率（每人每天的铲运量）暴增了3.7倍！与此同时，工人的平均工资也增加了63%。由于产量骤增，工厂的整体运营成本反而降低了一半之多。劳资双方皆大欢喜，均实现了自身利益的最大化。

许多年后，泰勒将其经验总结到了一本著作中，这就是管理学经典《科学管理原理》。那一年，泰勒55岁。

▶ 梅奥的贡献：通过激励人，提升生产率

乔治·埃尔顿·梅奥是澳大利亚阿德莱德市的一名医生的儿子。梅奥学过医学、逻辑学、哲学，在31岁的时候开始在学校执教，并于42岁时移民美国。在美国，他最初的职业是在沃顿

---

① 1磅约为454克。——编者注

商学院从事"产业精神卫生"领域的研究。不久之后，他又被哈佛商学院看上，成为这所常春藤名校的教授和专职研究人员。

1927年，梅奥的才华又有了新的施展之处，他参加并主导了美国电话机制造商西方电气公司在芝加哥郊外的霍桑工厂进行的著名实验——霍桑实验。

实验的方式是"接力作业"——一个人做完，另一个人立马顶替上，如此循环往复。参加实验的人是6名年轻女性，是梅奥团队从100名工人中随机选出来的。实验的目的是希望得到一个结论：工作条件越差，工人的劳动生产率便越低。

然而，实验结果却令梅奥团队颇为失望，也颇感意外。因为无论是工资奖金，还是休息与饮食，甚至是车间里的温度和湿度，所有条件无论怎么变化，变好还是变坏，抑或变了之后再恢复常态，总之，无论发生什么样的变化，女工的劳动生产率都会变得更高。

这是为什么？自尊心、虚荣心、好胜心和荣誉感使然。

100个人里面挑6个，这本身就会令人产生荣誉感和使命感。这些女工既然知道自己参加的是一个实验，那么心态和状态便会与参加比赛相仿，会陡然生出一种颇为强烈的"争强好胜"之心。

1928~1930年，升级版的霍桑实验持续了3年之久。这次实验改换了方式，不再"百里挑一"，而是"大水漫灌"，梅奥团队对西方电气的霍桑工厂的全部2万名员工进行大规模面谈调查。最初阶段，面谈的内容还是按照提前规定好的脚本进行的。也就是说，由专家事先拟定好若干个问题，然后员工在面谈现场回答。当然，在现场向员工提问的人，也是专家团队的成员。不过，梅奥很快便发现了问题：这种刻意的提问方式诱导性太强，不易引出真相。于是他决定将现场的专家撤掉，直接换上员工在现实生活中的经理（也就是大熟人），让他们进行自由对话。对话没有任何诱导性和目的性。

总之，他们就是纯聊天。

可是，当2万份面谈报告放到梅奥团队面前时，大家傻眼了。面对海量资料，梅奥团队一时不知该如何是好。他们整理了一下情绪，再仔细看看，却猛然意识到他们已然得到了一个意想不到的调研成果：面谈本身——无关任何面谈内容——就能极大地提升员工的劳动生产率。

于是，结合一些其他实验的调研结果，梅奥得出了一个重要结论：人并不完全是"物质动物"，金钱并不代表一切。其他因素有可能极大地影响人的生产率。

具体来说，有以下几条：

● 与经济回报相比，社会性需求的充分满足更受人们的重视。

● 人们的行动不是由"合理性"驱动的，而是由感情所左右的。

● 比起正式组织，人们更容易受非正式组织的影响。非正式组织指职场的帮派或自然结成的小团体。

- 人们的劳动欲望或动机往往与职场环境的好坏关系不大，而与职场中的人际关系，特别是上司和下属的关系有着极为密切的关联。

因此，对工厂的工人来说，与将公司制度和要求硬推给他们的严厉上司相比，能够耐心倾听团队及成员个人的意见，并给予他们一定裁量权的上司，更容易激发他们的士气，提高他们的劳动生产率。

换言之，职场中的人际关系，特别是上司与下属的人际关系越和谐、越融洽，便越有利于正式组织与非正式组织在利益取向方面的融合，有利于提升职场的生产率。

客观地说，泰勒的"科学管理法"通过对工厂内部的作业流程进行"合理化"再设计，极大地提升了19世纪中期企业的生产率；与此同时，极大地改变了西方国家工厂极其恶劣的劳动环境，让那里的一线工人得以远离恐惧、怠惰与贫困。但是，随着一线工人的薪资待遇有了显著改善，生活愈发富足，进入20世纪后，"科学管理法"的瓶颈愈发突显，已无法高效地解决现代工业所遇到的一系列新问题，无法跟上时代发展的脚步。而梅奥的"人际关系论"（图145）正是在这样一种历史背景下应运而生的。它的出现，及时呼应了时代的需求，解决了新时代的新问题，因此广受好评，为后来的诸多理论始创者奠定了基础。自此，一系列新思想、新理论出现，"领导力论""企业文化论"这些大家今天耳熟能详的理论纷纷登场，共同拉开了现代经营管理学和经营战略学大发展的帷幕。

▶ 开发企业整体管理体系：法约尔的贡献

与泰勒几乎同时代，在法国也诞生了一位伟大的管理学家，名叫亨利·法约尔。与泰勒一样，法约尔本人也是一位企业家。他年纪轻轻便成为一家矿产公司的高管，并于47岁成为这家

图145｜梅奥的"人际关系论"

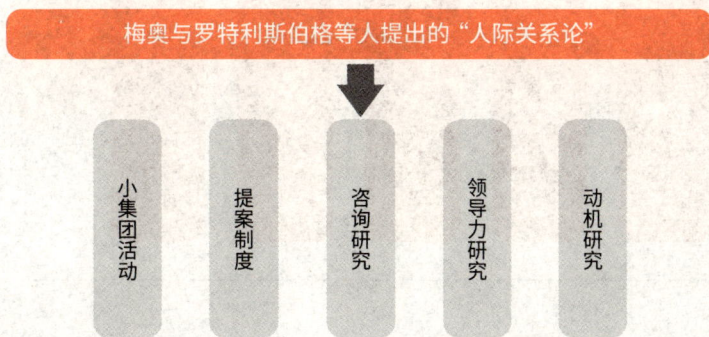

梅奥与罗特利斯伯格等人提出的"人际关系论"

小集团活动	提案制度	咨询研究	领导力研究	动机研究

公司的老板。上任后，法约尔将公司从破产的边缘拉了回来，并使公司成为一家业绩优良的著名企业。自此，法约尔坐稳了老板的位置，在任30年，留下无数光辉战绩。

除了经营管理的日常实践之外，法约尔还是一个热心教育的人。从19世纪50年代后期开始，法约尔便一直致力于一件事，那就是将自己在管理实践中的心得与发现随时记录下来，整理成册，进而形成自己独特的理论，再将其传授给更多的人。

在1917年出版的名作《工业管理与一般管理》一书中，法约尔指出：<u>无论在什么行业，无论规模大小，只要是企业，就会存在一些不可或缺的活动，也称"关键活动"</u>。他将这些活动分为6个大类，分别是：①技术（开发、生产）；②商业（销售、采购）；③财务（资本筹措与运用）；④安全（人事、总务）；⑤会计（经理）；⑥经营（企划与管理）。其中，将"经营管理活动"单列出来这一点，极具开创性意义，堪称划时代的进步。<u>商业项目的方向性与经营方针的确定，各种经营活动之间的协调与调整，等等，全部被归于企业经营管理活动的范畴。</u>这就等于在事实上宣告了现代经营学的诞生，并一举确立了其应有的历史地位。

● ①计划（planning）、②组织（organizing）、③指挥（commanding）、④协调（coordinating）、⑤控制（controlling）。

法约尔认为，以上5项，即所谓的"POCCC循环[①]"（图146），是任何企业、任何组织在日常经营管理活动中不可或缺的5类基本活动。显然，<u>身为职业经理人的法约尔与泰勒、梅奥不同，他并没有将自己的研究对象锁定为工厂车间抑或车间内部的人际关系，而是锁定为整个工厂、整个公司、整个事业。</u>

法约尔采用了"管理"一词来形容这件事。从某种意义上讲，这个词的意涵已经点出了日

图146 | 法约尔的经营管理流程：POCCC

| 1 计划（预测与活动计划） | 2 组织（经营资源供给） | 3 指挥（人员管理） | 4 协调（平衡） | 5 控制（反馈） |

---

① 上述5个英文单词的首字母缩写。——编者注

后"梅奥研究"的一个重要主题，那就是人与人之间的相互理解，以及人际关系的重要性。

不只如此，法约尔走得比大多数人所想的还要远。在日常管理实践中，他经常叮嘱自己手下的部门经理务必随时关注一线员工及部门整体的状态与气氛，甚至为这事订立了专门的规矩，也就是著名的"14条管理原则"。其中，第11条原则明确规定：所谓"公平"，就是有情感温度的"公正"。这意味着在大多数情况下，不讲情感、冷冰冰的"公正"只会适得其反，伤害"公平"。

可见，即便法约尔也承认并愿意遵守规则，然而他却坚定地认为，必须要给冷冰冰的规则增加一些温度、一些人情味，这样才能让企业的控制与治理真正稳定持久。

问题在于，上述"管理五要素"的第一条——计划，仍然模棱两可。那么，这个世界上是否存在着明确的答案，能够告诉人们"只要采用这个战略，就一定能取胜"以及"只要采用这个方法或流程，就一定能制定出胜者的战略"呢？

▶ "经营战略论之父"：巴纳德和安索夫

时间来到1929年，这一年的10月24日已被永久载入史册。这一天，始于美国纽约华尔街的惨烈股灾引发了一场席卷全球的经济飓风，让全世界进入空前的"大恐慌"时代。这场持续10年的经济危机对企业经营者来说是一个极其严峻的考验。在一片漆黑中，企业的方向到底在哪里？作为企业的掌舵人，经营者到底应该如何应对，如何施策？

这些问题的答案事关企业的生死存亡。显然，对这个重大命题，法约尔只提出了思路，却并没有留下明确的答案。换言之，他提出的"计划"思维意味着"经营战略"的重要性，但是哪些战略重要，以及如何制定战略，这些核心问题的答案，尚未给出。

而解决这些核心问题的，是一个叫切斯特·巴纳德的美国人。

自1927年开始，在长达20年的时间里，作为贝尔集团旗下一家子公司的老板，巴纳德一直没有停止对现代经营管理学的研究。1938年，他出版了《经理人员的职能》一书。这本书的最大贡献在于，首次以"体系"而不是"组织"来定义企业。这样一来，企业便立马从静态的存在变为动态的存在。

巴纳德在这本书中进一步阐明：为了实现企业体系，必须具备三个基本要素，也就是"共同目的""贡献意愿"和"沟通"。（图147）重点来了，他将"共同目的"称为"经营战略"——这是"战略"一词首次以如此明确的方式出现。

1936年，年仅18岁的俄罗斯人伊戈尔·安索夫移民美国。经过长期研究与大量实践，他接过巴纳德的衣钵，让"经营战略"的概念有了更明确的轮廓和更丰满的内容。

"差距分析"（图148）、"3S模型"、"安索夫矩阵"等等，这些安索夫开发的新型工

图147 ｜ 巴纳德的"企业成立要素说"

具，为企业制定成长战略以及多角化战略提供了强大的助力。紧接着，在传世之作《战略管理》中，安索夫又进一步指出，为了适应外部环境的剧烈变化，企业必须在同等程度上调整其战略和组织，以便更好地生存与竞争。如此这般，"经营战略论"的理论框架便大体成形了。

▶ 安德鲁斯的贡献：通过"SWOT分析"的方式拓展制定战略的手段

将巴纳德、安索夫等人倡导的理念与手段进一步发扬光大的人，是哈佛商学院教授肯尼斯·安德鲁斯。由他本人亲自策划实施，以企业战略论为核心内容的系列讲座大获成功，其内容被结集出版，轰动一时。这本书叫《经营策略：内容与案例》。此书从"外部环境分析""内部环境（组织、人）分析""战略构建""执行计划"几个角度出发，详细论述了企

图148 ｜ 安索夫的"差距分析"

业战略制定的具体手段。其中，尤以核心手段"SWOT矩阵"知名度最高，一经推出便受到学界和业界的广泛关注。

巴纳德等人曾经认为，所谓的"企业战略"，是将外部环境中存在的"机会"与内部环境中存在的"长板"相结合的产物。而将该理念"变现"的工具，就是SWOT矩阵。

自此，几乎全世界所有的商学院都将SWOT矩阵奉为圭臬。在企业界，"SWOT"这个词及其意涵成为几乎所有经营管理者的共同认知和通用语言。

▶ 菲利普·科特勒：市场营销界的德鲁克

20世纪60年代后期，"市场营销"的概念迅速火了起来。

此时，一贯将"项目"与"事业"的存在意义视为"创造顾客"的美国管理学大师彼得·德鲁克留下了一句名言：所谓"营销"，其终极目的就是消灭"销售"。

换言之，不用"卖"，而让顾客自愿掏钱"买"，这才是营销的最高境界。

此言一出，举世皆惊。大家深以为然。于是这句名言便一直流传了下来，直到今天依然可以在世界各地的经营学课堂以及营销现场频繁地听到它。

但是，将"市场营销学"作为一门主流学问普及到全世界的，却是另一位美国人，他就是被称为"市场营销学鼻祖"的菲利普·科特勒。

1967年，科特勒的不朽名著《营销管理》出版上市，瞬间供不应求。此书每隔几年就要再版，迄今已再版十几次，可见其受欢迎程度。时至今日，此书已成为无数学习者与实践者心中《圣经》般的存在。

一言以蔽之，科特勒的终极目标是将市场营销"体系化"。其实，《营销管理》一书中的许多概念和构思并非他本人的独创，而是借鉴了他人的智慧与研究成果。但是在这之前，有关市场营销的理论和技法实在是太过杂乱，没有章法，让人很难理出一个头绪。而科特勒的书则完美地解决了这个问题，把所有零散的东西归纳整理成了一个清晰、完整的体系，使人一目了然，也便更容易推广与普及。从这个意义上讲，科特勒的贡献是毋庸置疑的。

比方说，著名的"营销组合"概念，也就是所谓的4P组合拳，现如今已无人不知，无人不用。

这就是一个典型的例子，证明了营销学的普及与应用已经达到一种什么样的广度和深度。

如果说安德鲁斯的最大成就是将企业的战略制定环节程序化、流程化，使其变得更具操作性，那么科特勒的另一个重要贡献也在于此。他效法安德鲁斯，开发出一种极具操作性的"战略性营销流程"（图149）。这就是著名的"R-STP-MM-I-C"体系，也称"营销战略五步操作法"。

图149 | 科特勒的"战略性营销流程"

1	2	3	4	5
调查 (R)	细分战略/目标锁定/定位 (STP)	营销组合拳 (MM)	实施 (I)	管理 (C)

其中，STP的意思是"细分市场，使其对己方更为有利"，以此为基础"确定自己的目标市场"，并"与竞争对手拉开明显的差距"。而MM则是指将STP"变现"的方法论或者具体工具，也就是所谓的4P（商品、价格、渠道、促销）。

这方面的内容，本书前半部分已经有了详尽论述，这里便一带而过了。

▶ 艾尔弗雷德·钱德勒：成功推广"多事业管理"的利器——事业部制

时间回到20世纪20年代。为了有效管理愈发庞大而复杂的企业，美国杜邦公司发明了一种独特的组织架构——著名的事业部制。（图150）

彼时，杜邦公司将其拥有的化学纤维"人造丝"的研发与生产能力用于新产品"防湿玻璃

图150 | 杜邦公司：事业部制的诞生与发展

组织		战略
活用一战后的剩余人才	➡	真正意义上的多角化
因为实行了事业部制，多角化战略的推行变得相对容易	➡	进一步的多角化

纸"项目，并大获成功，由此开创了事业大发展的新局面。自此，尼龙、丙烯酸树脂、聚酯纤维等一系列新发明、新产品陆续问世，令杜邦公司一时间风光无限。

在此过程中，杜邦公司的管理层悟到：新项目、新事业的开发与拓展没有那么复杂，只需做一件事即可，那就是为其设立新部门。这便是事业部制的缘起。

事业部制的诞生让企业的多角化经营变得更容易，由此引发了二战后全世界范围内的"多角化发展热潮"。无数大企业争先恐后地效法，急速扩大了经营的范围，使企业能够横跨更多的地理区域和产品经营门类。这一颇具戏剧性的发展过程概括起来就是一句话：组织架构改变了企业战略。多设几个新部门，你的战略就会从根本上被改变。

在这方面，通用汽车公司也是一个典型的例子。

这家公司就是用其特有的"5个事业部"体系打败了老对手福特公司，一举成为世界上最大的汽车制造商。

这方面的详细内容前文已着墨不少，有兴趣的朋友可以参考一下。

话说艾尔弗雷德·钱德勒曾于《战略与结构》一书中指出：杜邦公司、通用汽车公司、新泽西标准石油公司（今埃克森美孚石油集团）、西尔斯·罗巴克公司四家企业，是组织创新领域的先驱。换言之，它们是"通过改变组织而改变了战略"方面的教科书级别的存在。

《战略与结构》一书明确阐释了事业部制的详细逻辑与架构，对彼时分权化管理势在必行的大企业来说确实堪称"事业部制"方面的教科书，受到无数企业的追捧。当然，以麦肯锡为首的咨询机构的推动，对这本书的理论在全球范围内的大规模普及也起到了极其关键的作用。

总之，从《战略与结构》一书问世，"搞多角化战略，必推行事业部制"便成为学界与业界的一句流行语，成为商场与市场中的一个新常识。

▶ 波士顿咨询公司：创造了企业战略层面的"好用的工具"

20世纪60年代，以西方为中心，全世界范围内掀起了一场声势浩大的兼并重组浪潮，由此诱发了"无关联多角化"的飓风，终于让多角化经营战略走向了极致，并由此埋下了"祸根"。

顾名思义，所谓"无关联多角化"，就是一家企业同时进入多个行业，且这些行业彼此无关。而使这件事成为可能的，就是兼并重组。只要看到某个行业的某家企业能赚钱，甭管和自己的主业是否有关系，企业都会不假思索地将对方买下来——这种事偶尔为之未尝不可，干得太多则会适得其反，自食其果。理由很简单，一家企业的精力和资源是有限的。企业贸然进入自己完全不熟悉、完全没经验的行业，最后的结果必然凶多吉少。而这样的事情，真实地发生在20世纪60年代，且屡见不鲜。

彼时的大企业，动辄拥有几十个事业部，而且这些事业部的高层与总部之间的沟通渠道几乎完全断绝（即便不断绝，也忙不过来，最后还是形同断绝），进而导致集团公司的整体管理水平急剧下降，濒临崩溃。

于是，这些大企业只好艰难转型，开始了"壮士断腕"的改革进程。具体地说，就是八个字：消除冗余，精简机构。砍掉多余的事业（业务），裁掉多余的人，从而让企业重新聚焦主业，轻装上阵。

问题是，思路有了，真正好用的工具却奇缺。

到底用谁的工具？

钱德勒的工具？不可能。这位恰恰是"多角化"的大师，而对如何"去多角化"所知不多。安德鲁斯的工具？没戏。这位的"SWOT分析"完全是中看不中用。安索夫的工具？也不太现实。这位的"经营战略论"实在难懂。麦肯锡的工具？这家咨询公司最擅长的仅仅是"组织战略"。

显然，"好用的工具"这一块，是一个巨大的空白。而敏锐地意识到这一空白所蕴含的巨大商机的，是一个叫布鲁斯·亨德森的美国人。1963年，亨德森创立了一家企业咨询机构，也就是后来大名鼎鼎的波士顿咨询公司。而其使命，就是为彼时伤透脑筋的全球大企业创造一系列"好用的工具"。

亨德森和他的波士顿咨询公司获得了成功。

一起看一下他们到底鼓捣出了一些什么工具：

● **经验曲线：** 用来预测未来，衡量竞争力；（图151）

图151 ｜ 波士顿咨询公司的经验曲线

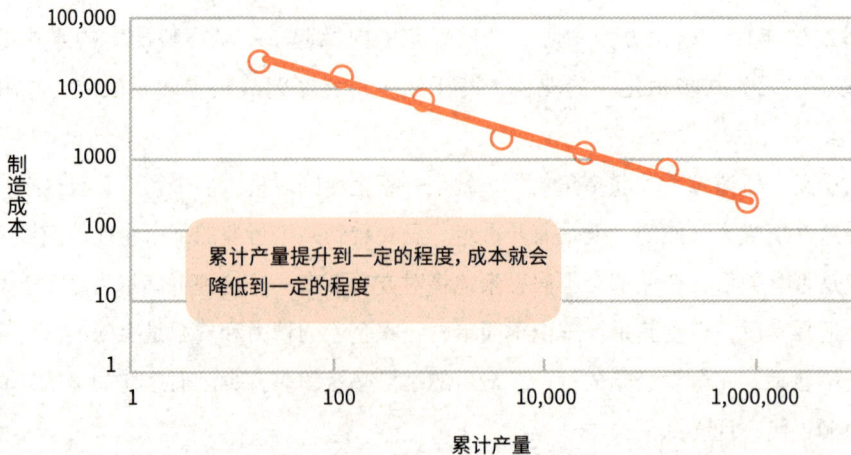

纵轴：制造成本；横轴：累计产量

累计产量提升到一定的程度，成本就会降低到一定的程度

372

- **增长份额矩阵**：使得在不同事业（业务板块、分公司、职能部门）之间高效分配资源成为可能；（图152）
- **可持续增长方程式**：使得财务工作与市场开拓相结合成为可能。

这些新工具的出现，对当时在"多角化经营"方面已出现问题的大企业来说，简直称得上救命稻草。

事实上，在企业规模愈发庞大的情况下，"无底线放权"是行不通的。比方说，要想在不同部门之间合理分配资源（人才或资金），单靠底下的人（部门经理或分公司总经理）去商量，不可能有结果。无论是不同的事业部之间（业务板块），还是不同的职能部门之间（销售部、生产部或财务部等），其沟通能力与效果都是有天花板的。因此在资源分配这种事关自身核心利益的事情上，根本不可能有妥协的意愿。这就是沟通渠道会堵塞的根本原因。所以，只有总部进行统一管制、统一安排、统一分配，事情才会有一线生机。而波士顿咨询公司的增长份额矩阵就能在很大程度上高效、高质量地解决这个问题，因此广受大企业的好评。据权威调研机构给出的数据，时至今日，增长份额矩阵在大企业中的使用率依然高达五成。

图152 ｜ 波士顿咨询公司的增长份额矩阵

相对市场份额

		高	低
市场成长率	高	明星 (Star)	问题儿童 (Problem Child)
	低	摇钱树 (Cash Cow)	败犬 (Dog)

日本企业的大发展与基于时间的竞争战略：20世纪70～80年代

▶ 佳能：向"王者"施乐公司发起挑战

1970年，卧薪尝胆近十载的佳能终于熬出了头，看见了曙光。这一年，该公司自主研发的第一款普通纸复印机NP-1100以88万日元的售价成功上市，一举打破了该行业的巨头——美国施乐公司建立的竞争壁垒，为公司后来的发展杀出了一条血路。

施乐公司为了全面封杀市场中的后来者，为自己的产品织就了一张密不透风的专利网，等于在事实上形成了垄断。

生存空间被严重压缩，日益感到呼吸困难的佳能意识到：混吃等死不是办法，必须主动作为，杀出一条血路！

于是，1962年，该公司首次推出自己的"长期经营计划"。计划的一个核心项目就是"多角化经营"，且其主要标的之一就是被施乐公司严重垄断的产品——普通纸复印机。

为此，佳能设立了一个新部门——复印机部，最初的人员配置只有区区数人。但就是这几个人的研究成果，成就了佳能公司8年后的辉煌。

佳能的这款新产品是专为中型企业研发生产的，事实上避开了施乐公司的锋芒——施乐的主要市场目标为大企业。1982年，佳能公司又推出了一款新产品——盒式三色迷你彩色复印机PC-10，售价仅为24.8万日元。（图153）这一次，佳能将小微企业也拓展为自己的客户。

前面提到，20世纪60年代初期，美国施乐公司为自己的产品织就了一张专利网，在客观上构成了技术垄断，令其客户几乎没有其他选择，只能使用自家的产品。彼时，大型复印机的使用方式基本上都是租借。由于没有竞争对手，施乐公司的复印机租赁条件颇为苛刻——这是一种典型的"计量制"租赁法，即复印的数量越多，租金便越贵。

显然，没有强大的资金能力，是无法负担如此高昂的设备使用费。因此，施乐公司的客户以大企业为主。

这就是复印机市场的"施乐模式"——利用专利权排除竞争，然后制定高价租赁的游戏规则，将目标锁定在资金实力雄厚的大企业客户上。

由于这条逻辑线无比坚固，该模式曾被业界称为"20年内不可能攻破的强大堡垒"。换言之，试图正面挑战这个堡垒的企业，在这个世界上不存在，或至少不应该存在。这真是一个可悲的现实：照理说普通纸复印机市场绝对还有不小的增长潜力，还有不少的赚钱机会，问题是

图153 | 佳能的迷你复印机PC-10

世界首台盒式普通纸复印机

"赚钱的位置"被别人占据了，根本就轮不到你。

因此，对市场定位派学者来说，日本企业佳能的挑战，简直是鲁莽行径，完全不可理喻。可就是这个莽撞之举，却最终成就了佳能，令其成功转型，从一家专门生产摄影器材的公司变成兼营办公设备的企业，并在这些领域攻城拔寨，最终成为行业的领军企业。

佳能公司高层的思路是这样的：施乐垄断了这个市场，恰恰是一个巨大的机会。因为没有人进来，所以只要我们进来了，那么至少能拿下50%的市场。

▶ 仅凭"技术"向"三巨头"发起挑战：本田的故事

1959年，本田摩托车首次登陆北美大陆，本田公司由此正式进军全世界最大的机动车市场——美国市场。经历了一番曲折，本田的这个计划收获了空前的成功。受此激励，本田决定趁热打铁，顺势拿下汽车市场。1963年，该公司正式涉足汽车制造业。1970年，本田全面打入美国汽车市场，试图重现当年摩托车事业的辉煌。

但是，这一回事情却远没有那么顺利。踌躇满志的本田公司在美国汽车市场遭到迎头棒击。

原因很简单。汽车行业是美国经济的王牌，是传统产业。自1908年福特公司推出经典车型——T型车以来，在长达60余年的时间里，福特及其老对手通用和克莱斯勒早已垄断了这一市场，成为举世闻名的"三巨头"。不但当地的消费者对这三家公司的产品十分认可，美国本土的经销商对这三个汽车品牌也有着极高的信任度与亲近感。因此对日本车，且是极其廉价的小型车，富裕的美国消费者是非常不屑的。

不客气地讲，本田汽车给美国人的最初印象就是四个字：价廉质次。

375

重点是，以当时本田公司的实力，挑战美国的"三巨头"，简直就是不自量力。彼时，通用汽车的规模是本田的68倍；即便是"三巨头"中垫底的克莱斯勒，其规模也是本田的13倍。显然，这种程度的规模差距意味着"三巨头"不可能遭受任何外来者的挑战，更何况是势单力薄的日本公司。

但是，本田公司却没有轻易放弃。本田已经没有退路了——回归日本市场，丰田和日产等企业正严阵以待。对汽车行业的新参与者本田来说，其前途未必比闯荡美国市场强。既然如此，本田只能放手一搏，起码美国市场更大，有更多的回旋余地。

幸运的是，本田公司遇到了转机。事情是这样的。

1970年，也就是本田汽车全面打入美国本土市场的这一年，美国议会通过了一项法案，即著名的"马斯基法案"。该法案规定：5年之内，必须将汽车尾气中的有害成分降低到现有水平的十分之一，否则将禁售尾气超标的汽车。

法案一出，美国的汽车业界便立马炸了锅。"三巨头"强烈抗议，认为这一要求"根本不可能达到"。

然而，对本田公司的老板本田宗一郎来说，这个消息实在来得太及时了。

本田公司立马采取了行动。他们成立了以久米是志为领导核心，以入交昭一郎为技术核心的强大团队，举全公司之力开发环保发动机，并最终取得了成功。本田公司研发的CVCC发动机，从某种意义上讲，是人类历史上第一款具有真正环保意义的汽车发动机，而且是世界上第一款真正满足了"马斯基法案"全部要求的发动机。（图154）这款产品的横空出世震惊了世界，令全世界的人——当然也包括美国人——目瞪口呆，对日本制造企业强大的技术研发能力刮目相看。

俗话说，好运来了，挡都挡不住。1973年，由中东战争引发的石油危机瞬间席卷全世界。在油价飙升的大环境下，本田小型车油耗低、废气少的特点受到全球消费者的关注。

由此，本田汽车终于在美国市场扎下了根。

▶ 打破本土生产的壁垒

1977年，本田公司开风气之先，成为第一家在海外设立生产据点的日本企业。首先，本田投入65亿日元在美国俄亥俄州建了一座摩托车生产厂。5年后的1982年，本田再度追加投资并引入生产线，开始了汽车的制造。重点是，彼时日本和美国的汽车制造业在质量管理层面已经拉开不小的差距，且日企占绝对优势。所以本田的这一举动遭到许多质疑。人们怀疑：在美国本土生产日本汽车真的靠谱吗？不会砸了日本车高品质的口碑吗？

然而本田公司却不为所动，决心将这件事干到底。事实上，为了维系"美国制造本田

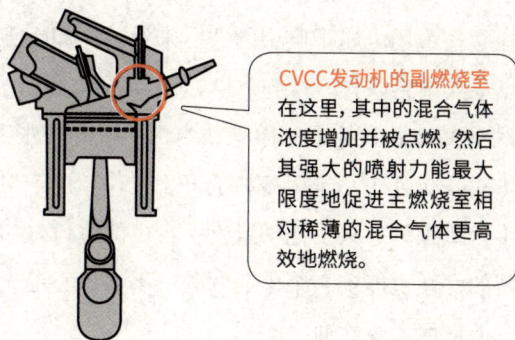

图154｜本田的CVCC发动机

CVCC发动机的副燃烧室
在这里，其中的混合气体浓度增加并被点燃，然后其强大的喷射力能最大限度地促进主燃烧室相对稀薄的混合气体更高效地燃烧。

汽车"的高质量，本田公司没少下功夫。入交昭一郎在美国成立了一家新公司，名字就叫"HAM"（Honda of America Manufacturing，本田美国制造）。这家公司的所有员工，无论职位高低、资历深浅，一律称彼此为"伙伴"。如此这般，本田的哲学与生产理念辅以美国自身的文化特质，催生了一种崭新的企业文化——"本田文化"。这意味着新公司里的美日团队已经成功地跨越了一道"文化壁垒"。这道壁垒的崩塌使HAM的团队成员在工作中能够相对容易地做到配合默契、行动高效，由此这家美国工厂终于实现了不亚于日本本土的，具有压倒性竞争优势的高生产率与高品质。

其实，"在美国本土生产，一定会成功"的本田自信源于1976年的一次实地考察。那一年，福特公司向本田抛出了橄榄枝，试探合作的可能。于是，本田公司的高管应邀参观了福特在美国的主要工厂，并在现场被其庞大的规模所震撼。本田高层觉得有些不可思议，不理解如此古老的生产模式居然还能在美国盛行。彼时的本田公司，乃至其他日本主流汽车制造商，早已不再依赖所谓的"大量生产模式"，而是靠高度现代化的机器人焊接，以及极其迅速的模具交换等手段，实现极高的劳动生产率和超强的综合竞争力。

因此，目睹了美国大车企的现状后，本田高层心里有了底：即便在美国本土生产，我们照样有优势，照样能成功！

之后的事，想必大家都已经知道了。

本田公司成功地打破了所谓的"规模"与"经验曲线"构成的铜墙铁壁，为日企日后的大发展开创了新局面。

成为"市场定位派"范本的本田摩托

随着日本企业一再颠覆市场定位派"常识"的战略不断获得成功，一个颇具争议的命题在业界出现了，那就是为何本田公司能够在全世界公认的最难攻破的市场——美国摩托市场取得如此辉煌的成功？

在日本国内，本田在摩托市场也属于典型的"后来者"，却能够仅凭卓越的"技术力"成为市场上的王者。这一点令人颇感诧异。

那么，本田公司到底是怎么做到的呢？原来，本田手里有一张王牌。排气量50cc[①]、四冲程引擎的"超级幼兽"（Super Cub）是本田摩托的开山之作。由于采用了免离合器设计，荞麦面店的送货小哥即便单手驾车（另一只手托举饭盒），也能应付自如。与此同时，由于油箱被置于车座下方，穿着裙装的女性也能安心乘坐、驾驶，不必担心走光。再加上卓越的性能和超低的价格，这款摩托车一上市便大受欢迎。

直至1959年，本田摩托正式登陆北美大陆之前，该公司的摩托年产量已达到28.5万台，雄踞日本市场之冠。

问题在于，彼时的美国市场是排气量在500cc以上的中大型摩托占据天下。而其中的佼佼者便是著名的美国哈雷摩托。街上偶尔可见从欧洲进口的摩托，也均为大排气量车型。从表面上看，风靡日本市场的本田摩托要想在美国本土市场也获得成功，绝非一件容易的事。

没有路，就杀出一条血路来！本田公司干脆在北美大陆掀起一场革命，创造出一种崭新的"低排气量小型摩托"文化。

这一创举最终大获成功。首先，该公司在美国市场推出的一款广告火了，那就是著名的"遇到最棒的人"系列广告。（图155）自此，本田摩托的销售便一发而不可收，"超级幼兽"在美国市场卖疯了，成为划时代的爆款产品。由于日本国内的工厂积极扩产，形成了规模效应，"超级幼兽"的品质和价格在美国市场上拥有了无与伦比的竞争力，对本土品牌形成碾压性的竞争优势。区区5年后的1964年，本田的市场占有率已达五成，这意味着美国人骑的摩

图155 | 本田的"遇到最棒的人"广告（节选）

---

① cubic centimeter，立方厘米。——编者注

托，每两台中就有一台是日本的本田。

尝到甜头的本田公司决定趁热打铁，进军北美的中大型摩托市场。最后本田再次获得成功，与英国老牌摩托品牌凯旋一道，将长期占据美国市场王者地位的哈雷戴维森拉下宝座。

但是，本田此次的辉煌胜利也让英国产业界深感日企的威胁，于是业界拜托英国政府想想办法。英国政府找到美国波士顿咨询公司，希望找到破解"日企威胁"的门道。

1975年，波士顿咨询公司拿出了结果。其研究报告对本田迅猛扩张的基本逻辑做了详细解析，通过经验曲线及市场细分理论，再辅以小型摩托与大中型摩托的成本共享分析，终于破解了日企"神奇崛起之谜"。（图156）

●基于"经验曲线"理论，本田公司采取了"成本领导战略"（即力争做到全市场成本最低），成功地在北美大陆创造出一个崭新的市场——小型摩托市场。然后，本田再一次利用"经验曲线"的逻辑，将获得的宝贵经验运用到下一个战场，一个竞争更为激烈的战场，也就是大中型摩托市场，并又一次取得辉煌的成功。

遗憾的是，这一谜底并没有帮上英国企业的忙。凯旋摩托公司最终还是被气势如虹的日企彻底击垮，从此绝迹于江湖。不过，一个意外的收获是，由于极为经典，波士顿咨询公司的这份报告被众多咨询机构和商学院看上了，成为他们讲授"企业市场定位战略"时所倚重的教材。

▶ 帕斯卡尔的"本田效应"：为"能力派"的崛起打开一扇门

1984年，一篇极具冲击力的论文发表，震撼了世界。论文的题目是《战略视点："本田奇

图156 | 波士顿咨询公司的本田分析

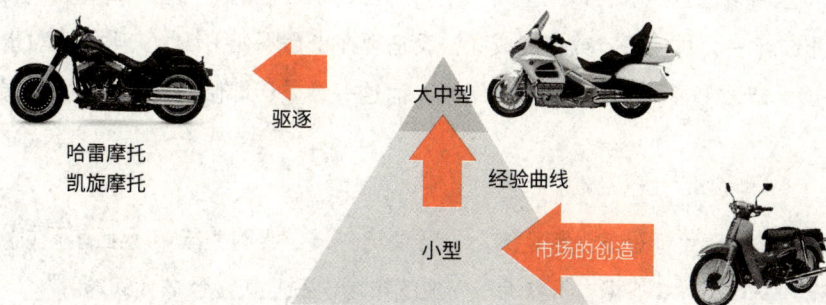

哈雷摩托
凯旋摩托

驱逐

大中型

经验曲线

小型

市场的创造

迹"背后的真实故事》（以下简称《战略视点》），作者为麦肯锡公司的著名学者理查德·帕斯卡尔。

长期研究日本企业的帕斯卡尔通过对6名本田高管的采访，得出了一个令人震惊的结论：当初的本田根本就没有什么明确的战略。如果一定说"有"，那么本田的战略是在不断地失败、不断地总结经验教训的过程中形成的。

基于这样的判断，帕斯卡尔进一步表示：波士顿咨询公司对本田公司的研究分析过程及结果有着极大的局限性和误导性，他们把复杂的现实过度单纯化了，试图用西方人熟悉的直线思维一举解决东方世界最典型的复杂问题。

帕斯卡尔将自己的新发现命名为"本田效应"。显然，他被本田的成功"结果"深深吸引，因而产生了强烈的好奇心与动机，去探究"结果"背后的"过程"，以及诱发"过程"的原因，所以才会对自己的研究成果做这样的命名。

总之，人们通过《战略视点》这篇论文，第一次得知了"本田奇迹"的真相，明白了这里面其实并没有"独门秘籍"，无非是基于"非计划性行为"的大量试错所得来的结果。

具体地说，事情的经过与逻辑是这样的：

● 本田为什么想到要在美国本土创造一个小型摩托"专属"市场？其实本田最初并不想做这事。为了讨好美国消费者，或者至少不被美国消费者嘲笑，本田最初的想法也是卖大中型摩托。销售业绩一直不好。由于美国人的骑行方式与日本人截然不同，自家的摩托在美国市场水土不服，故障频出。于是，美国人更不愿意买本田摩托。因此彼时的美国分公司，员工的士气相当低迷。

然而，一个偶然的发现改变了一切。

彼时，美国分公司的员工经常骑着本田小型摩托"超级幼兽"出门办事。没承想，当地的民众对这个"小家伙"表现出极大的兴趣，经常要求试骑。

时间一长，脑子机灵的员工嗅出了不一样的味道：难不成这个"小家伙"在美国真的有戏？

于是，员工将自己的想法告诉了上司，上司又告诉了自己的上司。最终，公司内部达成共识：甭管三七二十一，试一下，或许能成呢？反正现在也是不死不活，失败了也没事。

这么一试，却试出了一个惊天动地的结果。而这一结果，即便是美国团队的成员，也意想不到。

● 小型摩托的销售目标是怎么制定的？"凭直觉。""当时美国市场上有不少从欧洲进口的摩托，我们觉得拿下相当于欧洲车一成的市场份额应该没什么大问题。"

● 为什么当初没有选择进军欧洲市场，而是决定进军美国市场？"没有明确的战略，就是觉得美国市场很大，想试试自己的身手和运气。"

帕斯卡尔的"本田效应"给学界和业界均带来极大的冲击。它揭示了一个朴素的道理：在企业经营这件事上，"人性要素"以及"偶发性的创造性要素"要比纯理性的事前谋划（计划）更重要。

这就从根本上颠覆了无数前人的努力成果：人们之所以要从实践中不断地归纳总结，搞出许多理论和工具，无非是想将"不可预测"的事情"可预测化"，将"不可操作"的事情"可操作化"，将"不可控"的事情"可控化"……可是帕斯卡尔这么一搞，这一切心血都泡汤了。

最起码学界主流"市场定位派"遭受到的冲击是巨大的。毕竟这一学派的核心理念就是"通过分析，事前掌控一切"。而这一理念受到帕斯卡尔学说的严重威胁。

▶ 佳能的突破：以"能力"决定"定位"

再回到前文提到过的佳能公司的案例。彼时，尽管佳能公司制定了比较明确的"多角化战略"以及实施战略的长期计划，可是其选择目标市场的方式与"市场定位派"的主张大相径庭。按照"市场定位派"的理论，市场定位一定要顺其自然、量力而行，千万不可勉强为之，拿鸡蛋碰石头。换句话说，要避开强敌，去找市场的空隙，也就是那些自己能够生存的地方。将这些地方视为自己的目标市场，才是唯一明智的战略。可是佳能却偏要找一个最强大、最难缠的对手厮斗，偏要闯进一个被严重垄断的市场。佳能手里唯一的武器，就是"能力"，或者说"本事"。有本事就活着出来，没本事也甘愿"死在战场"。

重点是，佳能这一行为看似莽撞，却有一番道理：一个垄断市场，别人进不去，所以一旦自己进去了，获益之大将无法想象。

当然，佳能一旦失败，死相会很难看。

不过，佳能有"必胜"的强大自信。理由无他，拥有"能力"而已。"佳能行动"的逻辑线一目了然：首先，佳能在长期的实践中为自己构建了一个庞大的"能力库"，里面装着各种各样的"能力"。然后，在比照自身"能力"选择目标市场时，其落脚点刚好是"普通纸复印机"市场。换言之，佳能并不是从一开始便瞄准了施乐，非要拿鸡蛋碰石头，而是在一个自然而然的选择过程中，匹配着自身"能力"选中了最适合自己的标的。

总之，在佳能的案例中，所谓的"市场定位"，完全是由企业自身的"能力"决定的，而与是否"合适"、是否"理性"无关。这一点，就和"市场定位派"的学说有着本质的不同。

复印机是什么？就是电子照相机。研发复印机需要的无非是光学、电子、机械，以及化学方面的技术。而佳能原本就是专业照相机生产商，因此光学、机械之类的技术刚好是其擅长的。但是公司里拥有电子技术的人，经历却颇有些坎坷。佳能电子技术团队大概有100人，这些人曾经响应公司的"多角化战略"，提案并主导了一个新项目，也就是"同步阅读器"的开发。当初佳能非常重视这个项目，为其投入大量资源，没承想最后却遭遇惨败，大把银两打了水漂。因此佳能不得不暂时中止电子类产品的研发工作。于是，<u>这100名技术人员便面临着非常严峻且现实的去留问题。佳能并没有解雇这些人，而是将他们"养"了起来</u>。这一招果然奏效。1976年，正是这个团队研发出了世界上第一台自动曝光单反相机AE-1。（图157）这款相机一经推出便成为爆款，时至今日依然被全球摄影爱好者视为经典中的经典。同时，AE-1的火爆也一举奠定了佳能公司在摄影器材领域的王者地位。显然，佳能当初没有解雇这100个人，是有先见之明的。而这一回，这个王牌团队再次被公司委以重任，主导了佳能与施乐的"复印机大战"。

这一系列的实战案例证明了帕斯卡尔的正确，证明了"本田效应"的真实存在。可波士顿咨询公司却并不服气，不断地反驳帕斯卡尔的学说，为自己辩护。波士顿咨询公司"本田研究报告"的作者之一，著名学者迈克尔·古尔德在这方面表现得格外活跃。而古尔德的辩解又遭到学界的另一位大人物——经营学领域的泰斗亨利·明茨伯格的反击……

▶ 波士顿咨询公司的"技术宅"斯托克来日本：向洋马公司学习

1988年，基于日企的实战经验，一门新的学问诞生了，那就是"能力经营战略论"。从根本上来说，这一理论的基础是著名的"时间轴战略"。

图157 | 佳能的"同步阅读器"与AE-1

同步阅读器

AE-1

电子方面的
技术人才100人

惨败

大获成功

有意思的是，提出"时间轴战略"的人正是曾经与帕斯卡尔死杠的公司——波士顿咨询公司旗下的专家，一个叫乔治·斯托克，一个叫菲利普·埃文斯。

1979年，受世界最大的农机具生产商美国迪尔公司的委托，斯托克前往日本，去拜访迪尔的战略合作伙伴洋马公司。然而，令斯托克没有想到的是，在日本人的生产车间里，他竟然遇到了人生中的第一场"震撼教育"。

置身洋马的车间，斯托克被眼前的景象惊呆了。他看到的车间与美国迪尔公司的车间完全不同。生产效率极高，产品品质极好，库存极少，空间占用极小，生产时间极短，这便是洋马留给斯托克的印象。（图158）

几年后，斯托克将自己访日的见闻告诉了菲利普·埃文斯。埃文斯后来回忆道："冲压、灌模等等，这些生产车间里的专门术语，斯托克都如数家珍，看得出他是一个典型的'技术宅'。但是，在他的长篇大论中，一个极其微小的细节迅速引起了我的注意：他提到了一句'在竞争中，只有速度最快的人能胜出'。我立马打断他的话，让他别的都不用说了，只把刚才提到的那句话再往深里讲讲。"

其实说起来，当时灵光一现，埃文斯就有了头绪。

▶ 埃文斯的慧眼、斯托克的执着：测算"时间"

直到这里，关于"时间轴战略"的话题，还仅仅是埃文斯的灵感或者说慧眼在起作用；而受到埃文斯点拨的斯托克的执着，才是这一重要理论的研究工作能往前推进的关键。

问题在于，有些东西仅仅靠技术是搞不定的，单纯模仿别人的做法也行不通。对职业管理咨询师来说，必须要有独特、新颖的东西，也就是开创性的东西，才可能有所突破。

在波士顿咨询公司东京分部的办公室里，斯托克一边研究丰田的案例，一边与自己的同僚

图158 | 20世纪80年代迪尔公司与洋马公司的拖拉机对比

迪尔拖拉机　　　　　洋马拖拉机

生产率大幅度提升，
产品的品质非常高，
库存显著减少，
占用空间非常小，
生产时间显著缩短。

汤姆·霍特一道，顺着埃文斯的灵感，不断地思索着、探究着……

终于，他们长期以来的冥思苦想有了结果。"**以时间为基轴的战略**"问世，而且实现该战略的手段也一并出现，即"**计算所有的非成本时间**"。

要点如下：

● 要想最大限度地提升自家企业的附加价值，必须最大限度地缩短顾客需求的产生与企业响应的时间。

● 要想最大限度地降低自家企业的成本，必须最大限度地缩短企业在经营管理过程的所有环节所消耗的时间。

总之，无论是"利润（价值）"还是"成本"，都与"时间"有关。只要能够最大限度地缩短时间，就能搞定一切：提升价值，强化"能力"，降低成本，改良"收益模型"……可见，"缩短时间"是一个具有魔力的关键词。

事实也证明了这一点。

在彼时的日本汽车业界，无论是丰田还是本田，都已做到"天下武功，唯快不破"。他们开发新车型所需的时间，只有美国车企（福特、通用）的一半；将数万种商品以极低的成本迅速交货的强大生产和物流能力，对他们来讲也早已不在话下。问题在于，这些"能力"对美国那几家大车企来说，可望而不可即。

当时，丰田和本田开发一款新车型大概只需要36个月（3年）的时间，而其美国竞争对手居然需要60个月（5年）！

那么，日美车企之间如此巨大的差距到底是怎么形成的呢？

显然，仅靠意志力和干劲是不行的。同样，仅靠勤劳和长时间劳动也不行。日美企业之间最根本的差别不在这里，而在另一个地方——时间及时间的使用方法。

这才是关键中的关键。

具体地说，企业的所有相关部门（企划开发、制造、原材料调配、零部件采购、财务统筹、后勤支援、行政管理等等）必须同时行动，在尽可能早的阶段便完美地实现信息共享。在此基础上，尽全力消除工作环节上的所有浪费与冗余。重点是，能够同时进行的事情必须同时进行，以尽量减少时间的浪费。（图159）

正因如此，日本企业才会在短时间内迅速跑到了美国企业的前面，而且领先如此之多。

将更新、更多样、更便宜的商品以最短的时间、最快的速度提供给消费者，这就是"时间轴战略"的内涵。

斯托克在"日企行为分析"领域的研究成果，最初登载在1988年出版的《哈佛商业评论》杂志上，论文的题目为《时间——下一个竞争优势的源泉》。此论文一出，他迅速赢得了巨大

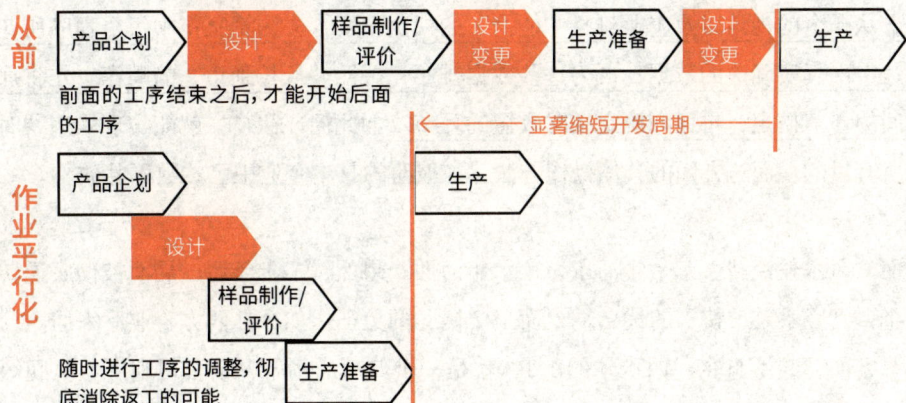

图159 | "作业平行化"显著缩短了作业时间

从前

产品企划 → 设计 → 样品制作/评价 → 设计变更 → 生产准备 → 设计变更 → 生产

前面的工序结束之后，才能开始后面的工序

← —— 显著缩短开发周期 —— →

作业平行化

产品企划 → 设计 → 样品制作/评价 → 生产准备 → 生产

随时进行工序的调整，彻底消除返工的可能

的声誉。紧接着，两年后的1990年，该论文的内容又被结集成书正式出版（书名为《与时间竞争》），令斯托克本人的名气及他的理论声誉又攀上一个新的高峰。

▶ "测算时间"的战略：时间轴战略

还记得前文曾经提到过的美国战略管理大师迈克尔·波特的理论吗？按照他的说法，企业附加价值的提高（差别化战略）与成本控制（成本领导力战略）之间是不兼容的。换句话说，想要低成本，舍不得花钱，就别想赚大钱、卖高价。想要赚大钱、卖高价，就别太吝啬。

然而，日本人的实践证明，只要能够做好"时间管理"，只要你的速度足够快，出手足够利索，那么即便少花钱、低成本，也照样有赚大钱的可能。

最先采用斯托克的研究成果的，是美国汽车业"三巨头"中排第三的克莱斯勒公司。该公司利用"时间轴战略"成功地将4种新车型的开发时间缩短到15个月，也就是缩短了25%。不只如此，这4种车型的研发总费用也下降了30%。效果不可谓不明显。重点是，汽车的质量也有了明显提高，这4种新车型上市后，均成为爆款，一举改变了克莱斯勒在美国市场的被动局面。

还有意外的惊喜。"时间轴战略"很快被证明不仅对制造业有用，对其他行业也有用。比方说，瑞典的卡罗林斯卡大学旗下的医院就利用该战略极大地改善了工作效率，将病患术前检查的时间从数月一下子缩短到区区几天。由此，医院就有了为病患制订极其详尽的手术及术后恢复计划的时间和空间。这样一来，患者的满意度急剧提升，医生的工作也轻松了许多。重点是，综合成本大幅下降，为医院省了不少钱。

　　总之，"时间轴战略"的核心就是"测算时间"。到底时间都花在了哪里，到底花了多少时间，从顾客的视角以及企业自身"能力"的视角出发，去测算工作中每个程序所花掉的分分秒秒，得出真实确凿的数据，再为这些数据排序，按照"从长到短"的顺序，先将那些耗费最多时间的环节搞定，再逐渐搞定耗时较短的环节。如此循环往复，就能实现采用"时间轴战略"的所有目的。而这方面的具体操作方法，在彼时的日本企业中已然数不胜数。

　　然而，风水轮流转，三十年河东，三十年河西。果然，三十年后，局面被彻底逆转。现如今的日企，已经不是"快"的代名词，而是"慢"的象征。如今，西方企业后来居上，在"时间管理"方面超越了日企。西班牙的ZARA就是一个典型的例子，该公司利用"时间短缩"战略优势，一举占领全球市场。

　　现在，每个人都在谈论日企的突破、日企的未来。尽管说法很多，可有一点是肯定的：改变这一切的关键，依然是那两个字——时间。

41 | 近年来的经营战略论：2000年之后

▶ 来自欧洲的新型战略形态——蓝海战略

2005年，欧洲带来了一种之前从来没有过的战略形态——蓝海战略。（图160）

远离强者云集、血染沙场的"红海"，以新价值和成本优势为武器，独自开辟一片没有竞争的"蓝海"，这一概念依然是对波特所主张的"高附加价值与低成本不可共存"理念的否定。

由欧洲工商管理学院的 W. 钱·金（韩裔）和勒妮·莫博涅两位教授合著的《蓝海战略》一书，是这一新型战略理念的起源。该书上市后，两位教授名声大噪，在连续数年的"全球50大管理思想家"评选中榜上有名。

欧洲工商管理学院的总部位于法国巴黎近郊的枫丹白露。这所名校有两大亮点：其一，国际化程度高，有来自100多个国家的学生在此学习；其二，独立性强。其学术研究没有偏见，不仅是美国企业，世界任何一个国家、任何一个角落的企业均可成为其研究标的。

就是在这样一种学术氛围下，金和莫博涅两位教授历经数年，横跨30多个行业，总共研究了150余个经典的商业案例。重点是，这些案例中不仅有成功案例，还有不少失败案例。而两位教授的核心关注点就是：什么决定了"胜败"？

图160 | 蓝海战略与红海战略

蓝海
未开拓的处女地，几乎没有竞争，自己就是市场先驱。是崭新的市场。

Wii

Xbox 360

红海
竞争极其激烈。为了生存与胜出，必须投入大量资金。

PS3

▶ 价值创新："差别化竞争"和"成本领导力竞争"，不是"二选一"，而是"两者兼得"

迈克尔·波特一贯的论调是：第一，所谓"战略"，就是在竞争中获胜。第二，至于具体打法，除了锁定目标市场之外，只有基于高附加值的"差别化战略"，或者基于低成本的"成本领导力战略"。第三，由此可以得出结论，所谓"战略"，只能有两种，一是"追求高附加值"，一是"追求超低成本"，除此之外，不可能有第三条路。

对波特的这种论调，金和莫博涅两位教授予以了反驳。他们的主要观点如下：第一，所谓"好"战略，就是创造没有对手的新市场，即"蓝海市场"。第二，"追求高附加值"与"追求超低成本"这两条未必只能"二选一"，完全可以"两者兼得"。前提是，只要你能找到"全新"的"高附加值"。第三，由此得出结论，所谓"战略"，就是开创性地提出一个全新的市场概念，然后制订一个符合这一概念的战略计划。重点是，无论如何，要把能够确保该计划顺利实施的企业"能力"创造出来。

苹果的iPod、加拿大的太阳马戏团、星巴克、日本快剪模式的奠基者——"10分钟理发店"QB HOUSE等等，都是创造蓝海的先驱。

问题是，蓝海一旦被人开创了，且有人赚了大钱，后来者一定会蜂拥而至。蓝海会慢慢变红，直到红得发紫，甚至发黑，直到新的蓝海出现。换言之，蓝海战略的基本逻辑——寻找、培养乃至创造新"能力"，探寻、开创新市场，将"高附加值"与"成本优势"结合起来开辟新的"蓝海"，这件事是一个永无止境的循环。

即便是蓝海战略的发起者金和莫博涅两位教授，也意识到了这个问题的存在。（图161）所以，为了应对永无止境的蓝海战略的探索，他们特意开发出了一系列工具。

图161 | 表现新价值组合的"战略图"

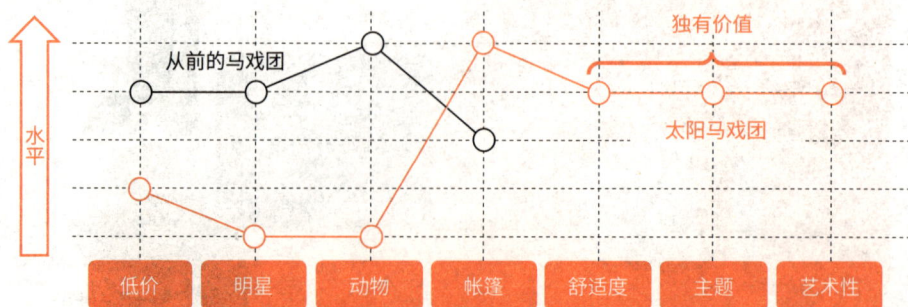

388

▶ 创业与"客户开发"理念：精益创业

美国硅谷的创业大师史蒂夫·布兰克在其极富传奇色彩的职业生涯中，曾经亲自主导过8家公司的创业过程，且其中的4家成功上市，成为股市中颇具分量的明星。

他大方地在《创业者手册》一书中披露了其中的具体细节和操作流程。

简而言之，创业就是由4个步骤、17个阶段、64项流程构成的"客户开发"模型。

所谓"4个步骤"，是指：（1）发现客户（不要闷在办公室，走出去，主动打听客户的踪迹，搜集客户的信息）；（2）检验客户（通过销售行为进行客户检验）；（3）开拓客户（检验市场空隙的存在，确认你的潜在客户的真实性）；（4）构建组织（开公司，组建团队）。

重点是，如果在上述第2步中遇挫，没人买你的东西，那么你就需要及时进行"轨道修正"，重新回到第1步。这意味着你找的那些客户不是真正的客户，要重新找，直到找到为止。

在此基础上，布兰克把话说死：对初创企业来讲，拥有两个小组即可，一个是商品开发组，一个是客户开发组。至于其他的职能团队，比如市场营销、产品销售、项目开发、财务核算、招商引资、售后服务、行政后勤等等，在最初阶段统统可以省略掉。初创企业的CEO务必注意这一点，务必要将所有精力只倾注于上述两个环节，不可被其他环节分散注意力。

布兰克既是这一崭新概念的首创者，也是其最热心的推广者。在他的努力下，以美国西海岸的各所大学以及创业者支援非营利组织为核心，这一概念在美国本土乃至世界各地迅速传播开来，现如今已拥有无数拥趸。斯坦福大学、加州大学伯克利分校、加州理工学院……布兰克的足迹遍布高校。在他的弟子中，最受他本人青睐的是被他称为"迄今为止，所有学生中最出色的一个"的埃里克·莱斯。

莱斯完美地继承了老师的衣钵，并将其理念进一步发扬光大。沿着布兰克的思路，莱斯重点研究了丰田公司的案例，且深受丰田"精益生产模式"的启发。最终，他将这一模式引入初创企业的管理领域，写了一本著名的书——《精益创业》。（图162）

图162 | 埃里克·莱斯的《精益创业》

埃里克·莱斯
耶鲁大学计算机科学专业毕业的高才生，还在学校读书的时候就开始创业。最初创立的公司破产倒闭，不得不返回学校继续读书。毕业后前往硅谷发展，在创立第二家公司的时候与布兰克结识。29岁时首创"精益创业法"，受到大量高科技领域的初创企业的青睐。甚至连美国联邦政府也极其看好这一方法，在利用与普及该方法方面表现异常积极。

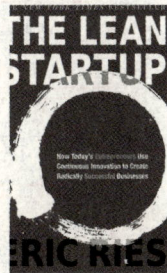

此书的主旨就是：<u>坚决去除一切浪费和冗余。</u>

通过研究创业路上的无数失败案例，莱斯悟到了一个极其重要的道理，那就是早已深入人心的"JUST DO IT"（甭管三七二十一，干了再说）的精神会让初创企业自寻死路。

这一点在IT领域表现得格外明显。绝大多数该领域的创业者都会掉进"技术控"陷阱。原因很简单，并不是所有的发明家都适合做企业家。像爱迪生、乔布斯这类天才，毕竟百年一遇，不是那么容易出现的。问题在于，绝大多数该领域的创业者都是技术方面的高手，都是发明家。他们往往容易产生一种错觉，认为"只要是好技术，就必然会有市场"。这就是典型的"技术控"陷阱。创业者一旦掉进去，就将万劫不复。因为无论你的发明有多厉害，如果不能经受市场的检验，那就没有任何价值。

按照莱斯的说法，这些东西都是"浪费和冗余"，必须坚决消除。

所以，"浪费"可以被这样定义：

- 任何不能给客户提供价值的东西，都是浪费；
- 任何通不过检验或根本不可检验的东西，以及任何无法让人学习、让人汲取经验的东西，都是浪费。

由此，莱斯提出了一个独特的<u>"假说验证闭环"</u>理念，也就是著名的<u>"构建、测算、学习"闭环</u>。在这个闭环中生产的"样品"，则被他称作MVP（Minimum Viable Product），<u>即最低限度的实用选项</u>。（图163）

莱斯之所以会如此命名，原因很简单。搞技术的人往往有一个毛病，就是无论如何也要让自己的发明创造"拿得出手"。所谓"拿得出手"，就是精益求精。问题在于，这样一来，就很容易让产品"赘肉横生"，平添许多浪费和冗余。因此必须予以彻底纠正、彻底根除。

图163 | 从MVP的角度看"精益创业法"

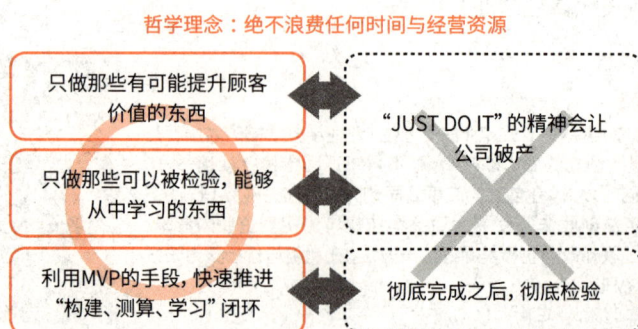

哲学理念：绝不浪费任何时间与经营资源

只做那些有可能提升顾客价值的东西	⬌	"JUST DO IT"的精神会让公司破产
只做那些可以被检验，能够从中学习的东西	⬌	❌
利用MVP的手段，快速推进"构建、测算、学习"闭环	⬌	彻底完成之后，彻底检验

换言之，你的创新产品的MVP（样品）在接受客户和市场的检验时，只需具有一个特质即可，那就是你最重要的创新理念，其他皆可省略。你想检验的只有这个东西，没有其他，所以其他一切工作皆为多余，完全是时间、精力和成本的浪费。甚至，如果足以被检验的话，连"实物样品"的制作也可省略。比方说，一张图纸能够说明问题，抑或简单粗糙的手工制作能够解决问题，那就没必要花钱专门去工厂车间生产样品了。因为你的目的（关键创意的检验）已经达到。只要你能把东西生产出来，顾客就会买账。

莱斯是这么想、这么说的，也是这么做的。在他自己的公司里，这一理念的贯彻之深入、之彻底，达到令人吃惊的程度。据说，在他的公司里，"构建、测算、学习"闭环的试错循环每天都在进行，且速度极快。最高纪录是一天之内循环了50多次！

▶ 财捷集团：向客户和失败学习

在美国个人报税软件和资产管理软件市场上具有压倒性优势的财捷集团，这一路走来实属不易。

这家公司创立于1983年，至今已存活了数十年，算是该领域罕见的元老了。

公司创始人斯科特·库克曾经是宝洁公司的员工，后来离开宝洁创业，为自己的公司招聘了一名技术人员——斯坦福大学的高才生汤姆·普罗克斯。

二人共同挑战了许多领域的项目，也经历了许多失败，最后终于在个税的报税软件项目上看到了成功的希望。没承想行业大鳄微软推出了一个报税软件Microsoft Money，差点让二人的希望彻底破灭。他们好不容易挺过这一关，又遇到互联网大潮，各种网络报税软件（在线报税）如雨后春笋般出现，再一次让他们的事业吃尽苦头。

总体来说，财捷的基本战略有两条：首先要大胆进行兼并重组，以便让公司尽快具备规模优势，能够扛住激烈的市场竞争；与此同时，将"客户开发"战略中的"行动观察"环节贯彻到底，无论如何也要保住公司核心产品的竞争力。

这里所指的"行动观察"，并不是简单地做街访，直接询问潜在客户的需求，而是进行长期、缜密、细致的现场调研。

这家公司有一个专门的家访团队，有数十名成员。有趣的是，团队中连一个做市场营销的人都没有，成员均为工程技术人员。

这些人以三人一组的编组方式形成了十来个行动小组。每个小组唯一的任务就是登门拜访各行各业的客户与潜在客户。重点是，他们在每户人家耗费的时间竟然有两天之久，还要将客户家庭生活中的许多细节用摄像机拍下来，留作参考资料。

换言之，财捷的产品是在什么样的场景中被客户使用的；客户在使用这些产品时，都是什么样的具体状态、具体心态，乃至具体形态；在使用过程中都发生了什么，产生了什么样的影响和后果，以及客户都是如何应对的，等等，只要是和"产品"与"客户"有关的细节和信息，全都调查得一清二楚，没有一丝一毫的遗漏。

可以想见，这样的活动所带来的创新或改良成果，必然会极大地提升客户满意度，极大地改善公司的业绩，巩固公司的核心竞争力。

财捷就是靠这种看似最原始、最费劲，其实却最靠谱的方法，一步一步地走了过来，成为业内罕见的具有鲜活生命力的"老古董"。（图164）

应了那句话，所谓"创新"，就是"改变人们的行动原理或行动逻辑"。而改变人们的行动，首先要观察人们的行动，寻找一切可以改变的机会。"创新"绝不是"闭门造车"，它必须从生活中来，到生活中去。

正因为热衷创新，财捷没少尝败绩。2005年，该公司为了增加年轻客户，设立了rockyourrefund.com网站。该网站以"大幅增加退税概率"为广告语，销售自家的个税申报软件。该网站充溢着年轻人热衷的娱乐元素，比如摇滚和爵士音乐。不只如此，只要点击该网站，网友还有机会赢取商品打折券。

结果，这一尝试遭到惨败。自设立以来，该网站的访问者始终寥寥，其战果几乎可以用"点击量的误差程度"来形容（点击量多几个或少几个，完全可以视为"误差"，而与网站的经营效果无关）。

财捷的市场营销团队对这次失败做了彻底的分析总结，并给出了详尽的调研报告。他们并不想让这次不愉快的经历草草了结，所以无论如何要给自己一个明确的说法。重点是，只有采取这样的态度，才能确保公司至少在未来的创新中不会犯相同的错误。

下属提出的这份失败原因的调研报告让公司老板库克非常满意，他表扬了这份报告，并表示：所谓"失败"，只有在没有从失败中学到任何东西时才真正成立。

他的言下之意是：如果从失败中学到了点什么，那么失败本身便不存在了。正如财捷团队这一次所经历的那样，从结论上说，他们没有失败，或者说挽回了败局，因为他们学到了。

图164 | 财捷是怎么战胜行业大鳄微软的

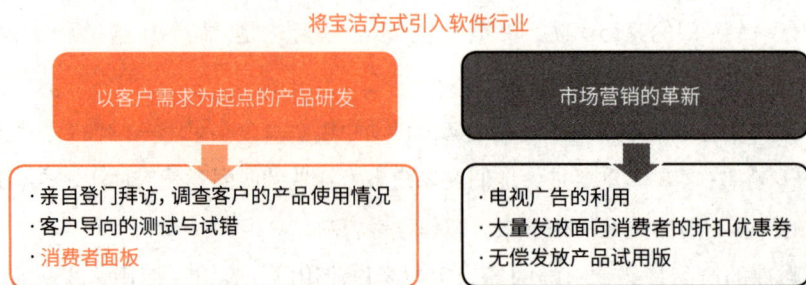

将宝洁方式引入软件行业

以客户需求为起点的产品研发	市场营销的革新
·亲自登门拜访，调查客户的产品使用情况 ·客户导向的测试与试错 ·消费者面板	·电视广告的利用 ·大量发放面向消费者的折扣优惠券 ·无偿发放产品试用版

▶ 波士顿咨询公司的"5类环境划分法"与"环境适应战略"

在经营战略史的最后部分，我们讲一讲波士顿咨询公司的"环境适应战略"（以下简称"适应战略"）。

这一战略的核心策划人是曾在波士顿咨询公司东京分部工作过，并由此热爱上尺八[①]的英国人马丁·里维斯。

"适应战略"是从"环境分类"开始的。正如安索夫说过的那样，不能所有的东西都用同一个战略，也不能不分青红皂白，上来就是一通试错。换言之，试错没问题，但是必须要有章法。而这个章法，就从"分类"开始。将事物分成不同类别，以便具体问题具体分析。

那么，"适应战略"是如何分类环境的？相应的战略方式又是什么呢？

有如下几种方式：

- 如果环境极其严苛，则要用到"生存战略"；
- 如果环境"可预测"却"不可支配"，则要用到"经典战略"（传统战略）；
- 如果环境"可预测"且"可支配"，则要用到"远期愿景战略"（远见战略）；
- 如果环境"预测困难"却"可支配"，则要用到"塑造战略"；
- 如果环境"预测困难"且"不可支配"，则要用到"适应战略"。

这种分类方式的一个亮点是，将"环境的可支配度"，即"企业行为对环境的影响力"视为分析框架的一个主轴。这一点颇具新鲜感，预示着不仅环境可以塑造企业，企业也可以塑造环境。企业完全具有主观能动性。

这就让这一理念与迄今为止的许多学术主张有了本质上的不同。换言之，一个企业或项目的命运，未必完全由其"市场定位"及"市场相对份额"所决定，如果企业能够发现并发挥自身对环境的塑造力，那么完全可以自己掌握命运，自己创造客户与市场。

总之，"适应战略"要求企业必须先将环境做明确划分，然后冷静地判断自身所处的位置以及环境在未来的发展变化方向，并以此为依据，因地制宜、因时施策，拿出最贴合环境的战略，为这一战略的实施做好最充分的准备。

互联网公司就是这方面的典型例子。

迄今为止，互联网公司采取的一直都是"塑造战略"，即"环境虽然难以预测，却可以支配"。具体地说，互联网技术的发展极其迅猛，未来会是什么样没人知道。但是，大家却可以通过商谈，比方说进行"统一产品规格"之类的沟通，为这个领域的未来塑造一个大概的框架与形态，使其变得更可预期。

---

① 尺八起源于中国，是一种吹管乐器，因管长一尺八寸而得名，后传入日本。——译者注

问题在于，即便如此，随着国家不同，环境本身以及塑造环境的可行性也会变得不同。比方说，如果你想开拓的市场在发展中国家，那么那里的环境肯定会与发达国家有极大的区别。

换言之，那里的环境将不仅"难以预测"，"可支配度"也会很低。因此，与其与"塑造战略"较劲，不妨将精力更多地放在"适应战略"上。至少要两者兼而有之，且以后者为主。

从这一点中即可看出，所谓"适应战略"，是将"迅速应对难以预测的环境变化"方面的"能力"视为企业竞争力源泉的一种战略。

零售业，特别是服装零售业，是一个教科书级别的典型案例。众所周知，做这种生意既无法预测环境，也无法支配环境，因此只能采用"适应战略"。无论是西班牙的ZARA，还是瑞典的H&M，抑或日本的优衣库，这些快时尚领域的企业采取的都是这样一种战略。

实行"适应战略"所需的一项重要"能力"是"实验能力"。快速的、大量的、高质量的实验，是决定你能否适应，特别是能否快速适应的重要前提。除此之外，还有一点很重要，那就是"如何应对失败"。所谓"实验"，就是"试错"，既然要试错，就必然有失败的可能。正如前文提到的财捷一样。

问题在于，如果企业不能够包容失败，且没有从失败中学习、成长的能力，那么"试错型经营"便失去了意义，变成单纯的"错误型经营"。

可见，尽管"适应战略"的名头是"适应"二字，却并不意味着单纯的"顺从"或"顺应"，而有着鲜明的"进化"的含义。

归根结底，"适应战略"的真意是促进企业的"进化"，加快企业的"成长"。

需要指出的是，在这里，"进化"的反义词不是"退化"，而是"停滞"。

"进化"归根结底就是一个不断"适应"的过程。它不可能仅发生一次，而是会以非连续的方式不断地发生，且拥有无穷无尽的能量和生命力。而诱发"进化"的因素，是无数的变异和淘汰。

从无数先人打下基础，一直到今天，经营战略论已经走过百年的发展历史，一路上的积累数不胜数。

因此，其中必然会有不少宝藏，能够为你所用。

"不试一下，怎么会知道结果？"——这句话确实是真理。问题在于，既然有不少现成的"做法"，而且这些"做法"源自无数前辈的真实经历，已经过千锤百炼，那为何不学习呢？

说一句不讨喜的话，如果你在这种事上犯懒，那你基本上也不大可能干成什么事。

当然，再好的工具也不是万灵丹。没有"最好"，只有"最对"。因此，在如此庞杂、如此丰富的工具箱中去选一个"最对"的工具，对你而言依然是一个考验。

下面的事，就看你自己的了。

后记

　　不是自吹，一直以来，参加我的经营学课程的人，涵盖范围之广，很有可能出乎你的意料。从初中生、高中生到大学生，再到50多岁的职场人士，我的学生中各行各业、各年龄层的人无所不有，称得上"老少通吃""长幼咸宜"。

　　比方说，他们当中既有自发组织"学习会"的高中生，也有将我的课视为必修科目的大学生。而在社会人士进修深造的研究生院里，有20多岁涉世未深的年轻人，有30多岁踌躇满志的创业者，有40多岁试图破壁的职业经理人，有50多岁抱着"人生刚过半"的心态回炉再造，以期"重塑自我，再铸辉煌"的职场高管或"准退休一族"……他们都做过我的学生，都热衷于我的课程。

　　由此，可以想象，手捧我的这本拙作热心阅读的你们，恐怕也是如此吧？

　　总之，无论是对大四开始找工作抑或已经开始勤工俭学的学生来说，还是对已经在职场中打拼多年的社会人来说，这本经营学的入门书都堪称商场与职场的敲门砖。

　　人生说白了就是一种"缘分"。以此书为契机，我们能够产生交点，这一定是上辈子的缘分，要好好珍惜。出于这个原因，我想对本书的所有读者分别说上几句心里话。

▶ 说给19岁的你

　　19岁的你，现在在哪里，在做什么，又有什么样的人生理想？

　　在无数的快乐与烦恼中踏上追梦的旅程吧！不要怕犯错、栽跟头。"年轻人犯错误，都会被原谅的"，这是你的特权，年龄的特权，不知道有多少人羡慕你，羡慕你能再三犯错，还不耽误重新站起来。

　　如果你的目标非常明确，很清楚自己想要什么，想成为什么样的人，那实在是再好不过了，我一定要恭喜你。此时你需要做的就是在最短的时间内将目标变现。

　　进一步说，一定还会有不少19岁的年轻人，想要创造这个世界上不曾有过的东西，甚至彻底改造这个世界，这就叫眼光长远、前途无量。

　　但是，无论你是否有明确的目标，是否有雄心壮志、长远眼光，也无论你是否会犯错误，抑或是否真的会被原谅，对所有人生中的未知数，你现在是否有清晰的认识，是否已经开始为此做点什么，思考点什么了呢？

现在，你只有19岁，还不急于成为一个社会人，当然，也没有什么可犹豫的。你可以再无所事事地晃荡几年，只要不放弃思考；也可以闯荡一下，脑袋上结结实实地撞几个包，然后从试错中汲取经验。总之，只要是自己思考过、调研过，然后决定去做一些事情，就没有问题。无论是进还是退，抑或暂时原地踏步，都是选择，都是路——没错，你面前有无数条路，理论上选哪条路都行。

不过，作为过来人，如果一定要给你个建议的话，我的建议是，你在学生时代最好打一点工，做一点公益活动，也就是当个志愿者。投身社会组织的活动，去真实地感受一下其价值与责任，对年轻人大有好处。被顾客感谢的愉悦心情，与同事沟通的重要意义，店长与管理者的职责所在，业务研修和操作流程的难与易、得与失……所有这些宝贵的体验，有朝一日都必定会派上大用场。记住我的话，无论在这些社会组织和社会活动中你处于什么样的位置或立场，你都肯定会碰到无数有意义的场面，产生无数有意义的想法。比如说："这个工作体系和操作流程实在太棒了，简直没的说！""可是，为什么偏偏这个关键环节显得那么别扭呢？总觉得哪里不太对劲。""如果这么弄一下，本来可以更流畅、更高效的呀！"

诸如此类，所有和商业运行有关的体系问题、流程问题、效率问题，以及它们的处理和解决方法，你都需要有某种系统性的理解。换言之，要把工作场景中的许多碎片化的东西整合起来，当作一个整体去思考、去应对，如此这般，你才能够进步，才能够升华，才能够成长。而帮你做到这些的学问，就是我们所讲的"经营学"。

因此，如果你是一个对自己身处的社会有着极大热情或极强好奇心的人，你必然会对构成社会的两个基本要素，也是最大要素——"商业"与"组织"感兴趣。那么显然，对这样的你来说，绝对有必要读一读我的这本拙作。

读完本书，许多不清晰的东西会逐渐变得清晰。重点是，你会把这些东西变成你自己的语言，并准确地表述出来，而这将是你最大的收获。这意味着你具备了这样的能力：敏锐地觉察与感知问题，清晰地描述与解构问题，并能为这些问题找到自己独有的答案，至少是通往答案的线索。

最起码你会深刻地认识到：你在日常生活中接触到的所有商品与服务，都是经过许许多多的人的思考与努力得来的。换言之，在你眼里，它们不再是唾手可得和平淡无奇的东西，因为你已经知道这些"平凡"背后的所有"不平凡"，这些"简单"背后的所有"不简单"。而有一天，你自己也将加入"不平凡""不简单"的人的队伍，成为"不平凡""不简单"的人中的一员。这种意识本身是多么可爱，多么有意义啊！

这就是"年轻"的好处，19岁的价值，比金子还珍贵。

这就是"经营学"的视角，"经营学"的思考方式和价值观。那么现在，你不妨以"经营学"的视角看一看你周围的世界，你会立马产生一种强烈的感觉：仅仅是视角变化了，世界就会变得如此不同。以前僵硬的东西，立马鲜活了起来；以前肤浅的东西，立马深邃了起来；以前无聊的东西，立马有趣了起来……总之，以前那个狭窄的视野，立马广阔了起来。因为你看见了你以前从未看见，甚至从未想过要看一看的风景。

还是那句话，换个视角看世界，才能看到不同的风景。这件事其实并不难，仅仅在人的一念之间，从什么时候开始都不晚。经营学的视角与思维方式对任何人都会有极大的用处，在任何年龄段，你的命运都可能被改变。问题在于你自己怎么看、怎么想、怎么做。

关键还是价值观。务必培养"经营学"的价值观。

▶ 说给29岁的你

如果你现在29岁，那就意味着你已经做了5～10年的"社会人"。怎么样？工作和生活还算充实吗？是否觉得一眨眼的工夫就到了"而立之年"呢？

和昔日同窗或同事聚会畅饮时，想必你会有这样的感觉，会不禁自问："这家伙曾经是这样的吗？怎么跟换了个人似的？"

很正常。职场、商场如战场，有着强烈的属性，能够造就一个人，也能够毁掉一个人，或至少磨平一个人。总之，它会改变一个人，让这个人面目全非。既然如此，经过5～10年的岁月，每个人的成长情况便会有极大的不同。而正是这种"差异"，让你产生所谓的"违和感"。

重点是，产生"违和感"，这件事本身就是一次机会，一次回顾的机会、反省的机会，一次全面检视自身成长经历与成长质量的机会。

通过这样的回顾与反省，稍微调整一下自己，然后再一次将目光投向远方、投向未来，并付诸行动，就会有所收获、有所进步。

作为一个过来人，一个曾经也有过29岁的前辈，我的看法是这样的：此时此刻，横在你面前的最大障碍就是"经营视角"的欠缺——你大概已经意识到了这一点，只是无法准确描述而已。

无论你的人生目标、职场目标是什么，只要好好干，那么只要时间够长，够卖力气，便总能干成一些事，总能实现一些东西。如果你还想做得更好，还想成长得更快，显然只会"卖傻力气"是不行的。这事必须要提早计议、从长计议，必须要有更多的智慧、更大的视野。一言以蔽之，要做大事，就必须跳出自己的圈子。换句话说，<u>除了你所从事的专业之外，与你的专业有直接或间接联系的那些领域里的事情，你也必须要了解，甚至是精通</u>。而做到这一点，需要用到的工具是能够将这些不同专业、不同领域里的知识统合起来的理论。想必你已经知道我想说什么了：这个理论工具，就是本书所讲的主题——经营学。

不夸张地说，无论你是否是一家企业或一个项目的负责人，你都需要形成经营学的视角。你从事的任何工作，甚至你自己的整个职场人生，说白了就是一个"大项目"，容不得任何轻慢与侥幸心理。

不是我自吹，这本书对29岁的你一定有用。读一遍这本书，相信你就会对"如何经营人生"这件事产生不一样的认知。最起码，把自己的职场人生作为一个整体去理解、去分析，去解构再重构，这些你不曾想过，抑或即便想过也一头雾水的事情，你思考起来会变得理所当然。重点是，"如何操作"这事也不会再难倒你。因为书中的工具以及工具的使用方法不是太少，而是太多。你需要做的不是寻找，而是取舍。

总之，我没猜错的话，29岁的你现在已经来到了人生中一个非常关键的十字路口。下一步该往哪里走？别着急，好好想一想。

▶ 说给30～40岁的你

如果你的年纪在30～49岁，那么我要恭喜你，这真的是一个极富多样性的年龄段，想必每个人的立场和想法都会大不一样。

无论你的职场生涯是从哪里开始的，无论你曾经工作的公司是中小企业、初创企业还是外资企业，一般来说，你都会在30岁之前选择跳槽，去挑战一个新的职场。然后，你从那时起便饱尝跳槽的快乐和苦涩。我自己也不例外。27岁时，我出国留学，32岁从波士顿咨询公司离职，进入埃森哲公司从事彼时还是一项新业务的"经营战略咨询"工作。所谓的中小企业或外资企业的职场人生，大致如此。对你而言，这样的企业就是一块人生的垫脚石，是你磨炼技能和心性的场所。你终究还是要振翅高飞，去寻找一片更广阔的天空，探索未知世界——而所有这一切，都需要"经营"，需要有经营学的视角与智慧。

又或者，你运气不错，进入的是一家人人艳羡的所谓"大企业"，捧上了所谓的"金饭碗"。问题是，外人无法知道你心中的苦闷：过于激烈的竞争既锻炼了你，也折磨了你。大多数时候，你的烦恼比快乐多。重点是，无论你在这家大企业混得怎么样，成功与否，都是如此。

如果你混得不错，算是这家企业的"成功人士"，那么横在你面前的将是一堵厚厚的高墙，即"晋升"之墙。你会发现事情远非你当初想象的那般简单，不是仅有气势和干劲，抑或仅仅掌握职场沟通的技巧，你便能轻易地将这堵墙推倒；甚至不夸张地说，不是取得了不错的业绩，你便能跨越这堵墙。

如果你在职场中混得不好，或者一般，那么你大概率会因此缺乏自信，不敢轻易挑战"跳槽"这件事，更别提"更换职业"了。

于是，在上述两种情况下，你唯一能做的事情就是学习。由此我们可以看到，越是人到中年或人近中年，职场人士越是热衷于学习，对知识的渴望程度是其他年龄段的人所无法比拟的。拼命地读书，拼命地从网上收集信息，拼命地参加各种演讲或讲座……这个年龄段的常态大概会是这样。然而，焦虑依旧，烦恼依旧，茫然依旧……

说起来很奇怪，明明通过看书或上研修班学到了不少理论知识和经营学技巧，而且自己也明显有"开了窍""上了台阶"的感觉，但偏偏到了关键时刻会掉链子，这些知识似乎帮不上多大忙。更重要的是，明明自己的能力有了明显的提升，却根本反映不到业绩上。这到底是怎么回事？

问题不在于你是否"充实了自己"，而在于你是否"充实了整个团队"。换言之，你自己长了再多本事，如果不能把这些东西传授给你的团队成员，那么这些本事的作用也将无限趋近于零。理由很简单，人类之所以需要团队合作，就是因为团队的合力要远远大于某个成员的个人力量。哪怕这个成员再厉害，也不可能和整个团队的力量相比。

作为职场人士，你不可能仅凭一己之力"力挽狂澜""扭转乾坤"，因为团队的软弱将牵绊你的脚步，让你即便长了本事也发挥不出来。

如果我没猜错的话，迄今为止你学习过的所谓"经营学"，都是将6～10个细分领域的专业知识打包灌输给你。它学起来很费劲，连你自己学着都感到吃力，更别提传授给你的团队成员了。

正因如此，也许本书的写作方式和相关内容更适合你。这本书是将经营学的基础知识，融合不同的项目编写而成的。你可以根据自己在项目推进过程中遇到的具体问题，利用本书去获取经营学的相关知识以及具体操作技巧。它是一本相当实用的"工具书"，你在商务实操领域所能遇到的几乎所有经营类问题，以及这些问题涉及的所有工具，都可以在书中找到，所以称得上"一书在手，万事不愁"。剩下的事情就是用"项目（事业）目标+商业模式"的思维体系将这些知识整理一下，然后传授给你的部下和同事，甚至是上司，让整个团队都能掌握这些知识。

至于我个人，30岁左右的时候是怎么过的呢？那时，作为一个资深企业咨询专家，除了日常工作之外，自身知识的重构以及体系化是我非常重视的一项内容。之所以如此，是因为我想将自己所掌握的知识更好地传递给下属和客户，从而有力地提升团队整体的能力和工作效率。

到了40岁，我的使命再一次升级。这一次，我将自己的工作重心放在了"教育"，即知识的传播方面。无论是孩子及其双亲，还是学校里的教员，都成了我的服务对象。想必那时的我是有了几分自信，觉得自己可以多做一些事情，多为社会做一点贡献，将自己掌握的知识和技能传授给"所有人"。

这本书就堪称这方面的"集大成"之作。我衷心地期望"三十而立"或"四十不惑"的你读了本书之后，也能够像我一样，将其中的知识和你的所学所想传播给更多的人。不妨尝试一下。

▶ 说给与我同龄的你

如果你与我同龄，也是生于20世纪60年代，那么显然你的成长过程中没有现代社会不可或缺的东西，比如互联网、智能手机。换言之，你是一个从"旧时代"走过来的人，对那个古老而美好的令人无比怀恋的时代了如指掌。

对我们这些人来讲，别说网络和手机，即便是个人电脑，恐怕也是初中、高中或大学时代才接触到的东西。在正式成为社会人之后，我们靠着熟练掌握新时代的新技能一路打拼过来。

顺便说一句，今天的我对各种电子产品的使用已是"发烧友"级别，不但能玩转智能手机，且自认水准不在年轻人之下，而且光无线耳机就有14副。

我本来在日企就职，后来跳槽到外企，来到美国。在外企工作一段时间后，我又莫名其妙地被送到亚洲总部工作，把家搬到了新加坡。我们这代人，就是这样被"全球化"的时代浪潮推着走，随波逐流，不知终点在何处。

因此，我们这代人对这几十年来世事的剧烈变化以及技术的惊人进步有着最直接的体验。我们这些人最有发言权，最懂得什么叫"世事无常"。我们比谁都清楚，今天和昨天不一样，明天也必然和今天截然不同；我们比谁都明白，过去是不可能重复的，人生中唯一不变的就是变化，而且未来常常会把我们的想象彻底颠覆，让我们所有的预想归零，无论那样的变化、那样的未来是好还是坏。

但是，"看得见的未来"也真实存在。比如，深受少子化、高龄化现象所困的日本社会和日本经济到底会走向何方，以及地球气温升高所带来的气候异常不断出现，照此下去，人类将面临什么样的命运，等等。

想必每个人对这些事情的答案都心中有数。

因此，对我们"60后"来说，可以考虑"为这个世界以及我们的后代留下一点什么"这一颇为严肃的命题了。既然到这个世界上走了一遭，那么无论如何要留下点什么。这不是唱高调，而是人类的本能乃至责任所在。毕竟我们的人生还有几十年，只要我们愿意，从今天起便开始行动，那真的能做不少事情。我们对此要有充分的自信。当我们行将就木的时候，我们的孙辈如果问我们"你们当年到底做了什么，把我们的生存环境搞成这样？"，我们将会无地自容。

所以，我们无论如何要做点什么，不能再耽误了。

当然，到底能做点什么，人和人不同。对我个人来讲，将"无论遇到什么情况，都能快乐地生存下去"的价值观和生存力赋予下一代，是我最想做的事情。当然，到底能走到哪一步，到底能让多少人受惠，这非我个人能左右，所以我并没有树立一个明确目标。但是，"能多一个是一个，能走到哪一步算哪一步"，是我的目标。

你的人生使命与愿景是什么？

为了实现它，你可以按照书中的知识，以"目标设定""价值提供""能力获取""确定收益模型"的体系与流程去行动。

我期待你的好消息，期待这本书能助你一臂之力。

▶ 为了向19岁的你传授经营学，才有了这本书

说起来，这本书的内容有5个来源：经营的本质以及经营战略论的知识来自《经营战略全史》（2013年版）一书，商业模式的框架与案例来自《商业模式全史》（2014年版）一书，一些重要的思考与逻辑来自《瞬间传达重要事务的技术》（2011年版）一书。剩下的部分，则来自我本人半辈子职业生涯所积累的经验。

不过，最重要的来源还是日本女子营养大学饮食文化营养学科的一门课程——基础经营学入门（2016年至今）。这是大二的女生要学的课程，也是她们人生中第一次接触经营学的知识。由于是必修学分，参加这门课的学生有100多人。

作为课程的发起人，2016年正式开课之前，我考虑了很长时间，反复权衡课程内容和授课方法——到底如何做，才能让这些涉世未深的姑娘爱上这门似乎更受男孩子欢迎的课程呢？到底如何讲，才能更有利于她们掌握经营学的基础知识呢？

经过一番冥思苦想之后，我找到了灵感——勇敢地打破迄今为止的惯常授课方式，不从"专业"，而是从"目的"出发去讲，整个事情立马就顺了。讲的人顺，听的人也顺，知识自然而然就会跑到她们的脑子里，并长久地留存下来。

于是，我正式开课了。每次课程90分钟，总共16次课。所有的课均按照上述方法去讲。课程中的案例很多，且大多为她们的专业——食品行业的案例。重点是，每次在课堂上我都会讲一两个与咖啡有关的故事，似乎与本书的架构关系密切。

最初的一轮授课（为期4个月）结束后，姑娘们的反馈非常有意思。

"自从上了老师的课，我逛商场时再也不会轻易买东西了。别想骗我花钱！"

"我打工的那家连锁店经常会有一些'上面的人'来视察。他们每次来的时候都会和店长说一大堆话。以前我觉得他们说的都是废话，自打听了老师的课，我能听懂他们的对话了，而且觉得他们说得挺有道理，确实对店铺的经营有很大好处。"

"看来确实像老师说的那样，一家店经营得好不好，全在店长。店长糊涂，整个店的经营

必然乱作一锅粥。"

"我还有三年才毕业。未来三年我不想换打工的地方了，就想在现在的店里一直干下去。这么一来，我真的对店里的经营情况关心起来了，好像店是自己开的一样。以前，在店里消磨时间的顾客我都不怎么在意，不怎么搭理。现在不同了，我会走上前去帮他们把饮料倒满，并给他们一个微笑。"

太棒了！能有姑娘们的这些话，我感到很满足！

经营，到底是怎么回事，这件事的本质是什么，有些什么样的基础知识，哪怕姑娘们能够通过我的课掌握一些皮毛，对我来说都是莫大的成就。显然，我达到了目的。

既然如此，向更多的人，乃至"所有人"传授经营学的知识，是可能的！明白了这一点，我感到格外振奋。

最后，再一次由衷地感谢所有人，特别是为了本书的上市付出大量辛勤劳动的出版界、发行界的朋友，衷心地感谢你们！

啊，原来写书是一件如此快乐的事情！不过，我知道新书的印刷和上市只是第一步，剩下的事还多着呢。就看这本书的"市场营销"功力如何了。加把劲，别给这本书掉链子！本来是讲"如何赚钱"的东西，自己却赔得一塌糊涂，实在说不过去。

好了，"60后"老头的啰唆到此为止。

再会。

三谷宏治
2019年8月

译后记 开公司——赚钱的逻辑

说实话，刚接手这本书的翻译工作的时候，我曾有过撂挑子的想法。这本书过于"事无巨细""面面俱到"了，我的工作量太大了。

初次接触日文原版书，我的第一反应是：这位日本大叔显然是拿出写《史记》的架势写的这本书，野心不小。

不过，也正因为大体上采用了"时间线＋案例"的写法，而且故事全都是真实的，这本书读起来才颇为引人入胜。看完这本书，近现代以来人们到底是怎么开公司的，怎么做生意的，怎么赚钱的，怎么赔钱的，你就全都清楚了。

说来有趣，人们明明很向往一件事情，却迟迟不见行动，这是怎么回事？

人性使然。

苗条健美的身段固然好，可是健身太辛苦；赚大钱固然好，可是做生意太累、太麻烦，又有风险。

这就是赤裸裸的人性——向往自己没有的东西，不满足自己已有的东西；抱怨，但不改变，不付诸行动。

人性之矛盾，可见一斑。

但是，改变人性，其实也未必那么难。

人类之所以会在向往的事情面前鲜有行动，一个很大的原因是做这些事情的门槛高。换言之，如果能够有效地降低门槛，"拿出行动"也就水到渠成了。

比方说，作者在书中提到：要从小开始，从日常生活开始，培养商人的思维与气质。

具体的做法如下：喝完饮料，先别急着扔易拉罐，在脑子里想象一下"卖饮料"这门生意，想象一下自己置身于这门生意中会是一种什么样的光景。

诸如此类，以这样的方式来培养自身的商人素质。想得多了，熟悉了，你就不再怕了，那么付诸行动，迈出第一步，也就没有那么难了。

有些朋友可能会有不同意见：你说的这些商业思维训练，我从小学四年级就开始做了，可一直到现在也没什么大用，我照样不敢做生意，不敢去蹚那摊浑水。

恭喜你，你找到要害了。

你之所以会觉得做生意是"蹚浑水"，很大程度上还是因为你大半截身子还在"圈外"，对"圈里"的事情还是太过陌生，才会没胆子。

因此，无论你在脑子里描绘过多少生意场上的画面，这些画面都是"外行人"的操作，对你帮助并不大。

那么，如何才能在尚未投身商海时，让自己先有些"内行人"的底气呢？别的不说，至少"阅读"是一个选项。而三谷宏治的这本书至少有资格排进你的"必读书单"。

看了这本书，你就不会"空想"了，而是能够比较专业地想象。专业度越高，你的底气便越足。

营商确实有风险。对初次营商的人来说，底气再足，本事再大，也有可能失败。不过没关系，你可以再回来看看这本书。

这本书有一个可贵之处——不乏失败案例，绝非清一色的"成功者赞歌"。

总之，这本书可以成为你赢得财富人生的第一块垫脚石，关键看你怎么想，怎么做了。

南勇

2022年4月23日于石家庄

练习题答案

练习1 │ 尝试描述19世纪末巴黎咖啡屋的商业模式

	酒吧、小酒馆		咖啡屋
市场目标 (顾客)	普通男性 (个人)	⬌	职业、嗜好相同的人 只限男性
价值 (价值提供)	喝酒吃饭 寻欢作乐	⬌	以咖啡为中心 可以进行一些严肃 的交流，可以拓展人脉
能力 (执行/资源)	地理位置 提供饮食	⬌	根据顾客的兴趣与职业选择地段 提供咖啡
收益模型 (利润)	晚上的酒精类饮品毛利率高 提升单客收益	⬌	白天的咖啡毛利率高 单客收益较低，重视周转率

练习2 │ 尝试描述19世纪末巴黎沙龙茶室的商业模式

	咖啡屋		沙龙茶室
市场目标 (顾客)	职业、嗜好相同的人 只限男性	⬌	嗜好相同的人 以女性为中心
价值 (价值提供)	以咖啡为中心 可以进行一些严肃的交流， 可以拓展人脉	⬌	提供红茶和甜品 能悠闲地打发时间 店内装饰非常重要
能力 (执行/资源)	根据顾客的兴趣与职业选择地段 提供咖啡	⬌	地段佳 提供红茶及独家甜品
收益模型 (利润)	白天的咖啡毛利率高 单客收益较低，重视周转率	⬌	白天的红茶和甜品毛利率高 提升单客收益

练习3 │ 尝试描述任天堂家用游戏机的商业模式

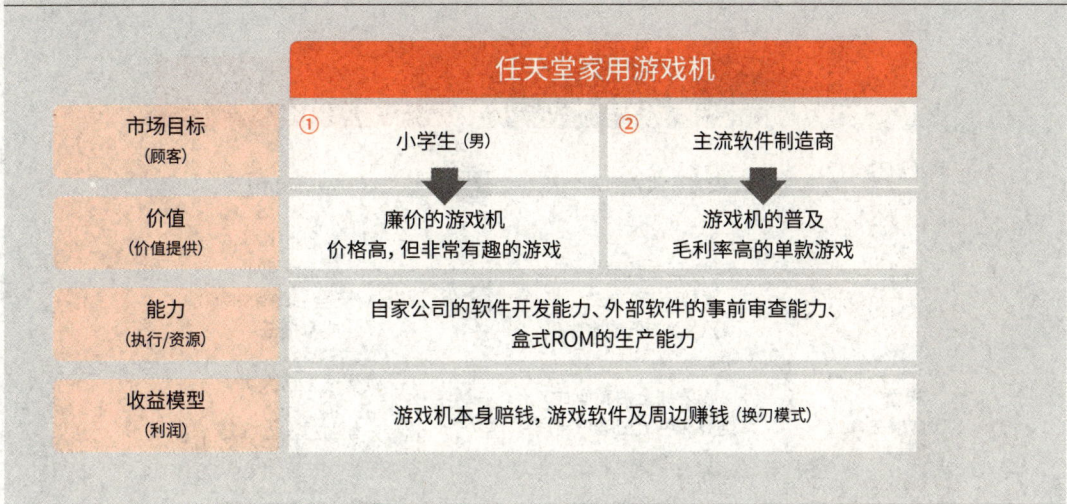

	任天堂家用游戏机	
市场目标 (顾客)	① 小学生（男）	② 主流软件制造商
价值 (价值提供)	廉价的游戏机 价格高，但非常有趣的游戏	游戏机的普及 毛利率高的单款游戏
能力 (执行/资源)	自家公司的软件开发能力、外部软件的事前审查能力、 盒式ROM的生产能力	
收益模型 (利润)	游戏机本身赔钱，游戏软件及周边赚钱（换刃模式）	

练习4 │ 尝试描述eBay初期的商业模式

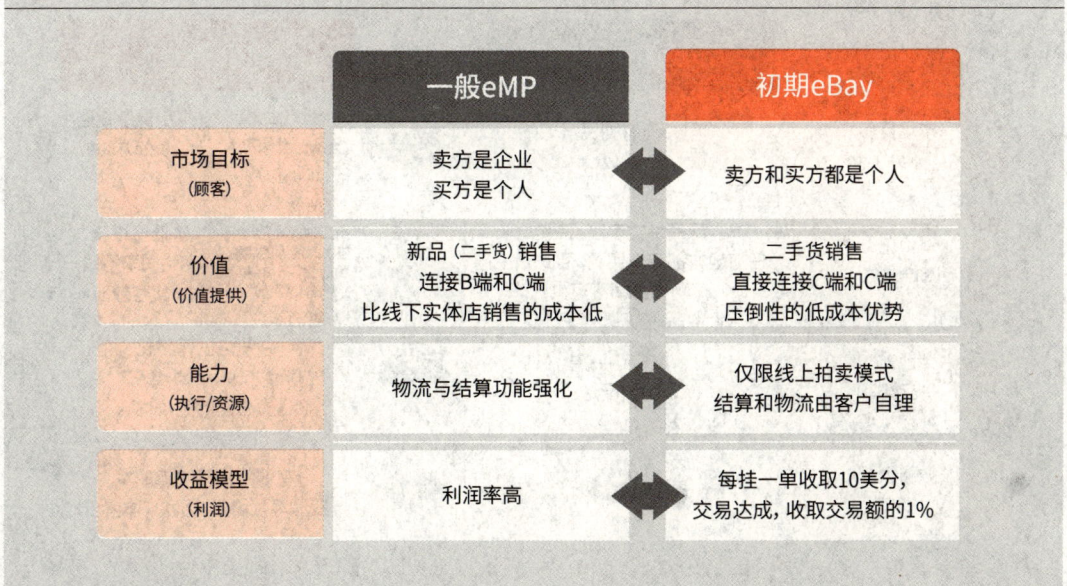

	一般eMP	初期eBay
市场目标 (顾客)	卖方是企业 买方是个人	卖方和买方都是个人
价值 (价值提供)	新品（二手货）销售 连接B端和C端 比线下实体店销售的成本低	二手货销售 直接连接C端和C端 压倒性的低成本优势
能力 (执行/资源)	物流与结算功能强化	仅限线上拍卖模式 结算和物流由客户自理
收益模型 (利润)	利润率高	每挂一单收取10美分， 交易达成，收取交易额的1%

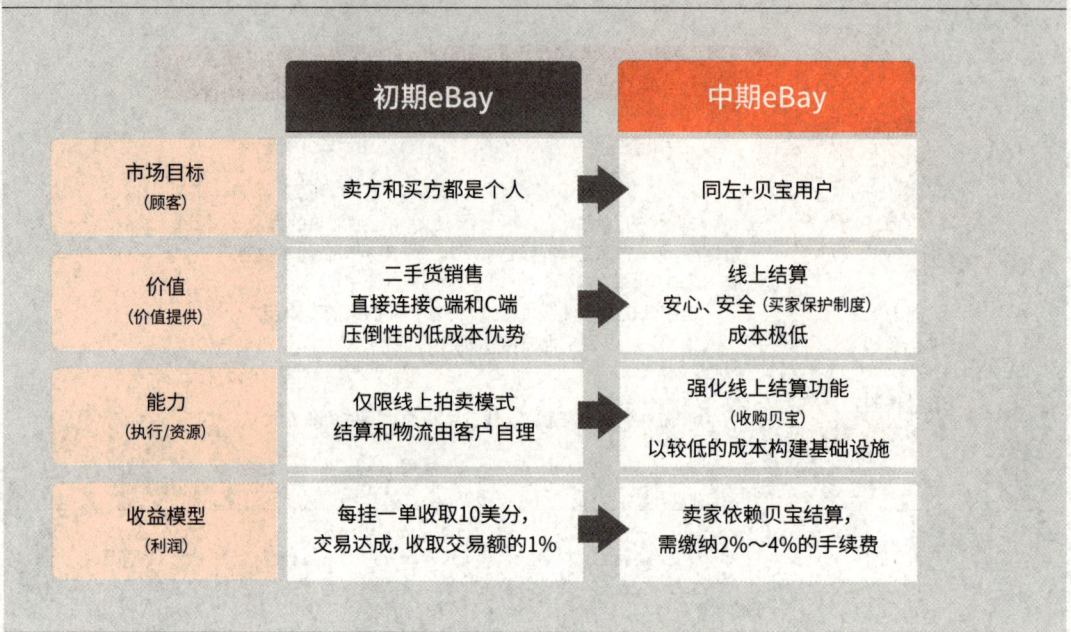

	初期eBay	中期eBay
市场目标 (顾客)	卖方和买方都是个人	同左+贝宝用户
价值 (价值提供)	二手货销售 直接连接C端和C端 压倒性的低成本优势	线上结算 安心、安全（买家保护制度） 成本极低
能力 (执行/资源)	仅限线上拍卖模式 结算和物流由客户自理	强化线上结算功能 （收购贝宝） 以较低的成本构建基础设施
收益模型 (利润)	每挂一单收取10美分， 交易达成，收取交易额的1%	卖家依赖贝宝结算， 需缴纳2%～4%的手续费

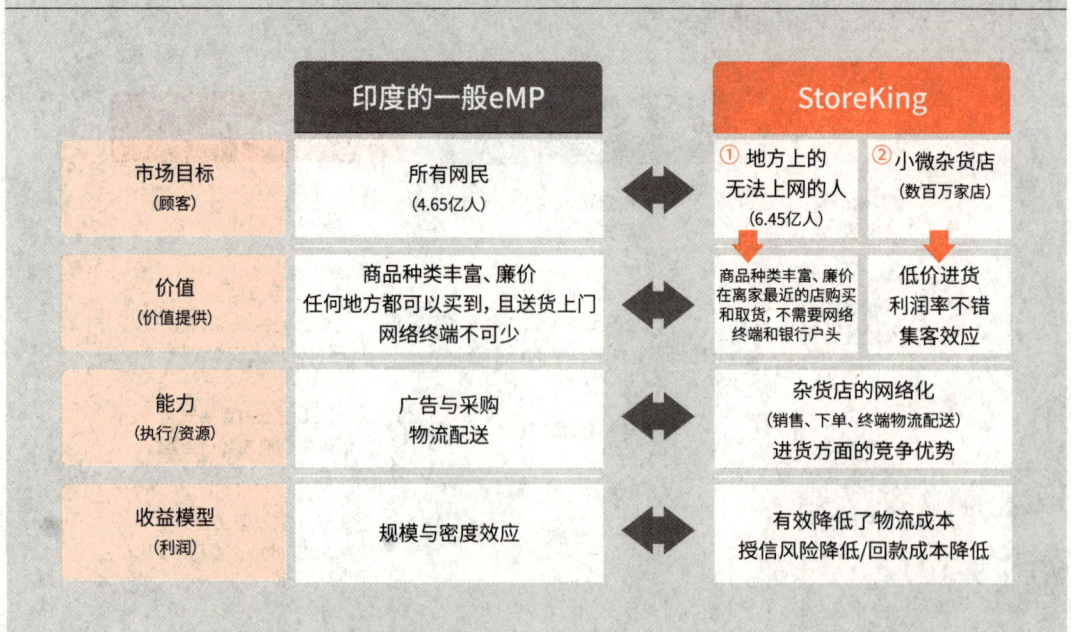

	印度的一般eMP	StoreKing	
		① 地方上的 无法上网的人 （6.45亿人）	② 小微杂货店 （数百万家店）
市场目标 (顾客)	所有网民 （4.65亿人）		
价值 (价值提供)	商品种类丰富、廉价 任何地方都可以买到，且送货上门 网络终端不可少	商品种类丰富、廉价 在离家最近的店购买 和取货，不需要网络 终端和银行户头	低价进货 利润率不错 集客效应
能力 (执行/资源)	广告与采购 物流配送	杂货店的网络化 （销售、下单、终端物流配送） 进货方面的竞争优势	
收益模型 (利润)	规模与密度效应	有效降低了物流成本 授信风险降低/回款成本降低	

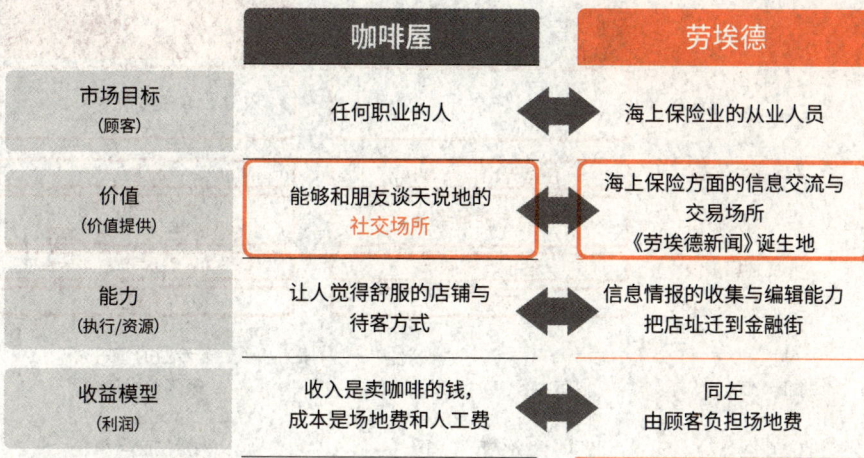

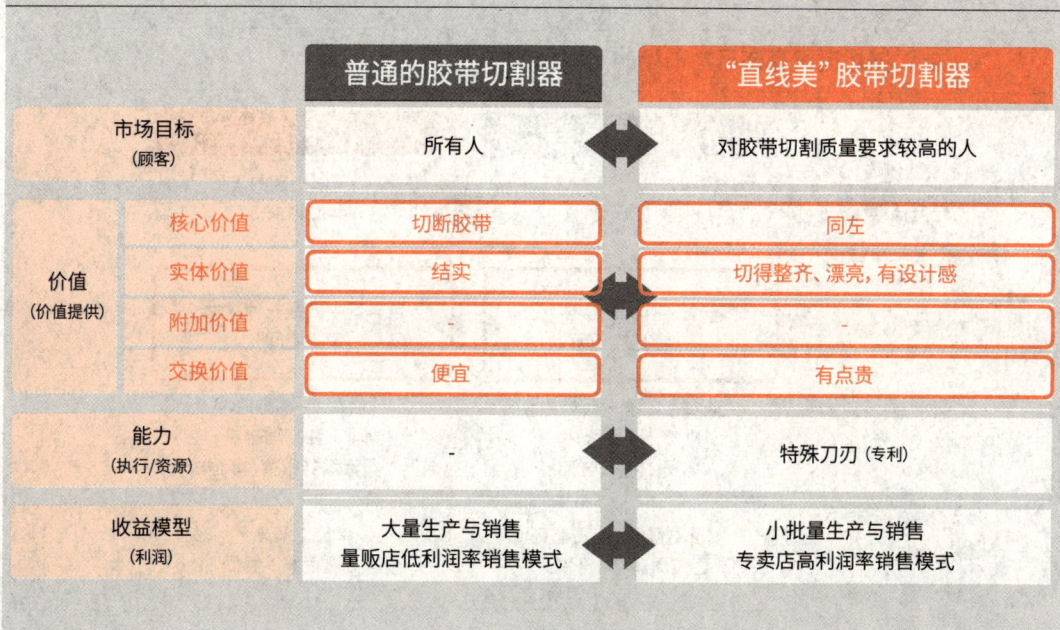

练习9 | 尝试描述iPod的商业模式，特别是市场目标战略和价值提供战略

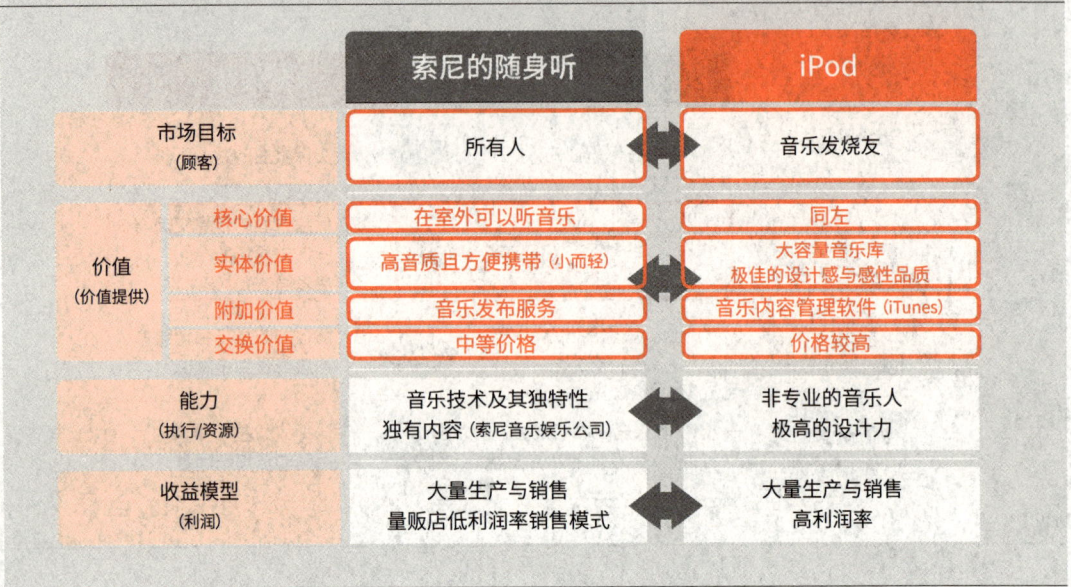

		索尼的随身听	iPod
市场目标 (顾客)		所有人	音乐发烧友
价值 (价值提供)	**核心价值**	在室外可以听音乐	同左
	实体价值	高音质且方便携带 (小而轻)	大容量音乐库 极佳的设计感与感性品质
	附加价值	音乐发布服务	音乐内容管理软件 (iTunes)
	交换价值	中等价格	价格较高
能力 (执行/资源)		音乐技术及其独特性 独有内容 (索尼音乐娱乐公司)	非专业的音乐人 极高的设计力
收益模型 (利润)		大量生产与销售 量贩店低利润率销售模式	大量生产与销售 高利润率

练习10 | 尝试描述星巴克在日本市场的商业模式

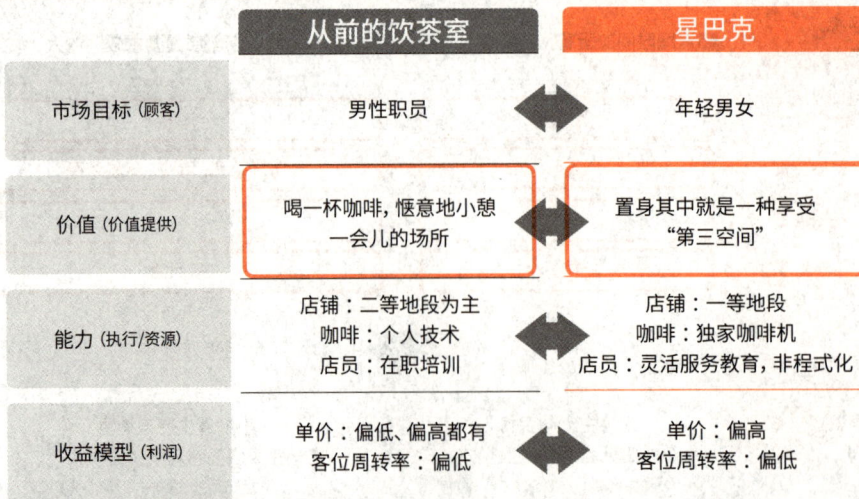

	从前的饮茶室	星巴克
市场目标 (顾客)	男性职员	年轻男女
价值 (价值提供)	喝一杯咖啡，惬意地小憩 一会儿的场所	置身其中就是一种享受 "第三空间"
能力 (执行/资源)	店铺：二等地段为主 咖啡：个人技术 店员：在职培训	店铺：一等地段 咖啡：独家咖啡机 店员：灵活服务教育，非程式化
收益模型 (利润)	单价：偏低、偏高都有 客位周转率：偏低	单价：偏高 客位周转率：偏低

练习11 │ 尝试描述爱电王（DEODEO）的商业模式（1995年）

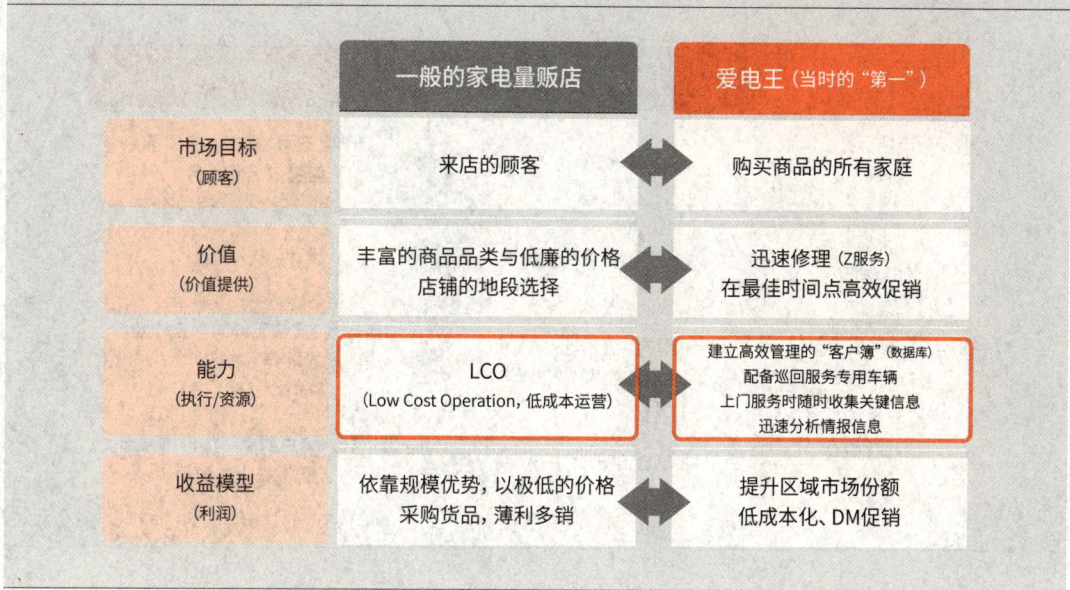

	一般的家电量贩店	爱电王（当时的"第一"）
市场目标 （顾客）	来店的顾客	购买商品的所有家庭
价值 （价值提供）	丰富的商品品类与低廉的价格 店铺的地段选择	迅速修理（Z服务） 在最佳时间点高效促销
能力 （执行/资源）	LCO (Low Cost Operation, 低成本运营)	建立高效管理的"客户簿"（数据库） 配备巡回服务专用车辆 上门服务时随时收集关键信息 迅速分析情报信息
收益模型 （利润）	依靠规模优势，以极低的价格 采购货品，薄利多销	提升区域市场份额 低成本化、DM促销

练习12 │ 尝试描述罗多伦咖啡的商业模式，关于价值提供与能力方面的内容请详细描述

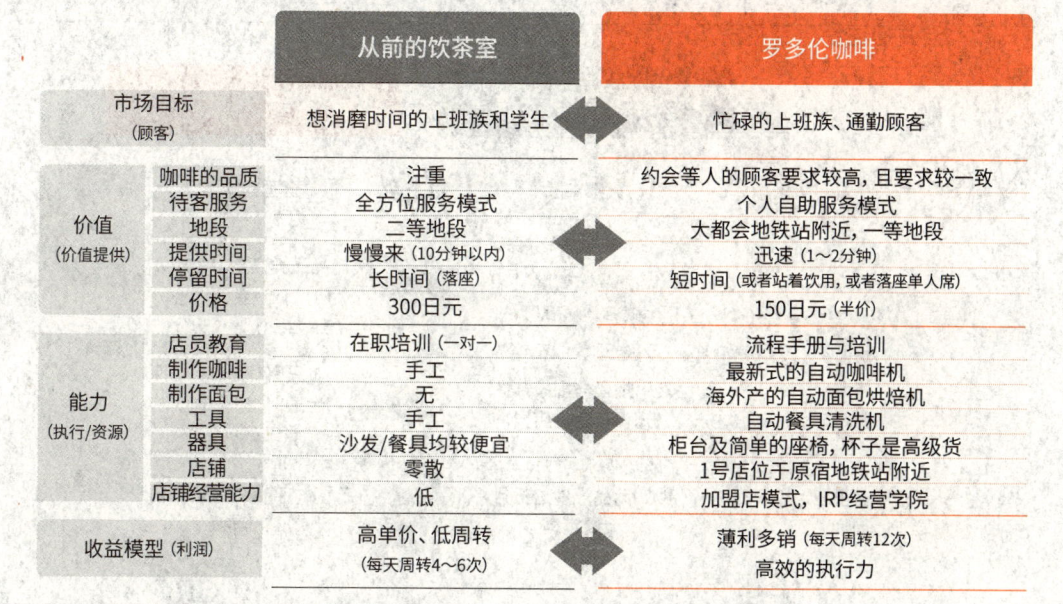

		从前的饮茶室	罗多伦咖啡
市场目标 （顾客）		想消磨时间的上班族和学生	忙碌的上班族、通勤顾客
价值 （价值提供）	咖啡的品质	注重	约会等人的顾客要求较高，且要求较一致
	待客服务	全方位服务模式	个人自助服务模式
	地段	二等地段	大都会地铁站附近，一等地段
	提供时间	慢慢来（10分钟以内）	迅速（1~2分钟）
	停留时间	长时间（落座）	短时间（或者站着饮用，或者落座单人席）
	价格	300日元	150日元（半价）
能力 （执行/资源）	店员教育	在职培训（一对一）	流程手册与培训
	制作咖啡	手工	最新式的自动咖啡机
	制作面包	无	海外产的自动面包烘焙机
	工具	手工	自动餐具清洗机
	器具	沙发/餐具均较便宜	柜台及简单的座椅，杯子是高级货
	店铺	零散	1号店位于原宿地铁站附近
	店铺经营能力	低	加盟店模式，IRP经营学院
收益模型（利润）		高单价、低周转 （每天周转4~6次）	薄利多销（每天周转12次） 高效的执行力

	一般的左官企业	原田左官
市场目标 (顾客)	零散	"千店千面"模式：专注于店铺内装修业务
价值 (价值提供)	作业的效率性及低价格	设计与提案能力
能力 (执行/资源)	老师傅的手工作业（高龄化） 长期人才培养（年轻人离职率高）	年轻人、女性工匠的手工作业 短期人才培养（模仿培训模式，离职率仅为十分之一）
收益模型 (利润)	人工单价×工数	通过针对客户的高附加价值提案，大幅提升人工单价

	大型线下实体书店	亚马逊网上书店（2000年）
市场目标 (顾客)	大都市圈	全国的网民
价值 (价值提供)	商品丰富度 （每家店10万册以上）	商品品类齐全（230万种） 快速物流 （全美范围内，1～2天送达）
能力 (执行/资源)	店铺规模与地段条件 知识丰富的店员	只有1家网店 全美8个物流中心 员工8000人
收益模型 (利润)	畅销商品大量进货且大量销售	"尾货"商品的原价销售 （高利润率）

	星巴克		蓝瓶咖啡
市场目标 (顾客)	年轻男女 (聊天/工作)	⬌	年轻男女 (喜欢咖啡)
价值 (价值提供)	置身其中就是一种享受 "第三空间"	⬌	只限体验高品质咖啡 无Wi-Fi，无电源
能力 (执行/资源)	店铺：一等地段 咖啡：独家咖啡机 店员：灵活服务教育，非程式化	⬌	店铺：二等地段 咖啡：稀有品种咖啡豆，独家煎焙法，自家煎焙作坊 店员：手工制作咖啡的培训 其他工作人员：设置"品管员"职位
收益模型 (利润)	单价：较高 客位周转率：较低	⬌	单价：较高 客位周转率：一般

	高级时装		GAP		ZARA
市场目标 (顾客)	富裕阶层 (长时间提供好东西)	⬌	10～20岁年龄层（品质说得过去的东西，以极低的价格拿下)	⬌	20～30岁年龄层 (廉价购入新品)
价值 (价值提供)	品牌形象 高质量	⬌	品质说得过去 时尚度较高 价格极其低廉	⬌	每周都有新品上架 最流行的东西 价格便宜
能力 (执行/资源)	百货店 少量生产	⬌	多店铺销售 大量生产	⬌	两周内迅速 投入新品
收益模型 (利润)	少量高价	⬌	大量低价	⬌	很少打折或完全 不打折 顾客来店频次高

	"柒咖啡"（特许加盟总部）	
市场目标 （顾客）	顾客	店铺老板
价值 （价值提供）	廉价美味的咖啡，可以在很近的地方买到	吸引新顾客 提升顾客单价/缩小包围圈 自助服务
能力 （执行/资源）	小型自动咖啡机（确保新鲜） 店员的时间和个人技能控制在最低限度 咖啡豆和冰块的资源调配能力	
收益模型 （利润）	店铺：一杯咖啡100日元，毛利率50%，盈亏平衡点为40杯/天； 购物时顺便买，对女性顾客和老顾客消费的增加做出很大贡献 总部：靠大量销售（每年10亿杯）的方式获取高收益	

注："顺便买"的概率为两成，老顾客消费的概率为55%，女性消费者的占比为五成

		大型健身公司	莱札谱
市场目标 （顾客）		所有都市居民 （电车、自行车通勤） 60岁以上者占三成	20~50岁的中高收入人群 减肥屡屡失败的人
价值 （价值提供）		健康、减肥、改善体力等 所有健身项目都包括 高品质、品牌效应	确保减肥成功 （2个月到长期） 与私人教练的人际关系
能力 （执行/资源）	地段	紧邻车站（100家店）	从地铁站出来，步行10分钟以内
	设备	两个游泳池、高品质的健身器械	写字楼的楼层大厅，器械控制在最低限度
	人员	专业健身指导教练	私人教练贴身指导，合计192个小时的训练课程
收益模型 （利润）		持续缴纳会费的会员制 每月1.2万日元 盈亏平衡点：5000人/店	短期集中训练模式，两个月35万日元 ——五成以上的顾客会坚持训练 每人每年花费90万日元

	从前的剃须刀	吉列剃须刀
市场目标（顾客）	一般男性	同左+军队（配给品） 女性（赠礼）
价值（价值提供）	耐久性	无须磨刀片，剃须感觉很舒服
能力（执行/资源）	大量生产与销售	极薄刀片的制造技术 专利应对能力/大规模促销 R&D：剃须刀连接部位的专利
收益模型（利润）	整体买，整体换 价格高	剃须刀本身非常廉价 靠更换刀片持续赚钱

	谷歌	
市场目标（顾客）	一般网民	B2C/B2B企业
价值（价值提供）	广泛而精确的网页检索功能（无偿提供各种服务）	极为细致地为那些只对某些特定领域关心的顾客群体提供服务
能力（执行/资源）	高质量机器人型检索引擎 关键词广告专利	
收益模型（利润）	与检索行为相关的关键词广告收益	

	免费用户		收费用户	广告主
市场目标 (顾客)	免费阅览者 每个月5500万人	"私家菜"食谱投稿者 累计稿件305万件	付费阅览者 205万人	食品、餐饮相关企业
价值 (价值提供)	食谱的质量和数量 方便查阅、欣赏 便于评价、评论	便于投稿的软环境 网友对投稿的评价 与评论	食谱的质量和数量 便于搜索保存功能	目标锁定在兴趣特殊的客户群体 追求需求提升效应
能力 (执行/资源)	社区功能 稿件审查与确保食品安全的能力 营养饮食的内容，网站访问的便利性，食谱检索功能			广告促销力 企划力
收益模型 (利润)	内容制作费用为零 (CGM) 收入来源为一部分收费会员的会员费 (占整体收入的七成)			横幅广告、挂靠 广告收入 (占整体收入的四成)

		荧光灯销售		安心照明服务
市场目标 (顾客)		日本全境所有企事业单位	◆	关心或担忧环保问题的 企业
价值 (价值提供)		寿命长，价格低	◆	初期费用为零、低成本 废弃物排出责任为零
能力 (执行/资源)	销售	所有业务只会流向既有零售业	◆	提案型新客户开拓销售模式
	处理设施	没有	◆	无污染处理场
收益模型 (利润)		售罄	◆	以一定的价格签订长期合约